LES ANCIENNES COUTUMES PENALES DU TCHAD

" POUR MIEUX CONNAÎTRE LE TCHAD "

L'association *Pour Mieux Connaître le Tchad* a été fondée le 30 janvier 1992 par des intellectuels tchadiens et français qui ont décidé d'œuvrer pour faire progresser et diffuser la connaissance scientifique et pratique de la République du Tchad par la publication de livres et le cas échéant de cassettes vidéo et audio ainsi que par l'organisation de conférences et d'expositions. Le siège de l'association est à Paris, à l'Institut National des Langues et Civilisations Orientales.

Les membres fondateurs sont Mmes et MM. Abdelsalam Chérif, Claude Arditi, Robert Buijtenuijs, Claude Durand, Issa Hassan Khayar, Kodi Mahamat, Albert Le Rouvreur, Olivier de Lignerolles, Mahamat Hassan Abbakar, Mahamat Adoum Doutoum, Jean-Pierre Magnant, Marie-José Tubiana, Joseph Tubiana, Nicole Vial, Jeanne-Françoise Vincent.

Le but de notre collection est de contribuer à l'édification du Tchad moderne en permettant aux Tchadiens de mieux connaître leur pays dans toute sa diversité et sa richesse. Nous avons publié des travaux inédits, des documents d'archives, des traductions françaises d'ouvrages étrangers et réimprimé des textes devenus introuvables.

1993
Sadinaly Kraton. *La chefferie chez les Ngama.*
Paul Créac'h. *Se nourrir au Sahel. L'alimentation au Tchad (1937-1939).*
Jean Malval. *Ma pratique médicale au Tchad (1926–1928).*

1994
" *L'identité tchadienne. L'héritage des peuples et les apports extérieurs* "
(Colloque INSH novembre 1991)
Marie-José Tubiana. *Femmes du Sahel, Regards donnés. - Women of the Sahil, Reflections.*
(Photographies, texte bilingue).

1995
Daoud Gaddoum. *Le culte des esprits margay ou maragi chez les Dangaléat du Guéra.*
Bernard Lanne. *Répertoire de l'administration territoriale du Tchad (1900– 1994)*
Claude Durand. *Fiscalité et politique. Les redevances coutumières au Tchad : 1900– 1956.*

1996
François Garbit. *Carnets de route d'un méhariste au Tchad (1936– 1940).*
Netcho Abbo. *Mangalmé 1965: la révolte des Moubi.*

1997
Gérard Bailloud. *Art rupestre en Ennedi.*
Peter Fuchs. *La religion des Hadjeray.* (Traduit de l'allemand par Hille Fuchs).
Pierre Hugot. *La transhumance des Arabes Missirié et les batailles intertribales d'Oum Hadjer de 1947.*

1998
Pierre Toura Gaba. *Non à Tombalbaye.* Fragments autobiographiques.
Zakaria Fadoul Khidir. *Les moments difficiles. Dans les prisons d'Hissène Habré en 1989.*

2000
Baba Moustapha. *Le souffle de l'harmattan.*
Gérard Serre. *Une nomadisation d'hivernage dans l'Ouadi Rimé (Tchad 1956).*

2001
Gérard Magrin. *Le sud du Tchad en mutation : des champs de coton aux sirènes de l'or noir.*
Victor Emmanuel Largeau. *À la naissance du Tchad 1903-1913.*

POUR MIEUX CONNAITRE LE TCHAD

documents édités et présentés par
CLAUDE DURAND

LES ANCIENNES COUTUMES PENALES DU TCHAD

les grandes enquêtes de 1937 et 1938

Publié avec le concours
de l'Institut National des Langues et Civilisations Orientales

L'Harmattan
5-7, rue de l'École-Polytechnique
75005 Paris – France

L'Harmattan Hongrie
Hargita u. 3
1026 Budapest – HONGRIE

L'Harmattan Italia
Via Bava, 37
10214 Torino – Italie

Le présent ouvrage a été soumis à l'association
Pour Mieux Connaître le Tchad
qui a chargé Joseph Tubiana de collaborer
avec l'auteur pour en assurer la révision et l'édition.

© L'Harmattan, 2002
ISBN : 2-7475-2542-2

AVANT-PROPOS

Les documents qui composent cet ouvrage proviennent des Archives nationales du Tchad. La plupart avaient été retrouvés en copies portant la mention « certifié conforme à l'original », donnée parfois sans qu'une relecture attentive en ait été faite, ce qui nous a amené à rectifier ce qui nous est apparu comme des fautes de copiste. Leurs auteurs voudront bien nous excuser des erreurs que nous aurons pu commettre dans la reconstitution du texte original.

Nous tenons à remercier le regretté Bernard Lanne pour son concours dans l'élaboration des cartes ethniques des départements de l'époque.

Notre gratitude va tout particulièrement à Joseph Tubiana pour ses conseils éclairés.

C.D.

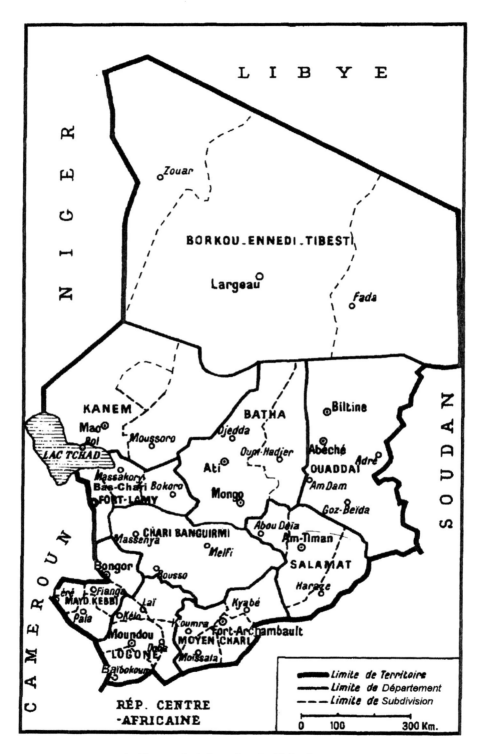

1. Carte administrative du Tchad en 1937

PRÉFACE

Le 21 février 1937 le Gouverneur Général de l'Afrique Equatoriale Française demande à tous les chefs de départements, de subdivisions et de postes de contrôle administratif d'effectuer une grande enquête sur *les coutumes pénales indigènes*.

Il existe à cette époque, en A.E.F., comme d'ailleurs dans l'ensemble des colonies françaises, deux justices distinctes. Les Français sont jugés d'après les textes métropolitains par des justices de paix [1], des tribunaux de première instance et une cour d'appel soumise au contrôle de la Cour de Cassation française, alors que les Africains se voient appliquer en matière civile et pénale leur droit coutumier par des tribunaux de premier et second degré contrôlés par une Chambre d'Homologation siégeant à Brazzaville [2].

Cette double organisation judiciaire découle de la dualité des statuts. On distingue en effet les Français, personnes *de statut de droit commun*, et les Africains, *personnes de statut de droit local*, des appellations qui traduisent la prééminence du statut français qui a une vocation générale à s'appliquer alors que le statut local ne concerne que les seuls Africains. L'activité de ces deux catégories de tribunaux n'a bien sûr rien de comparable par le volume des affaires traitées. Au Tchad, en raison du petit nombre de justiciables européens - 387 en 1935, dont 363 Français [3] - il n'existe à Fort-Lamy qu'une seule justice de paix à compétence étendue qui dépend du parquet de Bangui, capitale de l'Oubangui-Chari. Pour les Africains, au contraire, le nombre des juridictions n'a cessé d'augmenter. Le décret du 12 mai 1910 [4] avait d'abord créé un *tribunal indigène* dans chaque circonscription administrative. Celui du 27 avril 1927 [5] a institué un tribunal de premier degré dans chaque subdivision et un tribunal de deuxième degré dans chaque circonscription (qu'on appellera département à

---

[1] - On distingue alors les justices de paix à compétence ordinaire (JPCO), les justices de paix investies d'attributions correctionnelles limitées (JPIACL), les justices de paix à compétence étendue (JPCE).

[2] - Il en existe également une à Dakar, et, à partir de 1932, une troisième à Lomé.

[3] - Jean Malval : *Essai de Chronologie tchadienne. 1707-1940.* - Ed. du CNRS, 1974.

[4] - J.O. A.E.F. 1910 p.170.

[5] - J.O. A.E.F. du 1 avril 1928 p. 307.

partir de 1935). Le premier est présidé par le chef de subdivision assisté de deux assesseurs ayant voix délibérative, le second par le chef de la circonscription assisté d'assesseurs n'ayant que voix consultative [1].

Ces tribunaux de second degré connaissent de l'appel des jugements rendus par les tribunaux de premier degré. Leur sont directement soumis les crimes [2], les faits d'anthropophagie [3] ainsi que les infractions relatives à la traite [4], et celles dont les auteurs ou victimes sont des fonctionnaires indigènes ou des indigènes agents de l'autorité ou encore des militaires indigènes, et enfin celles commises au préjudice de l'Etat, de la Colonie ou d'une administration publique.

Il existe dans ce qu'on appelle alors *la Région du Tchad* 37 tribunaux de premier degré qui ont grosso modo la compétence de tribunaux de première instance, et 10 tribunaux de second degré jouant le rôle de Cours d'appel et de Cours criminelles. Cette organisation permet un règlement rapide des affaires, notamment des crimes de sang, particulièrement nombreux. Son fonctionnement, en revanche, laisse à désirer sur un point important : la Chambre d'Homologation de Brazzaville dont le rôle est d'homologuer ou d'annuler les jugements [5] rencontre de grandes difficultés à contrôler la légalité des décisions rendues. Le décret du 25 mai 1936 [6] lui a attribué compétence pour connaître des jugements contradictoires rendus par les tribunaux de premier et second degré condamnant à des peines supérieures à trois ans d'emprisonnement, mais aussi des jugements qui prononcent des condamnations dans le cas où la coutume ne prévoit pas de sanction pour l'infraction. Les textes autorisent en effet les *juridictions indigènes* à prononcer des peines *lorsque la coutume est muette* ou lorsque ses dispositions *sont contraires aux principes de la civilisation française*. On considère, par exemple, que l'esclavage, la

---

[1] - Voir, *in fine*, la note sur les principaux textes judiciaires.

[2] - Les attentats à la vie humaine, coups et blessures ou violences de nature à entraîner la mort, pillage en bande et à main armée, incendies volontaires, rapts, enlèvements, séquestration de personnes, empoisonnement de puits, citernes, sources et eaux potables, mutilations effectuées sur la personne humaine (art. 29 du Dt 29 mai 1936).

[3] - Décret du 26 avril 1923.

[4] - Décret du 12 décembre 1905.

[5] - Elle homologue, peut ordonner un complément d'information, annuler et, dans certains cas, évoquer l'affaire et statuer au fond.

[6] - J.O. A.E.F. - 1er août 1936 p. 750.

mise en gage ou la vente des personnes, qui sont des sanctions prévues par certaines coutumes, doivent être écartées, ainsi que les peines corporelles comme la flagellation, l'ablation des mains ou des pieds pour les voleurs ou la lapidation des épouses adultères. Ces peines qui ne semblent pas avoir été d'un usage courant avaient d'ailleurs pratiquement disparu avant l'arrivée des Français. Le silence de la coutume, en revanche, pose d'avantage de problèmes à la haute juridiction car celle-ci n'a aucun moyen de vérifier si la coutume de telle ethnie est muette comme l'affirment certains jugements. Mais il y a plus grave. La Chambre d'Homologation est également très mal renseignée sur le contenu des coutumes existantes. Chaque jugement devrait, en principe, contenir plusieurs indications : dire quelle coutume a été appliquée. Or certains présidents se contentent de faire référence *à la coutume coranique*, alors qu'en pays islamisé les coutumes sont un mélange de droit musulman et de droit coutumier local et qu'il faudrait, pour être précis, faire référence à la coutume musulmane de telle ethnie. Le jugement devrait, en second lieu, reproduire la disposition coutumière dont il a été fait application, au lieu de quoi on trouve fréquemment des formules sommaires ou fausses du genre : « *attendu que la coutume X... prévoit en matière de... l'emprisonnement et l'amende* » qui sont des sanctions généralement inconnues de la plupart des coutumes.

C'est pour remédier à cette situation que le Gouverneur Général, à la demande des magistrats de la Chambre d'Homologation, décide de faire effectuer cette enquête au niveau fédéral. Il poursuit aussi un autre objectif qui est de remplacer ces coutumes orales et mal connues par un code. Aussi adresse-t-il sous forme de questionnaire un *projet de code pénal* préparé par le Chef du service judiciaire. Trente deux infractions et cinq notions de droit pénal général y sont présentées par ordre alphabétique avec des propositions de peines. Chaque destinataire est invité à dire si ces peines correspondent à la répression prévue par la coutume et doit *rechercher si certaines infractions non comprises dans le questionnaire mais connues et réprimées par les coutumes doivent y être rajoutées.* Il est aussi demandé de *donner de façon précise pour chacune de ces infractions la sanction coutumière telle qu'elle était appliquée avant notre arrivée dans le pays,* de faire une note sur la manière dont la justice était rendue à l'époque précoloniale, une liste des *tribus et sous-tribus* sur lesquelles son étude aura porté et enfin une carte fixant leur distribution sur le terrain.

Ce sont ces réponses, du moins celles que nous avons pu retrouver en 1972 dans le dépôt des Archives nationales du Tchad, qui sont présentées. On sait qu'elle n'aboutirent pas à la rédaction du code projeté. Un *code pénal indigène*[1] applicable à l'A.O.F., l'A.E.F., au Cameroun et au Togo verra bien le jour sept ans plus tard après la conférence de Brazzaville, mais il ne tiendra aucun compte des résultats de cette enquête. Son existence sera d'ailleurs éphémère puisqu'il sera abrogé deux ans plus tard et remplacé par le code pénal français[2].

Si la partie de l'enquête concernant le projet de code pénal n'a plus aujourd'hui qu'un intérêt historique, les renseignements obtenus sur les coutumes pénales présentent, elles, un réel intérêt ethnographique. Comme on pouvait le craindre, les réponses recueillies dans la partie méridionale du pays où, depuis huit ans, le commandement était mobilisé pour le développement de la culture du coton, furent beaucoup moins nombreuses et fournies que pour le centre et le nord. En transmettant le rapport du chef de subdivision de Fort-Archambault sur les *coutumes Sara madjingaye et kaba* et en le présentant comme valable pour l'ensemble du Moyen-Chari, le chef du département explique que ses chefs de subdivision *sont occupés aux marchés de coton et arachides et à l'évacuation par le Bahr Sara*, une manière de faire comprendre qu'on a ici des choses plus importantes à faire que des rapports, surtout lorsqu'ils requièrent des recherches importantes, ce qui était le cas puisque le questionnaire ne comportait pas moins de dix-huit pages. Dans le nord, au contraire, où les officiers[3] avaient plus de temps à consacrer à l'étude des coutumes de leurs administrés, tous répondront et fourniront des renseignements abondants, notamment sur les *diya*.

Il semble que certains chefs de département aient cru préférable d'établir un rapport général sur la base des renseignements fournis par leurs subordonnés en poste dans les subdivisions car nous n'avons pas toujours trouvé les réponses de

---

[1] - Décret du 17 juillet 1944 J.O. R.F. du 29 juillet 1944 p. 652. – Voir *in fine* la note sur les principaux textes judiciaires.

[2] - Le décret 46-877 du 30 avril 1946 supprimera la justice indigène dans les territoires relevant du ministère de la F.O.M. (J.O. R.F. du 1er mai 1946). Le décret 47-2248 du 19 novembre 1947 modifiera les articles 12, 264, 302, 312, 317, 331, 332, 337, 340, 341, 360, 405 et 488 du Code pénal applicable en A.E.F. (J.O. A.F. du 12 décembre 1947 p. 1611).

[3] - En 1937 le commandement militaire domine encore au Batha, Borkou, Ennedi, Tibesti, Kanem et Wadday.

ces derniers, ce qu'on peut regretter, car cette façon de procéder a régulièrement entraîné un appauvrissement des réponses, comme nous avons pu le constater après avoir comparé celle qui fut faite par le lieutenant Duault pour la subdivision de Mongo, restée dans les archives d'Ati, et le rapport du capitaine de Tournadre, chef du département du Batha.

La faiblesse de certaines enquêtes vient de ce que certains officiers se sont contentés d'informations recueillies auprès de leurs assesseurs musulmans, qui ont eu tendance à donner la réponse *coranique* tirée du livre de Khalîl [1] ou de la Risâla [2]. « *Je ne puis te dire autre chose que ce qui est écrit dans le Livre* » commence par dire au capitaine Lauriol, chef de la subdivision d'Abéché, l'imam Khatib Abd el Aziz, qui finit par reconnaître que si on avait appliqué le Coran dans toute sa rigueur, « *il n'y aurait plus personne* » au Wadday. Car entre dogme et pratique coutumière il y a des différences importantes. Partout l'Islam a su s'adapter aux vieilles institutions, d'où la diversité des coutumes musulmanes d'une subdivision à l'autre.

On regrettera aussi que dans les régions islamisées les enquêteurs aient obtenu peu de renseignements sur les coutumes préislamiques, sans doute parce qu'ils se sont adressés à des faki lettrés proches de la cour des Sultans et donc peu disposés à révéler l'existence de pratiques impies à leurs yeux mais pourtant toujours bien vivantes, comme les serments claniques ou les ordalies.

Le questionnaire comportait enfin de graves lacunes, ce qui a limité la portée de l'enquête. Entièrement axé sur la défense des personnes, des biens et de l'Etat, il laissait de côté les atteintes à la sacralité et toute une série d'infractions traditionnelles extrêmement courantes. Il est étonnant que dans une liste de trente-deux infractions on ait fait, par exemple, figurer l'attentat à la pudeur sur mineure impubère, un délit rarissime, mais pas le crime numéro un des sociétés animistes, celui de sorcellerie. Seuls quelques chefs de subdivision en parleront indirectement à propos des ordalies, en laissant d'ailleurs entendre que celles-ci continuaient à être

---

[1] - Khalîl ben Ish'aq = Abrégé de la loi musulmane selon le rite de l'Imâm Malek.
[2] - La Risâla ou Epître sur les éléments du dogme et de la loi de l'Islam selon le rite mâlikite, de Ibn Abî Zayd Al-Qayrawâni.

pratiquées malgré leur interdiction [1], comme chez les Kaba de Kyabé [2].

Malgré ces insuffisances l'enquête reste dans l'ensemble de bonne qualité. Pour la compléter, nous avons joint les réponses données l'année suivante à une circulaire demandant aux présidents *des tribunaux indigènes* d'établir une liste des infractions pour lesquelles les coutumes locales prévoyaient des réparations civiles, une demande qui faisait en partie double emploi avec l'enquête de l'année précédente puisque précisément la sanction pénale était d'ordre indemnitaire mais qui la complétera sur certains points.

Elle révèle un Tchad contrasté, tantôt anarchique, tantôt fortement organisé là où les sultans ont réussi à mettre en place une organisation administrative et judiciaire ; un Tchad où l'opposition des genres de vie est fréquemment à l'origine de conflits tribaux que seul le recours au système de la *diya* permet d'apaiser ; un Tchad où le *prix du sang* varie considérablement d'une région à l'autre, tout comme la manière de se représenter ou de sanctionner l'acte criminel.

Elle révèle surtout l'existence de deux systèmes juridiques d'inspiration différente. A un Tchad animiste des serments claniques et des procédés de divination s'oppose le Tchad islamisé de la loi écrite, du serment sur le Coran et de la preuve testimoniale, mais où le vieux fond coutumier, loin d'avoir disparu, continue à marquer fortement les esprits.

Cette opposition se constate dans le domaine des principes généraux du droit pénal, dans celui des techniques de recherche et de punition des coupables, et enfin dans l'organisation judiciaire.

Dans le Tchad animiste les **crimes** sont considérés comme une souillure faite à la Terre divine, domaine des Ancêtres et des Génies. Seule l'élimination physique des coupables, et parfois celle de ses proches, permet de l'effacer. La répression n'y est pas envisagée sous l'angle de la protection sociale. Il faut surtout se

---

[1] - Décret du 28 mai 1927 relatif à la répression de la préparation et de l'administration du poison d'épreuve en A.E.F. J.O. A.E.F. 1927 p. 961

[2] - Les seuls, à notre connaissance, à pratiquer au Tchad des ordalies mortelles.

mettre à l'abri de la colère des Dieux car un crime non sanctionné entraînerait maladies, épizooties, sécheresse et malheurs divers pour la communauté. Chez certaines ethnies la réparation du dommage est donc un problème secondaire ou est même totalement exclue. D'après l'administrateur Berry, les Sara interdisaient jadis toute compensation en cas de meurtre : « *Quand un homme a tué volontairement, sans qu'on fasse de distinction entre meurtre et assassinat, on le tue en présence de tout le village* ». Aucune indemnité n'est versée à la famille de la victime car le crime a souillé les biens de la famille du meurtrier, ce qui empêche qu'ils soient donnés à titre de compensation. Toute personne qui s'en saisirait mourrait. Le chef religieux les confisque. Lorsque les Sara, sans doute au cours de la seconde moitié du XIXe siècle, feront payer une forte amende au meurtrier qui a échappé à la vengeance de la famille de la victime, celle-ci ira d'abord au *Mbang*.

En raison de cette conception religieuse du crime, tout meurtre est obligatoirement suivi d'une cérémonie purificatrice qui fait du chef de terre le personnage-clé du règlement des affaires de sang.

Dans la partie islamisée le versement de la *diya* est bien accompagné de cérémonies, les *sadaga*[1]. On voit même certains sultans toucher une amende *pour laver la terre*, c'est-à-dire effacer la souillure causée par le sang répandu, mais l'optique est différente. Les crimes apparaissent comme une injure faite à Allah. La sanction principale sera subie dans l'autre monde. L'idée d'une vengeance divine sur cette terre est écartée. En outre, le prophète n'a prescrit d'infliger ici-bas des peines qu'aux coupables, et toujours proportionnées au dommage causé. Le talion[2], reconnu dans le Coran, remplace la vengeance privée généralisée et illimitée qui prévalait dans la société ancienne. La responsabilité collective n'est plus envisagée que pour le paiement de la compensation, laquelle est recommandée par le Prophète de préférence au talion.

L'impact religieux du crime dans la société animiste, à cause des risques immédiats qu'il entraîne, explique l'extrême sévérité des coutumes anciennes, mais les documents montrent que le système de la compensation est fort ancien puisqu'il est connu de la plupart des coutumes préislamiques. Il semble s'être étendu dans

---

[1] - Terme arabe (*sadaqa*) - La sadaga consiste en un sacrifice, une offrande, une libation et un repas rituel.

[2] - Talion (*qisas*). Sourate 2. La Génisse. Versets 173 et 174.

les pays de grande chefferie pour des raisons politiques, les chefs cherchant à limiter les réactions de vengeance en chaîne, et peut-être aussi pour des raisons financières car la coutume les autorisait à toucher une part du *prix du sang*[1].

Dans le même temps les coutumes, en se désacralisant, vont perdre de leur ancienne rigueur. A l'époque où cette enquête est effectuée, après trente années de colonisation qui ont encore accéléré cette évolution, le coutumier pénal a pris une forte coloration civile et est devenu essentiellement indemnitaire.

Malgré ce rapprochement, coutumes animistes et islamisées continuent néanmoins à s'opposer sur des points fondamentaux.

D'abord pour **l'homicide involontaire**. Dans le Dar el Islam, quand un homme a tué par accident, le principe est de lui faire payer la *diya*, à un tarif souvent inférieur au barème normal. On verra que dans le Sila, un cavalier qui tuait quelqu'un en traversant un village au galop risquait six mois d'emprisonnement en plus d'une *diya* de 15 bœufs, alors que la *diya* théorique était de cent bœufs. Les Baguirmiens ne faisaient payer qu'une demi-*diya*, ce qui semble avoir été la règle la plus courante ; le délinquant offrait aussi le linceul pour bien marquer le caractère involontaire de son acte. Dans les régions méridionales, au contraire, on estimait qu'il n'y avait pas responsabilité pénale dès lors que l'intention de tuer faisait défaut. Aucune indemnité chez les Sara qui remettaient simplement deux cabris au *Mbang*.

Giuntini, chef de la subdivision de Bongor, écrit que les Massa considèrent qu'*un tel acte a été décidé par les Génies du lieu qui (ont) choisi un individu quelconque pour punir celui qui les a offensés*. On trouve ici exprimée l'idée, commune à toutes les populations animistes, que des forces invisibles s'expriment à travers les individus devenus simples exécutants. Chez les Ngambaye du Logone on ne donnait, à titre d'indemnité, à la famille de la victime que les dépouilles des animaux tués au cours de la partie de chasse mortelle ou les prises faites lors de la pêche collective au cours de laquelle il y avait eu mort d'homme. Il faut noter qu'il s'agissait toujours d'accidents - couteau de jet ou harpon mal dirigés - survenus au cours de chasses ou de pêches collectives,

---

[1] - Voir : C. Durand. *Fiscalité et politique. Les redevances coutumières au Tchad* - L'Harmattan – 1995.

c'est-à-dire dans un cadre de vie traditionnelle, ce qui peut expliquer le changement de réaction des populations quand il s'agira d'accidents de circulation causés par des véhicules à moteur ou de chasse par armes à feu commis par des étrangers.

Même opposition de points de vue, un peu moins nette cependant, en ce qui concerne la notion de **tentative**. Dans la partie islamisée, conformément au droit musulman, elle est presque toujours sanctionnée dès qu'elle s'est manifestée par un commencement d'exécution. La peine varie alors en fonction de son degré de réalisation et de la nature de l'acte accompli, comme chez les Toubou où l'amende infligée par le Derdé [1] augmente selon qu'il s'agit d'un jet de pierre, de sagaie, ou d'un coup de fusil ayant manqué leur but. Dans le sud animiste au contraire la tendance est de ne pas la réprimer, sauf chez les Sara, d'après Berry qui dit seulement qu'elle est punie *des peines mêmes de l'infraction* mais sans donner d'autres précisions. D'après Giuntini, les Massa de Bongor estiment que *si l'acte (n'a) pas eu lieu, c'est par suite de la volonté d'un génie favorable, Laouka notamment, et qu'il (n'est) pas question d'aller contre les desseins d'une puissance occulte*.

Pour la **complicité**, les positions varient à l'intérieur des deux zones. Dans la partie islamisée, ses deux formes, active et passive, sont généralement sanctionnées, notamment au Wadday et au Sila, alors que dans le Dagana, le Batha et même dans la région de Biltine ou le Salamat, la complicité passive semble avoir été ignorée. Cette différence tient sans doute à la présence dans le Sila et au Wadday de juges spécialisés, les *kémakil*, qui s'inspiraient du droit musulman. Dans le sud, même diversité. La coutume massa semble avoir ignoré la complicité passive alors que les Sara la punissaient plus sévèrement même que la complicité active, si l'on en croit un vieux chef qui a donné au chef de subdivision de Fort-Archambault deux exemples de complicité passive : celui de l'homme qui, voyant quelqu'un précipiter son ennemi dans le fleuve, n'intervient pas, ou celui qui laisse s'accomplir le viol d'une fillette. Dans ces deux hypothèses le complice passif aurait été puni plus sévèrement que l'auteur principal.

---

[1] - Capitaine Saint-Simon, chef de district du Tibesti. Renseignements donnés par le derdé Ouaddaye Kychidemi le 10 novembre 1952.

La **légitime défense** témoigne de la résistance des coutumes à l'égard du droit musulman [1]. Khalîl dit qu'elle exclut non seulement le talion mais aussi la *diya,* à condition d'être bien caractérisée [2]. Elle s'étend en outre à la protection des biens. Mais on verra que si la plupart des coutumes musulmanes du centre et du nord excluent bien le talion en cas de légitime défense, elles imposent très souvent le paiement d'une *diya* totale ou partielle. Ainsi chez les Arabes du Baguirmi et les Sokoro, il n'y aurait, d'après l'administrateur Cobert, irresponsabilité totale « *que s'il s'agit d'un malfaiteur connu ou si l'agresseur n'a pas obtempéré à l'injonction qui doit lui être faite de se retirer* ». En dehors de ces deux cas, il est prévu le paiement d'une demi-*diya* à la famille de la victime ou, chez les Sokoro, le *kham ed dam* [3] d'un captif au chef de race. La coutume kanembou admet qu'elle fait disparaître la responsabilité civile mais en fait, dans la pratique, il n'est pas rare de voir la famille du meurtrier proposer un dédommagement, 25 bovidés environ, soit le quart d'une *diya* normale *pour apaiser les esprits et prévenir les vengeances.* Au Wadday, mais seulement sur Abéché et Am-Dam, l'individu acquitté pour légitime défense n'a pas de réparations pécuniaires à payer, tandis qu'à Adré la coutume massalit, tout en excluant la *diya*, impose le paiement d'une « *amende de cinq bovidés en cas de mort d'homme, tout comme à Goz-Beïda où le meurtrier est astreint, bien qu'absous, à payer la sadaka à la famille de la victime* » A Guéréda on règle la moitié de la composition et en pays zaghawa la totalité.

Dans la plupart des coutumes du sud au contraire une certaine unanimité se dégage en faveur de la légitime défense comme cause d'exonération pénale et civile mais on s'efforce néanmoins de désamorcer les conflits par le versement d'un dédommagement, sauf, évidemment, si la victime est un étranger.

Si l'on examine les réponses concernant les **infractions**, les exemples donnés par les chefs de subdivision révèlent une société traditionnelle, rurale ou pastorale, où la *criminalité astucieuse* est peu développée. Pas de fausse monnaie, mis à part quelques faux thalers de Marie-Thérèse fabriqués par des forgerons dans la région

---

[1] - Ainsi d'ailleurs que du droit français dont les positions sont assez proches.
[2] - Khalîl Chap XLVIII. Des blessures et des infractions sanglantes. § 297.
[3] - Droit du sang.

de Léré, et seulement quelques petits faux à la capitale autour des bureaux de la *hakouma*[1].

En revanche, la richesse des dispositions coutumières sur les crimes de sang témoigne de la fréquence des conflits dans une société divisée entre groupes souvent hostiles et où l'étranger délinquant est toujours traité sans ménagement.

Il faut se trouver dans un grand sultanat comme le Wadday pour voir la même coutume pénale s'appliquer à tous, sédentaires, nomades ou semi-nomades, avec toutefois une certaine variation dans les barèmes de réparation en fonction de l'appartenance raciale ou sociale. Le Wadday semble être aussi une des rares régions où quelques grands sultans parvinrent à imposer à des ethnies voisines des accords abaissant le taux des *diya*, ou même à les supprimer, ce qui donne une idée du niveau de paix publique qu'ils avaient réussi à faire régner.

Un crime qui semble beaucoup plus fréquent dans la partie sud du pays est l'**empoisonnement**, toujours plus ou moins lié à la sorcellerie. Dans le nord il n'y a guère que le chef de subdivision de l'Ennedi pour citer un cas qui relève d'ailleurs plutôt de la pratique de la magie que de l'empoisonnement proprement dit, et qui consistait *à enterrer à une centaine de mètres d'un puits une marmite contenant diverses plantes non vénéneuses destinées à jeter un sort* sur l'eau. Il est vrai que les Goranes connaissent trop la valeur de l'eau pour commettre un crime aussi impardonnable. Mais peut-être les informateurs sont-ils restés discrets sur ce crime ou sur les pratiques de sorcellerie, que le questionnaire laissait d'ailleurs de côté.

Ce que l'enquête révèle sur la répression du **vol** et de **l'adultère** est particulièrement intéressant pour le Tchad islamisé. On sait combien la loi islamique se montre sévère à leur égard. Elle sanctionne l'adultère par la lapidation à mort lorsqu'il est prouvé par témoignage, un mode de preuve certes peu facile à mettre en œuvre car on exige que *quatre hommes libres, pubères et d'honorabilité testimoniale reconnue, attestent qu'ils ont vu le membre du*

---

[1] - L'administration.

fornicateur comme le style dans le pot à collyre[1]. Mais il peut l'être aussi par l'aveu et par la grossesse. Or il semble bien que cette peine extrême n'ait pas été appliquée d'une manière courante mais exceptionnellement, dans l'entourage de sultans qui voulaient sanctionner pour l'exemple les épouses infidèles de grands notables.

Pour le **vol,** le Khalîl et la Risâla prévoyaient l'amputation de la main droite du voleur puis, en cas de récidive, celle des autres membres, mais là encore, cette pratique ne semble pas avoir été systématique. Le capitaine Soubie dit néanmoins avoir rencontré à Goz-Beida « *un vieil indigène qui avait perdu successivement son poignet gauche et son pied droit* » - signe qu'il avait été condamné au moins pour trois vols puisqu'au Sila les amputations ne commençaient qu'après la première récidive - « *ce qui,* ajoute-t-il, *n'avait pas mis un terme à ses activités qu'il poursuivait à dos d'âne, assuré qu'il était désormais, grâce aux Français, de ne pas perdre ses deux derniers membres* ». Les Kanembou se contentaient de l'ablation de deux doigts, l'index et le majeur, alors que les Goranes du Bahr el Ghazal attendaient le troisième vol avant de procéder à l'amputation du poignet.

D'une manière générale, le **vol commis par l'étranger** au préjudice de la communauté était toujours durement sanctionné et on avait en revanche tendance à considérer légitime celui commis au préjudice de groupes hostiles. Ainsi les Sara et les Ngambaye, régulièrement razziés par les Baguirmiens, ne punissaient pas les vols commis à leur encontre car ils estimaient faire alors de la récupération. Les honnêtes Massa affectaient les barèmes de réparation d'un coefficient multiplicateur progressif selon que le voleur appartenait à la même famille, à un village ou clan ami, à un village ou à un clan hostile.

Les problèmes de **procédure pénale** ont été abordés par les chefs de subdivision dans la partie de l'étude qui portait sur la justice ancienne. Dans ce domaine, la façon de conduire les procès différait beaucoup d'une zone à l'autre.

---

[1] - Risâla. Chap. XXVII. - Khalîl Chap. XLVII. Des témoignages § 280.

Pas de recours au poison d'épreuve, en principe, dans la partie islamisée, alors qu'il était d'un usage courant dans le sud animiste. L'enquête nous apprend malheureusement peu de choses à ce sujet si ce n'est que la plupart des groupes ethniques utilisaient des produits relativement anodins. Seuls les Kaba pratiquaient des ordalies mortelles avec la fameuse *gûlé kaba* [1]. Dans le sud les ordalies étaient variées. Celle du saut de l'arbre chez les Sara consistait à faire monter le présumé coupable d'adultère en haut d'un ficus d'où il devait se laisser tomber après avoir réaffirmé son innocence. S'il s'écrasait au sol et se brisait les membres, on en concluait qu'il avait menti et dans ce cas sa famille payait l'indemnité d'adultère, mais s'il ne se faisait aucun mal, le mari accusateur devait lui verser une forte indemnité. On trouvait aussi l'ordalie de la houe ou de la hache déposée au fond d'un canari d'eau bouillante, qu'il fallait retirer sans se brûler pour prouver son innocence, et, chez les groupes *fétichistes* du Guéra, celle de la ruche, consistant à faire monter nu dans un arbre où se trouvait un essaim, avec une calebasse entre les dents, l'individu accusé de sorcellerie. S'il était piqué plus d'une fois on l'assommait et on abandonnait son corps aux rapaces.

Les ordalies variaient selon la gravité des infractions. Celle de l'épreuve du poison susceptible de provoquer la mort n'était utilisée qu'en cas de grave accusation, comme celle de sorcellerie. Le saut de l'arbre était réservé à l'adultère et, moins fréquemment, à la sorcellerie. Pour les délits mineurs on avait recours à des *ordalies-oracles* dont le but était de désigner le coupable, comme celle du poulet sacrifié dont la position en mourant, sur le ventre ou le ventre en l'air, indiquait, dans le premier cas, la culpabilité et dans le second l'innocence. L'ordalie du scorpion qu'il fallait saisir sans se faire piquer était réservée aux petits vols lorsqu'il y avait plusieurs suspects. Une étude plus systématique montrerait sans doute que cette technique magico-religieuse qui fait participer les puissances surnaturelles à l'exercice de la justice a évolué au fil des temps et que de *l'ordalie-sanction,* qui désignait et punissait simultanément le coupable on est progressivement passé à l'*ordalie-oracle,* une évolution sans doute en relation avec le développement du système de la compensation. Mais que la plupart d'entre elles aient persisté durant la période coloniale malgré leur interdiction et continuent à être pratiquées de nos jours

---

[1] - Un tubercule de *gloriosa superba,* (liliaceae). Palayer. Lexique des plantes du pays Sar.

en marge des procédures officielles révèle la permanence des modes de pensée traditionnels, tout comme leur survie en zone islamisée témoigne de la résistance du fonds coutumier à l'Islam.

Sur les **serments**, l'enquête livre peu d'informations alors qu'on sait quelle est leur importance dans l'exercice de la justice [1] et dans la vie quotidienne. Prêtés sur le mil, l'eau du fleuve, la foudre, le lion, la pierre sacrée, etc. les formules prononcées dans le cadre d'un rituel précis font intervenir des forces invisibles censées provoquer la mort dans un laps de temps assez court. Ils sont généralement prononcés par l'accusé qui affirme son innocence et met ainsi sa vie en jeu en cas de parjure, ou parfois, plus rarement, par l'accusé et l'accusateur. Le caractère redoutable de l'imprécation prononcée amène parfois à prévoir des rituels de réconciliation avec retrait du serment [2]. Il est étonnant que l'administrateur Berry qui donne tant d'indications sur les ordalies à propos de l'adultère chez les Sara n'ait pas songé à parler du rite du *jang* qui consiste à évoquer le double du rival (son *ndil*), pour l'exécuter en effigie.

Cette idée de sanction mystique immédiate est évidemment étrangère à l'Islam, ce qui ne signifie pas que ce genre de serments ait disparu au nord du Chari chez les islamisés. On jure chez les Bideyat sur le *Fada Manda* et chez les Zaghawa sur le lion, le serpent, le sable ou les braises [3] et toujours avec la plus grande prudence. Pour un Teda, *jurer sur le Coran est une chose bénigne*, tandis que le serment sur le foie, lui, *n'est pas une plaisanterie* (Chapelle). Bien entendu, ces serments n'ont pas cours devant les faki, ni devant le cadi ou au tribunal du sultan où on ne jure que sur le Coran. On aurait aimé voir reproduites les formules habituelles de ces serments coutumiers, qui auraient permis de constater qu'aux formules anciennes où on invoquait le lion, le sabre ou les braises, on avait parfois rajouté : « *Que le Coran me*

---

[1] - Ce qui a amené le législateur tchadien à admettre les serments claniques comme mode de preuve dans le code de procédure pénale en 1967.

[2] - Joseph Fortier : *Le couteau de jet sacré. Histoire des Sar et de leurs rois au sud du Tchad.* L'Harmattan, 1982 : 201-203.

[3] - Cap. Chalmel : *Notice sur les Bideyat* - Archives de Fada, 1931 p. 65-66.

tue ! » ce qui donnait au serment sur le Coran une allure ordalique assez peu orthodoxe [1].

Le fonctionnement de la justice ancienne est toujours révélateur du niveau d'organisation politique, du genre de vie et de l'attitude des populations à l'égard de l'autorité. Chez les grands nomades du nord comme par exemple les Annakaza du Borkou, les Goranes, les Bideyat Borogat de l'Ennedi ou les Arna du Tibesti, les affaires de sang étaient soumises à des *djemâa* ne disposant d'aucune autorité et composées à la convenance des deux parties en présence. On discutait jusqu'à ce qu'un accord soit trouvé et l'affaire pouvait même être portée successivement devant trois ou quatre *djemâa* jusqu'à ce qu'on parvienne à un accord, ce qui laissait du temps à la famille de la victime pour retrouver et tuer le meurtrier. Les chefs n'intervenaient que pour rassembler la *diya,* ce qui n'est jamais une chose aisée dans une région où le bétail est dispersé sur d'immenses étendues et qu'on a affaire à des populations peu disposées à se défaire de leur unique richesse. L'allégeance à un sultan, même lointain, comme celui du Wadday pour les Annakaza ou celui de Mao pour les Kokorda, facilitait le règlement des crimes, quand on avait recours à lui, ce qui n'était d'ailleurs pas très courant.

Dès qu'il y a début de sédentarisation, au contraire, la situation change. Ainsi chez les Bideyat-Bilia où *l'on aime l'autorité* les grands criminels relevaient toujours de la justice du sultan du Dar Four dont le *magdum,* installé à Kutum, venait chaque année percevoir les redevances et en profitait pour juger les affaires graves. Chez eux, quand les *djemaa* étaient réunies pour régler les affaires, elles faisaient beaucoup plus qu'arbitrer. Elles imposaient leurs décisions. Leurs membres n'étaient pas non plus choisis à la convenance des intéressés. Les chefs disposaient aussi *d'un semblant de police* et infligeaient des amendes.

Dans les grands sultanats enfin, comme au Wadday et même au Sila, la situation était tout à fait différente. La justice y était parfaitement organisée et fonctionnait à plusieurs niveaux. Dans chaque gros village on trouvait un tribunal de conciliation composé du *mangiak* et du *mélik*, lesquels étaient généralement assistés de leur adjoint et du faki local. Sa compétence était limitée aux petites affaires que les chefs de famille n'avaient pu régler. Au canton

---

[1] - M.-J. et J. Tubiana : *L'acte du serment et la notion de mani chez les Béri.* 1981, *Itinérances*, t. II : 299-319.

siégeait le tribunal du *magdum* qui jugeait avec son *khalifa* et son imam ce qu'on pourrait appeler le "petit correctionnel" et les affaires civiles courantes. Le chef de subdivision d'Abéché appelle *kamkoulak*[1] ce chef de canton, mais dans les temps anciens on distinguait le *magdum*, qui était un chef de guerre et un responsable provincial et le *kamkoulak* qui, lui, était un juge spécialisé.

Ainsi au Sila, il y avait selon le capitaine Soubie neuf *moggadem* et quatre *kémakil* installés en des points précis du sultanat, chargés d'instruire les affaires et de préparer des projets de jugements pour le sultan. Celui-ci présidait dans son tata une sorte de Cour Suprême, assisté du *djindi*, un haut dignitaire chargé de la régence, et d'un imam. Le *cadi* de la ville jouait également un rôle important, soit par délégation lorsque le sultan lui faisait reprendre ou compléter l'instruction d'une affaire examinée par un *kamkoulak*, soit comme rapporteur devant son propre tribunal.

Au Wadday, à l'exception des petites affaires réglées dans les cantons, toutes les autres étaient réservées au Sultan qui, le plus souvent, déléguait ses pouvoirs à l'*aguid* dont relevait la contrée, ou, pour la ville d'Abéché, aux quatre *adjaouid* qui la commandaient. Le système fonctionnait ainsi avec souplesse par le jeu de la délégation. Seules les affaires importantes et, bien entendu, les crimes relevaient de la justice du sultan qui les jugeait, entouré de six faki ayant voix consultative, ou qui les transmettait au *cadi* d'Abéché ou aux *adjaouid*, lesquels devaient rendre compte de leurs décisions avant de passer à toute mesure d'exécution.

Si on ne peut sans doute pas parler d'un véritable droit d'appel au sens où nous l'entendons, c'est-à-dire ouvert à toutes les parties, il existait une organisation judiciaire hiérarchisée assurant le contrôle des jugements importants et permettant un réexamen des affaires importantes.

Dans le sud animiste la situation était totalement différente, surtout dans les régions où on avait recours à l'*ordalie-sanction*, un acte de justice immédiat excluant tout appel. Quand on ne recourait pas à ce genre d'épreuve, c'était généralement le chef de terre, assisté de notables, qui rendait la justice, presque toujours en

---

[1] - *Kamkoulak*, plur. *Kémakil*.

dernier ressort. Rares étaient les chefferies où les affaires étaient soumises à un second degré de juridiction. Le chef de subdivision de Fianga parle bien d'une faculté d'appel devant le *Ouankoulou*[1] qui se réservait également le jugement des meurtres et des assassinats, mais il aurait fallu savoir dans quel ressort territorial s'exerçait réellement cette prérogative. Car les chefferies du sud, même les mieux organisées comme celle des Sara-Daï - dont le chef portait le titre de *Mbang* comme son suzerain du Baguirmi - n'avait de pouvoir que sur l'équivalent de deux ou trois cantons. Ce *Mbang* de Bessada comptait d'ailleurs parmi ses voisins immédiats six autres chefs de terre portant le même titre que lui : les *Mbang* de Dieye, Bessouma et Sanguélé, intronisés par lui ; celui de Bégué qui dépendait du Ngar Koumra ; ceux de Dokowo (Matékaga) et de Koutou qui étaient intronisés avec l'agrément du *Mbang-Pon*, chef des Ndam, sans parler du *Mbang-Djondé* et du *Mbang Sémaï*, responsables des *noy* ou forgerons castés. Dans un pays ainsi composé de *centres coutumiers juxtaposés assez proches les uns des autres mais pratiquement indépendants*[2] les affaires étaient donc presque toujours jugées sur place et sans recours possible à une autorité supérieure.

Les peines appliquées qui sont d'une grande variété et toujours d'une sévérité exemplaire dans les coutumes anciennes, semblent s'être diversifiées au fil des temps, surtout à partir du moment où la chefferie a compris l'intérêt qu'elle avait à limiter les actes de représailles coûteux en vies humaines, et qu'elle a réussi à faire adopter, avec d'ailleurs plus ou moins de succès, le système des compensations, puis à créer des peines d'amende à son profit.

La **peine de mort** était infligée dans l'ancien temps pour des infractions qui seraient considérées aujourd'hui comme délictuelles, la classification du droit moderne ne correspondant ni à celle du droit musulman ni à celle du droit coutumier. Les chefs de subdivision ont donné des indications sur la manière dont elle était appliquée. Le capitaine Soubie dresse un tableau saisissant de la mise à mort des épouses adultères dans le Sila. Enterrées jusqu'au cou, une troupe de cavaliers passait et repassait sur elles au galop. Cet officier est l'un des rares à avoir donné la date

---

[1] - Le *Wan-külü*, littéralement chef-grand, était coopté par les anciens dans la famille (fondatrice) du village de Illi (S. Ruelland).
[2] - P. Dalmais. Inédit 1955. Cité par J. Fortier. *id*.

précise - 1890 - de l'abandon de cette peine par le sultan Abou Riché. Il cite aussi la fusillade à l'aide des *fuskan*, ces gros fusils tromblons, pour les pillards, partout traités d'une manière expéditive : pendaison dans le Batha ou ablation de la main droite et du pied gauche à la fois. On sait que pour ce crime de brigandage la loi coranique est sans indulgence et exclut toute possibilité de *diya* [1].

Le chef de subdivision de l'Ennedi est le seul à parler de l'empalement, une peine infligée aux auteurs d'inceste et aux grands criminels par le sultan du Dar-Four. S'y ajoutait la décapitation au sabre, ou au couteau de jet chez les Sara. L'enterrement vivant n'est pas indiqué dans l'enquête bien qu'on sache qu'il était pratiqué chez certains groupes [2].

Une autre peine, assez fréquente dans la partie méridionale, mais peu évoquée, est celle du **bannissement** qui, compte tenu des dangers à vivre isolé de son groupe dans les temps anciens, ne laissait guère de chances de survie. Plusieurs chefs de subdivision citent la mise en esclavage suivie de vente, une sanction commode pour se débarrasser des fortes têtes et qui permettait à certains chefs sara de compléter le contingent annuel d'esclaves qu'ils devaient livrer au sultan du Baguirmi [3].

L'apparition d'amendes pénales venant s'ajouter à la réparation est toujours signe de l'existence d'une autorité politique. Celles prononcées en pièces turques au Tibesti par le Derde Chaï sont assez récentes ; d'autres sont beaucoup plus anciennes. Si le chef de subdivision de Koumra avait été moins absorbé par la récolte de coton, il aurait pu parler des amendes en *kul* [4], cette monnaie en fer en forme de minuscules couteaux de jet que le meurtrier versait entre les mains du *Ngombang*; le *ministre de la justice du Mbang*.

---

[1] - Khalîl. Chap. LIV. Du brigandage.

[2] - Abangah Dagoma. *La justice pénale traditionnelle au Tchad*. Mémoire de D.E.A. Paris X - Nanterre, 1984.

[3] - Le trafic d'esclaves, estimé encore à une quinzaine de milliers de personnes en 1900, était essentiellement composé de razziés. La proportion de condamnés devait être extrêmement faible.

[4] - Les *kul* servaient surtout à payer les dots.

PRÉFACE

Les peines d'**emprisonnement** étaient peu courantes en raison de l'absence de prisons, qu'on ne trouvait que dans les grandes chefferies. Soubie décrit celle du sultan de Goz-Beida, « *un vaste local en pisé recouvert de paille* » où « *les condamnés étaient entravés dans certains cas, chaînes aux pieds* » ou « *chaînes aux poignets, aux pieds et au cou* » et « *dans ce dernier cas, deux à deux* » Le chef de subdivision d'Am-Dam révèle qu'il existait deux types de peines de prison, celle de l'*aguid-äl-Masmadia* où les condamnés à une peine à temps étaient enchaînés mais ne travaillaient pas, et celle de l'*aguid-äl-Choua* qui était en réalité une peine de mort déguisée. Sous-alimentés et durement traités, les condamnés décédaient dans un laps de temps très court, ce qui permettait au sultan de se débarrasser de ceux qu'il n'avait pu condamner à mort *pour des raisons politiques*. On remarquera que les peines d'emprisonnement ou de mise aux fers se cumulaient parfois avec le paiement de la compensation, notamment au Wadday et au Sila. Il aurait été intéressant de savoir si ces peines étaient toujours fixes ou seulement conçues comme une contrainte par corps pour parvenir au paiement de la *diya*. Car la sanction principale reste la *diya* et l'enquête apporte à son sujet de nombreuses informations.

En droit musulman, la *diya* fait partie des peines légales (*hudud*)[1], avec la lapidation, la mort par décapitation ou pendaison, l'amputation d'un membre, le bannissement et le talion. Il s'agit d'une compensation ayant le double caractère de réparation civile et de réparation pénale. Elle est, soit conventionnelle quand celui qui a droit au talion renonce à celui-ci moyennant paiement du *prix du sang*, soit légale quand la loi l'impose. Elle est prévue dans le Coran, et, pour certains auteurs, recommandée par la Sourate II (la Génisse), verset 173 : « *Oh vous qui croyez ! (La loi) du talion vous est prescrite pour le meurtre : l'homme libre pour l'homme libre, l'esclave pour l'esclave, la femme pour la femme. Quant à celui qui est pardonné (de la part) de son frère*[2], *on doit user à son égard de bons procédés et lui-même s'acquittera de son devoir avec bienveillance*[3] ». Le verset 174 ajoute : « *C'est un allégement*[4] *(de la part) de votre Seigneur, et (un effet de sa) Miséricorde. Quant à celui qui,*

---

[1] - Sing. *badd* (cf Risala ch XXXVII p. 241 – cf Khalil ch. LV § 310) par opposition aux peines arbitraires infligées par le juge.

[2] - Frère dans le sens de croyant, de musulman.

[3] - L'interprétation à donner semble être : quand le talion n'a pas été requis, celui à qui il a été pardonné a le devoir de s'acquitter d'une compensation équitable.

[4] - Du talion.

après cela[1], *agit d'une manière malveillante, à lui (est réservé) un châtiment douloureux* ». Mais la *diya* n'est pas toujours possible, notamment dans le rite mâlékite où les docteurs l'excluent en cas d'assassinat sans circonstances atténuantes ou de brigandage[2]. Elle devient en revanche obligatoire en cas d'homicide involontaire, de blessures involontaires ou de blessures volontaires mais n'emportant pas la peine du talion, et enfin quand la peine du talion qui aurait dû être appliquée est devenue matériellement impossible[3], ou lorsque la victime est morte et que ses héritiers ne sont pas unanimes à le requérir[4].

L'enquête révèle que ces règles sont à peu près respectées dans le *dar äl-Islam* tchadien, ainsi que les barèmes fixés par Khalîl qui prévoit[5] une *diya* totale :

1. en cas de perte de la raison, de l'ouïe, de la vue, de l'odorat, de l'usage de la parole, de la voix, du goût, en cas d'impuissance virile et de stérilité ;
2. si la victime a contracté l'éléphantiasis, la lèpre ordinaire et la noire ;
3. si elle est incapable de se lever et de s'asseoir ;
4. en cas d'ablation des deux oreilles, de la peau du crâne, des yeux ou de l'œil sain d'un borgne (...) ;
5. pour l'amputation des deux mains ou des deux pieds et celle du bout du nez ou du gland (...) ;
6. pour celle des deux testicules en toutes hypothèses (...) ;
7. pour celle des grandes lèvres, si l'os a été mis à nu, et celle des deux seins de la femme ou de leur extrémité si son lait a tari (...).

   - une demi-*diya* est due dans le cas de perte d'une main, d'un pied, d'un œil, d'une oreille, d'un sein, d'une grosse hernie.
   - un dixième de *diya* dans le cas de perte d'un doigt, d'un orteil, d'une dent, du pavillon de l'oreille ou dans le cas de blessure si l'os apparaît.

---

[1] - Après avoir obtenu que la compensation remplace le talion.

[2] - Khalîl LIV. § 309.

[3] - Quand, par exemple, le voleur qui devait être amputé du bras droit est manchot de ce bras.

[4] - Khalîl. Chap. XLVIII § 293 : Le droit au talion tombe si un seul mâle y ayant droit pardonne parmi ceux restant de même degré dans sa catégorie.

[5] - Khalîl. Chap. XLVIII § 294.

Pour le reste la *diya* est fixée selon le bon vouloir du chef ou de l'arbitre mais, d'une manière générale, elle n'est pas due pour les blessures bénignes (Chap. XLVIII § 289, 290).

Le montant des *diya* en revanche s'éloigne souvent de ceux de Khalîl qui fixe pour un homicide volontaire 100 chameaux dont 20 de chaque lot suivant : *bint-makhâdh* ou femelle d'un an, *walad* et *bint laboûn* ou mâle et femelle de deux ans, *hiqqa* et *djad'aa* ou femelle de trois et quatre ans, le tout payable en trois annuités. « *Pour les citadins,* nous dit-il, *on met à la charge de la* âqila *du Syrien, de l'Egyptien et du Maghrébin 1000 dinars ; à charge de l'Irakien 12.000 dirhams...* » Ces chiffres prévus pour les Bédouins qui sont de grands éleveurs de chameaux, excèdent presque toujours les possibilités dans la plupart des groupes ethniques du Tchad. Aussi quand les chefs de subdivision parlent de *diya* de 100 chameaux ou, plus fréquemment de 100 bœufs [1], ce chiffre, purement théorique, est rarement respecté.

Lorsque la compensation est conventionnelle, rien n'empêche d'ailleurs les parties de la diminuer d'un commun accord. Aussi les *diya* varient-elles d'une région à l'autre selon la richesse moyenne et en fonction de considérations diverses comme l'origine sociale ou raciale de la victime et du meurtrier. Ainsi, dans le Batha, près de Oum Hadjer, la vie d'un Moubi vaut moins cher que celle d'un Missiriyyä. Et si un Haddad ou un Ratânîn tue un Massalit [2], la *diya* dépasse rarement une trentaine de bœufs. Elle s'établit en moyenne, dans le meilleur des cas, à une soixantaine de têtes chez les Noarma et les Goranes du Kanem ainsi qu'en pays tama ou zaghawa, une cinquantaine dans le Batha, une trentaine au Wadday, une vingtaine chez les Massalit, une quinzaine chez les Ouled Rachid d'Aboudéia, les Boudouma du lac Tchad ou les Foulbé de Léré [3].

Elle est beaucoup plus faible et payée différemment chez les animistes du Guéra. Ainsi les Bidio de Melfi remettaient comme *keya* deux chevaux pour la mort d'un homme et un seul pour une femme (ce qui constitue un point commun avec les coutumes

---

[1] - Ce qui correspond pour celle de 100 bœufs à une valeur de 10.000 fr. de l'époque sur Adré mais 15.000 à Massakory où les bœufs valent plus cher.

[2] - Ou réciproquement. La *diya* pour un Moubi, un Ratânin ou un Massalit s'élève en moyenne à 30 bœufs.

[3] - Les chiffres doivent être divisés par deux si la victime est un non musulman. La femme en toutes hypothèses n'a droit qu'à une demi-*diya* (Khalîl).

musulmanes), ou, à défaut, un jeune garçon ou une jeune fille, selon le sexe de la victime. Chez les Dadio, bien qu'ils fussent islamisés, la *kaguié* était en général de deux chevaux ou de deux jeunes filles vierges dont l'une devait épouser un proche parent de la victime et redevenait libre après avoir donné naissance à un garçon, alors que la seconde restait captive (à moins d'être rachetée). La *kadia* des Dangaléat consistait en une jeune fille vierge, elle aussi autorisée à revenir dans sa famille à la même condition, mais pour laquelle le mari devait payer la dot si elle restait avec lui. Les Diongor de l'Aboutelfan prévoyaient une *katié* de deux jeunes filles ou 50 vaches, ou deux chevaux et 30 vaches. Une seule jeune fille était remise chez les Diongor-Guéra dont la coutume se signale par une particularité : « *Si une femme tue son mari, aucune sanction ne lui est infligée* », écrit le chef de subdivision qui y voit « *une analogie avec le coup de sabot du cheval qui tue son maître* ».

Au sud du Chari, si on prend comme exemple les *Ngambaye, Mboum, Banana, Goulaye* et *Massa*, l'indemnité est de 1000 à 1200 barres de fer en 1938, soit 200 à 250 francs de l'époque.

Quelques chefs de subdivision ont donné des indications sur le montant des réparations de l'époque préislamique, comme le capitaine Delory pour les Massalit d'Adré, qui versaient en moyenne pour un meurtre, *un bœuf adulte, une charge de chameau de mil, un mouton, un rouleau de gabak et une daba,* ce qui montre que les barèmes de *diya* de 1937 se situaient à un niveau intermédiaire entre les anciennes coutumes et le Khalîl.

La vraie difficulté avec la *diya* n'est d'ailleurs pas tellement de parvenir à un accord sur le nombre de chameaux ou de bovins à livrer, ce à quoi on arrive après d'âpres discussions, mais plutôt d'amener les deux familles à entamer des pourparlers en vue de son paiement dans des délais raisonnables. Car, entre le meurtre et le moment où, une fois admis le principe d'une compensation, on commence les premières discussions, s'écoule une période dangereuse durant laquelle la famille de la victime met un point d'honneur à exercer son droit de vengeance. Ce délai que les chefs ne parviennent à raccourcir que lorsque leur autorité s'étend sur les deux groupes rivaux est assez variable mais rarement inférieur à cinq ou six mois. Il peut même durer plusieurs années, comme chez les Toubou qui préfèrent vivre dans l'insécurité *la sagaie à la main ou le fusil entre les cuisses* [1] plutôt que de se séparer d'une vingtaine de têtes de bétail.

Mais une fois la *diya* payée et le tam-tam de réconciliation battu, l'affaire est définitivement close. Aussi n'a-t-on jamais compris dans les milieux traditionnels qu'en plus de la lourde sanction pécuniaire que représentait la *diya*, la justice moderne prétende rajouter une peine de travaux forcés, ce qui apparaissait comme une double sanction. Un chef kréda expliquera au colonel Chapelle qu'avec ce système « *la famille perd non seulement ses animaux mais aussi un homme qui entre dans une prison et souvent y meurt* ». Cette incompréhension se manifestera d'une manière encore plus vive après 1947 avec l'introduction du code d'instruction criminelle français qui entraînera un allongement considérable des procédures. Les tribunaux de second degré, qui n'étaient pas tenus de respecter une procédure compliquée, statuaient rapidement sur les *diya* en tenant compte du fait qu'elles avaient été payées pour fixer la peine. La Cour criminelle de Fort-Lamy au contraire, rendra ses arrêts au terme de longues procédures d'instruction, et, mal tenue au courant du paiement des *diya* intervenu devant les instances de la chefferie, prononcera souvent des peines excessives. Et lorsqu'elle statuera sur les dommages-intérêts (toujours alloués en numéraires), elle laissera aux parties le soin de les récupérer par les voies d'exécution ordinaires, que les *agents d'exécution* des tribunaux seront généralement incapables de mettre en œuvre.

Quelques hauts magistrats qui avaient participé à l'enquête de 1937 avaient pourtant réalisé l'importance du problème. Le procureur général Giaccobi, coauteur du questionnaire de 1937, rédigera en décembre 1947 une circulaire restée célèbre [2], dans laquelle il préconise de procéder, en marge de la procédure officielle, « *à des tentatives de règlement amiable qui, sans avoir du point de vue juridique une valeur de décision judiciaire, auraient une valeur contractuelle et seraient en tous cas susceptibles de régler dans la plupart des cas la question épineuse de la diya* », ce qui était une manière de reconnaître l'inadaptation des textes français à la criminalité locale.

On venait d'ailleurs d'en avoir la preuve quelques mois auparavant au moment des événements du Dar Djombo qui

---

[1] - Jean Chapelle. *Nomades noirs du Sahara*. L'Harmattan, 1982 : 328.
[2] - Circulaire N°2678 du 5 décembre 1947. Elle fut inspirée par les événements d'Oum Hadjer d'août et septembre 1947.

opposèrent Missiriyyä et Ratânîn peu de temps après la suppression des tribunaux du premier et second degré d'Oum-Hadjer et d'Ati qui empêcha de régler rapidement deux ou trois meurtres et aboutit à un affrontement général causant 147 victimes et plusieurs centaines de blessés. La France venait de supprimer la *justice indigène* pour la remplacer par la *justice française* applicable à tous sans considération de statut. Seulement, pour qu'une réforme soit réussie, il ne suffit pas que ses buts soient généreux. Il faut aussi qu'elle soit adaptée aux mœurs. Les tribunaux de premier et second degré appliquaient sans doute une justice plus prétorienne que coutumière mais *l'aspect civil* du procès était mieux pris en compte devant eux qu'il ne le sera après 1947 par les tribunaux de droit moderne.

Il est tout à fait regrettable que le législateur français de l'époque, alors qu'il était parfaitement renseigné sur l'attachement des populations à des institutions coutumières comme la *diya*, n'ait pas songé à mieux adapter les textes à la réalité locale. Cette enquête de 1937 avait pourtant révélé toute l'importance de la question des réparations. Il s'en dégageait l'idée essentielle de la prééminence du règlement civil sur l'aspect pénal de l'affaire. Il aurait sans doute fallu envisager en matière correctionnelle et criminelle des mesures comme l'ajournement du prononcé de la peine après le règlement de la réparation civile, et la prise en compte obligatoire de celui-ci dans la fixation du quantum de la peine. Rien de tel ne fut fait et on sait qu'actuellement, malgré quelques timides mesures visant à redonner aux chefs traditionnels des pouvoirs en matière judiciaire [1] en leur permettant de régler certaines affaires pénales sur le plan civil, la situation est devenue telle que le Gouvernement en est arrivé à favoriser ou à parrainer des accords fixant les *diya* [2].

Aussi doit-on regretter que les avis, donnés parfois avec humour par des administrateurs voici maintenant plus de cinquante ans, n'aient pas été mieux écoutés. « *Que ma case brûle et que je gagne la maladie, mais que je ne perde pas mes vaches !* » ont coutume de dire les Massa, écrivait Giuntini, le chef de subdivision de Bongor, qui terminait son rapport par ces mots : « *On comprend dans ces conditions que la privation de ce précieux bétail soit pour lui (le*

---

[1] - Ord. 7 du 6 mai 1970.
[2] - Accords du 13 janvier 1980, du 12 février 1986 et du 26 juin 1986.

Massa) la pire des punitions et qu'elle ait été, dès l'origine, choisie comme sanction principale des crimes et délits »…. « *C'est ainsi*, poursuivait-il, *que le président du Tribunal indigène devra toujours veiller scrupuleusement à l'application de la sanction indemnitaire, la seule qui touche vraiment l'homme du pays Massa, car, depuis un temps immémorial, si, chez lui une femme vaut dix vaches, la propriété de celles-ci est seule source de bonheur et de richesse* ».

Une grande occasion fut ainsi manquée. Sept ans plus tard un "code pénal indigène" pour l'A.O.F., l'A.E.F., le Cameroun et le Togo verra bien le jour [1] mais il consacrera l'abandon du respect des coutumes en matière pénale et de la prééminence de la sanction indemnitaire. La plupart des infractions seront reprises dans la formulation du droit français. Pour parfaire l'assimilation, la "justice indigène" sera supprimée en 1947 et le code pénal français rendu partout applicable [2]. Il se révélera très vite incapable de faire face aux crimes de sang. On s'en apercevra dès la même année avec les sanglants événements du Dar Djombo [3].

A l'heure qu'il est la situation n'a guère changé malgré l'élaboration de nouveaux codes [4] à en juger par la multiplicité des "justices parallèles".

La question de la place à donner à la réparation dans le dispositif pénal se pose plus que jamais devant l'incapacité des tribunaux à faire face aux affrontements tribaux [5].

L'Afrique d'avant l'indépendance était caractérisée par la permanence d'un ordre coutumier face à un ordre colonial. Quarante ans après, la même dualité se maintient. La loi moderne reste un objet de défiance, quand elle n'est pas rejetée par une société encore fortement imprégnée des valeurs traditionnelles où l'on voit des justiciables préférer aux tribunaux officiels des arbitrages et des conciliations obtenues conformément à la tradition.

Ne pourrait-on espérer que droit coutumier et droit moderne fassent enfin un pas l'un vers l'autre ? Si la coutume doit accorder

---

[1] - Dt du 17.7.1944. JO. RF 29.7.1944 p.652.

[2] - Dt 19.11.1947 JO. AEF 1947. p.1331.

[3] - Pierre Hugot. *La transhumance des Arabes Missirié et les batailles intertribales d'Oum Hadjer de 1947*. Paris. L'Harmattan, 1997. 180 p.

[4] - Code pénal Ord. n°12 du 9.6.1967. Code de procédure pénale. Ord. n° 13 du 9.6.1967.

[5] - Voir, Cl. Durand. *Vengeance privée et prix du sang, une jurisprudence africaine au sud du Sahara*. Conférences et documents VII. Aresae et Pmct, Paris, 1996, 60 p.

une plus grande importance à la notion de responsabilité personnelle, la justice actuelle doit de son côté tenir compte des solidarités qu'exige la coutume et accepter plus de conciliation, plus de médiation, plus d'arbitrage, tout en se souciant davantage de l'éxécution des condamnations civiles.

Puisse cette enquête, soixante ans après, même si le monde a changé, favoriser cette réflexion !

Chapitre I

1. Demande d'enquête sur les coutumes pénales indigènes par le Gouverneur Général de l'A.E.F. (21 février 1937).
2. Note de présentation du projet de barème et des peines.
3. Questionnaire concernant les coutumes pénales indigènes en A.E.F. en vue de la préparation d'un Code Pénal Indigène.
4. Circulaire du Gouverneur Général de l'A.E.F. sur les réparations civiles en matière de justice indigène (29 juin 1938).
5. Organisation administrative du Tchad en 1937.

1
Demande d'enquête du Gouverneur Général de l'AEF

GOUVERNEMENT GÉNÉRAL
de L'A.E.F.
Direction des Affaires Politiques et
d'Administration Générale
Service judiciaire
N°25

RÉPUBLIQUE FRANÇAISE

Brazzaville, le 21 février 1937

Le gouverneur Général de l'Afrique Équatoriale Française Commandeur de la Légion d'honneur
à MM. le Gouverneur Délégué à Libreville
le Gouverneur Délégué à Bangui
le Commandant de la Région du Tchad à Fort-Lamy

pour information : les chefs de département, subdivision et de P.C.A.
l'Administrateur-Maire de Brazzaville.

A/S des coutumes pénales indigènes

Dans le discours inaugural que j'ai prononcé lors de la séance d'ouverture du Conseil d'Administration, le 28 décembre dernier, j'ai parlé de certaines imperfections dans le fonctionnement de la justice indigène, que le contrôle exercé par la Chambre d'Homologation sur les jugements rendus a permis de révéler, en particulier l'incertitude, la discordance, le défaut d'harmonie des condamnations pénales.

Pour remédier à cet inconvénient, j'envisageais l'élaboration d'un code pénal, spécial aux populations autochtones, qui serait proposé à titre de raison écrite à la pratique des Présidents des Tribunaux du 1er et du 2ème degré.

Ce code devrait s'inspirer, pour fixer le maximum et le minimum des peines et pour nuancer la répression, des mœurs et des réflexes traditionnels devant le délit ou le crime dans une région ethnique déterminée.

Demande d'enquête

Un projet de code a été soumis à mon approbation. Il a été établi par M. le Président Attuly, chef du service judiciaire de l'A.E.F., après discussion par les membres de la Chambre d'Homologation

Il m'est apparu qu'il y aurait un intérêt primordial à le soumettre à tous ceux qui ont à s'occuper, de par leurs fonctions, de la justice indigène, à tous ceux qui s'intéressent aux coutumes et aux traditions de nos administrés.

Parmi ceux-là, figurent au premier plan, les chefs de département, de subdivision et de P.C.A. et les présidents des tribunaux indigènes. Mais parmi le personnel administratif en service dans les différentes unités administratives, il peut se trouver des agents de tous ordres, européens ou indigènes, à même de fournir sur les coutumes locales de précieux renseignements, et de mener à bien une étude particulièrement intéressante ; il conviendra, le cas échéant, de s'adresser à eux. Le travail que je vous demande par la présente circulaire consistera à répondre au questionnaire que vous trouverez ci-joint, accompagné d'une note de M. le président Attuly qui en précise l'objet et la portée.

Les enquêtes devront :
1. rechercher si certaines infractions non comprises dans le questionnaire, connues et réprimées par les coutumes locales doivent y être ajoutées ;
2. indiquer si les minima et les maxima adoptés par la Chambre d'Homologation pour les infractions retenues et définies par elle répondent à la répression prévue par la coutume, traduite, comme le veulent les articles 52 et 53 du Décret organisant la Justice indigène, fixer en outre les minima et maxima pour les infractions qui devraient être ajoutées à la liste ;
3. donner de façon précise pour chacune de ces infractions la sanction coutumière telle qu'elle était appliquée avant notre arrivée dans le pays.

J'attacherai du prix à ce que toutes les réponses me parviennent le plus tôt possible et en tous cas avant le 1er janvier de l'année prochaine.

Je vous adresse un nombre suffisant de questionnaires pour que les P.C.A. et subdivisions en reçoivent tous un exemplaire.

Chaque infraction est numérotée ; il vous suffira donc, dans votre réponse, de rappeler le numéro correspondant à l'infraction, pour vous éviter d'avoir à faire reproduire le texte en question.

J'insiste pour que l'enquête à laquelle vous allez vous livrer soit faite avec le plus grand soin.

Ses résultats représenteront un ensemble de faits des plus précieux, dont la connaissance ne pourra que faciliter l'administration des différentes tribus. Un exemplaire de vos réponses devra d'ailleurs être versé aux archives des P.C.A., subdivisions et départements.

Vous comprendrez en outre facilement qu'en dehors de l'intérêt immédiat qui s'attache à une meilleure distribution de la justice, la somme des informations qui seront ainsi recueillies dans toute la Colonie, sera du point de vue scientifique et ethnologique une mine précieuse de renseignements.

Il convient que les coutumes pénales de toutes les tribus soient étudiées puisque la justice répressive qui doit être appliquée est celle du lieu de l'infraction, et que, dans l'avenir, les tribunaux continueront à s'inspirer de cette coutume pour doser les peines qu'ils infligent dans l'intervalle du maximum et du minimum qui seront retenus pour chaque infraction.

Les renseignements que vous rechercherez pourront être demandés tant aux assesseurs des tribunaux indigènes, qu'aux chefs, aux notables, aux anciens dépositaires des traditions. Les particularités propres à chaque tribu ou fraction de tribu seront notées, comme aussi l'importance que les différents délits ou crimes pourraient présenter aux yeux des intéressés.

Il y aura lieu, en outre, de préciser dans une note séparée, la façon dont la justice était rendue avant notre arrivée dans le pays, et par qui, soit par le chef de famille, ou par des chefs d'un rang plus élevé, par de véritables juges reconnus de tous, etc.

Enfin il serait particulièrement intéressant de déterminer l'idée générale qui dominait le système répressif - si ce mot n'est pas trop ambitieux - en rattachant la forme la plus courante de la répression par indemnisation ou par châtiment à la constitution politique de la société, à un concept religieux, à des particularités économiques et sociales.

Et, pour que la mise au point du travail d'ensemble soit plus facile, vous voudrez bien joindre à vos réponses une liste des tribus ou sous-tribus sur lesquelles l'étude aura porté ainsi qu'une carte fixant clairement leur distribution sur le terrain.

Je tiens d'autre part à ce que, dès maintenant, il soit tenu compte des observations de M. le président Attuly, au sujet de la collaboration immédiate qui doit s'exercer, à l'occasion des jugements à rendre, en vue de corriger certaines pratiques défectueuses.

Je désire qu'à l'avenir les formules inexactes qui sont encore trop souvent employées dans la rédaction des décisions des tribunaux soient abandonnées, et que celles indiquées dans la note du Chef de Service Judiciaire soient seules utilisées.

Signé : RESTE

Demande d'enquête

COMMENTAIRE

C'est surtout d'un projet de code pénal indigène qu'il est question dans cette circulaire.

Sur les trois points principaux de l'enquête, seul le troisième concerne les coutumes pénales. Quand le Gouverneur Général écrit : « S'il convient que les coutumes pénales de toutes les tribus soient étudiées puisque la justice répressive qui doit être appliquée est celle du lieu de l'infraction et que dans l'avenir les tribunaux continueront à <u>s'inspirer</u> de cette coutume... etc. », le GG emploie le terme adéquat. Car si le décret du 12 mai 1910 (J.O. A.E.F. 1910 p. 527) précisait à l'article 47 que « les tribunaux indigènes appliquent, en toute matière, les coutumes locales en ce qu'elles n'ont pas de contraire aux principes de la civilisation française », celui du 25 mai 1936 (JO AEF 1.8.1936 p.750) stipule seulement dans son article 53 : « Avant de prononcer la sentence, le tribunal s'enquiert de la sanction éventuellement prise par la coutume du lieu pour l'infraction commise et proportionne l'importance de la condamnation à la gravité de la sanction. Il a qualité, sous le contrôle de la Chambre d'Homologation, pour prononcer la condamnation qui lui parait équitable dans le cas où la coutume n'aurait prévu aucune sanction pour l'infraction commise ».

S'enquérir de la sanction coutumière et proportionner la condamnation à la gravité de cette sanction sont donc devenues les seules obligations du juge. C'est dire qu'on s'inspire de la coutume plus qu'on ne l'applique.

En fin de circulaire, le G.G. invite les enquêteurs à une réflexion sur le système répressif ancien dans une note consacrée à la façon dont la justice était rendue avant notre arrivée dans le pays. Ce sont ces notes qui vont se révéler les plus riches en informations.

2
Note de présentation du projet de barème et des peines

Le contrôle pratique, tant par le Parquet Général sur les jugements non soumis d'office à la Chambre d'Homologation, que par cette juridiction sur les décisions qui lui sont déférées, révèle :

A. Une certaine incertitude dans les coutumes appliquées.

Les mentions, à cet égard, sont trop sommaires et trop vagues. Le jugement se contente surtout d'invoquer la coutume *coranique* ou la coutume *fétichiste*. L'emploi de ces vocables périmés est contraire à la volonté du législateur qui prescrit au Juge d'appliquer la **coutume particulière du lieu de l'infraction.**

En effet, dans chaque région ethnique, l'évolution des mœurs propre au milieu social a profondément altéré l'animisme primitif ; de même, les coutumes *coraniques* se sont diversifiées à l'infini au contact des institutions traditionnelles du milieu animiste autochtone ; si bien que l'on peut dire qu'il n'y a pas une coutume *coranique* ou *fétichiste* ; il y a autant de coutumes coraniques ou fétichistes qu'il y a de groupes ethniques caractérisés.

D'autre part, le tribunal (surtout les tribunaux du 1er degré) se satisfait trop souvent de la formule suivante, fausse et vaine : « *Attendu que la coutume prévoit l'emprisonnement et l'amende* »... alors que ces modes de répression étaient, avant notre pénétration, ignorés de la majorité des peuplades primitives de l'Afrique Équatoriale Française.

B. L'incertitude dans les peines appliquées.

Dans son discours inaugural au Conseil d'Administration, Monsieur le Gouverneur Général, constatant cette incertitude, en a défini les causes. Elles rendent compte des flottements, des contradictions entre les condamnations prononcées, non point seulement par les Tribunaux de régions différentes, mais, dans un même tribunal, par les juges successifs qui souvent marquent, au détriment de la logique et de l'équité, les sentences successives de leurs tendances et de leur tempérament personnels.

D'où la nécessité, reconnue par le Chef de la Colonie, d'une sorte de barème des peines dont devraient désormais s'inspirer les tribunaux, à titre de raison écrite.

Tel est l'objet des tableaux joints à la présente note.

Ils comprennent trois volets :

Présentation

1. A chaque infraction, classée suivant l'ordre alphabétique pour faciliter les recherches, correspond une définition aussi simple et aussi complète que possible.

Ces infractions ont été patiemment relevées à travers plusieurs années de jurisprudence et des milliers de jugements. Leur définition s'inspire, avant tout et essentiellement, des réalités sociales révélées par les décisions. Elle n'hésite pas cependant, à profiter de l'expérience du droit pénal français, mais en répudiant tout terme technique, non point pour systématiser arbitrairement et violenter les coutumes, mais pour exprimer avec plus de netteté et de précision les éléments du crime ou du délit. La brève analyse que contient chaque définition s'efforce de dégager les principes fondamentaux du droit naturel commun à toutes les législations, même les plus primitives. La précision du vocable, d'abord, qui désigne l'infraction, de sa définition, ensuite, évitera, il faut l'espérer, les fantaisies parfois déconcertantes qui manifestent, dans certaines qualifications improvisées, l'inexpérience du Juge.

2. Le projet comporte un barème souple et extensible des peines à appliquer à chaque infraction, établi d'après les résultats moyens, soit des décisions de jurisprudence **homologuées**, soit des décisions dont le contrôle préventif du Parquet Général a reconnu l'exacte adaptation au délit ou au crime.

Afin de réduire l'amplitude des variations injustifiables, trop souvent constatées pour un même délit dans un même groupe ethnique, un minimum et un maximum ont été fixés, calculés assez largement pour satisfaire, dans chaque cas et dans chaque région, aux nécessités particulières de la défense sociale et à ce que l'on pourrait appeler **l'intensité répressive de la coutume locale** à l'égard de telle infraction déterminée (par exemple, le vol de chameaux ou de bétail dans certaines régions, les crimes de sang dans certaines autres).

3. Il contient certaines observations ou questions destinées à préciser le sens des recherches des enquêteurs.

Les enquêteurs, Chefs de P.C.A., de Subdivision, de Département, répondront en se référant aux numéros affectés à chaque infraction.

Les réponses contiendront les observations des enquêteurs à la collaboration desquels le Gouverneur Général a adressé un éloquent appel, et l'indication de la coutume locale.

En quoi doit consister cette collaboration ?

Elle peut s'exercer **immédiatement, à l'occasion des jugements à prendre,** par l'abandon de certaines pratiques défectueuses.

a - Il convient dès maintenant, de renoncer aux formules vagues et fautives fréquemment relevées dans les décisions ; la formule suivante, par exemple : « *Attendu que la coutume prévoit* ». Quelle coutume ? *La coutume du lieu* précisent certains Tribunaux où ont siégé des assesseurs de **races différentes** et devant lesquels a comparu un prévenu d'une **troisième race**. Coutume de quel lieu ? De quelle race ?

Une formule plus précise doit être utilisée, **seule conforme à la lettre et à l'esprit du décret de 1936 :** « *Attendu que la coutume (banda ou ouaddaïenne ou pahouine, etc.) faisant loi dans la région... (lieu de l'infraction), prévoit...* ».

b - Egalement, **à l'occasion de chaque jugement,** le Tribunal devra s'efforcer d'analyser avec soin la coutume appliquée, renonçant aux formules sommaires et banales si fréquemment employées : « Attendu que la coutume... prévoit l'emprisonnement... ou l'amende... ou l'ablation de la main ». En réalité, la coutume est, en milieu indigène traditionnellement *énoncée* (terme du décret de 1936) sous une forme **concrète, expressive,** le plus souvent familière et **narrative**. Il est loyal de reproduire littéralement la disposition coutumière invoquée, tout en gardant sa valeur proprement judiciaire, elle constitue sous cette forme vivante, un précieux document ethnologique et scientifique.

A cet égard, quelques décisions de Tribunaux du 2ème degré mériteraient d'être citées comme modèles, la suivante notamment :
« *Attendu que la coutume X... de la région Z... applique (au cas de meurtre) le talion, "le sang appelant le sang"*. **En outre** *le meurtrier ou sa famille doit verser une indemnité. S'il est différé à cette exécution, le meurtrier est mis à la barre pour un temps indéterminé. En cas de non-règlement, la famille de la victime se réserve le droit de supprimer un membre de la famille du meurtrier* ».

A côté de cet effort de précision **immédiate, à réaliser dans l'exercice quotidien de la justice indigène**, une œuvre patiente *d'exploration*, suivie d'une reconstitution méthodique, s'impose aux chefs de Départements dans le cadre qui est ici tracé.

Elle se proposera notamment les buts suivants :

a - Recueillir auprès des assesseurs indigènes les plus capables, les formules coutumières locales, encore vivantes, de chaque infraction prévue dans le tableau. Ces formules seraient ensuite classées sous les rubriques qui y sont indiquées.

b - En ce qui concerne la **complicité, la tentative, les circonstances atténuantes,** rechercher scrupuleusement si le principe se trouve dans la coutume, l'y déceler sous quelque forme que ce soit, et si embryonnaire soit-elle.

Présentation

c - Lorsque la coutume est muette, se prononcer nettement, dans chaque cas prévu au tableau, sur l'application d'une sanction, dans l'intérêt de la défense sociale (art. 53 du décret de 1936) ; le respect des coutumes, surtout en matière répressive, doit éviter un fétichisme étroit, dont, du reste, les Tribunaux indigènes semblent heureusement très éloignés.

d - S'il existe **des infractions autres** que celles relevées dans le tableau, les indiquer, préciser la coutume qui les prévoit, les sanctions coutumières, proposer un maximum et un minimum. Sinon, proposer d'autres maxima et minima, plus justifiés, pour la région envisagée.

f - **Classement des infractions**. - L'énumération des crimes contenue dans l'article 29 du décret de 1936, énumération non limitative, reste imprécise et défectueuse. Aussi tels tribunaux du 1er degré jugent-ils l'attentat à la pudeur, les coups et blessures ayant causé la perte d'un œil ou d'un membre qui sont cependant *des faits qualifiés crimes* au terme de l'article précité. N'y aurait-il pas intérêt, tout en maintenant la rigueur des pénalités, à donner compétence au Tribunal du 1er degré, **juge répressif du droit commun**, pour certains faits *qualifiés crimes*, mais qui, en milieu indigène, blessent moins violemment la conscience publique que dans notre société ? (le viol, l'attentat à la pudeur, par exemple ?)

D'après les renseignements recueillis auprès des chefs de Département, un classement plus précis des infractions justifiables des Tribunaux du premier et du deuxième degré, serait ensuite établi par décret.

Signé : R. Attuly

3
Questionnaire concernant les coutumes pénales indigènes en A.E.F. en vue de la préparation d'un Code Pénal Indigène

1. ABUS DE CONFIANCE (ou détournement)

1. **Délit** - Tribunal 1er degré - C'est le détournement frauduleux, commis au préjudice du propriétaire ou détenteur d'une somme d'argent, d'un objet mobilier, d'un document (pli postal, pièce administrative, bétail, etc.) confié par le propriétaire ou le détenteur au prévenu.

2. Emprisonnement : 3 mois à 5 ans - Amende et réparations pécuniaires, facultatives.

3. (a) La coutume la plus répandue ne fait pas de différence entre les divers attentats aux biens : escroquerie, abus de confiance sont en général punis des peines du vol. Mais il est d'une bonne administration de la justice de les distinguer. En fait, cette discrimination est faite dans presque tous les jugements.

(b) D'après la jurisprudence de la Chambre d'Homologation, le détournement d'impôt est un abus de confiance, et non point un crime spécial comme en droit français (détournement de deniers publics).

(c) Le détournement de titres ou de pièces d'archives, ou de lettres confiées à l'administration des Postes (délit ignoré d'ailleurs de la coutume), doit être puni comme abus de confiance conformément aux règles posées par l'article 53 du décret du 29 mai 1936.

2. ADULTÈRE

1. **Délit** - Tribunal 1er degré - C'est le fait, par une femme mariée, d'avoir des relations sexuelles avec une personne autre que son mari. Une plainte de l'époux est toujours nécessaire, et la condamnation à l'emprisonnement ne pourra être prononcée que si l'époux outragé la réclame.

2. Emprisonnement : 15 jours à 1 an pour la femme et pour le complice - Réparations pécuniaires toujours dues par le complice.

3. (a) Rechercher si la coutume prévoit des sanctions **pénales** pour la violation du devoir de **cohabitation** (femme abandonnant le mari, et refusant de rentrer au domicile conjugal.

(b) L'adultère du **mari** est-il puni ? Doit-il l'être ?

(c) Les sanctions pénales doivent-elles être appliquées en matière d'adultère (article 53 du décret de 1936) même lorsque la coutume ne prévoit qu'une sanction indemnitaire pour protéger la famille indigène contre la désagrégation et enrayer le développement de la prostitution dans les grands centres ?

3. Aliénation mentale

La coutume considère-t-elle la démence ou l'ivresse comme une cause d'atténuation ou de disparition de la responsabilité pénale en cas de meurtre ?

En fait, et sans doute sous l'influence du juge européen, les tribunaux considèrent la démence comme une cause d'atténuation, et ordonnent, chaque fois qu'ils le jugent nécessaire, une expertise médicale.

4. Attentat à la pudeur sur mineur impubère (voir aussi **viol**)

1. **Crime** - Tribunal 2e degré - C'est le fait par un adulte, soit de provoquer une impubère à des attouchements sur sa personne, soit de procéder lui-même à des attouchements sur elle, ou d'introduire le doigt (ou un objet) dans le vagin d'une impubère.

Aggravation : 1 avec violence - 2 par un ascendant ou une personne ayant autorité sur la victime - 3 communication d'une maladie vénérienne.

Pénalités - Sans aggravation : emprisonnement de 6 mois à 2 ans – indemnité.

Avec aggravation : emprisonnement de 2 à 5 ans - indemnité sauf au cas de l'ascendant coupable.

3. Les coutumes de votre région punissent-elles ces faits ?

Quelle est votre opinion sur les *Peines proposées* ? la coutume ne prévoyant que des peines vagues ou exagérées.

Ces pratiques se produisent assez fréquemment il est vrai, entre garçons de moins de 16 ans et fillettes à peine pubères, mais aux cas définis ci-dessus, même si la coutume est muette, l'ordre public n'est-il pas intéressé à la répression ? (art. 53 du décret)

Faut-il déférer l'attentat à la pudeur au Tribunal du 2ème ou 1er degré ?

5. Avortement (décret du 30 mai 1933)

1. **Délit** - Tribunal 1er degré – (la définition de l'infraction, les *Peines proposées* et les observations ne figurent pas sur le document)

6. Blessures volontaires, et aussi violences et voies de fait

1. Tantôt **crime** - Tribunal 2ème degré (art. 29 du Décret de 1936)

(a) Blessures faites avec violences exercées volontairement sans intention de donner la mort mais qui l'ont pourtant occasionnée. Emprisonnement de 5 à 15 ans - Amende et interdiction de séjour facultatives - indemnité de la famille de la victime.

(b) Blessures faites (ou violences exercées) volontairement suivies de mutilation, amputation, perte d'un œil ou de l'usage d'un membre. Emprisonnement de 1 à 8 ans - Amende et interdiction de séjour facultatives - indemnité au blessé.

Ne pas confondre les mutilations, suite de violences, coups et blessures volontaires, et les mutilations raciales ou mystiques visées à l'article 29 du décret de 1936.

2. Tantôt **délit** - Violences, coups et blessures volontaires simples. - tribunal 1er degré.

(a) ayant entraîné une incapacité de travail de plus de 20 jours. Emprisonnement 1 à 3 ans - interdiction de séjour facultative - indemnité au blessé.

(b) sans incapacité, ou incapacité inférieure à 20 jours. Emprisonnement 1 mois à 1 an - indemnité, amende.

7. Circonstances atténuantes [1]

Elles sont inconnues de la coutume, du moins comme les conçoivent le droit français et le décret de 1936. Elles peuvent être appliquées par les Tribunaux indigènes (art. 62 du décret) mais au cas d'infraction prévue par un texte émanant du législateur colonial ou local.

En effet, lorsque la condamnation est fondée sur la coutume locale, l'article 62 prévoit, pour le Juge, le droit d'en proportionner l'importance à la gravité de la sanction coutumière ; il n'est donc pas tenu, **à peine de nullité**, de viser les circonstances atténuantes. Toutefois il serait préférable qu'il justifiât la décision, surtout lorsqu'elle s'éloigne sensiblement (cas fréquent) de la sanction coutumière, en précisant, en quelques lignes, les raisons d'ordre matériel ou moral qui en expliquent l'atténuation.

Dans le système provisoire qui est ici proposé, chaque fois que le juge croirait devoir descendre au-dessous du minimum fixé, il serait nécessaire qu'il en exposât brièvement les raisons.

Lorsque sera réalisée la codification, il y aura lieu de rendre ces principes **obligatoires,** et de prévoir même, comme dans d'autres règlements coloniaux sur la justice indigène (A.O.F. notamment), des limites aux effets des circonstances atténuantes **en matière criminelle**.

---

[1] - Aurait dû constituer le Ch. 8.

Mais, dès maintenant, il est souhaitable que les juges, par un effort de discipline intellectuelle, lorsque la peine de mort est encourue, s'abstiennent de descendre au-dessous de 5 années d'emprisonnement et, dans les autres cas, toujours en matière criminelle, au-dessous d'un an d'emprisonnement ou d'interdiction de séjour (cf. article 50 du décret du 6 décembre 1931 en A.O.F.)

8. Blessures involontaires [1]

1. **Délit** - Tribunal 1ᵉʳ degré - causées par imprudence, inattention, négligence, inobservation des règlements.

2. Emprisonnement de 15 jours à 3 mois - amende facultative – indemnité.

3. (a) N'y a-t-il pas lieu de réprimer ces faits malgré le silence de la coutume, en raison de la fréquence des accidents **non mortels** causés par l'imprudence ou la négligence des indigènes (chasseurs, chauffeurs par exemple) ? - *Quid* des peines répressives ?

9. Complicité

1. C'est la coopération volontaire, par un fait positif, à un délit ou un crime, soit en y provoquant par dons, promesses, menaces, abus d'autorité ou de pouvoir, soit en donnant des instructions pour le commettre, soit en aidant ou assistant l'auteur ; c'est encore **l'inaction** ou **l'abstention inexcusables** devant le crime ou le délit, d'une personne dont l'intervention aurait pu les prévenir ou les empêcher.

2. (a) Mêmes peines que celles du crime ou du délit.

(b) Pour la complicité par inaction ou abstention : emprisonnement 3 mois à 3 ans.

3. (a) La complicité active est-elle prévue ? Comment est-elle punie dans la coutume de votre région ?

(b) Bien préciser si la coutume locale prévoit la complicité passive.

10. Concussion (voir : exactions et corruption)

1. **Délit** - Tribunal 2ème degré - Art. 29 3e du décret - C'est le fait de percevoir frauduleusement à titre de chef ou d'agent de l'administration, des sommes qui ne sont pas dues et qu'on sait n'être pas dues.

2. Emprisonnement 1 à 5 ans - indemnité - Amende et interdiction de séjour facultatives.

11. Corruption

1. (a) C'est le fait de recevoir, étant chef ou agent de l'administration,

---

[1] - Aurait dû constituer le Ch. 6.

des dons ou présents pour faire, ou s'abstenir de faire, un acte rentrant dans ses devoirs professionnels et non sujet à salaire (**Corrompu**).

(b) C'est encore le fait de **donner** le présent dans les circonstances ci-dessus indiquées ou d'exercer une contrainte pour obtenir l'abstention ou l'acte sus-indiqués (**Corrupteur**).

2. (a) Même peine pour le corrupteur et le corrompu. Emprisonnement de 1 à 5 ans (comme l'escroquerie ou le vol).

(b) Dans le cas où le corrompu a cédé à la contrainte, le corrupteur seul est puni.

3. (a) - (b) Faut-il, au cas où la coutume locale est muette, maintenir les distinctions entre concussion, corruption, et, pour la corruption, les distinctions indiquées en (a) et (b)

12. Défense légitime

1. Il n'y a ni crime ni délit lorsque le meurtrier a agi sous l'empire de la nécessité immédiate de repousser une attaque exposant sa vie à un danger grave, ou l'escalade et l'effraction des murs, clôtures d'enceintes, ou de la porte d'entrée de la maison.

3. (a) La coutume de votre région reconnaît-elle la légitime défense ?

Si oui, analyser et définir la réaction coutumière : atténuation ou disparition de la responsabilité pénale ?

(b) Si la coutume prévoit une indemnité pécuniaire, le Tribunal répressif peut la prononcer, même en cas d'acquittement.

13. Dénonciation calomnieuse

1. Délit - Tribunal 1er degré - Dénonciation à un fonctionnaire ou agent de l'autorité, imputant faussement à la personne dénoncée un crime, un délit, ou une faute administrative, alors que le dénonciateur n'ignorait pas la fausseté de cette imputation - Nécessité d'une plainte de la victime.

2. Emprisonnement : 1 mois à 2 ans. - Amende facultative. - Indemnité à la victime.

3. Êtes-vous d'avis de prévoir les pénalités proposées dans toutes les régions même lorsque la coutume est muette ? (Art. 53 du décret de 1936)

14. Diffamation et injure

1. Délit - Tribunal 1er degré

(a) **Diffamation** : Allégation ou imputation d'un **fait précis** susceptible de porter atteinte à l'honneur où à la considération d'une personne déterminée.

(b) **Injure** : Expression outrageante, invective grave, s'adressant à une personne déterminée. Une plainte de la victime est nécessaire.

2. (a) Diffamation et injure - 15 jours à 6 mois - amende facultative - indemnité de la victime.

(b) Injure et diffamation à un chef (outrage) - un mois à un an - amende facultative - indemnité à la victime.

3. Êtes-vous d'avis : (a) - de prévoir ces pénalités, même si la coutume est muette ? (art. 53 du décret) (b) - de prévoir une peine aggravée pour l'injure publique à un chef ? (*Outrage* en droit français).

15. EMPOISONNEMENT

1. Crime - Tribunal 2ème degré - (art. 29 Décret 1936) - Attentat à la vie d'une personne par l'effet de substances vénéneuses.

2. Maximum : mort - Minimum : 15 ans

3. *Quid* des pénalités prévues dans la coutume de votre région pour le crime d'empoisonnement des puits, citernes, sources, eaux potables (Art. 29 décret 1936).

Ne pas confondre le **crime** d'empoisonnement prévu et puni par la **coutume** et le **délit** d'administration du poison d'épreuve, prévu par le décret du 28 mai 1927. Dans ce dernier cas, sous l'empire de croyances mystiques, le patient accepte le risque, et les acteurs n'ont point, à proprement parler, d'intention homicide.

Mais il convient de bien vérifier, dans chaque cas, si, sous l'apparence des rites du *poison d'épreuve* ne se dissimule pas un empoisonnement déguisé.

16. ESCROQUERIE

1. Délit - Tribunal 1er degré - Il y a escroquerie chaque fois qu'une personne se fait frauduleusement remettre des fonds, des objets ou effets mobiliers, par une autre personne, et qu'elle a usé, pour obtenir cette remise, d'un faux nom, d'une fausse qualité ; ou encore de mensonges caractérisés ; ou encore de manœuvres frauduleuses (pratiques de charlatanisme, etc.), la victime ayant été, par ce moyen, conduite à prêter à l'escroc un pouvoir ou un crédit imaginaire, (par exemple : un crédit imaginaire auprès d'un chef influent, européen ou indigène) ou à croire à l'existence des fausses entreprises que l'escroc fait miroiter à sa victime.

2. 1 à 5 ans - Indemnité - Amende et interdiction de séjour facultatives.

3. L'on doit éviter la définition trop rigide, trop étroite, du Code Pénal, mal adapté aux réalités de la vie indigène. - Exemples de qualifications :

(a) Attendu que A... est coupable d'avoir à... (lieu) le... (date) en se servant d'amulettes (ou à l'aide de tours de cartes, ou de pratiques superstitieuses) frauduleusement fait croire à B... (chef du village de...) qu'il avait le pouvoir de le faire nommer chef de canton ; qu'il a réclamé et obtenu dudit B... une somme de... qu'il lui a ainsi escroquée.

(b) Attendu que A... est coupable d'avoir à... le... en se prétendant faussement chargé de cette mission par B... (chef de canton, administrateur) réclamé à titre d'impôt, au nommé C... une somme de... qu'il lui a ainsi escroquée.

17. ESCROQUERIE DITE *AU MARIAGE* OU *À LA DOT*

1. Délit - Tribunal 1er degré

Remise ou offre successive à des prétendants différents, par celui qui a autorité sur elle, d'une fille ou femme présentée à chaque prétendant comme libre, contre remise, chaque fois, d'une dot.

2. Emprisonnement 1 à 5 ans - Amende facultative - Remboursement de la dot ou des dots reçues

3. Si la coutume du lieu est muette, vous paraît-il nécessaire à l'ordre social de réprimer le délit ? *Quid.* des *Peines proposées* ?

18. ÉVASION

Délit - Tribunal 1er degré

1. Détenu

(a) Le fait par un détenu de sortir de la prison sans l'accomplissement des formalités légales (prison, maison de garde, même temporaire, hospice, ambulance où est soigné le détenu malade...)

(b) Le fait par un individu légalement arrêté, d'échapper aux agents préposés à sa garde ou à son escorte.

(c) **Aggravation** - Bris de prison (trou creusé dans le mur ou le toit, ou toute effraction). Avec violences.

2. Gardien – Le fait pour le gardien ou tout autre personne de procurer ou de faciliter l'évasion (**connivence**).

Pénalités

1. (a) et (b) Détenu – Emprisonnement 1 mois à 1 an, s'ajoutant à la peine encourue ou en voie d'exécution lors de l'évasion (art. 55 du décret de 1936). - Interdiction de séjour facultative.

(c) Emprisonnement 1 à 2 ans, se cumulant avec la peine en cours d'exécution lors de l'évasion. Interdiction de séjour facultative.

2. Gardien – Connivence : Emprisonnement 2 mois à 2 ans.

QUESTIONNAIRE

Tiers - Connivence - 1 mois à 1 an.

3. (a) On a évité l'application des principes trop complexes du droit français (art. 237 à 248 du Code Pénal)

(b) La coutume locale distingue-t-elle les différents cas prévus ci-dessus ? Si elle est muette, vous parait-il nécessaire à l'ordre social de réprimer l'évasion ? Si oui, faut-il adopter les distinctions et les *Peines proposées* ?

19. EXACTIONS

1. **Délit** - Tribunal 2ème degré - Le fait par un chef ou par un agent de l'administration d'exiger **par la violence, la menace ou la contrainte** des sommes ou des objets qu'il sait n'être pas dûs (voir **concussion**).

2. emprisonnement : 1 à 5 ans (peines de vol) - Indemnités.

3. (a) La coutume locale distingue-t-elle la concussion de l'exaction ?

Si non, vous parait-il utile de maintenir cette distinction, de maintenir, d'autre part, des peines différentes pour la concussion et l'exaction ?

Si oui, les *Peines proposées* sont-elles suffisantes ?

20. FAUX

1. **Crime** - Tribunal 2ème degré - Altération frauduleuse de la vérité, dans un écrit qui a porté et qui porte préjudice à un tiers ; par fausse signature ; par altération ou contrefaçon d'écritures ; ou par fabrication de conventions fausses, par constatation comme vrais de faits faux dans les certificats, cartes d'identité, dans les feuilles de route, passeports, permis de chasse, etc.

2. Emprisonnement de 2 à 10 ans

3. (a) Les *Peines proposées* (minimum modéré, maximum élevé) tiennent compte de la jurisprudence des tribunaux indigènes où l'emprisonnement est gradué à l'infini selon les circonstances de fait, la gravité du préjudice et aussi l'énergie répressive des juges, laquelle accuse des divergences singulières.

Sont-elles suffisantes, si l'on tient compte de la tendance de l'indigène lettré à la falsification, souvent naïve, parfois habile et dangereuse ?

Ou trop élevées, en raison des possibilités assez restreintes de dommage dans la société indigène, société pauvre ?

Faut-il laisser la compétence au Tribunal du 2ème degré ? L'article 29 dit que ce Tribunal connaîtra des faits **qualifiés crimes** notamment mais n'énumère pas le faux parmi les faits qualifiés crimes.

21. FAUSSE MONNAIE

1. **Crime** - Tribunal 2e degré

La contrefaçon ou l'altération de monnaie. La fausse monnaie comportant toujours un préjudice éventuel pour un organisme bancaire ou économique distinct de l'État ou de la Colonie (Banque d'émission, Chambre de Commerce), n'est presque jamais justiciable des tribunaux indigènes.

22. Faux témoignage

1. **Délit** - Tribunal 1er ou 2e degré - Le fait (par un témoin ou par le prévenu) de faire en justice ou à l'instruction ou à l'audience une déposition contraire à la vérité avec l'intention d'égarer les juges, et pouvant porter préjudice à quelqu'un ou le favoriser injustement.

2. Paragr. 2, art. 54 du décret de 1936 - emprisonnement : 6 jours à 1 mois - 16 à 500 frs d'amende.

3. (a) L'insuffisance des peines portées à l'article 54 a été souvent constatée par la Chambre d'Homologation, si l'on tient compte de ce que le faux témoignage peut avoir pour résultat d'innocenter un coupable ou de faire condamner un innocent.

Une modification est-elle souhaitable sur ce point ? Laquelle ? (Voir aussi Outrage au Tribunal,. Injure à témoins).

23. Homicide volontaire

1. **Crime** - Tribunal 2e degré (art. 29 parag. 1 A, décret 1936).

(a) C'est le fait de donner volontairement la mort à quelqu'un (**meurtre**).

(b) Meurtre avec préméditation et guet-apens (**assassinat**).

(c) Meurtre commis sur le père ou la mère (**parricide**).

(d) Meurtre commis sur un enfant nouveau-né (**infanticide**).

2. (a) **Meurtre** - emprisonnement - maxi. : perpétuité ; mini. : 15 ans.

(b) **Assassinat** - maxi. : mort ; mini. : 15 ans.

(c) Peine de l'assassinat.

(d) Peine du meurtre.

Pour tous ces crimes, ajouter à l'emprisonnement :

(a) l'indemnité pécuniaire (*diya*).

(b) l'amende et l'interdiction de séjour, facultatives.

3. Voir au mot **Tentative.**

24. Homicide involontaire

1. **Délit** - Tribunal 2ème degré - Par maladresse, imprudence, inattention, inobservation des règlements.

2. Peines : 3 mois à 2 ans - Amende facultative – Indemnité.

QUESTIONNAIRE

3. Les Tribunaux en raison du grand nombre d'accidents mortels dus surtout à l'imprudence des chasseurs indigènes, en brousse, répriment l'homicide involontaire de peines variant de 1 à 3 ans.

Faut-il maintenir cette répression ?

25. INCENDIE VOLONTAIRE

1. **Crime** - Tribunal 2ème degré - (art. 29 décret 1936) - Le fait d'avoir causé volontairement l'incendie d'un bâtiment ou de récoltes.

2. Emprisonnement de 1 à 10 ans - Indemnité, interdiction de séjour, facultatives.

Si l'incendie a entraîné la mort d'homme : Emprisonnement perpétuel, indemnité (cf. **Meurtre**) - interdiction de séjour facultative.

3. Que prévoit la coutume locale au cas où l'incendie a fait des victimes ?

26. INJURE À TÉMOIN

1. **Délit d'audience** - Tribunaux 1er et 2ème degrés.

2. Emprisonnement de 6 jours à 1 mois - 16 à 500 fr. d'amende (parag. 2 Art. 54 du décret de 1936).

3. (a) Les peines prévues par l'art. 54 du décret de 1936 sont-elles suffisantes ? - Une modification est-elle souhaitable sur ce point ? - Laquelle ?

27. MENACES simples ou MENACES avec ordre ou sous condition : (a) de voies de fait, (b) d'incendie, de destruction, de mort.

1. **Délit** - Tribunal 1er degré - Le fait d'avoir menacé de voies de fait, d'incendie, de destruction de biens, de mort ; soit sans condition, soit sous condition (reproduire les expressions et les termes de l'ordre ou de la condition).

2. (a) Menaces de **voies de fait** sans ordre ou condition. Menaces de **voies de fait** simples avec ordre ou sous condition : 15 jours à 6 mois - amende facultative.

(b) Menaces **de mort, d'incendie, de destruction**, sans ordre, ou avec ordre ou condition : 6 mois à 2 ans - Amende, interdiction de séjour, facultatives.

3. La coutume locale prévoit-elle ce délit ? avec condition et sans condition ? Analyser la sanction.

Si la coutume locale est muette à cet égard, est-il utile de sanctionner les menaces, par application de l'art. 54 du décret de 1936 et de punir la menace sans condition ?

Quid des *Peines proposées* ?

28. Outrages (au tribunal ou à l'un de ses membres)

1. **Délit** d'audience

2. emprisonnement de 6 jours à 1 mois - amende 16 à 500 Fr. - (Parag. 2 art. 54 du décret de 1936)

3. (a) Les peines prévues par l'art. 54 du décret de 1936 sont-elles suffisantes ? Une modification est-elle souhaitable sur ce point ? Laquelle ?

29. Pillage en bande et à main armée

1. **Crime** - Tribunal 2ème degré - (Art. 29 décret de 1936).

Ne pas confondre ce crime et l'infraction de **vol en réunion** ou **avec armes.**

C'est l'enlèvement, avec violence ou dégâts, d'effets mobiliers (denrées, marchandises, sacs postaux, etc.), que les pillards aient cherché ou non à en tirer profit, par plusieurs individus agissant en bande. (La bande suppose une organisation, l'existence de chefs qui la dirigent).

2. (a) Emprisonnement de 5 à 10 ans - Aggravation pour le chef : 5 à 20 ans - Indemnité, le cas échéant - Interdiction de séjour facultative.

(b) **S'il y a blessures faites au cours de l'agression :** 5 à 20 ans - Indemnité. - Aggravation pour le chef : Emprisonnement minimum : 10 ans, maximum : perpétuité - Indemnité - Interdiction de séjour facultative.

(c) **En cas de mort à la suite de tortures** : Peines de l'assassinat.

30. Rapt

1. **Crime** - Tribunal 2ème degré - (Art. 29 du décret de 1936) - C'est l'enlèvement d'une personne, par violence ou ruse, du lieu de domicile de sa famille naturelle ou du domicile de la personne qui a autorité sur elle, ou de sa résidence actuelle, et son maintien contre sa volonté et celle du chef de famille, dans un groupement familial ou ethnique autre que son groupement actuel.

2. Emprisonnement de 1 à 3 ans - Amende facultative - Indemnité facultative - **Aggravation** : si le rapt a été accompagné de violences physiques graves : 2 à 4 ans.

3. La coutume locale prévoit-elle ce délit qui est énuméré parmi les crimes de l'art. 29 du décret de 1936 ? Si oui, analyser la question. Même si la coutume locale est muette l'art. 29 du décret de 1936 oblige les Tribunaux à réprimer le crime de rapt. Les peines et distinctions proposées par la coutume locale doivent-elles être **maintenues** ? (Cf. peines prévues par le décret du 8 août 1920 sur la traite : 2 à 6 ans, 100 à 500 francs d'amende).

QUESTIONNAIRE

31. RÉBELLION

1. **Délit** - Tribunal 1er degré - C'est l'opposition violente aux agents de l'autorité, se manifestant soit par une attaque, soit par une résistance, pour les empêcher d'accomplir les ordres ou la mission qu'ils sont chargés d'exécuter. (a) Sans arme - (b) **Aggravation :** avec armes

2. (a) **Sans arme** : Emprisonnement de 1 mois à 2 ans - Amende, indemnité, interdiction de séjour facultatives.

(b) **Avec armes** : (1) 2 à 5 ans (sans préjudice des peines du meurtre ou des coups et blessures, s'il s'en produit au cours de la rébellion, auquel cas : confusion). - En outre : Amende, indemnité, interdictions de séjour facultatives.

3. (a) Faut-il maintenir la distinction de la rébellion avec armes ou sans arme, non indiquée dans la coutume ?

(b) La rébellion s'entend de la résistance à un ou plusieurs agents chargés d'une besogne de police ou d'une besogne déterminée.

Lorsqu'il y a mouvement concerté contre l'autorité politique (dissidence, refus de l'impôt avec résistance physique, etc.) il y a infraction politique et application du décret du 15 novembre 1924.

32. RECEL (voir : vol)

1. **Délit** - Tribunal 1er degré - C'est le fait, par un individu, de recevoir ou de détenir, connaissant leur origine frauduleuse, des choses obtenues à l'aide d'un vol, d'un abus de confiance, d'un meurtre, ou de tout autre crime, ou les sommes provenant de choses ainsi obtenues.

2. Emprisonnement de 1 à 5 ans - Restitution ou remboursement - Amende, interdiction de séjour, facultatives - (peines de vol)

3. La coutume locale punit-elle le recel ? - Si elle est muette, vous paraît-il nécessaire à l'ordre social de réprimer le recel ? (Art. 53 du décret de 1936) - Si oui, *quid* des *Peines proposées* ?

33. RECEL DE MALFAITEURS

1. **Délit** - Tribunal 1er degré - C'est le fait de recevoir et de cacher (receler) des personnes que l'on sait avoir commis un crime ou un délit.

2. Emprisonnement de 3 mois à 2 ans - Amende, interdiction de séjour, facultatives.

3. La coutume locale prévoit-elle que les ascendants, époux, épouses, frères et sœurs du criminel ou délinquant **ne seront pas poursuivis** pour l'avoir recelé ? - Si non, n'y a-t-il pas, dans ce cas, **atténuation** de la peine ?

34. Séquestration, arrestation arbitraire

1. **Crime** - Tribunal 2ème degré - (Art. 29 décret de 1936) - C'est le fait de détenir une personne déterminée sans ordre des autorités constituées et hors les cas prévus par la loi ou la coutume lorsque celle-ci n'est pas contraire à l'ordre public.

2. Emprisonnement : 1 à 5 ans - Amende, indemnité, interdiction de séjour, facultatives.

3. L'écart prévu entre le minimum et le maximum est considérable ; ainsi la répression peut correspondre aux divers degrés de gravité des actes, variés à l'infini, d'après la jurisprudence des Tribunaux.

35. Tentative

1. Exécution d'un crime ou d'un délit arrêtés par des circonstances indépendantes de la volonté de l'auteur.

2. Mêmes peines que le délit ou le crime.

3. Faut-il appliquer à la tentative les mêmes peines qu'au délit ou au crime ? - Les tribunaux indigènes la punissent parfois avec de sérieuses divergences dans l'application des peines. Il semble que, même si la coutume ne prévoit pas la tentative, la sûreté des biens et des personnes en impose et en justifie la répression.

36. Viol

1. **Crime** - Tribunal 2ème degré (1) - C'est le fait par un homme d'avoir des relations sexuelles avec une femme, sans le consentement de celle-ci. Le coït est indispensable ; s'il y a simples attouchements ou d'autres actes d'excitation sexuelle, c'est **l'attentat à la pudeur.**

2. (a) Femme nubile : emprisonnement de 1 mois à 1 an - Indemnité, amende, facultatives.

(b) Sans violences, femme impubère : emprisonnement de 6 mois à 2 ans - Indemnité à la famille - Amende, interdiction de séjour, facultatives.

(c) Avec violences sur une femme impubère : Emprisonnement de 1 à 3 ans.

(d) Si le viol a été commis par un ascendant ou personne ayant autorité : Emprisonnement de 1 à 15 ans (sans indemnité) - Amende, interdiction de séjour, facultatives.

(e) S'il y a eu communication de maladie vénérienne : 2 à 5 ans

3. En l'absence de toute indication du décret, et en l'état des mœurs indigènes (car malgré la sévérité théorique excessive de certaines coutumes, les condamnations des tribunaux ne dépassent, en fait, jamais 2 à 3 ans d'emprisonnement), faut-il maintenir le caractère de crime du viol ?

Actuellement, la jurisprudence de la Chambre d'Homologation, interprétant l'article 29 du décret qui s'exprime ainsi : « *Les Tribunaux du 2e degré connaîtront de toutes les infractions qualifiées crimes et, notamment...* », reconnaît au viol le caractère d'un crime relevant du Tribunal du 2e degré.

Faut-il prévoir, bien que nous n'ayons à cet égard aucune indication coutumière, des peines spéciales et plus graves, pour le viol commis par un ascendant ou une personne ayant autorité sur la personne violée ?

37. Vol

1. **Délit** - Tribunal 1er degré - Appréhension frauduleuse de la chose d'autrui.

Circonstance aggravantes :

(a) au préjudice d'un chef ;

(b) par un individu porteur d'armes ;

(c) de chameaux ou autre bétail ;

(d) vol avec effraction ou escalade de maison habitée ou servant d'habitation ;

(e) avec violence ;

(f) en réunion - La réunion est un rassemblement accidentel, un attroupement occasionnel ; la **bande** suppose une organisation, l'existence de chefs qui la dirigent. (voir **pillage en bande armée**) ;

(g) avec tortures corporelles et actes de barbarie - Crime Tribunal 2e degré.

2. (a) **vol simple** - Emprisonnement de 1 à 5 ans - remboursement ou restitution - Amende, interdiction de séjour, facultatives.

(b) **avec circonstances atténuantes** - 2 à 10 ans avec indemnité - Amende, interdiction de séjour, facultatives.

(c) avec **tortures corporelles et actes de barbarie** ayant entraîné la mort - mort, minimum : 15 ans d'emprisonnement.

(d) avec **tortures n'ayant pas entraîné la mort** - emprisonnement perpétuel, minimum : 15 ans.

3. (a) Il semble utile, en raison de l'inapplicabilité totale des sanctions coutumières (barbares, disproportionnées à la gravité intrinsèque du délit, basées parfois sur la servitude) de graduer soigneusement les peines d'après la nature des objets volés, la qualité de la victime, l'étendue du préjudice, les circonstances du vol. - Les peines prononcées par les tribunaux varient à l'infini, parfois sans raison appréciable. - *Quid* des distinctions et des *Peines proposées* ci-dessus ?

Observation générale

Il est bien entendu que, même pour les délits ressortissant normalement au Tribunal du premier degré, le Tribunal du deuxième degré devient compétent lorsque l'infraction, aux termes de l'article 29 du décret du 29 mai 1936, intéresse, comme auteur et victime, des fonctionnaires indigènes ou des indigènes agents de l'autorité.

Pour copie conforme P. HERSÉ

COMMENTAIRE

A la différence du Gouverneur Général, le Chef du service judiciaire ne parle pas d'un projet de code pénal mais seulement d'un "questionnaire concernant les coutumes pénales indigènes en AEF en vue de la préparation d'un code pénal", ce qui correspond mieux à la réalité. On remarquera qu'il égratigne assez sévèrement les administrateurs-juges. "Incertitude dans les coutumes appliquées ou dans les peines", "flottement et contradiction entre les condamnations prononcées dans un même tribunal par des juges successifs qui marquent les sentences" de leurs tendances et de leur tempérament personnels, "fantaisie déconcertante dans certaines qualifications improvisées" dues à l'inexpérience justifient donc selon lui l'établissement d'un barème des peines dont devront s'inspirer les tribunaux à titre de raison écrite.

Le Chef du service judiciaire relève aussi que certains tribunaux de premier degré jugeaient des faits qualifiés crimes, et donc de la compétence de tribunaux du second degré, mais c'est pour se demander s'il ne conviendrait pas de correctionnaliser certains d'entre eux, "compte tenu de ce qu'ils blessent moins violemment la conscience publique que dans notre société", comme par exemple l'attentat à la pudeur ou les coups et blessures ayant entraîné la perte d'un œil ou d'un membre.

On aurait pu lui faire observer qu'en procédant ainsi les présidents des tribunaux de premier degré ne faisaient que respecter l'esprit des coutumes.

A cette époque, la compétence des tribunaux indigènes est déterminée par l'Art. 29 du décret du 29 mai 1936 qui reprend la classification des infractions du droit français.

On commence donc à se demander, à juste raison, s'il ne conviendrait pas d'adapter cette classification à la réalité locale.

QUESTIONNAIRE

Il faudra en fait attendre une loi du 19 septembre 1961 pour voir correctionnaliser au Tchad les coups et blessures volontaires mortels, disposition qui sera reprise dans le code pénal tchadien de 1967 (ord. 12 du 9 juin 1967) et étendue à certains coups et blessures volontaires aggravés (art. 253), à l'attentat à la pudeur consommé ou tenté sans violence sur un enfant de moins de 13 ans (art 273), à l'abus de confiance commis par un officier public ou ministériel (art. 318 al. 3), à l'extorsion de fonds par force, violence ou contrainte (art. 315 al 1), à certains vols qualifiés, à la banqueroute frauduleuse (art. 313 al. 2), au faux en matière criminelle (art. 218 al. 1) et enfin au détournement de deniers publics inférieur à 1 million de francs CFA (art 322 al. 2).

Le questionnaire qui accompagne la note a été préparé, nous dit le GG, par les magistrats de la Chambre d'Homologation, c'est-à-dire par le Premier Président de la Cour d'Appel Paoli, chef du service judiciaire, deux fonctionnaires du cadre des administrateurs des colonies (désignés par le GG sur proposition du Chef du service judiciaire), deux notables indigènes choisis dans les mêmes conditions et par le Procureur général Giacobbi.

Il suffit de lire les observations portées en marge du questionnaire pour voir que ces magistrats étaient parfaitement renseignés sur les formes de la criminalité locale. On peut donc s'étonner que sur 32 questions portant sur les délits et les crimes les plus courants, aucune n'ait été posée sur la sorcellerie qui est l'infraction la plus grave de la société traditionnelle. En fait, ce questionnaire se présente comme un travail préparatoire en vue d'élaborer un code pénal conforme au droit français. Il s'y manifeste toutefois, un certain souci d'adapter la répression aux mœurs et à la sensibilité locale.

4
Circulaire du Gouverneur Général de l'A.E.F. sur les réparations civiles en matière de justice indigène
(29 juin 1938)

Afrique Équatoriale Française	République Française
Gouvernement Général	
Directeur des Affaires Politiques et d'Administration Générale	
N°113/A.P.	Brazzaville, le 29 juin 1938

Le Gouverneur Général de l'Afrique Équatoriale Française
Commandeur de la Légion d'honneur

à MM. le Gouverneur, Chef Territoire **Libreville**
le Gouverneur, Chef Territoire **Bangui**
l'Administrateur en Chef, commandant le Territoire du Tchad **Fort-Lamy**
les Chefs de Département du **Moyen-Congo**
l'Administrateur-Maire de **Brazzaville**

Objet : A/S réparations civiles en matière de justice indigène

Par ma circulaire N°53/AP. du 2 avril 1938 je rappelais aux Présidents des juridictions indigènes de votre ressort l'obligation qu'impose aux tribunaux de cet ordre l'article 65 du décret du 29 mai 1936 de statuer d'office « *sur les restitutions, sur les dommages et sur toutes autres actions civiles ayant leur cause dans les crimes ou délits dont elles sont saisies* ».

Il arrive encore que ces prescriptions soient négligées et la Chambre d'Homologation saisie par le Procureur Général Chef du Service Judiciaire, soit d'office, soit en vertu des articles 41 et suivants du décret organique se trouve, faute d'éléments d'appréciation suffisants, dans la nécessité d'ordonner le renvoi après annulation ou un supplément d'information, sous forme de procès-verbal de coutume.

Afin d'accélérer dans la mesure compatible avec la bonne administration de la justice, le règlement définitif des affaires dont ont à connaître les juridictions indigènes il serait utile que les membres de la Chambre d'Homologation puissent, à ce sujet, baser leur conviction sur des documents complets et toujours à leur disposition.

CIRCULAIRE

Je demande donc, par votre intermédiaire aux Présidents des Tribunaux indigènes quelles sont les infractions pour lesquelles les coutumes locales prévoient des réparations civiles.

Ils en dresseront la liste en indiquant aussi exactement que possible la nature et le quantum de celles-ci.

Enfin leur équivalent en monnaie légale devra être calculé et indiqué.

Vous voudrez bien me transmettre ces renseignements en rappelant le numéro et la date de la présente.

RESTE

COMMENTAIRE

Cette circulaire du 29 juin 1938 fait suite à une circulaire 53/AP du 2 avril 1938 qui avait attiré l'attention des chefs de juridiction sur la violation trop fréquente des prescriptions réglementaires concernant les réparations civiles, les taxes de justice et la contrainte par corps qui entraînaient de fréquents pourvois en annulation devant la Chambre d'Homologation.

Le GG adresse cette nouvelle circulaire consacrée cette fois uniquement aux réparations civiles sur lesquelles les chefs de juridiction oublieraient de statuer. Il exige qu'on lui adresse la liste des infractions pour lesquelles les coutumes locales prévoient des réparations et le quantum de celles-ci afin que les membres de la Chambre d'Homologation puisent à ce sujet leur conviction sur des documents complets, une demande pour le moins curieuse puisqu'à cette date il devrait déjà être entré en possession des réponses au questionnaire qui faisaient le point de la question. Les chefs de juridictions vont faire des réponses assez courtes qui apportent parfois un complément d'information lorsque le chef de subdivision ou de circonscription a changé et qu'il ne s'est pas contenté de puiser ses informations dans l'enquête précédente.

En ce qui concerne cette critique adressée aux chefs de juridictions on peut l'expliquer par la pratique, assez courante dans les pays de grande ou moyenne chefferie, qui consistait à laisser le chef local régler coutumièrement l'affaire sur le plan civil. Le jugement du tribunal de premier degré ne faisait alors état que de la condamnation pénale, d'où l'émoi des magistrats de la Chambre d'Homologation.

5
Organisation administrative du Tchad en 1937

Les réponses au questionnaire sont présentées dans l'ordre des départements et des subdivisions donné par l'AGG du 28 décembre 1936 qui fixe l'organisation administrative du Tchad au 1er janvier 1937 (JO AEF 1937 (Parag. Art. du décret de 1937 (Parag. Art. du décret de 1937 p. 45). Le Tchad compte alors 10 départements :

Département	Préfecture	Subdivisions
Ouaddaï	Abéché	Abéché ; Adré ; Biltine ; Goz-Beïda ; Am-Dam
Salamat	Am-Timan	Am-Timan ; Aboudeïa ; Mangueigne
Batha	Ati	Ati ; Oum-Hadjer ; Mongo
Mayo-Kebbi	Bongor	Bongor ; Fianga ; Léré ; Pala
Moyen-Chari	Fort-Archambault	Fort-Archambault ; Koumra ; Moïssala
Bas-Chari	Fort-Lamy	Commune mixte de Fort-Lamy ; Subdivision de Fort-Lamy ; Massakory ; Bokoro
Borkou-Ennedi-Tibesti	Largeau	Largeau ; Fada ; Zouar
Baguirmi	Massenya	Massenya ; Melfi ; Bousso
Kanem	Mao	Mao ; Moussoro ; Zigueï
Logone	Moundou	Moundou ; Laï ; Kélo ; Doba ; Baïbokoum

Chapitre II

DÉPARTEMENT DU OUADDAÏ

1. Lettre d'envoi du chef du département
2. Subdivision d'Abéché. Note sur la justice avant l'occupation française. Réponse au questionnaire pénal, réponse au sujet des réparations civiles.
3. Subdivision d'Adré. Réponse au questionnaire pénal, réponse au sujet des réparations civiles.
4. Subdivision de Biltine. Réponse au questionnaire pénal, réponse au sujet des réparations civiles.
5. Subdivision de Goz Beida. Rapport relatif à la façon dont la justice était rendue avant l'arrivée des Français. Réponse au questionnaire concernant les coutumes pénales. Réparations civiles et amendes dans le Sila
6. Subdivision d'Am Dam. Rapport sur la justice répressive avant l'arrivée des Français. Réponse au questionnaire pénal.

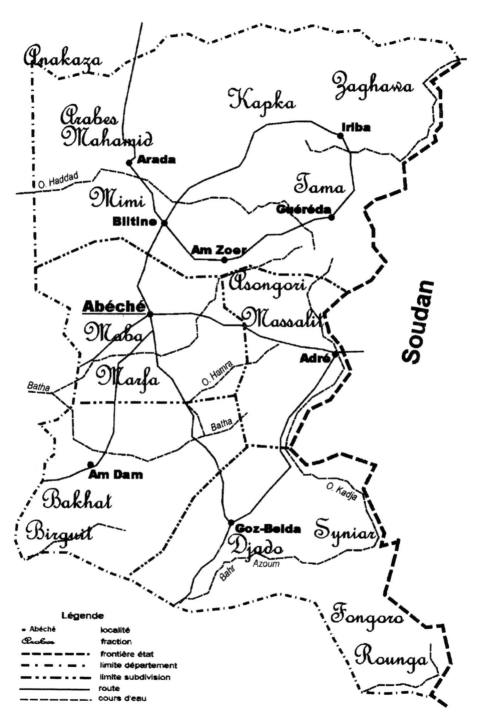

2. Département du Ouaddaï en 1937

1
Lettre d'envoi du chef du département

Région du Tchad

Département du
    Ouaddaï

N° 2832   Abéché le 24 décembre 1937

                Le Chef de Bataillon Vallin,
                chef de département du Ouaddaï

                à Monsieur le Gouverneur Général de l'A.E.F. **Brazzaville**

                Sous couvert de M. le Commandant de la Région du Tchad **Fort-Lamy**

J'ai l'honneur de vous faire envoi des études faites par les Chefs de Subdivision du Département du Ouaddaï en exécution des prescriptions de votre lettre circulaire N°25 du 21 février 1937.

Ces travaux, qui ont pour base l'étude approfondie des coutumes locales indigènes en matière judiciaire, donnent, pour chaque groupement important du Département, les réponses aux questions posées dans la circulaire 25.

L'ensemble de ces études fait **ressortir une ressemblance très marquée** entre les coutumes en vigueur dans les différents groupements du Département du Ouaddaï.

Ce fait est au premier abord surprenant car la population du Ouaddaï est surtout **caractérisée par sa diversité** ; elle est composée de groupes ethniques très nombreux et très variés. On pourrait penser qu'à cette diversité de race corresponde une diversité équivalente de coutumes.

Il n'en est rien et, si l'on s'en tient à une vue d'ensemble, l'unité apparaît très nettement sur ce point. L'origine en est simple : elle provient de **l'islamisation à peu près complète** de tout le Ouaddaï. Ce caractère d'unité est marqué car cette islamisation, qui a créé d'ailleurs l'unité politique de l'empire du Ouaddaï, est déjà relativement ancienne : elle date du sultan Abd el Kerim qui, au XVIIe siècle, s'appuya sur quelques éléments musulmans pour convertir peu à peu tout le pays et bâtir ainsi un empire solide.

C'est cette islamisation qui mit un lien réel entre les différentes races du Ouaddaï. Bien que beaucoup de ses habitants puissent paraître aujourd'hui d'assez tièdes musulmans, les préceptes du Coran constituent néanmoins pour eux le fondement de leur morale et de leur religion.

C'est ce qu'a exprimé le Chef de Subdivision d'Abéché dont le territoire est habité par des éléments de presque toutes les races du Ouaddaï, dans une remarque valable pour tout l'ensemble du département : « *La seule coutume en vigueur dans la région est la coutume Ouaddaïenne telle qu'elle résulte de l'application depuis trois siècles dans ces pays de la loi coranique (rite Malékite) telle qu'elle est exposée dans le Khalîl* ».

Il faut se garder toutefois d'une généralisation trop hâtive. Si le livre de Khalîl est reconnu partout comme la base de coutumes pénales indigènes, il ne saurait cependant constituer un *Droit* écrit partout appliqué. Les Ouaddaïens ne sont pas assez fervents musulmans pour le respecter en toutes circonstances. - « *Si l'on voulait appliquer complètement le Coran dans le pays, il n'y aurait plus personne* » dit l'Imam Khatib Abd el Aziz, grand chef religieux du Ouaddaï et assesseur au Tribunal Indigène de second degré.

Des tempéraments ont été introduits. On peut penser qu'ils le furent pour tenir compte dans une certaine mesure des anciennes coutumes, dont certaines ont survécu à l'islamisation. C'est ainsi que l'on peut retrouver, à travers les exposés des coutumes pénales faits par les Chefs de Subdivision, les caractères propres aux races étudiées : on aperçoit nettement, à côté de nombreux points communs, les éléments distinctifs des Goranes, Massalits et Dadjos.

Néanmoins l'utilité des coutumes spéciales en vigueur dans tout le Département est suffisamment nette pour que l'idée d'une sorte de code pénal y soit facilement admise ; l'application de ce code, presque tel qu'il est proposé, n'ira pas à l'encontre des coutumes locales et pourra ainsi rester dans le cadre du décret du 29 mai 1936.

Le barème proposé dans la circulaire 25 parait dans l'ensemble devoir s'adapter au Département du Ouaddaï. J'ai étudié les modifications proposées par les Chefs de Subdivision et, compte tenu de ces propositions, j'ai dressé le tableau qu'on trouvera ci-après, qui donne le barème qui, à mon avis, conviendrait pour l'ensemble du Département du Ouaddaï.

Les modifications que j'ai retenues sont d'ailleurs peu importantes. Dans un certain nombre de délits peu graves, je propose la possibilité de substituer l'amende à la peine d'emprisonnement ; bien que cette dernière proposition n'ait été exprimée que par le Chef de Subdivision d'Abéché, j'estime qu'elle doit convenir pour tout le département, en permettant une répression efficace.

Dans le tableau ci-après les modifications proposées ont été soulignées.

Outre le barème des peines ce tableau comprend également les réponses aux questions posées dans la circulaire 25 quand celles-ci ne concernent pas uniquement les coutumes indigènes. Tout ce qui est relatif à ces coutumes se trouve dans les travaux des Chefs de Subdivision.

signé : VALLIN

LETTRE D'ENVOI

Commentaire

Le Chef de département du Wadday avait joint à cette lettre un avis sur les sanctions proposées dans le questionnaire général.

Sa remarque sur la coutume waddaïenne, adaptation du Khalîl aux anciennes coutumes après trois siècles d'islamisation, est tout à fait justifiée.

L'idée de substituer l'amende à la peine d'emprisonnement pour un certain nombre de délits peu graves montre qu'il est partisan d'une certaine dépénalisation.

Le chef du département relève justement la ressemblance très marquée de l'ensemble des coutumes du département malgré l'extrême diversité des populations.

A cette époque le Wadday n'a plus qu'une superficie de 150.000 km carrés et est constitué par 5 subdivisions (Abéché, Biltine, Adré, Am-Dam et Goz-Beida). Un siècle plus tôt le sultanat étendait sa domination au sud jusqu'au Baguirmi et au nord jusqu'au Soro et au Borkou.

En 1937, le sultan est Mahamat Ourada qui a été intronisé officiellement à Abéché le 15 octobre 1935 par le colonel Falvy, commandant p.i. de la Région du Tchad. Le sultanat supprimé de facto par Largeau le 14 juin 1912 après l'arrestation d'Acyl, avait été rétabli le 1er octobre 1934 par un arrêté du GG Brunot (JO AEF du 15 novembre 1934 - p. 914)

2
Subdivision d'Abéché

Lettre du chef de subdivision et note sur la justice avant l'occupation française

Abéché, le 20 novembre 1937

    Le capitaine Lauriol, chef de la subdivision d'Abéché

    à

    Monsieur le Chef de Département du Ouaddaï

J'ai l'honneur de vous adresser ci-après en exécution des prescriptions de votre note de service N°1032 du 30 avril 1937 :

1° Une note sur l'administration de la Justice avant notre arrivée au Ouaddaï ;

2° La réponse au questionnaire posé au sujet du barème des *Peines proposées* pour les diverses infractions que peuvent commettre les justiciables des tribunaux indigènes.

  La seule coutume en vigueur dans la région est la coutume ouaddaïenne telle qu'elle résulte de l'application depuis trois siècles dans ce pays de la loi coranique (rite malékite) et telle qu'elle est exposée dans le Khalîl. L'Imam Khatib Abd El Aziz, consulté m'a fait à ce sujet deux réflexions caractéristiques. La première : « *Je ne peux pas te répondre autre chose que ce qui est dit dans le Coran et dans le Khalîl* », indiquait les scrupules du personnage religieux et du lettré arabe. Au cours de l'entretien, au sujet d'un point où il y avait une différence entre la coutume et le droit coranique, il me dit : « *Si on voulait appliquer complètement le Coran dans le pays, il n'y aurait plus personne* », ce qui démontre bien que la jurisprudence des cadis et des faquis a dû adapter progressivement la loi coranique aux moeurs du pays et probablement aussi tenir compte dans une certaine mesure des coutumes en vigueur avant l'arrivée d'Abd El Kerim. L'obscurité dans laquelle se trouve l'histoire du Ouaddaï avant son islamisation ne permet pas de déterminer si certains usages antérieurs ont pu survivre dans la nouvelle coutume islamisée ou tout au moins l'influencer.

  Cette coutume fait force de loi, sans exception, dans l'étendue de la Subdivision, ce qui s'explique par le fait que son territoire était le coeur de l'ancien Ouaddaï. Elle s'appliquait, au point de vue pénal, aussi bien aux sédentaires qu'aux nomades, tous musulmans. Les seules divergences existantes intéressaient des points de droit civil ou commercial.

Comme on le verra dans la note ci-jointe, le Ouaddaï était doté d'une organisation judiciaire cohérente aux échelons villages et cantons, avec, au sommet, la justice du Sultan et de son Cadi, ces derniers assistés de conseillers : Faquis réputés pour leur connaissance du droit coranique, qui devaient être obligatoirement consultés. Il apparaîtrait donc tout à fait logique et conforme à la politique instaurée au Ouaddaï par le rétablissement du Sultanat que, par la suite, le Sultan recouvre, en matière de justice indigène, une partie du pouvoir de ses pères, sous le contrôle des autorités administratives, bien entendu. Il n'est pas inutile de rappeler à ce sujet qu'au Dar Massalit le Sultan a connaissance de tous les délits et que son tribunal peut infliger des peines allant jusqu'à sept ans de prison, le résident anglais se réservant seulement la connaissance des crimes ainsi que des délits pouvant entraîner une peine supérieure à sept ans.

Une caractéristique essentielle de la coutume ouaddaïenne (qui ne fait, une fois de plus, que suivre le Coran et ses commentateurs), c'est le rôle joué par la réparation pécuniaire. Son importance est telle que dans le cas de meurtre, par exemple, le meurtrier pouvait, si la famille l'acceptait, et c'était le cas le plus fréquent, échapper à la peine capitale [1] en payant une *dia* de cent bovidés, soit une véritable fortune pour la famille de la victime.

Dans la réponse au questionnaire j'ai cru devoir, en conséquence, préconiser dans plusieurs cas la possibilité de substituer l'amende à l'emprisonnement et l'obligation de la réparation pécuniaire qui a le double avantage de satisfaire le plaignant et de punir efficacement le coupable de l'infraction.

Signe : LAURIOL

---

[1] - Cette peine pouvait cependant être précédée de tortures ou de mutilations au gré de la famille de la victime si, au lieu d'être exécutée par les agents de l'autorité, le coupable lui était remis.

Note sur l'administration de la justice au Ouaddaï avant l'occupation française

1. La justice au village

Dans chaque village le *mangiak* ou chef de village examinait les *madelim* (litiges) portés devant lui par ses administrés.

S'il ne pouvait pas les régler il les transmettait au *kamkoulak* (chef de canton).

C'était uniquement un arbitre conciliateur ; il n'avait pas d'attributions judiciaires proprement dites ; il ne pouvait pas prononcer des peines, ni imposer sa décision en matière civile.

2. La justice au canton

Certaines affaires étaient réglées par le *kamkoulak* qui avait la faculté, soit de les juger lui-même, soit de les renvoyer devant le Cadi du canton.

Etaient de son ressort en matière répressive : les délits de vol, d'adultère, d'insultes ; en matière civile les questions de *lougan*, d'héritage, les contestations au sujet des bestiaux.

Les autres affaires étaient réservées au Sultan. Elles pouvaient aussi être jugées par délégation par l'*aguid* dont relevait la contrée.

Le *kamkoulak* jugeait seul mais pouvait se faire conseiller par des notables choisis par lui.

3. Particularités relatives à la ville d'Abéché

La ville était fractionnée entre différents *adjaouid* : *aguid* Salamat, *aguid* Diatiné, *aguid* Mahamid, *aguid* äl Rachid, *aguid* äl Bahr.

L'*aguid* pouvait pendant ses absences se faire suppléer par un représentant.

Quand une affaire était portée devant lui il en rendait compte d'abord au Sultan qui, suivant le cas, lui laissait l'affaire, l'envoyait devant le Cadi ou se la réservait personnellement.

4. La justice du Sultan

Toutes les affaires criminelles ressortaient à cette justice qui était exercée par :

- le Cadi d'Abéché ;
- les *adjaouid* par délégation du Sultan ;

- le sultan lui-même.

4.1 **Tribunal du Cadi**

Le Cadi était assisté de quatre *faqi* choisis par lui. La compétence du Cadi s'étendait à tout le Ouaddaï. Les affaires criminelles lui étaient obligatoirement remises, mais les plaignants des autres affaires avaient aussi le droit de s'adresser directement au Cadi. Ils pouvaient aussi faire appel devant le Cadi des jugements rendus par les *kamkoulak*.

Les audiences se tenaient devant l'Amin *sharia*, homme de confiance du Sultan, qui n'avait pas le droit d'intervenir dans les débats, mais renseignait son maître sur ce qui s'était passé à l'audience.

4.2 Les *Adjaouid*

Dans les pays éloignés, les *adjaouid*, assistés aussi d'un Cadi, rendaient la justice par délégation du Sultan, auquel ils devaient rendre compte des jugements rendus par eux.

4.3 **Le tribunal du Sultan**

Le Sultan évoquait devant lui :

- obligatoirement les procès où était mêlé un *aguid* ou dignitaire de rang équivalent ;
- facultativement toute autre affaire s'il le jugeait utile.

Il était assisté, pour rendre la justice, de six *faqi* qu'il était tenu de consulter.

Les affaires de brigandage, d'attaques à main armée, de meurtre étaient en premier lieu présentées au Sultan qui pouvait ensuite soit les évoquer devant son tribunal, soit les envoyer devant celui du Cadi.

Quand le Sultan s'absentait, il désignait un *kamkoulak* en qui il avait particulièrement confiance pour le suppléer à la présidence de son tribunal.

La justice chez les nomades

Les nomades, arabes ou supposés tels, étaient commandés par les *adjaouid* correspondant à leur fraction (à signaler que les chefs supérieurs des Myssirieh portaient, non pas le titre d'*aguid*, mais ceux d'*ederi* pour les Myssirieh noirs et de *maguiné* pour les Myssirieh rouges).

Dans chaque férik il y avait un représentant de l'*aguid* qui examinait les affaires, les réglait si elles étaient peu importantes ou les transmettait à son chef dans le cas contraire.

Les nomades étaient soumis à la même juridiction supérieure que les sédentaires. L'*aguid* rendait compte des affaires graves au Sultan qui les évoquait devant le tribunal ou les renvoyait devant le Cadi.

L'*aguid*, ou son représentant, devait accompagner les parties devant le Cadi ou chez le Sultan et assistait obligatoirement aux débats ou au jugement.

Peines infligées et mode d'exécution

L'emprisonnement était presque inconnu, sauf à titre préventif, et encore les prévenus étaient-ils mis le plus souvent sous la garantie d'un chef.

Les peines en usage étaient :

- l'**amende** fixée en bovidés ou en *tokkié* de *gabak* et pouvant aller jusqu'à la confiscation totale des biens ;
- l'**interdiction de séjour** et l'**exil** ;
- la **flagellation** infligée sur le dos du patient avec un fouet à lanière de cuir (chicotte) ou avec une corde. Ce dernier instrument n'était usité que pour les hommes vigoureux, jamais pour les femmes et les jeunes gens ;
- la peine de **talion** dans certains cas de coups et blessures ;
- les **mutilations** (amputation de la main ou du pied) ;
- la **mort.**

Le supplice le plus généralement usité était la **pendaison**, mais le Sultan pouvait en prescrire d'autres et notamment la mort à **coups de bâtons.**

La **lapidation** était généralement réservée aux cas prévus par le Coran : adultère, pédérastie etc. Etant donné les conditions imposées pour la reconnaissance de la culpabilité [1] elle était évidemment d'une application assez rare.

Le meurtrier condamné à mort pouvait, si la famille de la victime le demandait, lui être remis. Les parents pouvaient alors le torturer et le tuer à leur guise.

---

[1] - Voir réponse au questionnaire, au paragraphe 2. : adultère.

SUBDIVISION D'ABÉCHÉ

Commentaire

Le capitaine Lauriol en transmettant la réponse au questionnaire, insiste sur l'importance de la réparation pécuniaire dans le système répressif waddaïen. Il conviendrait donc, selon lui, d'éviter, à chaque fois que cela est possible la peine d'emprisonnement pour lui substituer l'amende et la réparation.

Sa note sur la justice ancienne est intéressante, mais ce qu'il dit du kamkoulak (plur : kémakil) dépeint une situation relativement récente. A une époque plus ancienne, les kémakil au nombre de quatre (portant les noms des quatre points cardinaux) semblent avoir été des gouverneurs de province et des juges suprêmes. Ils étaient choisis au sein des tribus nobles Maba qui avaient aussi le privilège de fournir les femmes du sultan, une règle qui fut respectée jusqu'à une date récente. Le tunisien Mohamed ibn Omar el Tounsi qui voyagea au Wadday vers 1810 parle des kémakil au nombre de huit dont quatre au premier degré et quatre au second, comme de véritables juges spécialisés. Leur pouvoir devait être considérable puisque, lorsqu'ils rendaient compte au sultan, celui-ci n'annulait jamais leurs jugements quand bien même ils s'étaient trompés. « Dans ce dernier cas, écrit-il, il leur adressait ses remontrances et les invitait à se mettre en garde contre toute erreur. Si le même fait se reproduisait, il les destituait ; mais encore laissait-il exécuter leur jugement par respect pour la dignité des fonctions de juge, à moins que la sentence ne fut trop injuste. Dans cette circonstance il en envoyait l'examen au cadi ». (Voyage au Ouaddaï. Paris : Challamel, 1851).

Il est possible qu'avec l'affaiblissement du sultanat les kémakil aient vu limiter leurs attributions aux affaires pénales de peu d'importance.

Au niveau inférieur du village, on trouve les mandjatou (sing. mandjiak), qui sont les chefs de village, en principe élus par les assemblées villageoises.

Le chef de subdivision ne parle des agad (sing. aguid) qu'à propos de la ville d'Abéché (aguid Salamat, aguid Diaatné, aguid Mahamid, aguid äl Rachid, aguid äl-Bahr). Ces agad, aux pouvoirs très étendus, étaient en réalité des représentants du sultan dans les provinces extérieures exposées aux attaques ou nouvellement conquises. A Abéché leur compétence sur leurs ressortissants se trouvait sérieusement limitée par la présence du tribunal du Sultan. En fait ils ne jugeaient que les affaires que le sultan voulait bien leur abandonner. Le terme adjaouid s'appliquait à environ vingt-cinq hauts dignitaires. Parmi eux, outre les gouverneurs des provinces extérieures, figuraient les dignitaires chargés de fonctions particulières à la cour (l'aguid géri, l'aguid birich, l'aguid äl-Moklaïl). D'après El-Tounsi, l'étiquette en vigueur à la cour de Wara plaçait les kémakil en tête devant la Momo (mère du sultan), la Habbaba (la première femme du sultan), les agad, les amin (ou vizirs, chargés surtout du contrôle des agad sur le plan fiscal), le kamnah (un officier qui marchait devant le sultan quand celui-ci était à cheval), les teraguenieh (plur. de turguenak), les molouk äl-djebal (gouverneur des montagnes), c'est-à-dire les chefs traditionnels maba, les agad des tribus arabes (Beni Halba, Mahamid et les autres chefs Kouka, Birguid).

On remarquera l'importance du tribunal du cadi qui a compétence pour toutes les affaires criminelles, qui ne sont d'ailleurs pas les mêmes que celles auxquelles nous donnons cette qualification.

Il semble que les plaignants pouvaient faire appel des jugements rendus par les kémakil mais on ne sait pas trop dans quelles conditions.

Le sultan était toujours tenu informé des décisions rendues par les kérasa (sing. kursi) et les amana (sing. amin), dont le plus important est l'amin äl-Cheria qui assiste aux audiences du tribunal du Cadi. L'exécution des décisions graves était suspendue jusqu'à son assentiment. On peut donc parler d'un système de justice déléguée puisque le sultan pouvait à tout moment évoquer l'affaire, mais il semble qu'il ne le faisait que rarement.

Le tribunal du sultan était particulièrement étoffé puisqu'il se composait de quatre fakhara (sing. faki). El-Tounsi a décrit les audiences qui se déroulaient le lundi et le jeudi au facher du sultan avec un cérémonial impressionnant.

En ce qui concerne la justice chez les nomades (tous rattachés aux Djobeïna et comprenant au Wadday essentiellement les Oulad Rachid, Missiriyyä, Diaatné et Mahamid), plutôt que d'un aguid. par fraction, ce qui donnerait un nombre d'agad qu'il ne semble pas y avoir jamais eu, il faut plutôt parler d'un aguid par tribu.

L'organisation des Arabes nomades est en effet la suivante : la tribu, divisée en fractions, laquelle est subdivisée en khashimbiout (sing. khashimbet), composée de fourgan (sing. ferik).

Le khashimbet est l'unité de base familiale réunissant des individus apparentés se rattachant à un ancêtre proche (c'est à l'intérieur du khashimbet que les diya sont rassemblées). Le ferik est une réunion de tentes venant de différents khashimbiout, plus ou moins importante en volume et plus ou moins durable. C'est l'unité de déplacement de nomadisation. Il est peu probable que l'aguid ait eu un représentant dans chaque férik. Seulement dans les plus importants d'entre eux. khashimbet et ferik sont dirigés par un chef élu par les chefs de tentes qui composent avec lui la djemaa.

Ces djemaa devaient jouer un rôle plus important que ne le laisse entendre le chef de subdivision. Mais il est vrai que les affaires graves, notamment les crimes de sang, parce qu'ils opposaient presque toujours des tribus différentes, remontaient jusqu'au tribunal du cadi d'Abéché ou celui du sultan. Cela court-circuitait l'aguid et ses représentants, réduits au rôle d'assistant au procès, mais assurait un règlement efficace en raison de l'autorité qui s'attachait à ces deux tribunaux suprêmes.

Parmi les peines infligées on notera les amendes en tokkié de gabak. Le gabak est un tissu de coton brut comptant 80 à 90 fils de largeur. Un tokkié qui égale 36 coudées, mesure environ 16 mètres.

L'indication selon laquelle le meurtrier condamné à mort (c'est-à-dire pour lequel le paiement de la diya n'avait pas été accepté ou lorsqu'on se trouvait dans le cas d'un crime non susceptible de pardon ou de diya) était remis à la famille pour être torturé ou tué à sa guise, montre qu'on prenait des libertés avec les prescriptions du Khalîl qui précise que le juge peut remettre exclusivement le soin de tuer au maître du talion mais il lui interdira toute cruauté inutile (chap. XLVIII § 289)

SUBDIVISION D'ABÉCHÉ

Réponse au questionnaire annexe à la circulaire N°25 du 21 février 1937 au sujet des coutumes pénales indigènes [1]

1. Abus de confiance – Détournement.

1. Le coupable devra restituer la somme ou les objets détournés et paiera une amende de 10 *tokkié* de *gabak* (un *tokkié* = 36 coudées et vaut environ 6 francs).

2. Sans objection, la grande amplitude prévue par le barème permettra d'appliquer la coutume en ne punissant que légèrement celui qui a restitué.

3. Néant.

2. Adultère.

1. Conformément au principe coranique la femme adultère et son complice étaient lapidés, mais cette peine était rarement appliquée car il fallait que quatre témoins certifient avoir constaté l'intromission du membre viril dans les parties sexuelles de la femme.

2. La coutume actuelle punit l'adultère d'une amende, et le complice d'une réparation pécuniaire vis-à-vis du mari.

3. Le tribunal devrait être laissé libre de substituer à l'emprisonnement une amende de 16 à 500 francs.

(a) Le refus de cohabitation n'est pas un délit pour la coutume ; dans ce cas le divorce est prononcé et la femme doit restituer la dot. (b) L'adultère du mari n'est pas puni ; il ne parait pas y avoir intérêt à ce qu'il le soit. (c) Les plaintes en justice pour adultère ont été et seront toujours rares ; les affaires de l'espèce sont le plus souvent portées par les intéressés devant le Sultan ou les chefs indigènes et réglées en conciliation. La répression ne présente donc pas grand intérêt au point de vue social.

Quant à la lutte contre la prostitution elle parait être plutôt du ressort de mesures de police appropriées.

3. Aliénation mentale et Ivresse.

1. Le fou n'est pas responsable, l'ivrogne au contraire est responsable

---

[1] - Pour chaque infraction, il est indiqué :
    1. la sanction coutumière ;
    2. l'avis sur les *Peines proposées* ;
    3. s'il y a lieu, toute autre observation.

et il doit être puni, et pour la faute qu'il a commise sous l'influence de la boisson, et pour l'infraction à la loi coranique que constitue l'ivrognerie.

4. ATTENTAT À LA PUDEUR SUR MINEUR IMPUBÈRE.

1. Amende de 6 moutons s'il n'y a pas aggravation.

Avec aggravation :
    Violence : douze bovidés.
    Commis par une personne ayant autorité sur l'enfant : cette circonstance est considérée comme atténuante par la coutume.
    Avec communication de maladie vénérienne : Le coupable doit payer en plus les frais de traitement (soins et médicament).

2. Le minimum des peines devrait être abaissé à deux mois pour l'infraction commise sans aggravation et à un an en cas de circonstances aggravantes.

3. Les plaintes portées sont d'ailleurs très rares et l'ordre public est de ce fait peu intéressé à la répression. Ce délit, considéré d'ailleurs comme peu grave par la coutume, devrait être déféré dans tous les cas aux Tribunaux du 1er degré.

5. AVORTEMENT.

1. Seule la matrone qui avait pratiqué l'avortement devait payer la rançon d'un captif.

3. Ce délit est très rare au Ouaddaï et sa répression présente peu d'intérêt de ce fait au point de vue social et démographique.

6. BLESSURES VOLONTAIRES et VIOLENCES ET VOIES DE FAIT.

1. Crime.

(a) Celui qui, en portant volontairement des coups a donné la mort sans avoir l'intention de la donner doit payer une *dia* de cent bovidés. Si la victime appartient à la même famille que lui, il doit payer soixante bovidés seulement.

(b) Dans le cas de perte d'un membre, d'un oeil ou de l'usage des membres, la *dia* est proportionnée à l'importance du dommage : cinquante bovidés pour la perte d'un membre ou d'un oeil, trois bovidés pour un doigt, etc.

2. Délit (coups et blessures).

Le coupable doit subir une blessure analogue à celle qu'il a faite ; il peut s'en racheter par le paiement d'une *dia* fixée par le Tribunal et proportionnée à l'importance de la blessure.

3. Dans le deuxième cas (incapacité de travail inférieure à vingt jours), le minimum pourrait être abaissé à quinze jours et l'amende devrait pouvoir être substituée à la prison. Cette substitution, plus conforme à la coutume, assurerait une répression tout aussi efficace.

7. CIRCONSTANCES ATTÉNUANTES.

La coutume prévoit comme circonstance atténuante l'aveu du coupable ou la grande jeunesse de l'accusé.

8. BLESSURES INVOLONTAIRES.

1. Paiement d'une *dia*.

2. L'amende devrait pouvoir être substituée à la prison pour la raison sus-indiquée au paragraphe 6.

9. COMPLICITÉ.

1. Le complice actif est puni des mêmes peines que le coupable. Le complice passif est puni du tiers de la peine seulement.

2. Pour permettre la répression de la complicité passive, dans le cas de délits peu importants, il serait avantageux de réduire le minimum et d'admettre la possibilité de punir d'une amende seulement.

10. CONCUSSION (voir : exactions et corruption).

Le chef coupable devra restituer ce qu'il a pris et sera gardé en prison tant qu'il n'aura pas restitué. Il sera ensuite révoqué.

11. CORRUPTION.

1. La coutume ne prévoit pas de peines, mais le Sultan devait punir d'une amende le corrupteur et le corrompu. Si l'argent versé n'était pas dissipé il faisait retour au corrupteur. L'amende était en général de cent *tokkié* de *gabak*.

2. Pour permettre, dans les cas les plus graves, de mieux proportionner le degré de la peine à la sanction coutumière le minimum devrait être abaissé à 6 mois.

12. DÉFENSE LÉGITIME.

1. La légitime défense est reconnue par la coutume. L'individu acquitté pour cause de légitime défense n'a pas de réparations coutumières à payer.

13. DÉNONCIATION CALOMNIEUSE.

1. Dans le cas d'une accusation grave (meurtre) : flagellation, le nombre de coups étant fixé par le juge (généralement de quarante à cinquante). Dans les autres cas, amende. Pas de réparation prévue.

2. La faculté de remplacer l'emprisonnement par l'amende devrait être prévue dans les cas peu graves.

14. DIFFAMATION et INJURE.

1. La coutume ne punit que l'injure, la diffamation n'est punie qu'autant qu'elle est considérée comme une injure. Cas à distinguer :
a - injure grave concernant la religion ou la famille (tu n'as pas de mère, tu es fils de chrétien, tu es un fils d'âne etc.) punie de quatre-vingts coups de fouet ou d'une réparation pécuniaire ;
b - autres injures : amende.

L'injure faite à un chef entraînait en plus du fouet le paiement d'une amende.

2. Il y a lieu de prévoir des pénalités, même dans les cas que la coutume laisse dans l'imprécision (diffamation proprement dite). Toutefois la substitution de l'amende à l'emprisonnement devrait être possible sauf dans le cas d'injure à un chef (outrage).

15. EMPOISONNEMENT.

1. Le coupable est puni de mort ; s'il n'est pas puni de mort il doit payer une *dia* de cent bovidés.

Le coupable d'empoisonnement d'un puits est puni de mort s'il y a eu mort d'homme de ce fait ; dans les autres cas il doit être puni d'amende et payer une indemnité pour tous les dommages causés : morts d'animaux, maladie des hommes et des animaux.

3. Dans le cas d'une condamnation à une peine autre que la mort la réparation coutumière devrait être obligatoirement prévue.

n.b. L'administration du poison d'épreuve est inconnue au Ouaddaï.

16. ESCROQUERIE.

1. Celui qui par tromperie avait fraudé l'impôt pouvait être puni de mort par le Sultan. S'il n'était pas puni de mort et dans les autres cas il devait rembourser les sommes escroquées ; il était fouetté ou payait une amende variant de dix à trente bovidés.

17. ESCROQUERIE DITE *AU MARIAGE* OU *À LA DOT*.

1. Le père était puni du fouet et une amende de dix bovidés et devait restituer la dot.

18. ÉVASION.

1. La coutume ne punit pas l'évadé sauf pour les délits ou crimes qu'il aurait pu commettre au cours de son évasion : coups et blessures ou meurtre sur la personne du gardien par exemple.
Le complice de l'évasion : gardien ou tiers connivent est puni d'une

amende de dix bovidés au plus.

2. Bien que la coutume ne punisse pas l'évadé et ne distingue pas entre le tiers connivent et le gardien, il y a lieu d'adopter les peines prévues.

19. Exactions.

1. La coutume ne distingue pas l'exaction de la concussion. En plus des peines prévues pour le concussionnaire l'exaction est punie, s'il y a lieu, suivant le droit commun pour les actes de violence commis.

2. Conformément à la coutume, l'exaction devrait être punie comme la concussion, toutefois comme elle peut comporter des circonstances aggravantes (sévices corporels, menaces de mort, etc.), les peines pourraient être, dans ce cas, aggravées par analogie avec ce qui est prévu pour le vol au paragraphe 37 du questionnaire soit :

2 à 10 ans d'emprisonnement, amende et interdiction de séjour facultatives, en cas de circonstances aggravantes (menaces de mort ; violence) ;

mort ou, au minimum 15 ans d'emprisonnement, en cas de tortures corporelles ou d'actes de barbarie ayant entraîné la mort ;

emprisonnement perpétuel ou au minimum 15 ans d'emprisonnement dans le cas de tortures n'ayant pas entraîné la mort.

20. Faux.

1. Amende de dix bovidés et révocation du faussaire s'il est au service de l'autorité.
En cas de récidive, le faussaire pouvait être puni de peines plus graves et même de la mort.

2. Le minimum pourrait être abaissé à 1 an pour mieux permettre de tenir compte des possibilités de dommages et de la mentalité plus ou moins évoluée du coupable.

3. La connaissance de ce délit pourrait, dans un but de décentralisation, être donnée au tribunal du 1er degré si le coupable en est justiciable, bien entendu.

21. Fausse Monnaie - Pour mémoire.

22. Faux témoignage.

1. Tous les biens de celui qui avait prêté un faux serment sur le Coran étaient confisqués après prélèvement d'une réparation pécuniaire le cas échéant, et le crieur public criait dans tout le pays son indignité.

2. Les peines prévues par l'article 54 du décret de 1936 sont nettement insuffisantes et devraient être augmentées en raison :

a - de la gravité de la faute commise au point de vue coutumier ;

b - des conséquences possibles du faux témoignage.

Les peines à prévoir pourraient s'inspirer de celles prévues par les articles 361, 362 et 363 du Code Pénal, la peine de la réclusion (article 361) étant remplacée par une peine d'emprisonnement de deux à dix ans.

23. HOMICIDE VOLONTAIRE.

1. Meurtre : suivant le désir de la famille du défunt, mort ou paiement d'une *dia* de cent bovidés.

2. Assassinat : mort sans possibilité de *dia*.

3. Parricide : mort.

4. Infanticide :

    a. commis par le père ou la mère : amende de cent bovidés ;
    b. commis par une autre personne : cent bovidés de *dia*.

24. HOMICIDE INVOLONTAIRE [sauté par le copiste].

25. INCENDIE VOLONTAIRE [sauté par le copiste].

26. INJURE À TÉMOIN.

Amende d'un mouton ou de dix *tokkié* de *gabak*.

27. MENACES simples ou MENACES avec ordre ou sous condition : (a) de voies de fait, (b) d'incendie, de destruction, de mort.

1. A - Menaces de voies de fait : délit non prévu.
B - Menaces de mort : si le tribunal est saisi il doit réprimander l'auteur des menaces ; il peut le condamner au fouet ou à l'amende si c'est un mauvais sujet.

2. Pour plus de conformité avec la coutume, le barème suivant pourrait être adopté :

    A - Menaces de voies de fait - quinze jours à trois mois de prison et de 16 à 100 francs d'amende ou l'une de ces deux peines seulement.
    B - Menaces de mort, d'incendie ou de destruction - trois mois à deux ans de prison, amende facultative.

3. Il est à noter qu'aucune plainte de l'espèce n'a été portée devant moi depuis vingt mois que je suis en fonction, ce qui montre bien que les indigènes ne considèrent pas les menaces comme un délit.

28. OUTRAGES (au tribunal ou à l'un de ses membres).

1. Amende de deux bovidés.

2. Délit extrêmement rare et que je n'ai jamais eu l'occasion de constater. Il ne semble donc pas qu'il y ait intérêt, du point de vue de l'exemplarité, à augmenter les peines prévues.

29. Pillage en bande et à main armée.

Si les brigands n'ont pas commis de meurtre, ils doivent être punis, soit de mort, soit de la peine prévue pour la récidive du vol (amputation de la main droite et du pied gauche). Les biens pillés doivent être restitués.

S'ils ont commis des meurtres la peine de mort leur est obligatoirement appliquée avec restitution des biens pillés.

30. Rapt.

Si la personne enlevée est rendue, amende de dix bovidés.

Si elle n'est pas rendue, amende et *dia* de cent bovidés.

Les violences sont punies, en plus, conformément au droit commun (cf 6).

31. Rébellion.

1. Sans arme : amende collective de cent bovidés.

Avec armes : même peine.

3. La distinction sans ou avec armes doit être maintenue.

32. Recel.

1. Le coupable de recel était puni de la peine du fouet (nombre de coups fixé par le Cadi suivant la gravité du fait) ou d'une amende de dix bovidés.

2. Conformément à la coutume et malgré le principe posé par le droit français, les peines à prévoir pour le recel devraient être moins élevées que celles du vol. Elles pourraient être de trois mois à trois ans d'emprisonnement par exemple.

33. Recel de malfaiteurs.

Etait puni du fouet et d'une amende d'un à vingt bovidés.

34. Séquestration.

Amende proportionnée à la fortune de l'auteur de l'infraction ; délit considéré comme exceptionnel par la coutume.

35. Tentative.

1. L'auteur d'une tentative de meurtre était puni de cent coups de fouet.

Pour les tentatives moins graves la peine était réduite proportionnellement à la gravité de l'infraction tentée.

2. La sûreté des biens et des personnes justifie évidemment une répression sévère des tentatives. Néanmoins, en raison des prescriptions coutumières, il ne semble pas qu'elles doivent être punies des mêmes peines que le crime ou délit correspondant.

Elle pourrait varier entre le minimum de la peine de prison prévu par l'infraction elle-même et la moitié de la peine ainsi déterminée.

36. VIOL.

1.1 - Femme nubile

    a - Non mariée : peine de cent coups de fouet et paiement de la dot à la famille.
    b - Mariée : même peine et réparation pécuniaire au mari.

1.2 - Femme impubère : peine de cent coups de fouet et constitution à la victime d'une dot de 14 bovidés ; les violences, s'il y a lieu, sont punies en plus.

1.3 - Viol commis par un ascendant : est puni de mort, mais à titre d'inceste et non de viol.

1.4 - Communication d'une maladie vénérienne : l'auteur du viol doit payer les frais de soins et de médicaments.

Observations

3.1 - Il serait normal, tant du point de vue de la coutume qu'en raison des peines prévues par le projet de barème, de donner au viol le caractère d'un simple délit et d'en réserver la connaissance, dans un but de décentralisation, au tribunal de premier degré.

3.2 - La coutume punit de mort l'inceste du père ; l'aggravation des *Peines proposées* pour le viol commis par l'ascendant est donc conforme à l'esprit de la coutume autant que justifiée en équité.

3.3 - L'infraction est assez rare au Ouaddaï du fait de la facilité bien connue de la plupart des femmes indigènes.

37. VOL.

Le vol était puni de l'amputation de la main droite - la première récidive de l'amputation du pied gauche - la deuxième de l'amputation de la main gauche - la troisième, cas évidemment tout théorique, de l'amputation du pied droit.

Les *Peines proposées* conviennent. Il est à noter toutefois que la coutume ne prévoit pas de châtiment spécial pour le vol commis au préjudice d'un chef. Il n'y a donc pas lieu, à mon sens, de considérer cette circonstance comme aggravante. Les autres distinctions sont à maintenir.

Le vol et en particulier le vol de bestiaux est le délit le plus fréquemment invoqué devant le tribunal du premier degré d'Abéché et nombre de vols restent néanmoins impunis. Il est donc nécessaire d'en assurer une répression efficace ; les *Peines proposées* y conviennent parfaitement.

Signé : LAURIOL

SUBDIVISION D'ABÉCHÉ

Commentaire

1. Abus de confiance - Il est douteux que l'amende pour abus de confiance soit fixe. La coutume tenait sûrement compte de l'importance du détournement.

2. Adultère - Le chef de subdivision écrit que les condamnations pour adultère étaient rares en raison de l'obligation de produire quatre témoins visuels. Khalîl parle effectivement de quatre témoins adl (la définition du témoin adl est très stricte : Chap. XLVII § 277), qui doivent comparaître au même moment, et déclarer avoir constaté ensemble l'intromission du membre viril dans les parties sexuelles comme le style dans le pot à collyre (Chap. XLVII § 280). Une preuve plutôt difficile à rapporter. Mais il oublie de dire que le crime de zina pouvait aussi être établi par aveu (non rétracté), peu fréquent lui non plus, et aussi par la grossesse.

Il faut rappeler à ce propos que les docteurs musulmans de rite malékite ont adopté pour des raisons d'humanité la thèse de l'enfant endormi dans le sein de sa mère qui permet de rattacher au mariage un enfant né quatre ou même cinq ans après la dissolution de celui-ci (ou quatre ou cinq ans après le départ du mari, c'est-à-dire en cas d'absence de ce dernier), ce qui permettait d'éviter l'application de la peine de l'adultère, c'est-à-dire la lapidation à mort. On notera l'évolution de la coutume qui ne prévoit plus qu'une amende.

4. Attentat à la pudeur - Le délit est rare au Wadday, comme ailleurs. La plupart des chefs de subdivision n'en parleront que s'il est suivi de viol.

La circonstance aggravante du droit français (quand il est commis par une personne ayant autorité sur l'enfant) devient ici atténuante.

6. Blessures volontaires. Coups mortels - La diya coranique est de 100 chameaux, qu'il s'agisse de coups ayant entraîné la mort, d'homicide volontaire ou d'homicide involontaire (Khalîl, chap. XLVII § 294). Au Wadday il s'agit de 100 bœufs. La diya, nous dit le chef de subdivision, ne sera plus que de 60 boeufs si la victime appartient à la même famille. Tout cela est un peu approximatif. Dans la pratique la diya waddaïenne n'est en réalité jamais de 100 bœufs, ni même de 60. Depuis la grande famine de 1912-1913 elle s'élève généralement à 33 bovidés, qui ne sont d'ailleurs même pas toujours fournis. Il est fréquent que pour arriver à cette valeur on livre des ânes, des chevaux, des moutons, du gabak, du mil, des fers de lance. Dans le cas de mort causée à l'intérieur de la famille, la diminution de la diya est beaucoup plus grande, voire totale. Les diya, lorsqu'elles sont conventionnelles, varient considérablement en fonction de l'appartenance clanique, et à plus forte raison de la parenté.

10, 11, 19. Concussion, corruption, exactions - El Tounsi nous en apprend davantage sur ce sujet. Il existait au Wadday un corps d'inspecteur des charges qui circulait en permanence avec mission de dévoiler les abus. Avant de prononcer la destitution d'un fonctionnaire, écrit-il, on fait le compte de tout ce qu'il (le fonctionnaire) avait en maniement dans sa fonction et on examine l'usage qu'il en a fait. On reçoit par voie d'inventaire tout ce qui lui a été consigné dès l'origine : chevaux, cottes de mailles, sabres, vêtements, chayehs, lances, boucliers et autre matériel de guerre. On cherche s'il en a augmenté le nombre et on questionne sur ce point les inspecteurs des charges qui ont enregistré ce qu'ils ont constaté d'anormal. Les griefs sont soumis au tribunal des *kémakil siégeant au fasher. Les kémakil en informent ensuite le sultan à l'audience du vendredi. Les destitutions seraient fréquentes mais le plus souvent provisoires. Le fonctionnaire destitué est généralement désigné comme second ou adjoint de celui qui l'a remplacé de manière à ce que l'ancien fonctionnaire surveille son remplaçant dans l'espoir de reprendre son ancienne charge. Il semble que les agents du sultan étaient jugés au rendement, étant moins chargés d'administrer que de tirer un tribut du territoire dont ils avaient la charge.*

Il faut préciser que le sultan ne payait pas de soldes à ses fonctionnaires, qui étaient particulièrement nombreux, mais qu'il leur faisait simplement des cadeaux. En fait, ceux-ci "vivaient sur le terrain". Ce qui était sérieusement sanctionné c'était non pas la concussion ou les exactions au sens où nous l'entendons, mais le fait de ne pas faire remonter l'argent jusqu'au sultan et de s'enrichir exagérément.

29. Pillage en bande et à main armée - Le chef de subdivision dit qu'on applique au brigand soit la mort, soit la peine prévue pour la récidive de vol (amputation de la main droite et du pied gauche), ce qui ne semble pas tout à fait exact. La récidive de vol n'emportait pas cette amputation simultanée, qui n'était prévue que pour le brigandage.

31. Rébellion - La coutume prévoit une amende collective de cent bovidés, disposition qui n'est pas sans rappeler celle prévue à l'article 23 du décret du 15 novembre 1924 portant réglementation des sanctions de police administrative. Le gouverneur général ou le Gouverneur de la colonie pouvait infliger une contribution en espèce ou en nature dans le cas d'insurrection ou de troubles graves qui seraient l'œuvre d'une collectivité (JO AEF 1er janvier 1925 p.5).

35. Tentative - La règle coutumière est conforme au droit musulman où la tentative n'est jamais punie comme le crime lui-même mais d'une peine correctionnelle arbitraire laissée à l'appréciation du juge.

SUBDIVISION D'ABÉCHÉ

Réponse au sujet des réparations civiles

Département du Ouaddaï
Subdivision d'Abécher
N°268/A

Abécher, le 5 octobre 1938

Liste des infractions pour lesquelles les coutumes locales des différentes races du Ouaddaï prévoient des réparations civiles et quantum de celles-ci.

Avant notre arrivée au Ouaddaï, la dynastie Ouaddaïenne avait imposé son autorité sur tout le territoire actuel de la Subdivision d'Abécher et les tribus arabes qui y gravitaient avaient dû la reconnaître. Par le fait même, en matière judiciaire, la coutume Ouaddaïenne, dérivée elle-même de la coutume coranique, fut imposée également à ces tribus. Toutefois, grâce à la large décentralisation judiciaire permettant au chef de tribu de régler lui-même la majorité des affaires autres que les affaires criminelles, des différences s'instaurèrent en certains cas en ce qui concerne les réparations civiles. Ce sont ces différences qui sont indiquées ici.

Il semble qu'il y ait intérêt à n'adopter qu'une seule coutume : la coutume Ouaddaïenne, celle qui seule, théoriquement au moins, a force de loi.

Le capitaine BOURGEOIS
Chef de Subdivision d'Abécher

I. Coutume Ouaddaïenne
II. Coutume Zaghaoua
III. Coutume des autres tribus arabes

1. ABUS DE CONFIANCE OU DÉTOURNEMENT

I. Pas de réparation civile autre que la restitution des objets du litige ou leur valeur.

II. et III. Idem.

2. ADULTÈRE

I. Réparation civile payée par le complice mâle au mari et pouvant s'élever jusqu'à 25 *tokkié* de *gabak*, soit environ 150 francs.

II. Réparation civile payée par le complice mâle au mari ; évaluée en moutons ou bovidés, peut s'élever jusqu'à une vache suitée soit environ 150 fr.

III. Coutume ouaddaïenne appliquée.

3. Attentat à la pudeur sur mineur impubère

I. A - **sans violences** - Réparation civile : 10 *tokkié* de *gabak* soit 60 fr.
 B - **avec violences** - Paiement de la dot en usage dans le khachimbet, plus 6 *tokkié* de gabak.
II. A - **sans violences** - Une génisse de 2 ans soit environ 60 fr.
 B - **avec violences** - Une génisse de 3 ans soit environ 75 fr.
III. A - **sans violences** - Une génisse de 2 ans soit environ 60 fr.
 B - **avec violences** - 2 bovidés soit 200 fr. environ.

4. Avortement

I. La matrone verse au mari ou au père la rançon d'un captif, valeur qui peut être évaluée de 180 à 300 francs.

II. La matrone verse au mari ou au père cinq bovidés soit 500 fr environ.

III. La matrone verse au mari ou au père quinze bovidés soit 1.500 fr environ.

5. Blessures volontaires, violences et voies de fait

I. A - **Ayant entraîné la mort sans intention de la donner** - paiement d'une *dia* de 100 bovidés, soit 10.000 fr environ.
B - **Perte d'un membre ou d'un œil** - paiement d'une *dia* de 50 bovidés soit 5.000 fr.
C - **Blessure ayant entraîné une incapacité de travail temporaire ou déterminant une gêne fonctionnelle** - variable selon la gravité de la blessure et pouvant s'élever jusqu'à 50 bovidés.

I. A - *dia* de 50 bovidés soit 5.000 fr.
 B - 1 à 3 bovidés soit 100 à 300 fr.
 C - 1 à 10 moutons soit de 10 à 100 fr. environ.
II. A - *dia* de 50 bovidés.
 B - une génisse de 3 ans soit 75 fr. environ.
 C - 5 litres de beurre et un mouton soit de $(4\times5)+10=30$ fr. environ.

6. Blessures involontaires

I. Réparation civile : la même que dans le cas de blessures volontaires

II. et III. Idem.

7. Complice

I. Pas de réparation civile.

II. et III. Idem.

8. Concussion

I. Pas de réparation civile prévue en dehors de la restitution
II. et III. Idem.

9. Corruption

I. Pas de réparation civile
II. et III. Idem.

10. Légitime défense

I. Pas de réparation civile pour une mort ou une blessure en cas de légitime défense.

II. La réparation civile subsiste. La *dia* demeure celle prévue à l'article 5 : blessures volontaires.
III. La réparation civile subsiste en cas de mort seulement - elle consiste en :

1 bœuf soit	100 fr
1 charge de chameau de mil.	6 fr 50 fr
1 *tokkié* de gabak	156 fr
Soit au total	

11. Dénonciation calomnieuse

I. Pas de réparation civile
II. et III. Idem.

12. Diffamation et injures

I. A. Injures graves concernant la religion ou la famille : de 10 à 20 *tokkié* de gabak, soit 30 à 120 fr.
   B. Injure légère : pas de réparation civile.
   C. Injure à un chef : 1 esclave soit 180 à 300 francs
II. A. Un boeuf soit 100 fr.
   B. Pas de réparation civile.
   C. De 3 à 5 bovidés soit de 300 à 500 fr.
III. A. 5 moutons soit 50 francs
   B. Pas de réparation civile
   C. Un ou deux bovidés soit 100 ou 200 fr.

13. Empoisonnement

I. Paiement d'une *dia* dans les conditions prévues à la question. Complète en cas de mort, proportionnelle à la gravité de la maladie dans les autres cas. De plus, en cas d'empoisonnement de puits, réparation de tous les dommages causés aux troupeaux.
II. et III. Idem.

14. Escroquerie
I. Pas de réparation civile autre que la restitution.
II. et III. idem.

15. Escroquerie dite au mariage
I. Pas de réparation civile autre que la restitution de la dot.
II. et III. idem.

16. Évasion
I. Pas de réparation civile.
II. et III. idem.

17. Exaction
I. Pas de réparation civile autre que la restitution.
II. et III. idem.

18. Faux
I. Pas de réparation civile.
II. et III. idem.

19. Faux témoignage
I. Pas de réparation civile.
II. et III. idem.

20. Homicide volontaire
I. *dia* de 100 bovidés soit 10.000 fr environ.
II. et III. idem.

21. Homicide involontaire
I. Dia comme dans le cas précédent.
II. idem.
III. comme dans le cas n°5.

22. Incendie volontaire
I. Paiement de la valeur des dégâts matériels et éventuellement en cas de mort ou d'infirmité paiement de la *dia* correspondante.
II. et III. idem.

23. Injures à témoin
I. Pas de réparation civile.
II. et III. idem.

24. Menaces simples ou sous condition
I. Pas de réparation civile.
II. et III. idem.

25. Outrages au tribunal
I. Pas de réparation civile.
II. et III. idem.

SUBDIVISION D'ABÉCHÉ

26. Pillage en bande

I. Restitution des biens pillés, et éventuellement en cas de mort ou de blessure, paiement de la *dia* correspondante.
II. et III. idem.

27. Rapt

I. A. La personne enlevée est rendue : pas de réparation civile.
   B. La personne enlevée n'est pas rendue : *dia* de 100 bovidés soit 10.000 fr.
II. et III. idem.

28. Rébellion

I. Pas de réparation civile.
II. et III. idem.

30. Recel de malfaiteurs

I. Pas de réparation civile.
II. et III. idem.

31. Séquestration

I. Pas de réparation civile.
II. et III. idem.

32. Tentative (de meurtre, de vol)

I. Pas de réparation civile.
II. et III. idem.

33. Viol

I. A. Femme nubile.
   1. Non mariée - paiement à la famille de la dot coutumière du Khachimbet.
   2. Mariée - paiement de la même dot au mari.
   B. Femme impubère - paiement d'une dot de 14 bovidés, soit 1.400 fr. environ.

Nota : en cas de transmission de maladie vénérienne, l'auteur paie les frais de traitement.
II. idem. – A. idem – B. De 2 à 3 bovidés soit de 200 à 300 fr – Nota : idem.

34. Vol

I. En dehors de la restitution des objets volés il est prévu le remboursement éventuel des frais engagés pour la recherche du voleur (informateurs, déplacements, etc.). Ces frais engagés sont le plus souvent consécutifs à un vol de bovidés.
II. et III. idem.

Commentaire

Nous avons reproduit cette réponse bien que le nouveau chef de subdivision se limite à reprendre les informations fournies par son prédécesseur parce qu'elle permet de comparer les trois coutumes applicables dans la subdivision : la coutume waddayenne proprement dite, la coutume zaghawa et la coutume arabe.

Coutume ouaddaienne

Le chef de subdivision fournit quelques prix moyens en cette année 1938 à Abéché : le tokkié de gabak, 6 fr. ; celui d'un bœuf, 100 fr. On notera une observation intéressante : la large décentralisation judiciaire qui permettait aux chefs de tribus arabes de régler la majorité des affaires (non criminelles) aurait abouti à créer entre les tribus des différences dans les réparations civiles.

En 1938, la coutume ouaddaienne a sûrement perdu de son influence et certains groupes ethniques de la subdivision ont tendance à appliquer la coutume de leur région d'origine.

Coutume zaghawa

On relève que la diya *des Zaghawa de la subdivision n'est que de 50 bovidés au lieu de 100.*

Les réparations mentionnées pour les blessures volontaires (5) auraient gagnées à être précisées. La diya de 50 bovidés concerne les coups et blessures volontaires mortels. Pour les blessures ayant provoqué une amputation, la coutume suit, grosso modo, comme dans l'ensemble du Tchad islamisé, les prescriptions de Khalîl. Elle ne distingue pas les blessures selon l'incapacité de travail qu'elles ont entraînée (plus de vingt jours ou moins de vingt jours). Le barème des réparations est aussi beaucoup plus affiné que ne l'indique le chef de subdivision. La réparation varie en fonction de la gravité des blessures, classées dans l'ordre suivant : blessure ayant entraîné une contusion qui saigne, blessure qui déchire la peau, qui l'écorche, qui atteint la chair, qui s'y enfonce en plusieurs endroits, qui atteint presque l'os, qui impliquent l'ablation d'un os... etc. (Khalîl XLVIII § 290)

On notera que la légitime défense n'exclut pas le paiement des réparations, ce qui n'est pas le cas au Wadday où la coutume respecte les prescriptions de Khalîl.

Coutume des autres tribus arabes

Par autres tribus arabes de la subdivision d'Abéché il faut entendre les Maharié, Khozzam, Abidiyé, Missirié, o. Mahadi, Nimié, Noaibé, Mahamid, Beni Halba, Chettiiyé, Djararié, Ouled It, Ouled Zed, Irregat, Missiriyyä o. Nimié, Hémat et Djararié.

Dans cette réponse, beaucoup trop succincte, le seul point intéressant concerne la légitime défense qui entraînerait, en cas de mort, une réparation modique et fixe, semble-t-il : un point qui aurait mérité d'être étudié de plus près.

3
Subdivision d'Adré
Réponse au questionnaire pénal

Région du Tchad
Département du Ouaddaï
Subdivision d'Adré
N°134

Le capitaine Mahé chef de subdivision à Adré

au

Chef de Bataillon chef du Département du Ouaddaï à Abéché

Réponse au questionnaire concernant les coutumes pénales indigènes en AEF en vue de la préparation d'un code pénal indigène (exécution des prescriptions de la note N°1032 en date du 30 avril 1937 du chef du département du Ouaddaï).

1. ABUS DE CONFIANCE

La coutume fait une différence entre l'abus de confiance dont l'auteur, *kha'in,* diffère du voleur ordinaire, *sarak.* L'auteur de l'abus de confiance est puni après admonestation publique, puis privé d'une partie des droits civils (ne peut être témoin ni remplir une fonction aussi minime qu'elle soit).

Chez les Massalit la coutume est analogue et la punition s'accompagne du remboursement des objets ou valeurs détournés, par vente des biens du coupable ou à défaut de ceux des parents responsables. Avant l'arrivée des Français, une amende supplémentaire, dite du chef, était en plus versée au Mélek (chef de canton) qui, si besoin était, avait à son service le coupable pendant un nombre de jours équivalent à la valeur de l'amende non payée.

2. ADULTÈRE

La coutume générale suit les prescriptions du Coran qui demande du plaignant quatre témoins ayant vu l'acte se commettre (ce qui rend la plainte à peu près impossible, sauf aveu public des coupables). Si le fait est prouvé, la femme doit être lapidée, le complice reçoit cent coups de bâton s'il est célibataire, donc supposé comme n'ayant pas l'habitude des femmes et de leurs maléfices. Si, au contraire, il est lui-même marié, il doit être lapidé comme sa complice.

De la même façon, le mari adultère sera lapidé à condition qu'il y ait contre lui quatre témoignages identiques.

Le cas de la femme adultère était prévu et elle devait une amende au Sultan, amende fonction de sa fortune et appelée *gouna*.

Chez les Massalit, la coutume veut que le mari, surprenant les coupables, les tue sur le champ et s'enfuie ensuite. Le cas se produit encore actuellement. Cependant il est admis qu'il est préférable de chercher des témoins dès que les coupables sont découverts ; dans ce cas le divorce suit le jugement de la djemaa du village et la femme doit rembourser la dot tandis que le complice doit deux bovidés au mari.

La femme qui quitte son mari doit, si elle rejoint le domicile de ses parents, être ramenée, au besoin de force, par les parents. Si la cohabitation ne peut reprendre, la dot est alors rendue.

Si la femme quitte le mari et par la suite se remarie, le premier mari attend généralement qu'elle soit remariée et que la nouvelle dot soit versée pour venir se plaindre et être ainsi sûr de se voir restituer la dot.

Dans l'application des sanctions pénales proposées qui indiquent que la peine d'emprisonnement ne pourra être prononcée que si le mari la réclame, il doit être tenu compte de ce que cette condition peut donner lieu à des marchandages, car le mari peut déclarer ne pas demander de sanction, ayant par avance traité avec les coupables pour se faire verser une indemnité.

3. Aliénation mentale

Les différentes coutumes admettent la folie comme une circonstance atténuante, mais les parents sont cependant responsables (versement de la *dia* ou des indemnités partielles en cas de meurtre ou de mutilation), car on admet qu'un fou doit être tenu attaché comme un chien ou un animal dangereux.

3 bis. Ivresse

Considérée comme une circonstance aggravante même chez les Massalit pourtant très buveurs et musulmans très tièdes. A ce sujet, les actes ou paroles établis ou prononcés sous l'influence de l'ivresse sont entachés de nullité. Il n'y d'exception que pour les paroles de répudiation qui provoquent le divorce si le mari était ivre.

4. Attentat à la pudeur

La coutume ne prévoit aucune sanction et l'acte commis ne semble pas tomber sous le sens des indigènes qui ne comprennent pas que l'on puisse se livrer à des attouchements sans vouloir obtenir la consommation de l'acte, c'est-à-dire le viol. Mais cependant un adulte qui cherche à attirer des fillettes et se livre à des attouchements sera publiquement admonesté et devra ensuite n'être pris comme témoin d'une affaire ni comme responsable dans les règlements d'affaires commerciales ou de justice.

La question posée au sujet de l'attentat à la pudeur ne donne aucune indication pour le cas où un indigène employé au service d'un Européen se livrerait sur les enfants de son employeur à des actes d'attentat à la pudeur, comme le cas s'en présente assez fréquemment dans d'autres colonies françaises. Il semble nécessaire pour l'ordre public que des sanctions pénales soient prévues et que l'application soit laissée au 2° degré, Tribunal qui dispose généralement près de lui d'un médecin qui pourra en connaissance de cause fixer s'il y a ou non aggravation.

5. AVORTEMENT (infanticide)

Le père est généralement le plaignant contre la femme et parfois contre la mère de la femme, surtout dans le cas d'avortement. Si le fait est prouvé, la femme doit deux bovidés au mari et la mère complice deux bovidés. Une amende était aussi payée au Sultan ou à son représentant qualifié (chef de canton) avant l'arrivée des Français.

6. BLESSURES VOLONTAIRES

- Blessures ayant causé la mort sans intention de la donner. Les *Peines proposées* semblent suffisantes et dans ce cas la coutume admet que l'indemnité due est la *dia,* identique à celle due en cas de meurtre. Cette *dia*, aux termes du Coran, doit être de cent chameaux mais dans la région elle est réduite à un maximum de vingt-cinq bovidés.

- Blessures n'ayant pas causé la mort mais seulement la perte de l'usage d'un membre : amende de trois bovidés.

- Perte de deux yeux : indemnité égale à la *dia* pour un homme mort.

- Perte d'un œil : indemnité égale à la moitié de la *dia*.

- Pour l'incapacité temporaire, la valeur de l'indemnité est égale à la somme que l'on gagne journellement et peut être remplacée par un nombre de journées de travail, au profit de la victime, égal au nombre de jours d'incapacité.

7. CIRCONSTANCES ATTÉNUANTES [omis]

8. BLESSURES INVOLONTAIRES

Peines proposées à conserver bien que le but poursuivi soit d'une utilité très faible pour la région.

9. Complicité

A. Active, est punie par la coutume exactement comme l'acte commis lui-même.

B. Passive, admise par la coutume et punie exactement comme la complicité active. En cas de vol de bétail (chose fréquente dans la région) si le vol réussit par suite de la complicité passive d'un indigène, la coutume admet que le remboursement au plaignant est entièrement à la charge du complice passif si le fait est prouvé.

10. Concussion

Le cas était prévu et réprimé par les coutumes du Ouaddaï avant la venue des Français : le coupable, collecteur d'impôt, chef de village ou même chef de canton, était puni de deux ans de fers, exilé après avoir été dépouillé de tous ses biens ainsi que ses proches parents. Il restait à la disposition d'un chef désigné par le sultan comme captif.

11. Corruption

En ce qui concerne le cas de corruption il semble qu'il y ait lieu de conserver la distinction, sur laquelle la coutume est muette. Dans la corruption les distinctions du questionnaire doivent aussi être conservées.

La coutume admettait que le fonctionnaire ouadaien coupable de s'être laissé corrompre perdait ses fonctions, était exilé et devait au Sultan ou à son représentant qualifié une amende de dix bovidés (minimum).

12. Défense légitime

La coutume admet que la légitime défense étant dûment prouvée, il y ait disparition complète du délit, sauf dans le cas de mort d'homme où une amende de cinq bovidés est due mais à l'exclusion de l'indemnité dite *dia*.

13. Dénonciation calomnieuse

La coutume prévoyait ce délit : peine de fers comme captif soit du Sultan, soit du mélek (chef de canton). Une indemnité était due et, dans le cas de vol par exemple, le calomniateur (ou faux accusateur) devait payer une somme égale à celle effectivement volée ou disparue, ou au nombre de bovidés. Amende versée au calomnié.

Dans la région, en dehors de ce cas, il est fréquent que des indigènes dénoncent les agissements d'un chef et ne puissent prouver effectivement la réalité de leur dénonciation. Il convient donc d'admettre comme susceptible de sanction pénale des accusations de ce genre après traduction devant les Tribunaux du 2ème degré, seuls qualifiés pour juger les chefs indigènes et prononcer leur acquittement ou la condamnation. Dans le cas d'acquittement, le chef calomnié se retourne alors contre le calomniateur.

SUBDIVISION D'ADRÉ

14. Diffamation et injure [omis]

15. Empoisonnement

Prévu par la coutume comme meurtre. Le cas du poison d'épreuve ne semble pas faire partie des coutumes de la région. L'empoisonnement des puits et réservoirs, est puni, comme le vol, de l'amende au Sultan ou chef de canton et du remboursement du bétail qui a pu périr par suite de l'empoisonnement de l'eau. S'il y a mort d'homme, l'acte est considéré comme le meurtre ordinaire.

16. Escroquerie

Cas fréquent mais qui peut souvent se confondre avec le vol en raison du processus suivant : un indigène ayant connaissance de la disparition d'un certain nombre de têtes de bétail vient se proposer comme indicateur moyennant une indemnité. Il connaît l'endroit où sont cachés les bovidés disparus.

- L'indicateur est honnête et indique l'endroit où se trouve le bétail, parfois simplement égaré ou recueilli.

- L'indicateur ne sait rien de l'affaire et nanti d'une indemnité en argent ou en bétail, ne reparaît pas (escroquerie punie d'une amende égale au double de l'indemnité reçue).

- L'indicateur est un des voleurs ou un complice mécontent et doit subir les sanctions prévues pour le vol ou la complicité (délit dont la peine devra être augmentée du fait de l'escroquerie).

17. Escroquerie dite au mariage

Délit prévu mais simplement puni par la coutume du remboursement de la dot ou des dots indûment reçues par les parents : père, mère et souvent frère.

18. Évasion

Délit inconnu de la coutume par suite de l'absence de la peine d'emprisonnement dans les sanctions pénales indigènes avant l'arrivée des Français. Au yeux des indigènes, on considère généralement comme plus grave l'évasion de la prison que l'évasion en cours de transfert ou en cours de travaux.

Les évasions sont fréquentes par suite de l'impuissance à peu près totale des gardiens qui reçoivent un certain nombre de prisonniers et, devant l'évasion de l'un d'eux, ne peuvent abandonner le reste de ceux dont ils ont la garde. Une peine supplémentaire est donc nécessaire pour prévenir ces évasions.

19. EXACTIONS

Doivent être différenciées de la concussion de la même façon que la coutume, qui prévoit aussi la perte immédiate de l'emploi tenu et l'exil.

20. FAUX

Délit très peu courant dans la région en raison du petit nombre d'indigènes capables de le réaliser. Il existe l'usage de papiers d'identité vrais mais non l'usage de faux.

22. FAUX TÉMOIGNAGE

Chose très fréquente qui peut avoir dans les affaires de justice indigène des répercussions très graves. Un village entier dépose contre un innocent qui peut être accusé de meurtre. Les peines prévues par le questionnaire devront être augmentées suivant la gravité du préjudice causé.

L'amende est une sanction particulièrement délicate dans la région lorsqu'elle est fixée en argent. L'indigène accepte plus normalement, en raison des coutumes ancestrales, le versement de bovidés plutôt que la somme d'argent fixée. Solution qui ne peut être admise par la juridiction française au titre indigène.

Dans le cas de faux témoignage d'un accusé, la peine prévue doit se confondre avec la peine infligée pour le délit reconnu par la suite.

23. HOMICIDE VOLONTAIRE

Prévu comme meurtre et puni de mort ; les parents de la victime reçoivent le prix du sang ou *dia* qui, pour la région, est en principe de vingt-cinq bovidés au lieu des cent chameaux de la coutume coranique.

24. HOMICIDE INVOLONTAIRE [omis]

25. INCENDIE VOLONTAIRE - Coutume muette sur ce point.

26. INJURE À TÉMOIN - Sans observation.

27. MENACES SIMPLES

Coutume muette sur ce point ; si les menaces de mort ou de voies de fait sont suivies de réalisation, ces menaces sont ensuite dans le jugement du délit considérées comme circonstances aggravantes.

28. OUTRAGES - Sans observation.

29. PILLAGE EN BANDE Sans observation.

30. RAPT [omis]

31. Rébellion

Il y a lieu de maintenir la distinction entre la rébellion armée et la rébellion sans arme en dehors du mouvement nettement concerté.

32. Recel d'objets volés

Le recel est connu comme complicité et puni des sanctions coutumières prévues pour ce cas. Les proches sont considérés comme directement responsables du fait que la coutume étend la responsabilité et le paiement des amendes à tous les parents du coupable : cas de la *dia*, remboursement de bétail ou d'objets volés.

33. Recel de malfaiteurs

Prévu par la coutume comme complicité.

34. Séquestration, arrestation arbitraire [omis]

35. Tentative [omis]

36. Viol

Prévu comme délit par la coutume qui, à la suite de plainte de la victime ou, le plus souvent des parents, estime le dommage comme se soldant par le paiement d'une dot normale majorée d'un bovidé. Dans l'état actuel des moeurs indigènes est considéré comme un délit plutôt que comme un crime.

37. Vol

Sans observation en ce qui concerne la proportionnalité des peines à la gravité des circonstances autant qu'en la valeur des objets ou sommes volées.

Signé : Mahé

Pour copie conforme
Le chef de bureau de
l'administration générale
    (non signé)

Commentaire

Le capitaine Mahé, chef de la subdivision d'Adré, traite ici de la coutume massalit, qui est assez proche de la coutume waddaienne. En lisant la réponse de son successeur à la circulaire de 1938 sur les réparations civiles, on verra qu'elle s'appliquait aussi aux Azongori, aux Mararit et aux Arabes semi-sédentaires de la subdivision, ce qui est une situation courante. Ici l'osmose entre les Massalit et ces Arabes semi-sédentaires a été facilitée par la fréquence des unions conjugales.

Quelques passages ont été sautés par le copiste, que nous n'avons pas été en mesure de restituer. Il aurait été intéressant de connaître les sources du chef de subdivision. *Il semble qu'il ait été renseigné par des lettrés musulmans alors que son successeur, le capitaine Delory, a sans doute complété son information auprès d'informateurs différents.*

Les réponses, ici, sont assez coraniques. On remarquera cependant qu'en cas de mort, malgré la légitime défense, si la coutume exclut la diya, *on paie néanmoins au chef une amende de cinq bovidés. En cas d'avortement, l'indemnité payée par la femme (et le cas échéant par sa mère) est beaucoup plus faible que celle prévue par la coutume coranique.*

Le cas d'escroquerie qui est cité (le faux renseignement rétribué après un vol de bétail) est le cas classique d'escroquerie dans la région (17).

Pour l'homicide involontaire (23) la diya *est plus faible qu'au Wadday. (A noter que son montant varie d'un chef de subdivision à l'autre).*

Pour l'incendie volontaire la coutume n'est pas à proprement parler muette. Ce que le chef de subdivision veut dire, c'est qu'il n'est pas réprimé en tant que tel, mais en fonction des conséquences qu'il a eues ou qui ont été voulues. Ainsi, s'il a causé mort d'homme, il est considéré, selon le cas, comme homicide involontaire ou comme homicide volontaire et entraîne paiement de la diya.

SUBDIVISION D'ADRÉ

Réponse au questionnaire civil

Département du Ouaddaï 10 octobre 1938
    Subdivision d'Adré
N° 176

                Le capitaine DELORY,
                chef de la subdivision d'Adré
                à
                Monsieur le Chef de Bataillon
                Chef de Département du Ouaddaï à
                Abécher

Objet : *Coutume judiciaire en matière d'action civile.*

    En exécution des prescriptions de votre note de service N°1740 du 26 septembre 1938, j'ai l'honneur de vous adresser la liste des crimes et délits pour lesquels la coutume judiciaire appliquée dans l'Est-ouaddaïen prévoit des réparations civiles.

    Les notables consultés pour l'établissement de ce travail ont particulièrement insisté sur les différents taux appliqués pour le paiement de la *dia* (indemnité du prix du sang). D'après leurs déclarations, l'indemnité du prix du sang était pratiquée et connue antérieurement à l'islamisation du pays et un taux qui était alors assez réduit aurait été conservé en usage presque partout ; elle comportait le paiement : d'un bœuf adulte - d'un mouton - d'une charge de chameau de mil - d'un rouleau de gabak - d'une daba.

    Dans chacune des races ou tribus qui peuplent la subdivision, quelques familles, voire même quelques rares villages auraient opté pour l'application de la loi coranique. Toutefois le taux de la *dia*, fixé à 100 chameaux par le Coran, aurait été ramené à 30 bovidés ; dans la pratique ce taux n'est d'ailleurs jamais appliqué, le plaignant et sa famille bénéficiant d'une remise minimum de la moitié de la réparation légale.

    Il est à noter que la dénonciation calomnieuse et la diffamation ne comportent pas d'indemnité pour la victime ; son prestige, estime la coutume, se trouve rehaussé par le jugement qui lui est favorable.

    Par contre les injures publiques donnent droit à une indemnité.

Coutume Massalit et
Azongori, Mararit - Arabes semi-sédentaires

1. Abus de confiance - Détournement

Indemnisation complémentaire du plaignant lorsqu'il a engagé des frais pour la recherche des objets détournés, défrayer les témoins, etc.

2. Adultère

Adultère du mari - Le mari infidèle doit payer une amende à sa femme légitime. Le taux de cette indemnité est fixé par la Djemaa du village et, en cas de contestation, par le chef de canton ; elle est proportionnelle à la fortune du mari - indemnité minimum : deux toukiés de gabak (20 fr.) - indemnité maximum : une vache (300 fr.).
La femme trompée peut exiger le divorce ; elle doit alors restituer au mari les deux tiers de sa dot, le troisième tiers lui étant attribué à titre d'indemnité.

Adultère de la femme - La femme coupable doit payer une indemnité à son mari. - Le taux de l'indemnité est fixé comme dans le cas précédent.

Le mari trompé peut obtenir le divorce, mais il perd alors entièrement la dot qu'il a versée à sa femme.

3. Avortement

Une femme qui se fait avorter volontairement doit à son mari :

Coutume coranique :
- pour un fœtus mâle - 1/2 du prix du sang : 15 bovidés = 2.250 fr.
- pour un fœtus femelle - 1/3 du prix du sang : 10 bovidés = 1.500 fr.
- fœtus trop jeune pour que le sexe puisse être déterminé avec certitude : 3 bovidés = 450 fr.

Coutume antécoranique :
Le femme paye à son mari une indemnité d'une vache (300 fr.) quel que soit le sexe du fœtus. - Lorsque l'avortement est consécutif à une rixe, le coupable paie suivant le cas l'une des indemnités ci-dessus au mari de la femme avortée.

4. Blessures volontaires ou involontaires

Les blessures légères n'entraînant pas d'incapacité de travail ne donnent droit à aucune indemnité à la victime.

Les blessures entraînant une incapacité de travail donnent droit à une indemnité fixée par la Djemaa du village ou le chef de canton qui doit permettre l'entretien du blessé pendant toute la période de son indisponibilité et le remboursement de tous les frais engagés pour soins médicaux, médicaments.

Pour une blessure grave, pouvant comporter la perte d'un membre ou d'un organe, le blessé se voit d'abord octroyer l'indemnité ci-dessus (entretien et frais médicaux). Puis un an après que la blessure a été portée, il est statué sur la perte fonctionnelle du membre ou de l'organe blessé. Le taux des indemnités prévues pour la perte des divers membres ou organes sont les suivants :

Coutume coranique :
perte des deux testicules - prix du sang = 30 bovidés = 4.000 fr.
perte d'un testicule - _ prix du sang = 15 bovidés = 2.000 fr.
perte des deux yeux - prix du sang = 30 bovidés = 4.000 fr.
perte d'un œil - _ prix du sang = 15 bovidés = 2.000 fr.
perte des deux bras (jambes) -_ prix du sang = 15 bovidés = 2.000 fr.
perte d'un bras (jambe) - _ prix du sang = 8 bovidés = 1.000 fr.
perte d'une main (pied) - _ prix du sang = 8 bovidés = 1.000 fr.
perte d'un doigt - une génisse.

Coutume antécoranique
perte des deux testicules - deux vaches (600 fr.)
perte d'un testicule - une vache (300 fr.)
perte des deux yeux - deux vaches (600 fr.)
perte d'un œil - une vache (300 fr.)
perte des deux bras (ou jambes) - deux vaches (600 fr.)
perte d'un bras (ou jambe) - une vache (300 fr.)
perte d'une main (ou pied) - une vache (300 fr.)
perte d'un doigt - une génisse (100 fr.)

Blessure ayant entraîné la mort
Assimilée au meurtre en ce qui concerne les réparations civiles.

5. COMPLICITÉ
Le complice partage la responsabilité du coupable ; tous deux doivent contribuer à parts égales aux réparations civiles.

6. CONCUSSION, CORRUPTION
Restitution des sommes indûment perçues.

7. INJURE
L'insulteur est tenu de payer une indemnité à l'insulté. Le taux est fixé par la Djemaa et il peut osciller du *tokkié* (rouleau de gabak) = 10 fr. à 1 cheval ou une vache = 300 fr., suivant le rang social et la fortune des antagonistes.

8. ESCROQUERIE
Assimilé au vol - restitution ou remboursement du montant du dommage.

9. EXACTIONS
Assimilées au vol.

10. Homicide volontaire ou involontaire

Prix du sang.

Coutume coranique - 30 bovidés (4.000 fr.) ; l'usage comporte souvent remise de la moitié du prix du sang.

Coutume antécoranique - un bœuf + une charge de mil + un mouton + un *tokkié* + une daba (environ 350 fr.).

11. Incendie volontaire ou involontaire

Paiement d'une indemnité représentant le total de la perte subie par le sinistré.

12. Pillage à main armée

Restitution des objets ou animaux enlevés ou remboursement intégral du dommage causé à la victime.

13. Rapt

Restitution de la personne enlevée. Indemnité supplémentaire à la famille de la victime fixée par le chef de canton, proportionnellement à la famille du coupable dont tous les biens sont confisqués. - Si la restitution est impossible (mort de la victime ou son exil lointain) le ravisseur paie le prix du sang à la famille.

La coutume sanctionnait autrefois différemment l'enlèvement des personnes libres et celui d'une personne de condition servile. Cette distinction n'existe plus aujourd'hui.

14. Recel

Assimilé à complicité ; participation à la restitution ou au remboursement de la valeur des objets volés.

15. Séquestration, arrestation arbitraire

Libération de la personne séquestrée.

16. Viol

Femme mariée paiement d'une indemnité d'une vache au mari de la victime.

Jeune fille paiement d'une indemnité au père de la jeune fille ; le taux est fixé à la moitié du montant de la dot. Si, dans ce cas, le séducteur est agréé pour époux, il devra payer la dot normale en sus de l'indemnité fixée ci-dessus.

17. Vol

Restitution ou remboursement intégral du dommage causé à la victime.

Signé : DELORY

SUBDIVISION D'ADRÉ

Commentaire

La réponse du capitaine Delory est une des rares à donner des indications sur les réparations antérieures à l'islamisation. Celles-ci se situaient à un niveau beaucoup plus bas, ce qui pourrait expliquer que la coutume musulmane massalit ait adopté une diya de 30 bovidés, qui est elle-même presque toujours abaissée de moitié dans la pratique.

Pour l'avortement (3) les réparations s'établissent à un niveau assez proche de la coutume antécoranique.

Le chef de subdivision commet une erreur dans le barème qu'il donne pour la diya coranique. La perte des deux bras (comme celle des deux jambes) entraîne en principe le paiement d'une diya totale et non d'une demi-diya. Celle d'un bras (ou d'une jambe) celle d'une demi-diya. On remarque que dans la coutume antécoranique la perte de capacité vitale s'apprécie à peu près selon les mêmes critères que dans la coutume coranique (la perte de deux testicules, de deux yeux, de deux bras entraîne le paiement de la même indemnité que s'il y avait mort).

Le prix du sang est équivalent, que l'homicide soit volontaire ou involontaire (10), ce qui est conforme au Khalîl, mais on remarquera que la diya n'est pas payée intégralement en bétail. On suit plutôt les usages anciens.

4
Subdivision de Biltine

Réponse au questionnaire pénal

Département du Ouadai 　　　　　Biltine, le 15 octobre 1937
Subdivision de Biltine

　　　　　　　　Le lieutenant Mazet,
　　　　　　　　chef de la subdivision de Biltine

Objet : *coutumes pénales de la subdivision*

La subdivision de Biltine est un vaste territoire de 48.000 km_ environ, peuplé par 70.000 habitants. Cette population ne forme pas un tout homogène et se répartit en nomades, semi-nomades et sédentaires.

Elle forme cinq groupements ethniques, tous différents tant par les us que par les coutumes et le mode de vie. Ces cinq groupements sont les suivants :
- Les Arabes Rezegat
- Les Goranes Noarma
- Les Zaghaoua
- Les Tamaïens
- les Ouaddaïens

Toutes ces races sont différentes : aucun lien, aucune affinité entre elles ; les uns, les Ouaddaïens, sont des autochtones ; les autres, les Tamaïens et les Zaghaoua viennent de l'Est ; les Arabes viennent également de l'Est et les Goranes Noarma viennent de l'Ouest.

Un seul point commun : tous sont musulmans, mais pratiquent un peu à leur façon, ce qui veut dire qu'ils se réclament tous de l'Islam mais ne sont observateurs du rite que lorsque celui-ci est à leur avantage. Loin d'être fanatiques, ils puisent dans le Coran les rudiments qui leur servent à bâtir une morale assez élastique et une coutume avantageuse.

C'est ainsi que tous sont, en général, de gros buveurs de mérissé (bière de mil) ; tout événement est prétexte à beuverie et chaque famille a toujours en réserve quelques bourma de cette boisson et l'on voit souvent les gens s'enivrer en buvant à même la bourma [jarre], le chapelet religieusement enroulé autour du poignet ou porté en sautoir autour du cou.

De plus ils se laissent souvent aller au penchant de confondre leurs biens avec ceux du voisin ; certains groupements, et pas les moins pratiquants du rite musulman, ont une réputation solidement établie et ont fait du vol et des rapines une véritable industrie.

Le rite Tidjani a les faveurs de la majorité, la secte Senoussiste est pratiquement inexistante.

En résumé, la pratique de l'Islam, chez les gens de la subdivision de Biltine semble se résumer à des signes extérieurs ; c'est pour cela qu'il m'a paru intéressant de joindre aux coutumes le code musulman.

1. ABUS DE CONFIANCE - DÉTOURNEMENT

Code musulman. Le code musulman ne fait pas de différence entre les différents attentats aux biens ; escroquerie, abus de confiance sont punis des peines du vol.

Coutume Tama. L'abus de confiance est assimilé au vol.
Le voleur est tenu au remboursement de la chose volée ou de son équivalent ; il doit payer au Sultan une amende dont le montant est fixé par le sultan.

Coutume Gorane Noarma. L'abus de confiance est assimilé au vol, mais dans le cas où il intéresse les gens de la tribu seulement ; au dehors, non seulement il n'est pas réprimé, mais encouragé.
Le voleur est tenu au remboursement de la chose volée ou de son équivalent. S'il ne peut rembourser, la famille doit payer à sa place. En aucun cas il n'est prévu de sanction pénale.

Coutume Ouaddaï. L'abus de confiance est assimilé au vol. Le voleur est tenu au remboursement de la chose volée ou de son équivalent. Il est tenu de payer une amende au chef de canton. S'il ne peut payer, il est mis aux fers. Le taux de l'amende et la durée de la peine sont fixés par les notables.

Coutume Zaghaoua. L'abus de confiance et le détournement sont assimilés au vol. Le voleur est tenu au remboursement de la chose volée ou de son équivalent. De plus il est mis à l'amende par le Sultan, cette amende étant proportionnée à l'importance du vol. Si le voleur ne peut rembourser, il est convoqué devant le conseil des notables et publiquement il doit s'accuser et jurer sur le Coran que, dès qu'il en aura les moyens, il remboursera. En aucun cas il n'est prévu de sanction pénale.

Coutume Arabe Rezegat. L'abus de confiance est assimilé au vol. Le voleur est tenu au remboursement de la chose volée ou de son équivalent ; il est passible d'une amende dont le montant est proportionné à l'importance du vol. Si le voleur ne peut rembourser il est mis aux fers, la durée de sa peine étant proportionnée à l'importance du vol.

2. ADULTÈRE

Code musulman. Tout musulman de l'un ou de l'autre sexe, libre, majeur et responsable de ses actes, qui aura commis le crime qualifié stupre, étant uni à autrui par les liens du mariage légitime, valable et matériellement consommé, sera lapidé L'exécution aura lieu avec des pierres de grosseur moyenne jusqu'à ce que mort s'ensuive.

Il sera sursis à l'exécution de la femme mariée jusqu'à l'apparition de ses menstrues.

Coutume Arabe Rezegat. L'adultère est un cas de divorce aux torts de la femme qui doit, si le mari l'exige, rembourser intégralement la dot et les divers cadeaux.

Le séducteur doit réparation au mari. Cette réparation est fixée à un bovidé, une chamelle ou une jument, selon sa condition. Le séducteur doit également payer une amende au chef, de même valeur que la réparation et selon sa condition.

L'adultère du mari est puni d'une amende payée au chef et dont le taux varie selon la condition. La coutume veut également qu'un cadeau soit donné par le mari à sa femme

Coutume Gorane Noarma. Adultère de la femme. Le mari outragé peut tuer le séducteur. S'ils sont pris sur le fait ils peuvent être tués tous les deux par le mari outragé. La femme est mise à la porte de la case et doit intégralement rendre la dot et les divers cadeaux.

Adultère du mari. La femme outragée peut quitter le domicile conjugal et retourner chez les siens jusqu'à ce que le mari envoie un cadeau en réparation. Dès réception du cadeau, si elle le trouve suffisant, elle rejoint le domicile conjugal.

Coutume Zaghaoua. Adultère de la femme. Le divorce est prononcé aux torts de la femme qui doit intégralement rembourser la dot et les cadeaux.

Le séducteur doit payer au mari, qui partage avec sa famille, un cheval, quatre sagaies, un bouclier en peau de girafe, un *kourbadji,* un turban et cinq francs. Dès que le paiement est effectué, le turban est mis au bout d'une lance et promené à travers le village. Le joueur de tam-tam fait office de crieur public et annonce que le séducteur a payé ; comme salaire il garde le turban.

Adultère du mari. L'adultère du mari n'est pas puni à moins que la femme séduite se trouve enceinte de ses œuvres ; en ce cas le sultan prononce une amende de dix bovidés ou seize moutons

Coutume Tama. Adultère de la femme. Le mari outragé peut tuer le séducteur. Le divorce est prononcé aux torts de la femme qui doit rembourser la dot et payer une amende au sultan.

Le séducteur doit réparation au mari, le taux est fixé par le sultan ; une amende, dont le taux varie selon sa condition, lui est infligée par le sultan.

Adultère du mari. Est puni d'une amende fixée par le sultan et dont le taux varie selon sa condition.

Coutume Ouaddaï. Adultère de la femme. Le divorce est prononcé aux torts de la femme qui doit rembourser la dot. Réparation est due au mari, le taux est fixé par le sultan.

Le séducteur est mis à l'amende par le sultan, le taux de cette amende varie selon sa condition.

Adultère du mari. L'adultère du mari est puni d'une amende infligée par le sultan, généralement un bovidé.

1. La coutume ne prévoit pas de sanction pénales pour la violation du devoir de cohabitation.
2. L'adultère du mari n'est pas puni et ne doit pas l'être.
3. Les sanctions pénales ne doivent pas être appliquées en matière d'adultère.

3. Aliénation mentale, ivresse

La coutume ne considère pas la démence ou l'ivresse comme une cause d'atténuation ou de disparition de la responsabilité pénale.

4. Attentat à la pudeur

A. Les coutumes de ma région punissent ces faits d'une amende dont le taux varie selon les groupements ; en aucun cas il n'est question d'aggravation.

B. Les *Peines proposées* me paraissent hors de proportion avec la coutume.

C. L'ordre public n'est pas intéressé à la répression de ces faits ; les gens attachent peu d'importance à la virginité. Il s'ensuit pour la femme une dépréciation dotale minime que l'indemnité payée par le coupable est destinée à compenser.

D. L'attentat à la pudeur doit être déféré au 1er degré.

Coutume Arabe Rezegat. Le coupable doit payer une indemnité aux parents de l'enfant. Le montant de l'indemnité est fixé par rapport à la valeur dotale de la victime. Si la victime est de race noble, le coupable est mis à l'amende d'une chamelle au profit du Chef Kébir.

Coutume Gorane Noarma. Les deux familles prennent les armes et discutent. Si l'entente se réalise, l'affaire est portée devant les notables de la tribu, sinon il y a bagarre.

Si, au cours de la bagarre, il y a une victime du côté du coupable, l'affaire est éteinte, le sang a lavé l'honneur. Si, à l'issue du combat il n'y a aucune victime, la famille du coupable doit payer une chamelle à titre de réparation. Si, au contraire, la victime est du côté de la partie lésée, l'affaire se complique, ce dernier fait s'ajoutant aux précédents et dès lors un arrangement n'est plus possible, le règlement se fera par le sang.

Coutume Zaghaoua. Le coupable doit indemniser la famille de l'enfant, le montant de cette indemnité est fixé d'après :

a. la valeur dotale de l'enfant.
b. la condition du coupable.

En général le montant de cette indemnité est de dix bovidés. Si la femme est de condition noble, le coupable est passible des fers.

Coutume Tama. Le coupable doit indemniser la famille de l'enfant, le montant de cette indemnité est en rapport avec la valeur dotale, sans tenir compte de la condition des deux parties.

Une amende est prononcée en faveur du Sultan, le taux est généralement fixé à un bovidé.

Coutume Ouaddaï. Le coupable doit indemniser la famille de l'enfant, généralement un bovidé quelle que soit la valeur dotale de la victime. Il est également tenu de payer une amende au chef, en général un bovidé.
Si la femme est de condition noble, il est passible des fers, mais cette peine doit être prononcée par les notables.

5. Avortement

Les coutumes des divers groupements de la région de Biltine ne prévoient pas de peine pour ce délit. Si la femme est mariée, elle ne doit de comptes qu'à son mari. Si elle est célibataire, l'accident est considéré comme normal.

6. Blessures volontaires, violences et voies de fait

Coutume Arabe Rezegat. Cette infraction ne donne lieu à aucune différence. Elle est toujours sanctionnée par une amende, en général une chamelle. L'auteur est également tenu à la réparation du dommage causé ; à moins d'ablation d'une partie du corps le paiement de la réparation est différé jusqu'à guérison complète, afin d'estimer à sa juste valeur le dommage causé par la blessure. S'il y a mort à la suite des coups et blessures, le coupable est tenu au paiement de la composition.

Coutume Goranes Noarma. Cette infraction ne donne lieu à aucune différence. Les familles respectives prennent les armes. Les notables essayent de négocier un arrangement ; si leur médiation est fructueuse, les deux parties acceptent de porter leur différend devant un conseil de notables. Le coupable est tenu à la réparation dont le montant est l'objet de grands palabres. Le paiement est différé jusqu'à guérison complète du plaignant.
S'il y a mort à la suite des coups et blessures, cette infraction s'assimile au meurtre et se règle de la même façon.

Coutume du Ouaddaï. Cette infraction ne comporte aucune différence. Celui qui se rend coupable de cette infraction est tenu au paiement d'une réparation qui est différée jusqu'à guérison complète du plaignant.

S'il y a mort à la suite des coups et blessures, la famille du coupable est tenue au paiement de la composition et le coupable est passible des peines du meurtre.

Coutume Zaghaoua. Il n'est fait aucune différence. Cette infraction est toujours punie par une amende, en général deux bovidés. L'auteur est généralement tenu à la réparation ; à moins d'ablation d'une partie du corps, le paiement est différé d'une année, afin de permettre d'estimer le dommage causé par la blessure. Le taux de réparation est proportionné à la valeur de la partie du corps endommagée ou perdue, ce taux est le même pour tout le monde quelle que soit la condition du plaignant et du patient.

Si les coups et blessures ne donnent pas lieu à réparation, les deux parties sont mises à l'amende ; généralement : dix bovidés pour celui qui a tort ; dix moutons pour l'autre.

Coutume Tama. Cette infraction ne donne lieu à aucune différence. Elle est toujours punie d'une amende, en général un bovidé. Le coupable est également tenu à la réparation qui est différée jusqu'à la guérison complète du plaignant.

S'il y a mort à la suite des coups et blessures, cette infraction est assimilée au meurtre et le coupable est tenu au paiement de la composition. Les peines du meurtre lui sont appliquées.

7. CIRCONSTANCES ATTÉNUANTES

Les diverses coutumes de la subdivision de Biltine n'admettent pas les circonstances atténuantes.

8. BLESSURES INVOLONTAIRES

Il y a lieu de réprimer ce fait et le taux des *Peines proposées* parait devoir bien s'adapter aux diverses circonstances.

Code musulman. Celui qui blesse involontairement son prochain est tenu à payer la composition. La somme mise à sa charge sera calculée en raison de l'état de l'organe dont il aura privé l'offensé ou du mal qu'il lui aura causé.

Coutume Arabe Rezegat. La coutume se conforme au code musulman et seule la composition est exigée.

C'est le Chef Kébir qui prononce le taux de cette réparation (taux uniforme pour toute la tribu). Afin de ne léser aucune des parties le paiement de cette composition n'est effectué qu'à la guérison complète du patient.

Coutume Gorane Noarma. Le blessé peut exiger le talion. Toutefois lorsque les deux familles intéressées ne sont pas en mésintelligence, il y a arrangement et le coupable est tenu au paiement de la composition.

Le taux de cette réparation est fixé par les notables de la tribu d'après un barème commun à tous les membres de la tribu, mais afin de ne léser aucune des parties le paiement en est différé jusqu'à guérison complète du plaignant.

Coutume Zaghaoua. Si la blessure est légère, ce fait est sanctionné par une amende au profit du Sultan (généralement 10 moutons). Si la blessure est grave et entraîne la perte d'un sens ou d'un membre, le plaignant est en droit d'exiger le talion. Si le blessé consent à un arrangement le coupable est tenu au paiement de la composition, le taux de cette réparation étant fixé par le sultan.

Afin de ne léser aucune des parties le paiement est différé jusqu'à guérison complète du plaignant.

Coutume Ouaddaï. Le coupable doit immédiatement donner à la famille du blessé de quoi payer les premiers soins. L'affaire est ensuite portée devant les notables qui constatent l'état du malade. Selon leur conviction ils se prononcent pour la réparation et en fixent provisoirement le taux. Le paiement est différé à une année ; ce délai révolu, l'affaire est à nouveau examinée et la composition définitivement fixée.

Coutume Tama. Ce fait est sanctionné par le sultan qui prononce une amende contre le coupable. Le coupable est également tenu à dédommager le plaignant et doit payer la composition. Le taux de cette réparation est fixé par le sultan et le paiement en est différé jusqu'à guérison complète du plaignant.

9. COMPLICITÉ

1. La complicité active est seule prévue par toutes les coutumes de la subdivision ; elle est punie des mêmes peines au même titre et au même taux que l'auteur.
2. La complicité passive est inconnue.

10. CONCUSSION

Ce délit est assimilé au vol par toutes les coutumes de la subdivision.

11. CORRUPTION

Les coutumes de la Subdivision ne reconnaissent pas la corruption comme délit ; au contraire, l'usage veut que chacun essaye, en faisant des présents, de se soustraire aux devoirs ou charges qui lui incombent. Il y a donc lieu de maintenir les distinctions entre la concussion et la corruption Dans le cas de corruption il n'y a pas lieu de faire de distinction entre a et b.

Peines proposées : Même peine pour le corrupteur et le corrompu : emprisonnement d'un à cinq ans. Dans le cas où le corrompu a cédé à la contrainte, le corrupteur seul est puni.

12. Défense légitime

A. Toutes les coutumes reconnaissent la légitime défense.

B. Il y a dans ce cas disparition de la responsabilité pénale.

Coutume musulmane. Il n'y a ni crime ni délit à repousser par la force un agresseur, même lorsqu'il ne s'attaque qu'à la propriété ; toutefois il convient de le sommer préalablement de se retirer s'il est en état de comprendre la sommation. Il est permis de le tuer s'il est impossible de faire autrement ; mais s'il est possible de l'éviter par la fuite, sans s'exposer à un dommage, la loi ne permet même pas de lui faire une blessure.

Coutume Arabe Rezegat. La légitime défense est reconnue, toutefois l'auteur est tenu au paiement de la composition qui, en cette circonstance, est réduite de moitié.

Coutume Gorane Noarma. Chez les Goranes, le sang appelle le sang et le meurtrier est tenu de payer la composition entière, faute de quoi il est passible du talion.

Coutume Zaghaoua. La coutume ne prévoit pas la légitime défense et le meurtrier est tenu au paiement de la composition.

Coutume Ouaddaï. La coutume prévoit la légitime défense qui entraîne la disparition de la responsabilité pénale.
Un tribut est offert au chef de canton.

Coutume Tama. La coutume prévoit le cas de la légitime défense, toutefois le meurtrier est tenu au paiement de la moitié de la composition.

13. Dénonciation calomnieuse

Coutume Arabe Rezegat. Le dénonciateur est mis à l'amende d'une chamelle et doit payer à la victime une indemnité dont le taux est fixé par le Chef Kébir.

Coutume Gorane Noarma. Le dénonciateur doit indemniser la victime. Le taux de cette indemnité est fixé par le notable de la tribu.

Coutumes Zaghaoua et Tama. Le dénonciateur est mis à l'amende, dont le taux varie suivant sa condition ; il est tenu à indemniser la victime et le taux de cette indemnité est fixé par le Sultan.

Coutume Ouaddaï. Le dénonciateur est mis à l'amende et doit une indemnité à la victime.

14. Diffamation et injure

Code musulman. Tout diffamateur sera condamné à subir quatre-vingts coups de fouet, sans distinguer si l'injure a été répétée contre une même personne ou adressée collectivement à plusieurs.

Coutume Arabe Rezegat. Le diffamateur est mis à l'amende et doit payer une réparation à la victime ; le taux de l'amende est fixé selon la gravité des faits et la condition de l'offenseur.

Coutume Gorane Noarma. Le diffamateur doit rétracter publiquement et prononcer des louanges sur sa victime ; il est tenu ensuite au paiement de la réparation dont le taux est fixé par les notables.

Coutume Zaghaoua. Le diffamateur est mis à l'amende de deux bovidés ; il doit ensuite payer la réparation dont le montant est proportionné à la gravité des faits et à la condition de l'offensé.

Coutume Tama. Le diffamateur est mis à l'amende d'un bovidé.

15. Empoisonnement

Le crime d'empoisonnement des puits, citernes, sources, eaux potables est puni de la peine de mort.

Code musulman. Celui qui aura sciemment placé le poison à la porte d'une personne qui l'aura absorbé sans le savoir, sera passible du talion, si la mort s'en est suivie, comme celui qui aura lancé sur autrui un serpent venimeux.

Coutumes de la subdivision. Toutes les coutumes punissent ce crime de la peine de mort. Le poison d'épreuve ne se pratique nulle part.

16. Escroquerie

Toutes les coutumes de la subdivision de Biltine assimilent l'escroquerie au vol.

17. Escroquerie dite *au mariage* ou *à la dot*

Coutume Arabe Rezegat. Le chef de famille est mis à l'amende d'une chamelle, amende payée autant de fois que le délit aura été commis. Les dots ou la dot sont remboursées et la femme est mariée à une tout autre personne que ses prétendants.

Coutume Gorane Noarma. Les divers prétendants se disputent la femme ; celui qui l'emporte la garde et l'évincé se retourne contre le chef de famille qui doit rembourser la dot versée.

Coutume Zaghaoua. Les deux ou plusieurs prétendants se disputent la femme. Une fois la femme enlevée par l'un des prétendants, le chef de famille doit rembourser la ou les dots et payer une amende au Sultan.

Coutume Tama. La femme est, par ordre du Sultan, mariée à un autre prétendant et le chef de famille doit rembourser la dot ou les dots. Il doit payer une amende au Sultan.

Coutume Ouaddaï. La femme est mariée à un autre prétendant, le chef de famille doit rembourser la dot, payer une amende de deux bovidés au Chef.

18. Évasion

La coutume locale est muette, aucune sanction pénale n'est prévue et l'évadé n'est même pas l'objet de recherches ; ses biens lui sont confisqués au profit du Chef.

Il me parait nécessaire de réprimer l'évasion, les *Peines proposées* et les distinctions me paraissent judicieuses.

19. Exactions

Les coutumes locales ne distinguent pas la concussion de l'exaction.

Il ne me parait pas utile de créer cette distinction et de maintenir d'autre part des peines différentes pour la concussion et l'exaction.

20. Faux

Coutume Arabe Rezegat. Le coupable est mis à l'amende d'une chamelle et doit indemniser la victime.

Coutume Gorane Noarma. Le coupable doit indemniser la victime.

Coutumes Zaghaoua - Tama – Ouaddaï. Le coupable est mis à l'amende, généralement de deux bovidés et doit indemniser la victime.

21. Fausse monnaie

Les coutumes sont muettes sur ce fait.

22. Faux témoignage

Il est souhaitable de remédier à l'insuffisance des *Peines proposées.* Il apparaît nécessaire de faire une classification selon les circonstances de fait et aussi la gravité du préjudice.

Code musulman. Quiconque fait un faux témoignage dans une poursuite comme en diffamation, sera puni correctionnellement. (La peine correctionnelle est celle dont la fixation est laissée au pouvoir discrétionnaire du juge).

Coutume Arabe Rezegat. Le faux témoin est exclu de la société, il est mis à l'index, même par les membres de sa famille, il perd tout crédit et sur son passage les gens ont le droit de lui reprocher à haute voix les méfaits de sa langue.

Coutumes Zaghaoua - Tama – Ouaddaï. Le faux témoin est mis à l'amende et doit payer la réparation.

23. Homicide volontaire

Code musulman. Quiconque aura volontairement commis un homicide sera traîné judiciairement, la corde au cou, devant le plus proche parent de la victime, pour subir par lui dans sa personne la peine du talion.

Néanmoins ne sont passibles de cette peine que les individus majeurs, pourvus de discernement, libres ou esclaves, et non étrangers. Il faut en outre que le meurtrier ait été au moment du meurtre, de condition égale ou inférieure à celle de la victime, sous le double rapport des libertés et des droits civiques conférés par la vraie foi, à moins que le meurtre n'ait eu pour mobile le vol ou le pillage. Il faut aussi que la victime ait été et soit restée, depuis le moment où le coup a été lancé jusqu'au moment où elle a été mortellement atteinte, sous la sauvegarde de la loi, soit à titre de musulman, soit à titre de tributaire.

Le meurtrier lui-même est inviolable, sauf à l'égard de celui qui a droit à son sang et qui sera néanmoins puni correctionnellement s'il s'est fait justice de sa propre autorité. Ainsi sera passible du talion quiconque, sans ordre du Prince, aura mis à mort un homme, une femme adultère ou un renégat ; comme quiconque de sa propre autorité aura coupé la main à un voleur.

Coutume Arabe Rezegat. Tout meurtrier est tenu au paiement de la *dia* ; le montant de cette composition varie selon la condition de la victime, elle est payée par la famille du meurtrier à la famille de la victime. En cas de non-paiement le plus proche parent a droit d'exercer le talion.

La *dia* est généralement fixée :
    a. pour les gens de même condition : 60 bovidés ou 10 chamelles.
    b. pour les gens de condition supérieure : 75 bovidés ou 20 chamelles.
    c. pour les gens de race noble : 100 bovidés ou 30 chamelles.
    d. pour le chef de la tribu : 100 chameaux.

Le parricide n'est pas reconnu par la coutume, c'est classé comme affaire de famille et cela ne regarde que le chef de famille.

L'infanticide non plus n'est pas reconnu.

La coutume ne fait aucune différence entre l'assassinat et le meurtre.

Coutume Gorane Noarma et coutume Zaghaoua. Le coupable est passible du talion et doit se livrer lui-même pour le subir à moins qu'il ne préfère prendre la brousse et attendre en se gardant que la famille de la victime lui fasse par l'intermédiaire de la sienne des propositions de médiation pour le rachat du sang. Si les deux familles arrivent à s'entendre, une partie de la composition est payée sur le champ et le coupable peut dès lors retourner (chez lui ?), passible du talion tant que la composition entière n'aura pas été payée, mais, en ce cas (de talion), la famille de la victime doit rendre la totalité des parties de la composition déjà perçues et cela sans délai.

La coutume ne fait aucune différence entre le meurtre et l'assassinat.

La coutume ne prévoit ni le parricide ni l'infanticide ; ce sont des affaires qui ne regardent que le chef de famille.

Le montant de la *dia* est généralement fixé à 100 bovidés.

Coutume Ouaddaï et coutume Tama. Le coupable est tenu au paiement de la *dia*. Le montant de cette composition est généralement fixé à 30 bovidés. Elle doit être payée par la famille du coupable à la famille de la victime. En cas de non paiement de la *dia*, le chef fait saisir les animaux et les remet à qui de droit. Une amende est alors infligée au chef de famille.

Le parricide et l'infanticide ne sont pas réprimés par la coutume ; c'est une affaire de famille qui ne regarde que le chef de famille.

La coutume ne fait pas de différence entre le meurtre et l'assassinat.

24. Homicide involontaire

Code musulman. Quiconque aura involontairement commis un homicide sera tenu au paiement de la réparation. Chez les nomades pasteurs, le tarif pour homicide involontaire est de 100 chameaux dont un cinquième de chacune des qualités suivantes : femelles d'un an, mâles et femelles de deux ans, femelles de trois ans, femelles de quatre ans. Le tarif est de moitié si la victime est de sexe féminin.

Coutumes. Toutes les coutumes du Biltine assimilent l'homicide involontaire à l'homicide volontaire. Le coupable est tenu au paiement de la *dia*.

25. Incendie volontaire

Toutes les coutumes du Biltine prévoient, en cas d'incendie volontaire, le paiement de la réparation par le ou les coupables. S'il y a mort d'homme le coupable est tenu de payer la *dia*.

26. Injure à témoin

Code musulman. Celui qui outrage son adversaire, un témoin ou un jurisconsulte sera battu de verges.

[manque la suite]

27. Menaces

Toutes les coutumes prévoient ce délit et le règlent de la même façon. La victime prend à témoin les gens qui peuvent témoigner et va devant les notables ou le Chef et expose les menaces dont elle a été l'objet ; les témoins jurent de la véracité de la déposition. Si un accident, une agression causent un dommage à la personne menacée et que le coupable soit introuvable, l'auteur des menaces est tenu responsable et doit réparer.

28. OUTRAGES

Code musulman. Celui qui outrage son adversaire, un témoin ou un jurisconsulte sera battu de verges.

29. PILLAGE EN BANDE ET À MAIN ARMÉE

Code musulman. Après les sommations d'usage, si elles sont possibles, le brigand sera combattu, pris et crucifié s'il est de condition servile. Dans le cas contraire il sera condamné à la déportation, comme pour crime de stupre, ou à la mutilation de la main droite et du pied gauche, sans aucun sursis pour l'exécution.

S'il est relevé contre lui une preuve juridique complète de meurtre ou de complicité de meurtre, même sur la personne d'un mécréant, il sera condamné à mort, encore qu'il soit venu se livrer lui-même et qu'il témoigne de son repentir.

Le proche parent de la victime n'a pas droit de grâce à l'égard du brigand.

Il est conseillé de condamner à la peine de mort le brigand dangereux pour son habileté, à la peine de mutilation celui qui est redoutable par sa force physique ; à la peine de la déportation après flagellation celui qui est faible ou s'est livré au brigandage sans plan préconçu ; mais la décision du prince est souveraine pour le choix de la peine, sans qu'il ait à tenir compte du vœu de la personne lésée ou blessée.

Coutumes du Biltine. Les coutumes sont identiques. Le brigand est poursuivi et s'il est pris vivant, il est supplicié. S'il ne peut être pris vivant, il est abattu et mutilé, ses oreilles sont mutilées et mises en trophée au bout d'une lance et un héraut crie à tous les échos le nom de la victime et ses méfaits.

Le corps est laissé sans sépulture sur les lieux même du supplice ou de la mort.

30. RAPT

Les coutumes locales prévoient ce délit si la personne enlevée a été destinée à la vente ou au troc. Dans tous les autres cas ce délit est réglé entre les parties à l'amiable. Il semble anormal de maintenir les peines pour ce délit, qui selon la coutume n'en est pas un.

Coutume Arabe Rezegat. Si le coupable enlève une personne pour en faire un objet de vente ou d'échange, il sera mis dans l'obligation de rendre la personne objet du rapt ; tous ses biens seront confisqués et il sera mis hors de chez lui avec une peau de chèvre comme seul vêtement. Si le coupable ne possède rien il est condamné à avoir la main droite et le pied gauche tranchés. Si le coupable enlève la femme célibataire il doit la ramener aux siens et se marier selon la coutume. Si le coupable enlève une femme mariée il doit rembourser intégralement la dot au mari et se marier avec la femme. Si le coupable enlève un enfant il est considéré comme un voleur et encourt la peine du vol.

Coutume Gorane Noarma. Si le coupable enlève une personne pour en faire un objet d'échange ou de vente, il est tenu de rendre la personne enlevée ou de rembourser le prix de la vente ou le montant de l'échange.

Si le coupable enlève une femme dans l'intention de se marier, il doit la cacher chez une personne honorable et régler la dot. La question dot réglée, il ramène la femme et le mariage se fait selon la coutume.

Si le coupable enlève une femme déjà mariée, le mari outragé cherche à reprendre sa femme par les armes. Il livre à son rival une lutte sans merci à moins que ce dernier ne consente à rendre la femme et à payer la réparation.

Si le coupable enlève un enfant il est tenu de le rendre.

Coutume Zaghaoua. Si le coupable enlève une personne pour en faire un objet de vente ou de troc, il est passible des peines du vol et se voit dépouillé de tous ses biens.

Chez les Zaghaoua, la coutume veut que chaque prétendant enlève la femme qu'il désire épouser ; pour arriver à ses fins tous les moyens sont permis. Une fois la femme enlevée, elle est cachée dans la brousse et déflorée. Pendant ce temps des pourparlers sont engagés pour le règlement de la dot et, dès que l'entente est réalisée, le prétendant ramène la femme à sa famille et le mariage est fait.

L'enlèvement en vue du mariage est considéré comme honorable et peu de mariages se font autrement ; les fils du Sultan sont astreints à cette coutume. Seul le Sultan a droit de passer outre.

Coutumes Ouaddaï et Tama. L'enlèvement d'une personne pour en faire un objet d'échange ou de vente est assimilé au vol, le coupable encourt les peines du vol, il est en plus dépouillé de tous ses biens et doit rendre la personne volée.

L'enlèvement d'une femme vierge ou célibataire oblige le coupable au mariage. L'enlèvement d'une femme mariée oblige le coupable au mariage et au remboursement intégral de la dot au mari bafoué.

31. RÉBELLION

Lorsque la rébellion n'aura pas une excuse religieuse ou politique admissible, quiconque y aura pris part pourra être poursuivi judiciairement pour le sang qu'il aura versé ou le dommage qu'il aura causé.

Toutes les coutumes de la subdivision répriment ce délit par l'emprisonnement et la mise aux fers ; de plus, tous les biens du coupable sont acquis au chef contre qui a eu lieu la rébellion.

32. Recel : Les coutumes locales punissent le recel et l'assimilent au vol. Les coupables encourent les mêmes peines que les auteurs du vol.

33. Recel de malfaiteurs

Les coutumes locales prévoient que les ascendants du coupable ne seront pas poursuivis pour l'avoir recelé ; il semblerait logique qu'il y ait atténuation de la peine mais il me parait nécessaire à l'ordre social de réprimer sévèrement ce fait.

Toutes les coutumes locales punissent le délit par une amende proportionnée à la faute commise par le coupable recelé.

34. Séquestration

Toutes les coutumes de la subdivision répriment ce crime par une amende proportionnée à la personnalité de la victime et une réparation.

35. Tentative

En raison des coutumes locales, il ne parait pas possible d'appliquer à la tentative les mêmes peines qu'au délit ou au crime. Ces coutumes ne prévoyant pas de tentative mais la sûreté des biens et des personnes en imposant la répression, la réduction des peines de moitié me parait convenir.

Toutes les coutumes de la subdivision s'accordent pour ne pas reconnaître la tentative comme un fait répréhensible.

36. Viol

En l'état des mœurs il ne me parait pas nécessaire de maintenir le caractère de crime du viol.

Coutumes Arabe Rezegat, Zaghaoua, Ouaddaï et Tama. Le viol est sanctionné par une amende et le coupable est tenu de payer une indemnité à la famille de la victime. N'est sanctionné que le viol sur une femme impubère, le viol sur une femme nubile doit être réparé par le mariage ou à défaut par une réparation en rapport avec la valeur dotale de la victime. Le viol commis par un ascendant est considéré comme affaire de famille ne regardant que le chef de famille, la honte seule devant être une punition suffisante.

Coutume Gorane Noarma. Le viol d'une femme impubère est seul reconnu, il est sanctionné par l'obligation au mariage. En cas d'impossibilité par suite de mésalliance, de haines de clan ou de manque de ressources pour payer la dot, il appartient au frère aîné ou à défaut à celui qui en a rang de venger par les armes l'honneur de la famille.

37. Vol

Coutume Musulmane. Quiconque se sera rendu coupable d'un vol aura la main droite tranchée. La plaie devra être cautérisée par le feu. Si la main droite était paralysée ou déjà privée de plusieurs doigts, le pied gauche sera tranché, à son défaut la main gauche, et à défaut de celle-ci le pied droit. Si le condamné, déjà amputé des quatre membres commet un nouveau vol, il sera battu de verges et emprisonné.

Coutume Arabe Rezegat. Le voleur est tenu de rembourser la chose volée ou son équivalent ; de plus il est mis à l'amende par le Sultan, cette amende étant proportionnée à l'importance du vol.

Si le voleur ne peut rembourser, il est mis aux fers, la durée de sa peine étant proportionnée à l'importance du vol.

Coutume Zaghaoua. Le voleur est tenu de rembourser la chose volée ou son équivalent ; de plus il est mis à l'amende par le Sultan. Cette amende est proportionnée à l'importance du vol. Si le voleur ne peut rembourser, il reconnaît publiquement sa faute et jure sur le Coran que, dès qu'il le pourra, il remboursera.

En aucun cas il n'est prévu de sanction pénale.

Coutume Gorane Noarma. Le voleur est tenu au remboursement de la chose volée ou de son équivalent. S'il ne peut rembourser, la famille est tenue de rembourser à sa place.

En aucun cas il n'est prévu de sanction pénale. Cette coutume n'est appliquée que lorsque les vols intéressent les Noarma ou leurs protégés ; en dehors, le vol n'est pas réprimé mais encore encouragé. Un exemple : il est tout à fait normal qu'un Gorane qui veut se marier vole tout ou partie du montant de la dot. La femme sera flattée et la famille sera heureuse de s'allier à un homme aussi débrouillard.

Coutume Tama. Le voleur est tenu au remboursement de la chose volée ou de son équivalent ; il doit payer au Sultan une amende dont le taux est fixé par le Sultan. En aucun cas il n'est prévu de sanction pénale.

Coutume Ouaddaï. Le voleur est tenu au remboursement de la chose volée ou de son équivalent ; il est tenu de payer une amende au Chef de canton ; s'il ne peut payer il est mis aux fers.

Le taux de l'amende ou la durée de la peine sont fixés par les notables.

A Biltine le 15 octobre 1937
Le lieutenant Mazet, chef de subdivision
Signé : Mazet

Pour copie conforme
Le chef de bureau
d'administration générale
(non signé)

LES ANCIENNES COUTUMES PÉNALES DU TCHAD

Commentaire

Les Goranes Noarma de la subdivision de Biltine sont des Daza du Mortcha. Cette appellation de Goranes Noarma leur a été donnée par les Arabes. Ils ont toujours eu mauvaise presse auprès des administrateurs qui leur reprochaient d'être « des voleurs de bétail incorrigibles, volontiers assassins » et « un perpétuel élément de désordre » (Le Rouvreur). C'est sans doute plus spécialement à eux que pense le lieutenant Mazet dans la présentation des races de sa région, quand il écrit que certains groupements « ont fait du vol et des rapines une véritable industrie ». Ils doivent surtout cette mauvaise réputation aux Arabes noirs qui leur sont assez hostiles.

Les Arabes Rezegat regroupent les Mahamid, les Maharié, les Noaibé et les Chettiyé. Dans le Biltine et notamment sur Arada on parle plus souvent des Mahamid parce que le sultan du Wadday avait confié à un aguid mahamid le commandement de l'ensemble de la tribu Rezegat, une situation qui durera jusqu'en 1925.

Les Zaghawa, appellation arabe désignant les populations se reconnaissant comme Béri, regroupent les Kobé, Kabka, Duren, Kigé et Guruf de la région d'Iriba.

Les Tama, plus proches des Azongori que des Dadjo auxquels certains auteurs les rattachent, peuplent la région de Guéréda.

Le lieutenant Mazet qui juge ses administrés « piètres musulmans » a joint à l'étude des coutumes de sa subdivision ce qu'il appelle le code musulman pour qu'on mesure bien les différences qui le sépare de celles-ci. Il note, ce qui n'est d'ailleurs pas faux, une propension assez générale à ne considérer comme vraiment répréhensibles que les infractions internes à la tribu, et non celles commises au préjudice des autres tribus.

On notera la fréquence des amendes, spécialement en pays de grande chefferie (sultanats des Zaghawa et des Tama).

Pour les coups et blessures involontaires seules la coutume Rezegat, celle du Wadday et celle du Tama excluent le talion et imposent la composition conformément à Khalîl. Les Goranes Noarma et les Zaghawa auraient tendance à exiger le talion dans le cas de blessures graves, ce qui est le signe d'une islamisation plus superficielle.

La remarque concernant la corruption, d'un usage répandu - chacun fait des présents pour se soustraire à ses devoirs - se retrouvera dans les réponses d'autres chefs de subdivision. Mais il ne faut pas oublier que dans certaines circonstances les cadeaux au chef sont obligatoires d'après la coutume (le salam, *la* diffa*).*

La réponse pour la légitime défense est intéressante. Elle montre que les coutumes ont adopté des positions différentes en fonction de leur degré d'islamisation. Chez les Rezegat, qui pourtant suivaient les règles de Khalîl pour les blessures involontaires, elle entraînerait paiement de la moitié de la diya. *Même position chez les Tama. Les Noarma et les Zaghawa feraient payer la composition entière. Il n'y aurait que la coutume waddaienne qui exclurait toute réparation, encore qu'elle impose le versement « d'un tribut au chef de canton ».*

Le chef de subdivision note chez les Rezegat une variation du barème de la diya *en fonction de la condition sociale de la victime, la* diya *de 100 bœufs (ou 30 chamelles) ne s'appliquant qu'aux gens de race noble, mais cet élément d'appréciation entre en ligne de compte dans toutes les coutumes.*

Un point intéressant concerne la diya *waddaienne pour homicide, indiquée dans le rapport comme étant de 30 boeufs. L'administrateur Berre, chef de la subdivision de Biltine de 1952 à 1954 a donné davantage d'indications à ce sujet dans un rapport consacré aux redevances coutumières où il écrit :* « En pays ouaddaien la peine du talion est supprimée depuis l'arrivée des Français (1911). Les 100 chamelles de la diya ont été remplacées par 33 bovidés qui, eux aussi, ne sont pas tous fournis. Tout entre en ligne de compte pour arriver à cette valeur approximative : ânes, chevaux, moutons, gabak, mil, fers de lance... »

Comment en est-on arrivé à ce chiffre de 33 bovidés ? Il a certainement été arrêté par les tribunaux indigènes appelés, dès leur fonctionnement, à connaître ces affaires. Le mélik Sabre, du canton Mimi, avance que c'est à la suite de la famine de 1912-1913 que le capitaine Ripert, premier chef du district de Biltine, après avoir convoqué les djemaa, *fixa la* diya *à 33 bovidés en tenant compte de deux choses : la rareté des troupeaux (décimés) et la prépondérance de l'élevage bovin. Ce n'est pas l'avis du mélik Issaka, chef de canton des Ouled Djema, qui dit que ce chiffre fut fixé par le capitaine Berthollier, 12ème chef de district de Biltine qui, témoin du meurtre à Toyone d'un tirailleur par un ouaddaien de Malanga (district d'Abéché) fixa la* diya *à 33 bovidés en l'année 1922.*

Ce qui est certain c'est que, de longue date, la diya *dans le district est de 33 bovidés et, si ce chiffre parait étonnant, c'est que trois de ces bêtes reviennent au chef de canton de la victime, soit le onzième de la* diya. *Il est important de signaler deux choses : 1. Khalîl n'a jamais dit qu'une part de la* diya *revenait au chef. Mais ici c'est une chose constante. 2. Il n'y a pas lieu à versement de dia mais à "sadaka" dans le meurtre entre parents. Celle-ci est proportionnelle à la fortune du meurtrier mais ne dépasse généralement pas 8 bovidés. Dans ce cas le chef ne perçoit rien.*

Pour le rapt, toutes les coutumes font parfaitement la distinction entre le rapt d'une personne destinée à être vendue et le rapt, plus ou moins traditionnel (voire obligatoire) de la fiancée. La tentative ne serait considérée comme punissable par aucune coutume. Il aurait sûrement fallu examiner les choses d'un peu plus près. Si le renseignement est exact, la coutume waddaienne sur Biltine différerait de celle d'Abéché.

On remarquera que les coutumes ne considèrent comme réellement grave que le viol de la femme impubère.

Pour le vol il n'est plus question ici d'amputation. Le remboursement est seul envisagé, avec, éventuellement, une amende au profit du chef. Les coutumes rézegat et waddaienne sont les moins indulgentes puisqu'elles prévoient la mise aux fers jusqu'au remboursement alors que les Noarma auraient tendance à considérer le vol comme une pratique relativement normale, à condition évidemment qu'il s'exerce au détriment de l'étranger.

Réponse au sujet des réparations civiles

Département du Ouaddaï A Biltine, le 20 octobre 1938
Subdivision de Biltine

Le capitaine Le Brun
Chef de subdivision

Objet : *Liste des infractions pour lesquelles les coutumes locales prévoient des réparations civiles.*

Avertissement : Dans toutes les coutumes en usage dans la subdivision la mise aux fers est de rigueur jusqu'au paiement complet des amendes imposées par les divers droits.

Race Ouaddaï

1. ABUS DE CONFIANCE
Sanction pénale : néant.
Amende : proportionnelle à l'importance du vol, mais non fixe. On peut admette 50% en moyenne.
Réparation civile : remboursement de la chose volée ou son équivalent.

2. ADULTÈRE
Sanction pénale : néant.
Amende : pour l'homme : un bœuf. Rien pour la femme.
Réparation civile : pour l'homme : un bœuf. Rien pour la femme.

3. ATTENTAT À LA PUDEUR
Sanction pénale : cents coups de chicotte.
Amende : 10 bovidés.
Réparation civile : néant.

4. AVORTEMENT
Sanction pénale : néant.
Amende : quinze bovidés si l'avortement a lieu avant 5 mois. Trente s'il a lieu après.
Réparation civile : néant.

5. BLESSURES VOLONTAIRES
Sanction pénale : néant.
Amende : dix bœufs.
Réparation civile : proportionnelle à l'incapacité qui résulte de la blessure.

6. Violences, coups et blessures simples

Sanction pénale : néant.
Amende : trois moutons.
Réparation civile : néant s'il n'en résulte aucune infirmité.

8. Blessures involontaires

Sanction pénale : néant.
Amende : 1/10° de l'indemnité payée au blessé.
Réparation civile : la moitié de l'indemnité prévue pour les blessures volontaires.

9. Complicité

Mêmes peines pour le délinquant ou le criminel dont on est complice.

10. Concussion

Sanction pénale : néant.
Amende : 1/3 de la valeur des restitutions ordonnées.
Réparation civile : restitution des sommes ou objets détournés.

11. Corruption

Sanction pénale : néant.
Amende : deux vaches pour le tentateur ; deux vaches pour le fonctionnaire indélicat.
Réparation civile : néant.

12. Défense légitime

Sanction pénale : néant.
Amende : néant.
Réparation civile : aucune réparation n'est accordée, même en cas de décès.

13. Dénonciation calomnieuse

Sanction pénale : néant.
Amende : un à dix bœufs selon la gravité de l'accusation.
Réparation civile : néant.

14. Diffamation et injure

Sanction pénale : néant.
Amende : de six moutons à un chameau selon la gravité de l'injure.
Réparation civile : de trois moutons à un chameau suivant la gravité de l'injure.

15. Empoisonnement

Sanction pénale : mise aux fers de six mois à un an.
Amende : 1/10° de la *dia*.
Réparation civile : paiement de la *dia* soit trente bovidés.

16. Escroquerie

Sanction pénale : néant.
Amende : dix bœufs.
Réparation civile : restitution des objets escroqués.

17. Escroquerie dite *au mariage*

Sanction pénale : néant.
Amende : dix bovidés.
Réparation civile : restitution des dots.

18. Évasion

Sanction pénale : temps supplémentaire égal à celui de l'évasion.
Amende : néant.
Réparation civile : néant.

19. Exaction

Sanction pénale : mise aux fers six mois.
Amende : 10 à 20 bœufs selon la richesse du chef et l'importance des exactions.
Réparation civile : restitution des objets extorqués.

20. Faux

Sanction pénale : mise aux fers six mois.
Amende : 1 bœuf.
Réparation civile : restitution des objets extorqués s'il y a lieu.

21. Fausse monnaie

Sanction pénale : néant.
Amende : trois moutons.
Réparation civile : restitution des objets achetés avec la fausse monnaie.

22. Faux témoignage

Sanction pénale : néant.
Amende : 3 moutons.
Réparation civile : 2 bœufs.

23. Homicide volontaire

Sanction pénale : mise aux fers huit mois.
Amende : 1/10° des réparations civiles.
Réparation civile : 30 bœufs.

24. Homicide involontaire

Sanction pénale : néant.
Amende : néant.
Réparation civile : 3 bœufs.

25. Injures à témoin

Sanction pénale : mises aux fers 6 mois.
Amende : de 2 à 10 bœufs selon la richesse de l'insulteur.
Réparation civile : 1 bœuf.

26. Incendie volontaire

Sanction pénale : néant.
Amende : 5 bœufs.
Réparation civile : réparation des dommages causés.

27. Menaces

Sanction pénale : mise aux fers 4 mois.
Amende : néant.
Réparation civile : 1 génisse.

28. Outrages - délit d'audience

Sanction pénale : mise aux fers 1 an.
Amende : expropriation totale.
Réparation civile : néant.

29. Pillage en bande ou à main armée

Sanction pénale : mise aux fers 6 à 8 mois.
Amende : expropriation totale.
Réparation civile : réparation des dommages subis + une indemnité équivalente à la moitié des dommages causés.

30. Rapt

pour une fille - Sanction pénale : néant. Amende : 1 ou 2 bœufs.
Réparation civile : le double de la dot.

pour un garçon - Sanction pénale : mise aux fers 4 mois. Amende : 8 bœufs.
Réparation civile : 2 bœufs pour la famille.

31. Rébellion

Sanction pénale : mise aux fers 5 mois.
Amende : se montant à la moitié de l'avoir des rebelles.
Réparation civile : réparation des dommages causés.

32. Recel

Sanction pénale : mise aux fers 3 mois.
Amende : 2 bœufs.
Réparation civile : réparation des dommages causés.

33. Recel de malfaiteurs

Sanction pénale : mise aux fers de 6 à 8 mois.
Amende : 10 bœufs.
Réparation civile : néant.

34. Séquestration, arrestation arbitraire

Sanction pénale : néant.
Amende : 30 à 40 bœufs selon la richesse du délinquant.
Réparation civile : 3 bœufs.

35. Tentative

Vol - Sanction pénale : néant. Amende : néant. Réparation civile : néant.

Assassinat - Sanction pénale : mise aux fers 6 mois.
Amende : 10 bovidés. Réparation civile : néant.

36. Viol

Jeune fille non « cassée ». Sanction pénale : néant.
Amende : 2 à 5 vaches - Réparation civile : 6 vaches.
Femme mariée. Sanction pénale : néant.
Amende : rien. Réparation civile : 25 francs.

37. Vol

Sanction pénale : ablation du poignet gauche et du pied droit.
Amende : néant.
Réparation civile : restitution des objets volés ou leur équivalent.

Note. – Nous n'avons pas reproduit les indications données par le capitaine Le Brun pour les « races Tama, Zaghawa, Rizegat et Goranes ». Elles renvoient le plus souvent à la coutume waddaïenne.

COMMENTAIRE

Le capitaine Le Brun, le nouveau chef de subdivision, apporte quelques compléments à la réponse de son prédécesseur, notamment pour les amendes et les autres sanctions applicables.

On notera quelques contradictions avec les informations données l'année précédente. Sans doute s'est-il adressé à d'autres informateurs ou peut-être ne parle-t-il pas de la coutume de la même époque. Cette incertitude est d'ailleurs l'un des points faibles de cette enquête qui comporte peu de renseignements datés. Ainsi pour la diya *du meurtre, le chef de subdivision indique tantôt la* diya *actuelle, née d'une jurisprudence des tribunaux indigènes (33 bovidés au Wadday), tantôt la* diya *théorique (100 bovidés en pays zaghawa).*

Le chef de subdivision fait état dans la coutume du Wadday d'amendes du dixième de la diya, *notamment pour blessures involontaires, empoisonnement et homicide volontaire. Il doit s'agir du fameux* khag al-dam *(ou* khamin dam*), une ancienne réparation religieuse ou magique due au Chef sur le territoire duquel le sang a été versé et que celui-ci doit enlever pour laver la souillure faite à la terre. D'après Maillard qui commanda la région du Wadday de 1952 à 1957, cette prestation, indépendante de la réparation à verser à la victime « est* d'un usage général dans la région sauf dans le district d'Abéché. Dans les districts autres qu'Abéché le droit à payer au chef pour khamin dam est du 1/10 du montant de la diya en ce qui concerne le meurtre, et de la valeur d'un bovidé ou d'un mouton, suivant la gravité de la blessure, en ce qui concerne les coups et blessures avec effusion de sang. Dans le district d'Abéché où les sultans se sont attachés à faire disparaître les redevances anté-islamiques et magiques, le khamin dam de la terre disparaît et fait place à une houkoum (amende). La différence réside en ce fait que le khamin dam est payé en bétail tandis que l'amende l'est en argent. Dans le cas de diya pour meurtre toutefois, le houchour (droit du plaignant) de trois bovidés subsiste. Il est partagé entre le sultan qui en prend deux et les faki qui en prennent un » (Lettre du 4/6/1953 sur les redevances coutumières).

Le montant des amendes indiquées est à prendre avec précaution.

On notera l'avertissement préliminaire que sur Biltine la mise aux fers était de rigueur jusqu'au paiement complet des amendes imposées par les divers droits, ce qui semble en contradiction avec l'indication d'une durée de mise aux fers. Peut-être faut-il entendre que la mise aux fers était également utilisée comme une sorte de contrainte par corps pour parvenir au paiement des diya.

5
Subdivision de Goz-Beida

Département du Ouaddaï
Subdivision de Goz-Beida
N° 309

Rapport relatif à la façon dont la justice était rendue avant notre arrivée dans le pays

Avant l'organisation du Dar Sila en subdivision administrative, c'est-à-dire jusqu'au mois de juin 1916, la justice était rendue, dans le pays, de la façon suivante :

1° Le chef de famille jouait en général le rôle de conciliateur. Il s'efforçait de régler les différents de peu de gravité qui survenaient entre les membres de sa famille.

2° Dans chaque village fonctionnait un Tribunal composé du *mélik* (chef de village) ; de son *khalifa* (adjoint) ; et de l'imam (Faki), (Cadi) du village. Ce tribunal était surtout, lui aussi, un organe de conciliation. Il examinait les affaires peu importantes et, notamment, celles que le chef de famille avait été impuissant à régler.

3° L'administration du Dar Sila était confiée à 9 *mogaddem*[1] et quatre *kamakil*[2] ainsi répartis :

- les *moggadem* : à Kamaran - Koloï - Modoïna - Gubbé - Ouelfigué - Mayo - Fongoro - Kobori - Syniar ;
- les *kamakil* : à Borokou - Tessou - Métmekto - Djemel es Sid.

Chaque *magdoum* était le Président d'un Tribunal dont son Khalifa et son Imam étaient les membres. Ils examinaient les affaires qui leur étaient directement soumises et, de plus, celles que les Tribunaux de village n'avaient pu régler.

Quant aux quatre *kamakii*, ils constituaient un Tribunal dont les attributions étaient fort étendues. Ils siégeaient dans un vaste local attenant au mur d'enceinte à l'extérieur du tata du Sultan. Les séances du tribunal des *kamakil* étaient publiques.

Un notable qui portait le titre de *Kebir el Fasher* leur était adjoint et servait d'intermédiaire entre eux et le Sultan.

---

[1] - Pluriel de *magdum* : chef de guerre.
[2] - Pluriel de *kamkalak* : dignitaire de la suite du Sultan.

SUBDIVISION DE GOZ-BEIDA

Les *kamakil* faisaient l'instruction de l'affaire, procédaient à l'interrogatoire des inculpés, à l'audience des témoins et quand ils estimaient qu'ils étaient suffisamment éclairés, ils délibéraient sur la sentence à prononcer. Lorsque cette sentence avait été arrêtée définitivement, le Kebir el Fasher se rendait auprès du Sultan, le mettait au courant de l'affaire, des résultats de l'enquête et du projet de règlement arrêté par les *kamakil*. Si le Sultan approuvait, le jugement devenait immédiatement exécutoire. Si, par contre, il estimait que les résultats de l'enquête étaient insuffisants et qu'il était nécessaire de procéder à un complément d'information, il donnait l'ordre au Kebir el Fasher de conduire les inculpés, les plaignants et les témoins auprès du Cadi qui siégeait dans un local situé à côté de la mosquée.

Le Cadi reprenait l'enquête, faisait prononcer sur le Coran les serments qu'il estimait nécessaires à la clarté de l'affaire et, quand il estimait complète sa documentation, il se rendait lui-même au tata du Sultan, escorté par le Kebir el Fasher.

4° Au tata du Sultan siégeait ce qu'on pourrait appeler la Cour Suprême. Le Sultan en était le président. Il était assisté : de son Khalifa, du *djindi*[1], d'un Imam[2].

Le Cadi présentait l'affaire ; chacun des membres du Tribunal avait la faculté de poser les questions qu'il jugeait nécessaires à son édification personnelle. Puis, quand tous les membres du Tribunal jugeaient qu'ils étaient suffisamment éclairés, le Tribunal délibérait. Le règlement de l'affaire était arrêté en commun ; le Sultan en faisait établir par l'Imam un extrait pour chacune des parties, extrait sur lequel il apposait son cachet ; le jugement, désormais sans appel, devenait immédiatement exécutoire.

Si un *kamkalak*, mis en cause par un plaignant, était inculpé d'exactions, sévices, etc. il cédait sa place de juge au Kebir el Fasher.

Il est à remarquer qu'il existait une hiérarchie des divers Tribunaux et que les parties devaient s'y soumettre : c'est ainsi que, si un jugement rendu par un Tribunal de village mécontentait l'une des parties et si celle-ci s'estimait lésée, elle avait la faculté de faire appel devant le Tribunal des *kamakil*, mais à la condition de se présenter auparavant devant le tribunal du *magdum*.

Les peines prononcées consistaient en :

- simple restitution le cas échéant ;

---

[1] - Haut dignitaire qui exerçait la régence pendant la période qui s'écoulait entre la mort d'un Sultan et la prise de pouvoir de son successeur.

[2] - Celui qui siégeait était un familier du Sultan ; c'était celui qui, aux heures prescrites par le Coran, récitait, en présence du Sultan, les prières rituelles.

- amende que se partageaient le Président et les membres du Tribunal ;
- indemnité de réparation payable à la victime ou à la famille ;
- emprisonnement pouvant comporter dans certains cas la barre aux pieds, la mise des chaînes aux poignets, aux pieds ou au cou (dans ce dernier cas les prisonniers étaient enchaînés deux à deux) ;
- la flagellation ;
- les mutilations - poignets ou pieds coupés ;
- la mort - par le bâton pour les criminels de bas étage - par la lapidation pour certains adultères - par le fusil pour les autres.

Les amendes et indemnités de réparation étaient payables en nature : bovidés, ovidés, chevaux, ânes, etc. Le montant de l'amende ou de l'indemnité était toujours énoncé en bœufs, mais des équivalences étaient établies à l'avance. C'est ainsi qu'au Dar Sila un bœuf adulte pouvait être remplacé par un cheval, 10 moutons ou chèvres, 10 rouleaux de gabak (tissu de coton de fabrication locale).

La forme la plus courante de la répression était l'amende ou l'indemnisation. Il est assez difficile de déterminer à quelle idée répondait cette forme de répression. Peut-être dans l'esprit des Sultans du Sila qui, tous, furent de farouches guerriers, était-il préférable de réserver les hommes pour des expéditions militaires plutôt que de les faire mourir sans profit : les condamnés à mort pouvaient, en effet, obtenir leur grâce par le paiement d'une amende très élevée. Peut-être simplement, les juges estimaient-ils que ce peuple de cultivateurs et de pasteurs était plus sensible à la perte de ses biens qu'à celle d'un membre, ou même de la vie, ce qui est d'ailleurs parfaitement exact, même aujourd'hui.

Le paiement de la *sedakha* et de la *dia*, les mutilations, la mort, sont les prescriptions du Coran.

Quant à la peine de mort infligée à certains adultères, elle est peut-être la conséquence du caractère frivole des femmes du Dar Sila, semblables, sous ce rapport, à la plupart des femmes des autres régions du Tchad. Elles sont connues pour un goût marqué des expériences extra-conjugales. Les Sultans et les hauts dignitaires de leur entourage espéraient peut-être éviter ces infortunes conjugales par la terreur d'une répression impitoyable.

Ces explications ont la valeur d'une simple hypothèse. Rien ne les a confirmées. Et ce ne sont pas les indigènes du Sila qui pourraient nous éclairer sur ce point. Ils constatent sans expliquer.

Les sanctions coutumières indiquées dans le questionnaire ci-joint relèvent de la coutume Dadjo ; mais cette coutume et les sanctions qui en découlaient étaient les mêmes pour toute la population du Dar Sila, sans distinction de race. L'enquête a porté sur les races suivantes qui peuplent le Sila : Dadjo, Syniar, Kadjaksé, Massalit. Il n'a été enregistré aucune différence digne d'être notée. Les gens de race Fongoro n'ont pas pu être interrogés en raison de leur éloignement de Goz-Beida et des difficultés de communications créés par les pluies et la crue du Bahr Azoum : mais il ne fait aucun doute que dans ce pays dont les habitants sont tous les descendants de captifs des Sultan du Dar Sila, affranchis en 1890 par le Sultan Issakha Abou Riché, les sanctions coutumières étaient rigoureusement les mêmes.

Quant aux Arabes habitant le Sila, ils ont adopté, depuis des temps immémoriaux, les coutumes Dadjo. Rien n'a changé de nos jours, et les seules différences constatées dans les coutumes résident dans la cérémonie du mariage ; mais ceci sort du cadre du sujet traité.

Commentaire

Ce rapport du capitaine Soubie est particulièrement intéressant car il donne des renseignements précis sur l'organisation administrative et judiciaire du Sila et notamment sur les lieux où étaient installés les neuf mogadem *et les quatre* kamakil.

Ces derniers, dit le chef de subdivision, siégeaient dans un local attenant au tata du sultan mais leur installation en des points précis du Dar Sila signifie qu'ils exerçaient leur pouvoir dans un ressort judiciaire bien défini. Leur rôle semble avoir été de procéder à l'instruction des affaires et de préparer les sentences soumises à l'agrément du sultan mais il est probable qu'on ne procédait ainsi que pour les affaires les plus importantes. La majorité des affaires courantes devaient être jugées sur place sans qu'ils aient à rendre compte. Il aurait été intéressant de savoir à quelle date les kamakil *avaient disparu.*

Le système judiciaire est assez comparable avec celui qui fonctionne au Wadday, avec ce droit du sultan d'évoquer les affaires, de faire reprendre entièrement l'instruction par le cadi et de les régler lui-même. On remarquera que le tribunal du sultan de Goz Beida est cependant moins étoffé que celui d'Abbéché et qu'ici le cadi voit son rôle limité à celui de super juge d'instruction particulier du souverain. On peut néanmoins parler d'une véritable hiérarchie des tribunaux, avec, à la base, le tribunal du village qui fonctionne comme une petite juridiction de conciliation, au dessus, celui du magdum, *ancien chef de guerre dont les fonctions sont administratives et judiciaires, et enfin celui du* kamkoulak. *Jusqu'à ce degré fonctionne un système de recours à l'initiative des parties. Au sommet, contrairement à ce qui se passe à Abbéché où le tribunal du cadi joue souvent le rôle de cour criminelle, l'édifice est couronné directement par le tribunal du sultan. Mais il est possible que la réalité soit un peu plus complexe. Cela mériterait une étude plus approfondie.*

On relèvera que l'emprisonnement est une peine relativement courante car il y a des prisons dans le Sila, mais que la formule dominante de la répression reste l'amende et surtout la réparation. Wadday et Sila sont quand même les rares régions où diya, *amendes et peines d'emprisonnement peuvent dans certains cas se cumuler. On est donc loin des pays de chefferies à faible autorité où la* diya *reste l'unique sanction.*

La coutume dadjo, inspirée du Coran, s'applique à toutes les ethnies de la subdivision : Massalit au nord, Kadjeské au nord et à l'ouest, Dadjo et Syniar au centre et, au sud, ceux que le chef de subdivision désigne sous le nom de Fongoro, qui sont en majorité des descendants d'anciens captifs, lesquels ont bien entendu adopté la coutume de leurs anciens maîtres comme les Arabes semi-sédentaires de la région.

Les Dadjo, population dont une partie vit au Soudan et une autre au Tchad, en plusieurs îlots le long du 12° de latitude, détenaient le pouvoir au Dar For avant la domination tundjur au XVIe siècle. Vaincus, une partie d'entre eux a émigré vers l'ouest et fondé au Sila un sultanat héréditaire fortement centralisé. Un autre groupe assez important se trouve dans la région de Mongo, au Guéra.

Réponse au questionnaire concernant les coutumes pénales indigènes dans la Subdivision de Goz-Beida

1. Abus de confiance - Détournement

S'il s'agissait du détournement d'un objet, de biens mobiliers, de bétail, etc., le coupable était emprisonné, avec ou sans chaînes, suivant la moralité et les antécédents de l'individu. Il demeurait en prison jusqu'à restitution ou remplacement par la famille.

S'il s'agissait d'un pli confié par le Sultan ou un notable, le coupable était emprisonné jusqu'au paiement par la famille d'une amende qui pouvait aller de 2 à 10 boeufs ou sanctionné par un emprisonnement qui pouvait atteindre 2 ou 3 mois, ou même par l'application des deux peines.

La prison était constituée par un vaste local en pisé recouvert de paille et surveillé par des gardes du Sultan.

Comparées aux sanctions coutumières, les *Peines proposées* sont exagérées. Le minimum pourrait être ramené à 2 mois et le maximum à 3 ans.

Par contre, la réparation doit être obligatoire, l'amende seule étant facultative.

2. Adultère

Violation du devoir de cohabitation : la coutume prévoyait : tentatives par divers moyens de contraindre la femme à réintégrer le domicile conjugal : ordre donné au nom du Sultan ; châtiment corporel infligé, sur ordre, par un membre de la famille ; mise à la chaîne à l'intérieur même de l'habitation du mari.

Si tous ces moyens demeuraient inutiles, la dot devait être intégralement restituée au mari et la femme devenait libre. S'il était prouvé que la femme avait abandonné le domicile conjugal dans le but de contracter une nouvelle union, celle-ci était frappée d'interdiction absolue et définitive.

Adultère du mari : sur plainte de l'épouse, le mari recevait successivement trois avertissements ; s'il persistait dans son inconduite, il était condamné à une amende (un bœuf, une génisse ou un veau) ou, en cas d'insolvabilité, à une peine de 1 à 3 mois d'emprisonnement.

L'adultère du mari doit être puni, seulement sur plainte de la femme.

Adultère de la femme : Il est puni plus sévèrement que l'adultère du mari. Pas d'avertissement préalable. Paiement d'une amende de 4 bovidés : 2 adultes et 2 veaux. Emprisonnement de 3 à 6 mois et, dans tous les cas, jusqu'au paiement intégral de l'amende.

L'amant de la femme adultère était lui-même condamné à payer au mari trompé une indemnité de réparation de 1 bœuf adulte et d'un veau.

Adultère commis par une femme et un homme mariés : les coupables étaient condamnés à mort. On les enterrait jusqu'aux épaules ; les bras étaient allongés le long du corps. Une troupe d'environ cent cavaliers passait et repassait au galop jusqu'à ce que les deux malheureux aient péri, le crâne fracassé par les pieds des chevaux. Les cavaliers étaient souvent remplacés par cent hommes à pied, armés chacun de 50 cailloux. Ils se plaçaient successivement à 10 pas des condamnés et cherchaient à atteindre les deux têtes qui émergeaient du sol. Le jeu durait jusqu'à ce que les deux têtes soient réduites en une infâme bouillie.

Cette coutume barbare fut supprimée vers 1890 par le sultan Abou Riché. La peine de mort ne fut maintenue que sur les dignitaires qui se rendaient coupables d'adultère avec une femme mariée à un homme du peuple. Le condamné était fusillé.

Dans quelques cas, assez rares, le dignitaire adultère pouvait être gracié par le Sultan. La peine qui lui était infligée était alors la suivante : il était exilé dans une région du Dar Sila aussi éloignée que possible de son domicile habituel. Il était enfermé, barre aux pieds, dans une hutte ayant une ouverture unique et fort petite par laquelle on lui passait la quantité de nourriture et d'eau tout juste suffisante pour l'empêcher de mourir d'inanition. Si, après 4 ou 5 ans de cette rigoureuse détention, il était encore vivant, sa famille pouvait implorer du Sultan sa mise en liberté qui était généralement accordée.

Si les deux complices étaient des gens du peuple, ils étaient simplement emprisonnés jusqu'au paiement d'une indemnité de réparation payée aux parties lésées : 15 bovidés (10 payés par l'amant et 5 par sa maîtresse).

Les *Peines proposées* (emprisonnement et réparation pécuniaire, sur plainte de l'époux seulement) conviennent parfaitement.

3. Aliénation mentale - Ivresse

Démence : elle était considérée comme une circonstance atténuante. La famille du dément n'était astreinte qu'au paiement de la *sadaka*. En outre la famille était mise en demeure de donner au malade les soins prescrits par les faki et d'exercer sur lui une surveillance attentive. Si cette dernière prescription n'était pas observée, la famille du dément pouvait être astreinte au paiement de la *dia*.

Ivresse : circonstance atténuante. En cas de meurtre commis par un individu en état d'ivresse, la sanction coutumière se bornait au paiement de la *dia*. Dans certains cas particuliers, s'il était démontré que, malgré l'ivresse, la responsabilité du meurtrier était très sérieusement engagée, menaces de mort antérieures, par exemple, la peine de mort pouvait être prononcée. Ce cas était rare.

4. Attentat à la pudeur sur mineur impubère

La coutume se montrait très sévère : paiement à la famille de l'enfant de la moitié de la *dia*, soit 50 bovidés. Paiement d'une indemnité égale au moment de la dot, fixée d'après une évaluation. Confiscation de la totalité des biens. Éventuellement emprisonnement jusqu'à la guérison totale de l'enfant.

Avec violence : paiement de la totalité de la *dia*, soit cent bovidés. Indemnité de réparation doublée. Confiscation des biens. Emprisonnement jusqu'à concurrence d'une année.

Par un ascendant : mêmes sanctions que dans le cas précédent mais la *dia* était alors partagée en trois parties égales. Une part pour le Sultan - une part pour la victime - une part répartie entre les membres de la famille du criminel.

La communication d'une maladie vénérienne n'était pas considérée comme une aggravation.

Les *Peines proposées* doivent être intégralement maintenues.

5. Avortement

La coutume prévoyait la mort pour la personne - homme ou femme - qui avait pratiqué l'opération.

Pour l'avortée, condamnation capitale si l'opération entraînait la mort de l'enfant. Dans le cas contraire, emprisonnement jusqu'à paiement au Sultan de la totalité de la *dia* : 100 bovidés. En raison de l'importance de la *dia*, l'emprisonnement se prolongeait, en général, fort longtemps, sinon jusqu'à la mort.

Peines proposées : 1 an à 3 ans de prison pour l'avorteur ou l'avorteuse.

Six mois à 2 ans de prison pour l'avortée.

Amende obligatoire dans tous les cas.

L'avortement est, dit-on, pratiqué assez couramment. La mortalité infantile est déjà suffisamment importante pour qu'on réprime l'avortement avec une rigoureuse sévérité.

6. Blessures volontaires

- Crime

(a) Blessures volontaires ayant entraîné la mort. La coutume prévoyait le paiement du tiers de la *dia* : 33 bovidés. Elle estimait en effet que la mort était accidentelle. La sanction ne visait que l'acte de brutalité et non le fait d'avoir donné la mort.

Les *Peines proposées* sont exagérées. La durée minima de l'emprisonnement devrait être ramenée à 2 ans et la durée maxima à 10 ans.

L'indemnité de réparation à la famille doit être obligatoire.

L'amende doit demeurer facultative.

Quant à l'interdiction de séjour, je pense qu'il n'est pas nécessaire de l'envisager.

(b) Blessures volontaires entraînant mutilations – amputations. Les peines appliquées sont les peines prévues par le Koran. Le coupable doit verser à la victime une indemnité basée sur le prix du membre perdu, soit la moitié de la *dia* (50 bœufs) quel que soit le membre ou l'organe perdu (bras, jambe, oeil).

Il est à remarquer qu'une brutalité privant la victime de l'usage d'un membre est punie avec beaucoup plus de sévérité qu'une brutalité ayant provoqué la mort. Les indigènes du Dar Sila préfèrent la mort à une déchéance physique.

Le maximum des *Peines proposées* est exagéré et devrait être ramené à 5 ans.

Peines proposées : 1 an à 5 ans.

Indemnité obligatoire au blessé.

Amende facultative.

Pas d'interdiction de séjour.

- Délit

(a) Blessures volontaires entraînant plus de 20 jours d'incapacité. La coutume condamnait le coupable aux peines suivantes : indemnité de réparation de 2 bovidés ; nourriture du blessé pendant toute la durée de l'indisponibilité et même la fourniture du bois de feu ; paiement des frais de traitement et des médicaments. Si les coups reçus laissaient des traces, visibles ou non, telles que : douleurs internes, cicatrices très apparentes, etc. la coutume prévoyait le paiement d'une deuxième indemnité de réparation de 10 à 15 bovidés.

Le minimum de l'emprisonnement est trop élevé et devrait être ramené à 6 mois, le maximum de 3 ans étant maintenu.

Indemnité au blessé obligatoire dans tous les cas.

Pas d'interdiction de séjour.

(b) Blessures volontaires entraînant moins de 20 jours d'incapacité. La coutume imposait une indemnité de 10 à 15 rouleaux de *gabak*, tissu de coton de fabrication locale, ou d'un ou deux bovidés.

Les *Peines proposées* sont à rendre définitivement applicables : 1 mois à 1 an de prison.

Il est juste que l'indemnité de réparation soit payée dans tous les cas.

Quant à l'amende elle devrait être facultative.

7. CIRCONSTANCES ATTÉNUANTES

La coutume tenait compte des circonstances atténuantes ; par exemple lorsqu'un meurtrier avait cédé à un mouvement d'exaspération provoqué par des tracasseries, des provocations, etc. Les peines étaient, dans ces cas-là, quelque peu réduites.

Il est juste et logique qu'il en soit tenu compte dans les jugements rendus.

8. BLESSURES INVOLONTAIRES

La coutume avait prévu ce cas : accident provoqué par l'imprudence d'un cavalier, par exemple. La sanction se bornait d'ailleurs au paiement d'une *sadaka* de 1 à 10 boeufs, suivant la fortune du responsable. La *dia* n'était jamais exigée dans ces cas-là.

Les peines d'emprisonnement prévues sont parfaitement appropriées à la gravité du délit.

Une amende devrait être infligée dans tous les cas. Quant à l'indemnité, il est juste qu'elle soit imposée dans tous les cas.

9. COMPLICITÉ

Complicité active : la coutume estimait que celui qui avait favorisé un crime ou délit, ou qui avait aidé à le commettre méritait le même traitement que celui qui l'avait commis.

La **complicité passive** était punie avec la même rigueur. La coutume dit, en effet, que celui qui regarde tuer est un assassin. Celui qui assiste à un vol et n'intervient pas est un voleur.

Les *Peines proposées* dans les deux cas méritent d'être maintenues sans aucune modification.

10. Concussion

La sanction coutumière consistait dans la confiscation de la totalité des biens ; mais le dignitaire ou le chef coupable était maintenu dans ses fonctions. En cas de récidive, ses biens, s'il en avait acquis de nouveaux dans l'intervalle, étaient entièrement confisqués. Il était révoqué et emprisonné pour une période variant de 3 à 6 mois.

Les *Peines proposées* à maintenir sans modification.

11. Corruption

Le corrupteur et le corrompu étaient punis par la coutume avec une même rigueur. Une amende était infligée qui était toujours très forte bien que proportionnée à la condition sociale et à la situation matérielle des coupables. Elle pouvait aller jusqu'à 40 bovidés. Cette amende s'accompagnait toujours d'un emprisonnement dont la durée pouvait atteindre 6 mois.

La coutume faisait la distinction entre la concussion et la corruption. Il est logique que cette distinction soit maintenue.

La coutume absolvait le corrompu quand celui-ci avait cédé à la contrainte.

La disposition du projet de barème et les *Peines proposées* sont appropriées à la gravité du délit.

12. Défense légitime

La coutume reconnaissait la légitime défense. Dieu ne saurait venir en aide à celui dont le coeur est mauvais, mais il assiste celui dont les intentions sont pures. Le meurtrier agissant dans le cas de défense légitime était donc absous. Il était néanmoins astreint à payer la *sadaka* à la famille de la victime.

Il est juste que pour se conformer à cette coutume qui procède des prescriptions du Koran, le paiement d'une indemnité modérée soit imposée à l'inculpé au profit de la famille de la victime, un jugement d'acquittement étant prononcé d'autre part.

13. Dénonciation calomnieuse

Si le dénonciateur avait faussement accusé sa victime d'un meurtre, il était condamné à payer la totalité de la *dia* (cent bovidés). La coutume le considérait, en effet, comme s'il s'était lui-même rendu coupable d'un crime.

Si la dénonciation se rapportait à un vol, l'accusé était condamné à payer une indemnité égale au vol qu'il attribuait faussement à sa victime.

En outre, dans les deux cas, l'inculpé était condamné, au profit du Tribunal, à une amende qui variait avec le degré de gravité de la dénonciation.

Il était, en outre, emprisonné jusqu'au paiement intégral de l'indemnité et de l'amende.

En cas de récidive, le calomniateur était condamné à avoir la langue coupée.

Les *Peines proposées* par le projet de barème sont appropriées à la gravité du délit.

14. DIFFAMATION ET INJURE

Les diffamateurs étaient, et sont encore, l'objet de la réprobation générale ; mais la coutume n'avait prévu aucune sanction.

Les notables et les assesseurs de la Subdivision pensent pourtant qu'il serait juste de les punir. Je partage sans réserve leur opinion, mais une plainte de la victime doit intervenir pour que les poursuites soient engagées.

Par contre, dans le cas d'outrage à un chef, il serait judicieux, pour des nécessités politiques (maintien du prestige et de l'autorité du chef outragé) d'être autorisé à engager des poursuites sans plainte préalable de la victime.

15. EMPOISONNEMENT

La coutume punissait de mort le crime d'empoisonnement. Le coupable était fusillé si ce dernier avait fait une seule victime.

Dans le cas d'empoisonnement collectif en souillant volontairement un puits, une source, etc. le coupable était condamné à la mort par le bâton.

Les *Peines proposées* doivent être maintenues sans modifications.

16. ESCROQUERIE

Lorsque, par des pratiques de sorcellerie ou de charlatanisme, un individu avait commis une escroquerie, il était inculpé, à la condition que la victime ait déposé une plainte. Dans le cas contraire on estimait que les deux parties étaient d'accord et qu'il n'y avait plus lieu d'intervenir.

En cas de plainte, l'escroc était condamné à une peine d'emprisonnement de 1 à 3 mois, à la restitution des sommes ou des biens escroqués et à une amende, au profit du tribunal, de 2 à 6 bovidés.

Si l'escroc, pour arriver à ses fins, se prévalait de l'autorité d'un chef, il était condamné à la restitution des biens indûment acquis ; il devait payer une amende qui n'était jamais inférieure à 10 bovidés ; et il était emprisonné pour une durée de 3 à 6 mois et, dans tous les cas, jusqu'au remboursement des biens escroqués et au paiement intégral de l'amende.

Les *Peines proposées* sont appropriées à la gravité du délit.

17. Escroquerie dite au mariage ou à la dot

C'est un cas assez fréquent et prévu par la coutume : l'escroc devait restituer intégralement les dots ou les acomptes qu'il avait reçus. Il était, d'autre part, condamné à une légère amende, au profit du Tribunal : 1 ou 2 boeufs adultes. Lorsque la jeune fille était ensuite réellement mariée, il ne pouvait prétendre à tout ou partie de la dot versée, même si son degré de parenté avec la jeune fille en faisait le légitime bénéficiaire.

Les *Peines proposées* sont à maintenir sans changement.

18. Évasion

(a) **Détenu** : Tout prisonnier évadé était condamné à un emprisonnement d'une durée double de la durée initiale.

La coutume ne faisait aucune distinction entre les différents cas énumérés dans la colonne I du projet (évasion de la prison, de l'hôpital où il était soigné, au cours de corvée).

Je ne crois pas qu'il soit utile d'en faire dans le barème définitif.

Aggravation : La coutume estimait que l'évasion avec effraction ne constituait pas une aggravation.

J'estime, dans ce cas, que le minimum de la *Peines proposées* est exagérée : une prolongation d'une année de prison pour un évadé qui aurait été primitivement condamné à 3 ou même 6 mois d'emprisonnement me semble excessive. Le minimum pourrait être ramené à 6 mois, le maximum étant maintenu sans changement.

La coutume prévoyait la mise des chaînes aux pieds durant le jour ; avec chaînes aux mains et barre aux pieds la nuit. La durée de la peine était doublée, comme dans le premier cas.

(b) **Gardien** : Le gardien qui avait laissé s'évader un prisonnier était emprisonné jusqu'à la reprise de ce dernier. Si, à ce moment-là il était prouvé que le gardien avait favorisé l'évasion, il était condamné à une peine d'emprisonnement d'une durée de 6 à 12 mois.

Les *Peines proposées* sont à maintenir sans changement.

(c) **Tiers** : Toute personne convaincue d'avoir favorisé l'évasion d'un prisonnier était condamné elle-même à un emprisonnement dont la durée minima était de douze mois. Contrairement à notre manière de voir, la coutume estimait que la faute était plus grave lorsqu'elle était commise par une personne venue du dehors avec l'intention arrêtée de favoriser une évasion que lorsqu'elle avait un gardien pour auteur.

J'estime que, malgré ce désaccord entre notre appréciation et la coutume, il y a lieu de conserver sans changement, dans le barème définitif, les *Peines proposées* dans le projet.

19. EXACTIONS

La coutume ne fait aucune différence entre l'exaction et la concussion. Je pense qu'il est inutile de maintenir cette distinction. Il est préférable de les confondre et les frapper des mêmes peines.

20. FAUX

La coutume punissait le faux d'une peine d'emprisonnement de trois ou quatre années, lorsque les conséquences du faux ne présentaient pas un caractère trop grave. Mais, dans certains cas, le faux était puni de mort, par le fusil : c'était, par exemple, dans le cas ou le cachet du Sultan, ou d'un haut dignitaire avait été imité et avait été utilisé pour authentifier des lettres apocryphes dont les conséquences pouvaient devenir très graves.

Il ne m'appartient guère de donner mon avis sur les *Peines proposées* puisque le crime de faux est exclusivement du ressort du Tribunal du second degré. Cependant, il me parait que, dans un pays comme le Dar Sila où les possibilités de dommages sont extrêmement restreintes du fait de la pauvreté de la population, le minimum de la peine devrait être ramené à (...), le maximum de 10 ans étant maintenu.

Je n'ai pas à donner mon avis sur la question de la compétence du Tribunal du 2ème degré.

21. FAUSSE MONNAIE

On dit, dans le Dar Sila, que des bijoutiers locaux fabriquèrent jadis des thalers fort bien imités ; mais c'était en si petit nombre que personne ne s'en trouva lésé et que la coutume ne crut pas devoir prévoir ce cas. Je ne pense pas qu'actuellement, la fabrication de fausses pièces puisse tenter quelqu'un. Quant à la fabrication de faux billets, elle n'est pas à craindre. Cela suppose une habileté que n'ont certainement pas les gens du Dar Sila.

22. FAUX TÉMOIGNAGE

La coutume se montrait très sévère envers les faux témoins : emprisonnement dont la durée pouvait atteindre dix ans lorsque le faux témoignage pouvait entraîner des conséquences graves. En outre, une amende qui pouvait atteindre 50 bovidés était exigée.

Peines proposées : emprisonnement de 6 mois à 3 ans.

Amende : sans changement.

23. Homicide volontaire

(a) **Meurtre** : le meurtre était puni de prison, de 2 à 5 années. En outre la famille du meurtrier devait payer la totalité de la *dia* soit 100 bovidés. Le condamné était maintenu en prison après l'expiration de sa peine si, à ce moment-là, la *dia* n'avait pas été versée entièrement.

(b) **Assassinat** : la coutume appliquait la peine du talion. En principe la mort était donnée à l'assassin avec l'arme qu'il avait utilisée pour tuer : poignard, sagaie, etc. Il était frappé dans la même partie du corps que sa victime ; mais la famille de la victime avait aussi le droit de choisir le genre de mort, et c'est ainsi que le coupable était parfois exécuté à coups de bâton ou fusillé. L'exécution d'un assassin avait toujours lieu sur la place du marché. Le paiement de la *dia* était toujours exigé.

(c) **Parricide :** le parricide était condamné à mourir sous le bâton, sur la place du marché. La *dia* était remplacée par une très forte amende.

(d) **Infanticide** : l'infanticide était puni d'un emprisonnement de 3 à 5 ans. La totalité des biens du coupable était confisquée.

Les *Peines proposées* pour ces différents cas sont à maintenir dans leur intégralité. Elles conviennent parfaitement.

24. Homicide involontaire

La coutume punissait les homicides involontaires. Les plus fréquents étaient dûs à l'imprudence de cavaliers qui, lancés au galop, renversaient et tuaient parfois un enfant ou un vieillard. Les peines appliquées étaient : un emprisonnement d'une durée moyenne de six mois ; et une forte *sadaka* : 15 à 20 bovidés.

La réparation de ce délit doit être maintenue et les *Peines proposées* doivent être maintenues sans changement.

25. Incendie volontaire

(a) Les sanctions coutumières étaient : la réparation des dommages causés. Une amende plus ou moins élevée, suivant l'importance des dégâts : 2 à 10 bovidés. L'emprisonnement jusqu'au paiement total de la réparation et de l'amende.

(b) Si l'incendie avait entraîné mort d'homme, la coutume prévoyait, outre la réparation des dommages causés, le paiement de la totalité de la *dia*, soit cent bovidés, et l'emprisonnement jusqu'au paiement des réparations et de la *dia*.

Les *Peines proposées* sont tout à fait adaptées à tous les cas qui peuvent se présenter.

26. Injure à témoin

Si le témoin était connu pour son honorabilité et sa bonne moralité habituelle, la coutume se montrait sévère : emprisonnement d'une durée de 2 à 6 mois. Indemnité de réparation de 1 à 2 bovidés ; amende au profit du tribunal, de 5 à 6 bovidés.

Les *Peines proposées* sont nettement insuffisantes surtout en pays noir où les indigènes ont l'injure facile et souvent cinglante. L'emprisonnement devrait aller de 1 à 6 mois. Une indemnité de réparation et une amende devraient, en outre, être obligatoires dans tous les cas.

27. Menaces

La coutume ne punissait pas les menaces. Le Sultan se bornait à admonester sévèrement celui qui les avait proférées. Il l'avertissait, en outre, que s'il arrivait quoi que ce fut à la personne qui en avait été l'objet, il en serait tenu pour responsable et châtié comme en étant l'auteur.

Les *Peines proposées* sont à maintenir telles quelles.

28. Outrages

La sanction coutumière consistait en un emprisonnement de 5 à 6 mois, au minimum, et la confiscation de la totalité des biens.

Quand l'outrage avait été particulièrement grave et qu'il s'était adressé à un juge, à un dignitaire, etc. le responsable pouvait être puni de mort (par le fusil).

Les peines prévues par l'article 54 du décret de 1936 sont très insuffisantes ; le minimum devrait être porté à 1 mois et le maximum à 6 mois au moins ou, mieux, à un an. En outre l'amende prévue doit être maintenue et exigible dans tous les cas.

29. Pillage

Si le pillage avait été effectué sans qu'il y ait des blessés parmi les victimes, la coutume prononçait : contre le chef ou les chefs de bande, la peine de mort par le fusil ; contre les autres, un emprisonnement de deux à 6 ans ; pour tous : la confiscation de tous les biens. L'exécution du ou des chefs de bande avait lieu au marché.

Enfin, s'il y avait eu des morts parmi les victimes des pillards, ceux-ci étaient mis à mort (fusillés). Leurs biens étaient confisqués, et les familles devaient payer la *dia* complète : cent bœufs aux familles des victimes.

Les *Peines proposées* dans le projet de barème à maintenir sans changement.

30. Rapt

L'esclavage était, avant notre arrivée dans le pays une institution sociale. Le Koran en permettait la libre pratique. Aussi la coutume ne punissait le rapt d'enfant que dans le cas où l'enfant provenait d'une famille libre ; mais dans ce cas-là, la coutume se montrait particulièrement sévère. La peine minima consistait dans la confiscation de la totalité des biens et un emprisonnement dont la durée pouvait atteindre dix ans.

Mais, dans un très grand nombre de cas, le coupable était puni de mort et il était fusillé sur la place du marché.

J'ai fréquemment entendu citer des exemples d'*aguid* et même de *kamakil* punis avec cette rigueur par le grand-père et le père du Sultan actuel.

Les distinctions proposées doivent être maintenues. Mais j'estime insuffisantes les *Peines proposées* dans les deux cas. Je pense que pour le premier cas, le minimum devrait être porté à 2 ans et le maximum à 4. Dans le deuxième cas, le minimum devrait être de 3 ans et le maximum porté à 6 ans.

31. Rébellion

La coutume ne faisait aucune distinction entre la rébellion sans arme ou à main armée. Dans les deux cas elle était punie de mort.

Le seul fait de manifester violemment par paroles contre des agents de l'autorité, agissant par ordre, exposait son auteur à un emprisonnement prolongé et à une très forte amende.

Bien que la coutume ne fasse aucune différence avec la rébellion sans arme, j'estime qu'il est souhaitable que cette distinction soit maintenue dans le barème définitif avec, pour le premier cas, une augmentation du minimum qui devrait être porté à 6 mois au moins.

32. Recel

La sanction coutumière consistait en un emprisonnement dont la durée pouvait atteindre quatre ans. Il s'y ajoutait une amende, sauf pour les vols de très petite importance, de dix bovidés au maximum. Dans les deux cas, la restitution des biens recelés, ou leur équivalent, était obligatoire.

Les *Peines proposées* sont à maintenir sans modification.

33. Recel de malfaiteurs

La coutume punissait le recel de malfaiteur d'un emprisonnement de 6 mois à 1 an et d'une amende de 5 à 20 bovidés suivant la fortune du coupable.

Si le receleur était un proche parent du malfaiteur l'une des deux peines seulement était infligée, généralement l'amende.

Pour le premier cas, les *Peines proposées* sont à maintenir telles quelles. En ce qui concerne le deuxième cas, j'estime qu'elles devraient être réduites de moitié.

34. Séquestration, arrestation arbitraire

Si la séquestration était la conséquence d'un tort très grave du séquestré, la coutume ne prévoyait qu'une peine relativement légère contre celui qui s'était rendu coupable de séquestration : emprisonnement de 2 à 6 mois ; amende de 1 à 3 bovidés ; indemnité de 1 à 3 bovidés à la victime.

Si la séquestration n'avait pas été inspirée par un motif grave, la coutume prévoyait la peine de mort, par le fusil. En outre, la famille du condamné devait verser une indemnité à la victime.

Les *Peines proposées* sont à maintenir sans modification.

35. Tentative

Pour que la coutume sanctionnât la tentative, il fallait que celle-ci eût le meurtre pour but. Dans ce cas, il fallait, au moins, que l'inculpé ait porté sa main à son poignard ou à son arme, auquel cas il était puni d'une amende de 5 bovidés.

S'il avait dégainé, l'amende était doublée.

La tentative doit être punie, mais avec moins de rigueur que le délit ou le crime lui-même. L'indigène comprendrait difficilement que la justice française soit aussi sévère pour une tentative avortée où il n'y a pas eu de sang versé, ou seulement en petite quantité, que pour le meurtre même.

Je propose que ces peines soient réduites de moitié environ.

36. Viol

La coutume prévoyait :

(a) **femme nubile** : le paiement d'une dot élevée ; une indemnité de 6 bovidés ; une amende de 3 bovidés. En outre le coupable était emprisonné jusqu'au paiement total de l'amende et de l'indemnité.

Les *Peines proposées* sont très insuffisantes et devraient être portées de 6 mois à 2 ans de prison, avec indemnité de réparation obligatoire dans tous les cas et l'amende facultative.

(b) **femme impubère sans violence** : paiement d'une dot élevée simplement.

Le viol d'une impubère sans violence est considéré par la coutume comme beaucoup moins grave que celui d'une femme nubile avec violence. La coutume estime, en effet, que si l'impubère ne crie pas, c'est qu'elle est consentante, et alors le coupable ne doit une réparation qu'à la famille. Si la jeune fille crie, le fait relève alors du 3° cas.

Malgré le désaccord avec la coutume, j'estime insuffisantes les *Peines proposées*, et je pense qu'elles devraient être portées à un an au minimum et 3 ans au maximum avec indemnité obligatoire dans tous les cas, amende et interdiction de séjour facultatives.

(c) **femme impubère avec violences** : paiement d'une dot très élevée. Paiement de la moitié de la *dia* (cinquante bovidés). Emprisonnement jusqu'au paiement intégral. Dans quelques cas, commis dans des circonstances aggravantes, le coupable était flagellé sur la place du marché et mis à mort à coups de bâton, quand il n'expirait pas sous le fouet.

J'estime que les *Peines proposées* sont insuffisantes et qu'elles devraient être portées de 2 ans à 5 ans de prison ; indemnité et amende obligatoire ; interdiction de séjour facultative.

(d) **par ascendant ou personne ayant autorité** : La coutume n'était pas très sévère pour ce genre de viol parce que l'opinion publique suffisait à punir le coupable et qu'on estimait que Dieu le punirait aussi de son indignité. Le tribunal ordonnait la confiscation de tous les biens et un emprisonnement de 1 à 3 mois. Mais le coupable était, en outre, la victime du mépris, de la réprobation, des moqueries et des injures de toute la population. Et le châtiment durait autant que lui. On cite le nom d'un Faki - faki Nabia - qui viola sa propre fille, il y a 60 ans environ, alors qu'il vivait encore avec sa femme, mère de l'enfant violée. Une chanson populaire fut alors composée et le malheureux Faki était si malmené qu'il n'osait plus sortir de chez lui et qu'il acheva sa vie comme un reclus. Les femmes chantent encore cette chanson lorsqu'elle pilent le mil.

Malgré la coutume il y a lieu de maintenir les *Peines proposées* et même à en porter le minimum à 2 ans.

(e) **avec communication de maladie vénérienne** : si la maladie vénérienne a été communiquée à une femme mariée, violée par l'inculpé, la coutume estime que la faute est triple : violences sur la personne de la victime ; préjudice moral causé au mari ; et communication d'une maladie vénérienne. Sanction : en plus des sanctions déjà prévues en (a) : indemnité de 3 bovidés ; amende de 3 bovidés ; soins et médicaments à la charge du coupable ; emprisonnement jusqu'au paiement complet.

Si la victime est une impubère ; outre les sanctions prévues en (b) et (c) : indemnité à la victime de 6 bovidés ; amende de 3 bovidés ; emprisonnement jusqu'au paiement intégral.

Peines proposées de 3 à 5 ans d'emprisonnement. Indemnité et amende obligatoire. Interdiction de séjour facultative.

37. Vol

Le vol simple était puni d'un emprisonnement de 1 mois à 4 ans, suivant l'importance du vol commis ; de la restitution des objets volés ou de leur remplacement et d'une amende de 4 à 10 bovidés. Les récidives étaient sanctionnés de la façon suivante :

1° récidive : mutilation du poignet gauche ;
2° récidive : mutilation du pied droit ;
3° récidive : mutilation du poignet droit ;
4° récidive : mutilation du pied gauche.

On montre encore à Goz-Beida un vieil indigène qui perdit successivement son poignet gauche et son pied droit. Après cette double mutilation il n'en persista pas moins à parcourir le pays à la recherche d'un vol à commettre. Il se déplaçait sur un âne à cause de la mutilation de son pied. Et s'il ne perdit pas ses deux autres membres, il le doit uniquement à l'arrivée des Français à Goz-Beida.

Les *Peines proposées* sont suffisantes et à conserver sans changement.

Aggravation :

(a) **au préjudice d'un chef** : la coutume ne prévoyait pas une aggravation de la peine, dans ce cas. La sanction était même plus sévère, bien souvent, lorsque le vol avait été commis au préjudice d'un pauvre *meskine*.

(b) **avec port d'arme** : si le voleur était pris, la mort pouvait être infligée, sans jugement, par ceux mêmes qui s'étaient emparés de lui. Si, pourtant, le voleur était conduit devant le Tribunal des Kamakil ou du Sultan, la mort était ordonnée. Le mode d'exécution était parfois le bâton ; mais, souvent, on se servait d'un fusil tromblon *fuskhan* qui permettait l'emploi d'un projectile plus volumineux et d'une charge de poudre plus forte. Les exécutions avaient toujours lieu au marché.

(c) **vol de bétail** : il n'y avait pas de peines spéciales pour les voleurs de bétail. Les peines appliquées étaient celles qui sanctionnaient le vol simple : emprisonnement, restitution, amende, éventuellement mutilations.

(d) **effraction, escalade** : le coupable était condamné à mourir sous la bastonnade et, parfois, fusillé, comme il est dit dans le cas (b) des aggravations.

(e) **avec violences** : la mort était infligée dans ce cas (bâton ou fusil). On pouvait se dispenser d'en référer aux Tribunaux des Kamakil ou du Sultan. Ceux-ci prononçaient toujours la peine de mort si le cas leur était soumis, malgré la latitude accordée aux particuliers.

(f) la coutume ne faisait aucune différence entre le **vol en réunion** et le pillage, soit : mort par le fusil pour le chef de bande, exécution au marché ; emprisonnement de 2 à 6 ans, et confiscation de tous les biens pour les autres.

S'il y avait eu **violences et blessures n'ayant pas entraîné la mort** : mort pour tous par le fusil et sur la place du marché ; confiscation de tous les biens.

S'il y avait eu **violences suivies de mort** : mort pour tous, par le fusil et sur la place du marché ; confiscation de tous les biens ; paiement par les familles des voleurs de la totalité de la *dia*, soit cent bovidés.

(g) s'il y avait eu **tortures corporelles ou actes de barbarie n'ayant pas entraîné la mort**, les coupables étaient fusillés ou bâtonnés jusqu'à ce que la mort s'ensuive, sur la place du marché. Tous leurs biens étaient confisqués.

(h) si les **violences ou tortures corporelles avaient entraîné la mort d'une ou plusieurs des victimes**, le paiement de totalité de la *dia*, cent bovidés, par les parents des voleurs, s'ajoutait aux peines infligées dans le cas précédent (mort, confiscation des biens).

Les distinctions prononcées sont très judicieuses et doivent être conservées. Elle facilitent une appréciation exacte de la gravité de la faute et une application plus exacte des peines mises par le législateur à la disposition des représentants de la justice. En ce qui concerne les *Peines proposées*, je pense qu'elles sont parfaitement appropriées aux divers cas d'aggravation prévus dans le questionnaire. Elles méritent d'être maintenues sans aucune modification.

A Goz-Beida, le 25 septembre 1937
Le capitaine Soubie, chef de la Subdivision de Goz-Beida

Pour copie conforme
le chef de bureau
d'administration générale
(non signé)

Commentaire

Les réponses du capitaine Soubie sonnent juste.

Dans sa réponse concernant l'adultère, le chef de subdivision commence par traiter de l'abandon du domicile conjugal par la femme, qui est effectivement une infraction fréquente. Les sanctions coutumières décrites sont, grosso modo, celles de la plupart des anciennes coutumes, dont les dispositions étaient appréciées des hommes, notamment celles imposant manu militari le retour de l'épouse enfuie. Pour l'adultère (2), seul celui commis par un homme et une femme, tous deux engagés dans les liens du mariage, était très sévèrement réprimé. La lapidation pratiquée jusqu'à la fin du XIXe siècle aurait, semble-t-il, été remplacée par la fusillade, mais seulement dans les cas exceptionnels. A noter la sévérité plus grande à l'égard des personnes de condition supérieure.

Pour l'exécution de la peine on suit assez exactement les prescriptions de Khalîl : « Sera lapidé le coupable pubère et sain d'esprit, libre, musulman, qui, après avoir acquis ces caractéristiques, a coïté au cours d'un mariage le liant légalement et l'ayant fait de façon valable aux yeux de la loi... » (Chap. LI. Du crime de zina. § 304).

La réponse au sujet des blessures volontaires (6) appelle une observation : le capitaine écrit que les coups et blessures volontaires mortels (c'est-à-dire ceux qui ont entraîné la mort sans intention de la donner) n'entraînent que le paiement du tiers de la diya (soit 33 bovidés) alors que ceux ayant entraîné la perte d'un membre coûtent une demi-diya. En principe, en terre d'Islam la mort entraîne paiement d'une diya totale. Une telle divergence s'expliquerait-elle parce qu'on considère que la mort a, dans ce cas particulier, un certain caractère accidentel ? Pour les coups et blessures graves la coutume prévoit ici une réparation en deux temps (un premier versement destiné à couvrir les frais de nourriture, d'indisponibilité, et un second pour réparer l'intégralité du préjudice une fois qu'on l'a évalué).

On notera l'extrême sévérité de la coutume en cas de dénonciation calomnieuse (13), de meurtre (paiement de la diya comme si le dénonciateur était l'auteur du meurtre, langue coupée s'il y a récidive), en cas de faux commis au préjudice du sultan ou d'un dignitaire dont on a par exemple, imité le cachet (20), ce qui ne doit pas être très courant (mort par fusillade), et aussi en cas de faux témoignage (22).

L'homicide involontaire (24) ne donne pas lieu dans le Sila au paiement d'une diya, comme on pourrait s'y attendre dans un pays musulman, mais d'une sadaka importante (de 1 à 10 boeufs selon la fortune du coupable). Normalement la sadaqa coranique est une aumône volontaire, personnelle et gratuite. Ici elle ressemble fort, malgré son appellation, à une réparation. On retrouve plus loin cette sadaka obligatoire en cas de légitime défense (12) ; malheureusement le capitaine Soubie ne nous dit pas quelle est son importance. Elle ne doit pas être négligeable. Il y aurait une étude intéressante à faire sur ces sadaka de la zone islamisée, qui montrerait combien les conceptions anciennes se mêlent souvent aux préceptes du Coran. On verra plus loin qu'en zone animiste les accidents mortels qu'on interprétait comme l'expression de la volonté divine ne donnaient pas lieu à réparation. Peut-être a-t-on adopté ici une position médiane sous une façade coranique ?

On notera pour le meurtre (23) le cumul de l'emprisonnement (2 à 5 ans) et de la diya (100 bovidés, chiffre théorique) et aussi le maintien en détention à l'expiration de la peine si la diya n'a pas été intégralement payée.

La rébellion avec ou sans arme est traitée avec une sévérité extrême dans la coutume Dadjo comme d'ailleurs dans tous les pays de grands sultanats.

La tentative (35) est réprimée comme dans toutes les coutumes selon le degré de réalisation matérielle de l'acte.

SUBDIVISION DE GOZ-BEIDA

Le viol (36) par ascendant ou par une personne ayant autorité sur l'enfant n'est pas très sévèrement sanctionné.

Les amputations pour vol ne respectent pas l'ordre (main droite, main gauche, pied droit...) indiqué par Khalîl et ne commencent qu'à la première récidive.

Le capitaine Soubie est le seul à faire état d'une rencontre avec un vieux voleur amputé de deux membres qui continuait ses activités monté sur un âne, ce qui amène à se poser des questions sur l'efficacité de ce genre de peines, qui, il est vrai, n'ont peut-être pas été appliquées au Sila d'une manière courante et systématique.

Justice coutumière au Sila : réparations civiles et amendes

Département du Ouadaï
Subdivision de Goz-Beida

Références :

Circulaire N°43/AG du commandant du territoire du Tchad en date du 1/07/1938

Note N°... du chef du département du Ouadaï

OBSERVATIONS

(a) L'unité de base coutumière pour évaluer le montant des amendes et des réparations est le *gabak* : grossier tissu de coton brut de 10 coudées de longueur sur une largeur de 80 à 90 fils.

La valeur actuelle du gabak est fixée à 5 f. C'est celle qui a été retenue pour la conversion en francs des amendes ou des réparations civiles.

(b) La *dia* est fixée d'après le Coran à 100 bovidés. Les bovidés peuvent être remplacés par d'autres animaux domestiques, par des *gabak* ou par du mil, à raison de : un gros bourricot, ou 10 moutons, ou 10 gabak, ou 450 kilos de mil pour une vache.

La *dia* n'est que le rachat du sang, le sang appelant le sang, la famille de la victime avait le droit de choisir entre le talion qu'elle appliquait elle-même ou le paiement de la *dia*.

La famille de l'assassin, dans le but de sauver son parent contribuait au paiement de la *dia*. La *dia* est exclusive de toute amende. Il est d'usage, cependant, que celui qui a reçu la *dia* fasse un cadeau au chef (Sultan ou Cheikh).

(c) Il est impossible de déterminer exactement le taux des amendes, fixé souvent de façon peu logique par la coutume.

Exemple : dans le cas d'un détournement d'un mouton de belle taille, valeur actuelle reconnue : 20 f, l'amende est fixée à 2 gabak, soir 5 f x 2 = 10 f ; taux de l'amende : 50% de la valeur de l'objet détourné. Alors que pour un beau boeuf détourné, de valeur actuelle reconnue de 200 à 250 f, l'amende est fixée à 10 gabak soit 5 f x 10 = 50 f. Taux de l'amende : 20 à 25 %.

SUBDIVISION DE GOZ-BEIDA

ABUS DE CONFIANCE - DÉTOURNEMENT

Réparations civiles : restitution des objets détournés ou de leur valeur.

Amende : variant entre 20 et 50% de la valeur des objets détournés.

Observations : amende facultative, payée par les riches ; elle est remplacée par la prison pour les *meskin*.

ADULTÈRE

Réparations civiles : une vache ou 200 f.

Amende : deux vaches ou 200 x 2 = 400 f.

ALIÉNATION MENTALE

Réparations civiles : égale à la valeur du dommage causé.

Amende : néant.

Observations : payé par la famille chargée de la surveillance de l'aliéné.

ATTENTAT À LA PUDEUR

(a) sur impubère (b) sur fille pubère (c) sur femme mariée.

Réparations civiles :

(a) 1 pagne à la fille ;

(b) et (c) 4 ou 5 *gabak*, soit 20 à 25 f.

Amende :

(a) néant ;

(b) 4 ou 5 *gabak* soit 20 à 25 f ;

(c) 10 *gabak* soit 50 f.

Observation : la réparation civile n'a pas lieu si la victime pubère ou impubère est fiancée au criminel.

AVORTEMENT

Réparations civiles : la *dia* est payée par la femme et par l'avorteur.

Amendes : 50 *gabak* soit 250 f.

BLESSURES VOLONTAIRES, VIOLENCES ET VOIES DE FAIT, COUPS ET BLESSURES

(a) crime (b) délit. Réparations civiles, suivant la gravité de la blessure et calculées d'après les préjudices causés. Aucune base fixe.

(a) : - ayant occasionné la mort sans intention de la donner : 1/3 de la *dia*. Pas d'amende (Dieu a voulu la mort). - ayant occasionné le perte d'un membre, d'un œil : moitié de la *dia*. Pas d'amende.

(b) : violences, coups et blessures simples : indemnités régulières sujettes à variation (actuellement 2 f) + le prix des soins. Amendes : 4 à 5 gabak soit 20 à 25 f.

BLESSURES INVOLONTAIRES

Réparations civiles : indemnité proportionnée à la blessure et à la situation du responsable.

Amendes : néant.

COMPLICITÉ (a) active (b) passive

Réparations civiles et amendes : comme pour le crime ou le délit.

CONCUSSION

Confiscation de tous les biens.

CORRUPTION

Amende : indéterminée. Proportionnée à l'importance de la faute.

Observations : punition semblable pour le corrupteur et le corrompu si celui-ci n'a pas cédé à la contrainte.

DÉFENSE LÉGITIME

Réparations civiles : néant.

Amende : néant

DÉNONCIATION CALOMNIEUSE (a) d'un meurtre (b) d'un vol

Réparations civiles : (a) égales à la *dia* ; (b) égales au montant du vol, etc.

Amende : (a) égale à la *dia* ; (b) égale au montant du vol, etc.

DIFFAMATION ET INJURE

Réparations civiles : accordées dans tous les cas et proportionnées à l'importance de la diffamation ou de l'injure ;

Amende : égale à la réparation civile.

EMPOISONNEMENT

Réparations civiles : *dia*. Amendes : néant.

ESCROQUERIE

Réparations civiles : restitution des objets escroqués.

Amende : de ... à 6 bovidés (pour un escroc se prévalant de l'autorité d'un chef : 10 bovidés au minimum).

SUBDIVISION DE GOZ-BEIDA

Escroquerie dite au mariage ou à la dot.

Réparations civiles : restitution de la dot perçue indûment. Amende : minimum 1 vache par victime de l'escroquerie.

Exactions

Réparations civiles : restitution. Amende : double de la réparation civile.

Faux

Réparations civiles : restitution. Amende : de la valeur de la réparation civile.

Fausse monnaie

Observations : n'est pas prévu par la coutume.

Faux témoignage

Réparations civiles : accordées le cas échéant suivant le préjudice causé. Amende : double de la réparation civile.

Homicide volontaire

Réparations civiles : *dia*. Amende : néant.

Homicide involontaire

Réparations civiles : moitié de la *dia* plus *sadaka*. Amende : néant.

Incendie volontaire (a) avec mort d'homme (b) sans mort d'homme

Réparations civiles (a) : *dia* ; (b) : réparation des préjudices causés.

Amende : (a) néant ; (b) 2 à 10 bovidés.

Injures à témoin

Réparations civiles : 1 à 2 bovidés. Amende : 5 à 6 bovidés.

Menaces   (a) simples ; (b) simples sous condition
          (c) de mort ; (d) de mort sous condition

Réparations civiles : (a) néant, (b) néant, (c) 1 bovidé, (d) 1 bovidé.

Amende : (a) néant, (b) néant, (c) 3 bovidés, (d) 3 bovidés.

Outrages (au tribunal ou à l'un de ses membres)

Réparations civiles : 1 vache. Amende : néant.

Pillage en bande et à main armée

(a) pas de blessé parmi les victimes, (b) avec blessés parmi les victimes, (c) avec morts parmi les victimes.

Réparations civiles : (a) restitution ; (b) restitution et indemnités aux blessures, (c) *dia*. Amende : confiscation des biens dans tous les cas.

Rapt (a) de personnes libres ; (b) de serviteurs de case.

Réparations civiles : (a) moitié de la *dia* ; (b) restitution ou indemnité équivalente au préjudice causé.

Amende : (a) moitié de la *dia*, (b) 5 bovidés.

Observations. Il n'est question ici que du rapt de personnes libres ou de serviteurs de case, et non de noirs ravis en pays Sara.

Rébellion

Amende et tous les biens confisqués.

Recel (a) de biens volés ; (b1) d'un voleur ; (b2) d'un assassin.

Réparations civiles : (a) voir vol ; (b1) néant, c'est le fait du voleur ; (b2) néant, c'est le fait de l'assassin.

Amende : (a) voir vol ; (b1) équivalent au produit du vol ; (b2) *dia*.

Observations : (a) et (b1) même peine que pour le voleur ; (b2) même peine que pour l'assassin.

Séquestration

Réparations civiles : indemnité variant de 1 à 3 bovidés.

Amende : biens confisqués.

Tentative

Réparations civiles : néant.

Amende égale au préjudice causé si la tentative avait réussi.

Viol

(a) d'une jeune fille célibataire ; (b) d'une femme mariée ; (c) d'une fille impubère ; (d) d'une fille impubère avec violences ; (e1) par le père ou (e2) par un autre ascendant ayant autorité sur la victime.

Réparations civiles

(a) 1 bovidé ; (b) 2 bovidés ; (c) dot ; (d) moitié de la *dia* ; (e1) moitié des biens ; (e2) moitié de la *dia*.

Amende : (a) 1 bovidé ; (b) 3 à 4 bovidés ; (c) 5 bovidés ; (d) moitié de la *dia* ; (e1) confiscation des biens ; (e2) moitié de la *dia*.

Observations : (e1) [inceste] le criminel est mis à mort.

Vol

(a) vol simple ; b) vol au préjudice d'un chef ; (c) perpétré avec une arme ; (d) perpétré avec une arme et avec menaces ; (e) vol avec violences ; (f) vol avec tortures sans blessure ; (g) vol avec torture ayant amené une blessure.

Réparations civiles : (a), (b), (c), double de la valeur des objets volés. (d) double de la valeur des objets volés + 2 bovidés, (e), (f), (g) moitié de la *dia*.

Amende : (a), (b) moitié de la *dia* (en remplacement du membre qui devait être coupé). (c) moitié de la *dia* ; (d) moitié de la *dia* + une amende de 3 bovidés pour la menace ; (e) moitié de la *dia* ; (f) moitié de la *dia* ; (g) moitié de la *dia*.

A Goz-Beida le 13 octobre 1938
Le capitaine Raisin, chef de Subdivision

Commentaire

Ce rapport du capitaine Raisin, nouveau chef de subdivision, complète celui de son prédécesseur en donnant un certain nombre de précisions sur les indemnités et les amendes qui semblent être celles de la coutume de l'époque.

Moins précis sur certains points, il apporte en revanche des informations complémentaires sur le taux des amendes pour plusieurs infractions, notamment pour l'exaction et le faux témoignage. Il y a une différence entre les deux rapports en ce qui concerne l'homicide involontaire. Le capitaine Soubie parlait d'une forte sadaka (de 15 à 20 bovidés) alors que le capitaine Raisin dit qu'on paie une demi-diya en plus de la sadaka. En fait on indemnise mais pas à hauteur d'une diya totale.

Divergence aussi pour les menaces ainsi que pour les outrages et surtout pour l'inceste. Pour le rapt, le chef de subdivision fait une observation intéressante : la coutume admet la razzia, ce qui signifie que les noirs ravis en pays Sara pour en faire des esclaves ne sont pas considérés par elle comme ayant fait l'objet d'un rapt.

6
Subdivision d'Am-Dam

Rapport du lieutenant Rodier chef de la subdivision d'Am-Dam

au sujet du fonctionnement de la justice répressive indigène avant l'occupation française

Le lieutenant Rodier chef de la subdivision d'Am Dam a l'honneur de rendre compte de ce que la justice répressive indigène fonctionnait avant l'occupation française suivant les principes ci-après :

Le territoire et les populations qui y habitaient dépendaient du sultan du Ouaddaï et étaient administrés de la même façon que les autres possessions ouaddaïennes.

La justice y était rendue au nom du Sultan, suivant les règles coraniques et suivant certaines interprétations qui furent données à ces règles, interprétations qui demeurent de nos jours.

Le Sultan nommait un certain nombre de Faqih appelés *faqih el gadi* chargés de rendre la justice Sur le territoire formant actuellement la subdivision exerçaient quatre faqih. Les chefs de terre, de tribus ou aguid n'avaient aucun pouvoir sur la justice répressive ; tout au plus faisaient-ils fonction de juges conciliateurs pour les délits de faible importance. Toutes les races ou tribus dépendaient des mêmes règles et des mêmes interprétations coraniques.

Les *faqih el gadi* étaient responsables devant le Sultan de l'exercice de leur fonction ; leurs jugements étaient sans appel. Théoriquement ils devaient rendre compte au Sultan de chaque jugement prononcé, lui indiquant la règle ou la prescription coranique qui indiquait la peine à subir, le Sultan prenant la décision qu'il voulait. Pratiquement le Sultan n'était tenu au courant que des jugements importants : mutilations, emprisonnement ou mise à mort, dont l'exécution était différée jusqu'à sa décision.

Chaque *aguid* ou chef de tribu avait auprès des *faqih el gadi* dont il relevait au point de vue justice répressive un représentant qui était chargé de l'exécution des jugements comportant une amende ou une confiscation des biens, dont une part revenait au faqih, une à l'*aguid* et l'autre au Sultan. Enfin, le Sultan avait des représentants chargés de surveiller et de contrôler l'action des *faqih el gadi*.

Les peines prononcées étaient les suivantes :

1. **châtiments corporels** (bastonnade, coups de chicotte) ;

2. **amende** pouvant aller jusqu'à la saisie totale des biens ;

3. **confiscation**, saisie totale ainsi que saisie des biens de la famille du délinquant ;

4. **emprisonnement** (décidé par le Sultan) - Les peines de prison étaient de deux sortes :

   a. une à temps, détenus enchaînés, ne travaillant pas durant la surveillance ; l'exécution des peines relevait de *l'aguid el Masmadia* ;

   b. la deuxième était une peine de mort déguisée : les prisonniers de cette catégorie étaient confiés à *l'aguid el Choua* ; les prisonniers, sous-alimentés, durement traités, décédaient dans un temps très court. En général, cette condamnation était prononcée lorsque le Sultan hésitait à prononcer une peine de mort pour éviter les répercussions politiques.

5. **amputation** (décidée par le Sultan) en général pour des condamnations pour vol avec récidive ou à main armée ;

6. **peine de mort** (décidée par le Sultan). A la suite de mort d'homme la famille de la victime (?) avait à choisir entre le paiement de la *dia* ou la mise à mort du coupable ; dans ce cas c'était la famille qui était chargée de cette exécution. Si la peine était prononcée pour un autre motif, le mode d'exécution dépendait de la faute. Dans le cas d'adultère, le coupable était enterré jusqu'à la poitrine, la population lui jetait des pierres jusqu'à ce que mort s'ensuive.

Toutes les exécutions ainsi que les peines corporelles étaient faites ou subies publiquement et la plus grande publicité leur était donnée.

Enfin, le faqih avait autorité pour la recherche de la vérité : c'est-à-dire l'initiative des moyens pour obtenir des aveux.

Tels étaient, en résumé, les principes de fonctionnement de la justice avant notre arrivée. Certes, tant les peines que les moyens d'exécution nous paraissent extrêmement exagérés, mais il y a lieu de tenir compte d'une part de la mentalité indigène et d'autre part que les peines prononcées étaient surtout données pour l'exemple.

Am-Dam, le 10 décembre 1937
Le lieutenant Rodier, chef de la subdivision

signé : Rodier

Pour copie conforme
Chef du bureau
de l'administration génrale
(non signé)

Les coutumes pénales indigènes

Il n'a pu être trouvé sur la subdivision au cours de cette enquête, aucun indigène ayant été chargé, avant notre occupation, de juger les personnes ayant commis des infractions, délits ou crimes. Les renseignements ont été recueillis auprès des faqih ayant été en quelques sorte des auxiliaires de ceux chargés de la justice.

Il n'a pas été possible de déterminer, par suite de renseignements contradictoires, le tarif des amendes ; il semble que ce tarif variait suivant la vigueur répressive du juge et suivant les nécessités du moment de l'administration indigène. Dans tous les cas où le taux a été déterminé, il est indiqué.

Enfin il est à noter que les peines d'emprisonnement étaient de deux sortes : l'une simple, à temps, l'autre en quelque sorte à perpétuité. Le condamné, d'ailleurs, décédant très rapidement (sous-alimentation) ce qui était le but recherché. Ces deux peines de prison sont indiquées dans les réponses au questionnaire, pour les distinguer, sous le nom de l'un des deux aguids qui étaient chargés des deux prisons : prison simple = *aguid el Masmadia* ; prison à perpétuité = *aguid el Choua*.

1. ABUS DE CONFIANCE

1. La coutume prévoit la distinction entre les attentats aux biens (escroquerie, abus de confiance) et les vols simples. Les premiers sont appelés *rhaine* par opposition aux seconds appelés *sarrag*.

2. La coutume prévoyait dans le cas de détournement de redevances dues au Sultan la peine de vol commis envers les biens du sultan (emprisonnement confié à *l'aguid el Chaoua*) (voir rapport joint).

3. La coutume prévoyait dans le cas de détournement de pièces appartenant à des représentants, chefs, etc. du sultan, les mêmes peines que le vol. *Peines proposées* suffisantes dans le cas simple.

2. ADULTÈRE

1. La coutume ne prévoit aucune sanction pénale pour la violation du devoir de cohabitation. L'épouse devait rembourser la dot totale.

2. L'adultère du mari était puni comme l'adultère de l'épouse. Si la complice de l'adultère était mariée, peine de mort avec supplice. Si la complice n'était pas mariée, aucune sanction pénale, un dédommagement à l'épouse outragée. Dans tous les cas quatre témoins ayant vu les faits sans ambiguïté étaient nécessaires. Si le plaignant ou la plaignante ne peut produire les quatre témoins, il lui était appliqué 80 coups de chicotte.

3. Les sanctions pénales doivent être appliquées. *Peines proposées* suffisantes.

3. ALIÉNATION MENTALE - IVRESSE

1. La coutume ne prévoit aucune cause d'atténuation ou de disparition de responsabilité pour l'ivresse. Elle admet la disparition de responsabilité dans le cas de démence.

4. ATTENTAT À LA PUDEUR SUR MINEUR IMPUBÈRE

1. La coutume prévoit pour les attentats à la pudeur :

— sans aggravation :

(a) une amende dans le cas de simples attouchements ;

(b) une amende, le paiement de la dot (sans avoir droit au mariage) si les attouchements ont entraîné la perte de la virginité ;

(c) si ces délits étaient commis par un jeune garçon, celui-ci recevait de 10 à 20 coups de chicotte.

— avec aggravation :

(a) avec violence, amende de la moitié des biens et paiement de la dot (sans aucun droit au mariage) si les attouchements ont entraîné la perte de la virginité ;

(b) commis par un ascendant ou personne ayant autorité sur l'enfant (peine de mort avec supplice) ;

(c) avec communication d'une maladie vénérienne, comme dans le cas précédent avec paiement d'une indemnité jusqu'à guérison ;

2. *Peines proposées* suffisantes pour les cas sans aggravation. Insuffisantes pour les cas avec aggravation – proposé : de 2 à 10 ans pour l'attentat commis avec violence ou commis par un ascendant.

3. L'attentat à la pudeur peut être déféré au Tribunal du premier degré.

5. AVORTEMENT

1. La coutume prévoit :

(a) si la femme ayant commis l'avortement est mariée, le paiement de la dot au mari ;

(b) si la femme est divorcée mais enceinte de son mari, le paiement de la *dia* au père ;

(c) si le père est inconnu : amende ;

(d) Si l'avortement a été commis à l'instigation du mari, celui-ci a tous les biens saisis, à l'instigation de la famille de la femme (cas de femme divorcée ou de père de l'enfant inconnu), amende de la moitié des biens.

2. *Peines proposées* de : 1 à 6 ans.

6. BLESSURES VOLONTAIRES, et aussi, VIOLENCES ET VOIES DE FAIT

1. La coutume prévoit :

(a) si les blessures ont entraîné la mort

- occasionnée par gourdin ou poing, paiement de la *dia* et amende ;
- occasionnée par couteau ou sagaie, la famille choisit entre la *dia* ou la mort du coupable.

En outre saisie des biens.

(b) si les blessures n'ont pas entraîné la mort

- dans le premier cas, indemnité à la victime - amende variable ;
- dans le second cas, indemnité et amende du quart des biens.

2. *Peines proposées* suffisantes.

7. CIRCONSTANCES ATTÉNUANTES : Néant.

8. BLESSURES INVOLONTAIRES

La coutume ne prévoit pas d'indemnité en cas de blessure involontaire si aucune faute n'est relevée contre l'auteur ; indemnité de la coutume dans le cas contraire : la moitié de la *dia* ou sa totalité.

En cas de mort paiement de la *dia* suivant les deux cas plus haut cités.

9. COMPLICITÉ

La coutume prévoit : dans le cas de complicité active (a) et (b) ; passive : la même peine que pour l'auteur du délit.

Avoir commis ou laisser commettre donne les mêmes responsabilités.

10. CONCUSSION

Pour la concussion telle qu'elle est définie dans le questionnaire, si elle était commise par un membre de l'autorité indigène, les mêmes peines que pour le vol simple.

Si elle était commise par un indigène se parant d'un titre auquel il n'avait pas doit, les mêmes peines que pour un vol aggravé.

11. CORRUPTION

1. La coutume prévoit :

(a) pour le corrupteur :

- avertissement à la première tentative ;
- amende variable en cas de récidive.

(b) pour le corrompu :

- si le don n'a pas d'influence, la démission, révocation de l'emploi, saisie des biens ;
- si le don a influencé la décision, deux fautes ayant été commises, l'une et l'autre sont portées devant le sultan. Saisie des biens et emprisonnement (*aguid el Choua*).

2. *Peines proposées* suffisantes.

12. Défense légitime

La coutume ne prévoit aucune sanction pour la légitime défense et aucune indemnité.

13. Dénonciation calomnieuse

La coutume prévoit :

(a) à la première tentative, amende avec ou sans emprisonnement (*aguid el Masmadia*) suivant l'intensité des calomnies ;

(b) en cas de récidive, changement de pays à l'expiration de l'emprisonnement.

14. Diffamation et injure

1. La coutume prévoit :

(a) dans le cas de diffamation : 8 coups de chicotte avec la faculté de racheter les coups de chicotte, tant par coup, suivant la diffamation ;

(b) dans le cas de diffamation à un chef : amende ;

(c) dans le cas d'injures à un indigène, amende légère ;

(d) dans le cas de diffamation à un chef : amende élevée.

2. *Peines proposées* insuffisantes.

Proposé : 15 jours à un an pour diffamation et injures ; 6 mois à 3 ans pour injures et diffamation à un chef.

15. Empoisonnement

1. La coutume prévoit :

(a) empoisonnement : peine de mort avec supplice ;

(b) empoisonnement de puits, citernes : peine de mort avec supplice ;

(c) le poison d'épreuve était inconnu dans la coutume.

2. *Peines proposées* suffisantes.

16. Escroquerie

1. La coutume ne prévoit aucune distinction entre l'abus de confiance défini à la question n°1 et l'escroquerie. Les mêmes peines étaient appliquées.

2. *Peines proposées* suffisantes.

17. Escroquerie dite *au mariage* ou *à la dot.*

La coutume prévoit une amende proportionnée au montant des sommes perçues indûment et le remboursement.

18. Évasion

1. La coutume prévoit :

(a) en cas d'évasion d'une prison (prison des *aguid el Masmadia* et *aguid el Choua*) une peine supplémentaire de prison et 120 coups de chicotte sans distinction de circonstances ;

(b) même peine en cas d'évasion en cours de route ;

(c) gardien ou toute autre personne ayant aidé à l'évasion subissent la même peine.

2. *Peines proposées* suffisantes dans le cas simple ; insuffisantes dans le cas d'aggravation ; le non cumul peut permettre à certains prisonniers à qui il reste plus de deux ans à accomplir de tenter les évasions, même avec violence, sans risques.

19. Exactions

1. La coutume distinguait la concussion et l'exaction lorsque celle-ci était faite avec contrainte et violence. La sanction allait de la révocation et la saisie totale des biens jusqu'à la peine de mort.

2. Peines jugées suffisantes

20. Faux

1. La coutume prévoit la saisie totale des biens et l'exil ;

2. *Peines proposées* suffisante. Le Tribunal de 1er degré peut être compétent.

21. Fausse monnaie

Néant (non prévu).

22. Faux témoignage

1. La coutume prévoyait l'amende simple si le faux témoignage n'avait pas été précédé d'un serment, dans le cas contraire saisie totale des biens.

2. Les peines prévues dans ce cas sont insuffisantes. Il est proposé de 15 jours à 6 mois sans serment, de 1 mois à trois ans si serment préalable.

23. Homicide volontaire

1. La coutume prévoit :

(a) Pour le meurtre, la mort du coupable.

(b) Pour l'assassinat, la mort du coupable.

(c) Pour le parricide, la saisie totale des biens, aucune sanction pénale au coupable, que personne ne devait loger ou nourrir et qui perdait ses droits à l'héritage.

(d) Pour l'infanticide, saisie totale des biens et suivant le cas prison de l'*aguid el Choua* (la peine est plus grave que dans le cas précédent, l'enfant ne pouvant se défendre).

2. *Peines proposées* suffisantes.

24. Homicide involontaire

1. La coutume ne prévoit aucune sanction pénale.

2. *Peines proposées* suffisantes.

25. Incendie volontaire

1. La coutume prévoit :

(a) incendie volontaire de maison : dédommagement et prison de l'*aguid el Choua* ;

(b) incendie volontaire de récoltes : même peine ;

(c) avec mort d'homme : paiement de la *dia* avec prison de l'*aguid el Choua*.

2. *Peines proposées* jugées suffisantes.

26. Injure à témoin

1. La coutume prévoit l'amende et de 20 à 80 coups de chicotte.

2. *Peines proposées* insuffisantes. Proposé 15 jours à 6 mois de prison.

27. Menaces

1. La coutume prévoit, dans le cas de menaces sans condition, l'amende et une sanction corporelle (chicotte) suivant les menaces. Dans le cas de menaces avec conditions, une amende simple et un avertissement par trois fois publiquement répété.

2. Les *Peines proposées* sont suffisantes.

28. Outrages (au tribunal ou à l'un de ses membres)

1. La coutume prévoit l'amende et la prison de l'*aguid el Masmadia*.

2. *Peines proposées* insuffisantes. Propose 1 mois à 1 an de prison.

29. Pillage en bande et à main armée

1. La coutume distingue le pillage appelé *changata* du vol *serrag* :

(a) pour le pillage en bande n'ayant occasionné aucune blessure, l'emprison-nement des coupables (prison de l'*aguid el Masmadia*).

(b) pour le pillage ayant occasionné des blessures, mêmes peines et saisie totale des biens, moitié versée en dédommagement à la victime ou aux victimes, moitié prise comme amende.

(c) pour avoir occasionné une mort ou des morts, la condamnation à mort de toute la bande avec supplice.

2. *Peines proposées* suffisantes.

30. Rapt

1. La coutume prévoyait pour rapt de personnes libres les mêmes peines que pour le vol.

2. *Peines proposées* insuffisantes. Propose de 1 à 5 ans et dans le cas d'aggra-vation de 2 à 10 ans.

31. Rébellion

1. La coutume distinguait la rébellion en armes (fusils, couteaux, sagaies) ou sans arme (gourdins en bois) ou par menaces :

(a) dans le premier cas le ou les coupables étaient punis d'emprisonnement chez l'*aguid el Choua* ;

(b) dans le second l'emprisonnement chez l'*aguid el Masmadia*.

Dans les deux cas saisie des biens au profit du sultan.

2. *Peines proposées* insuffisantes. Proposé pour la rébellion sans arme : 6 mois à 3 ans ; avec armes : 3 à 10 ans.

32. Recel

1. La coutume punissait le recel comme le vol sans faire de distinction.

2. *Peines proposées* jugées suffisantes.

33. Recel de malfaiteurs

1. Le recel de malfaiteurs était puni de la même peine infligée aux malfaiteurs pour le délit ou crime qu'ils avaient commis. La coutume ne prévoyait aucune atténuation si le receleur était parent à quelque degré que ce soit du malfaiteur.

34. Séquestration, arrestation arbitraire

1. La coutume prévoyait :

(a) dans le cas d'une séquestration sans violences et sans motif valable, une amende du quart des biens ;

(b) dans le cas d'une séquestration avec motif : sans violences, une amende du huitième des biens, avec violences une amende du quart des biens ;

(c) dans le cas d'une séquestration avec violences (cordes, chaînes), sans motif valable, une amende de la moitié des biens ;

(d) dans le cas d'une séquestration ayant entraîné la mort, paiement de la *dia* et prison chez l'*aguid el Masmadia*, amende de tous les biens ;

(e) dans le cas d'une séquestration ayant entraîné une infirmité permanente : indemnité, amende et prison de l'*aguid el Masmadia* ;

(f) aucune distinction pour un chef ayant accompli une séquestration sans ordre ; peines atténuées suivant le motif de la séquestration.

2. *Peines proposées* suffisantes.

35. Tentative

1. La coutume au sujet des tentatives prévoit :

(a) Une distinction entre la tentative de meurtre et l'assassinat si le sang n'a pas coulé ;

(b) même distinction entre le vol et la tentative commise à l'intérieur d'une case ;

(c) une distinction entre la tentative et le vol commis ailleurs (bovidés par exemple).

Les *Peines proposées* distinguaient ces différents cas. Il semble que la distinction devrait être maintenue.

36. Viol

1. La coutume prévoit :

(a) le viol commis sur une femme nubile, entraînant le paiement de la moitié de la dot (sans droit au mariage) et une amende.

Si le viol avait entraîné une maladie vénérienne, indemnité pour soins et nourriture jusqu'à la guérison ;

(b) le viol commis sur une femme impubère, entraînant le paiement de la dot complète (sans droit à la femme) et une amende.

Si le viol avait entraîné une maladie vénérienne, indemnité pour soins et nourriture jusqu'à la guérison ;

(c) dans les deux cas, si les violences avaient entraîné des infirmités, indemnité correspondant au dommage.

Si ces violences avaient entraîné la mort, paiement de la *dia* et emprisonnement chez l'*aguid el Masmadia* ;

(d) si le viol est commis par un parent, père, frère, oncle ou cousin jusqu'au 3ème degré, condamnation à mort avec supplice.

2. *Peines proposées* insuffisantes. Pour protéger la race il est proposé :

(a) viol femme nubile : 3 mois à 2 ans de prison ;

(b) femme impubère sans violences : 6 mois à 5 ans de prison - avec violences : 1 à 10 ans de prison ;

(c) viol commis par un ascendant : de 1 à 20 ans de prison.

37. VOL

La coutume prévoit :

(a) pour les vols commis en brousse, emprisonnement (*aguid el Masmadia*), saisie des biens et transport dans une région très éloignée ;

(b) pour les vols commis dans les maisons et dans les endroits clos, en quelque sorte s'il y a effraction, la sanction prévoyait l'amputation du poignet gauche ;

(c) dans le cas de récidive, après l'amputation du poignet gauche, l'amputation du pied droit.

Vol commis avec violences : dans le premier cas prison de l'*aguid el Chaoua* ; dans les autres cas peine de mort.

Propositions

Il semble que les délits suivants devraient être réprimés :

1. VAGABONDAGE

La coutume prévoyait la bastonnade puis la remise à un chef ou à un homme réputé pour sa force, avec obligation de travail. Il semble que cet acte devrait être réprimé par une peine de 15 jours à 6 mois de prison.

2. ACTES CONTRE NATURE

La coutume prévoyait :

(a) entre femmes, la mise en quelque sorte au pilori. Les femmes étaient rasées et promenées dans les villages environnants et 50 à 80 coups de chicotte suivant l'âge ;

(b) entre hommes, peine de mort avec supplice.

Peines proposées : de 1 mois à 3 ans de prison.

3. ABANDON DE FAMILLE

La coutume prévoyait pour un chef de famille abandonnant sa femme et ses enfants sans divorce, l'amende, la nourriture et l'habillement ; en cas de récidive, emprisonnement chez l'*aguid el Masmadia*.

Il semble que ce délit trop fréquent pourrait être réprimé par une peine variant de 15 jours à 6 mois de prison.

4. RÉCIDIVE

Le cas de récidive n'est mentionné dans aucune question du questionnaire ; il semble nécessaire que cette notion soit introduite et que des peines supplémentaires soient prévues.

à Am-Dam le 10décembre 1937
Le lieutenant RODIER,
chef de la subdivision d'Am-Dam

Pour copie conforme
Le chef de bureau
de l'administration générale
(non signé)

Commentaire

Dans son rapport sur le fonctionnement de la justice répressive avant l'arrivée des Français, le chef de la subdivision d'Am Dam ne parle pas des kémakil mais d'un corps spécialisé de juges, les faqih äl gadi, qui étaient au nombre de quatre et seuls compétents en matière pénale. Tout comme ces derniers ils jouissaient d'une grande indépendance puisque seuls les jugements prononçant une peine d'amputation, d'emprisonnement ou la mise à mort voyaient leur exécution différée jusqu'à la décision du sultan. Ici agad et chefs de tribus n'ont qu'un pouvoir de conciliation et se contentent d'avoir auprès du faqih äl gadi un représentant spécialement chargé de vérifier le paiement des amendes et les confiscations prononcées (dont une partie leur revient).

On notera le double système carcéral de l'aguid äl-Masmadia et de l'aguid äl-Choua.

La coutume d'Am Dam est la coutume waddaienne. On relève cependant avec celle d'Abéché des différences inexplicables. Ainsi à Abbéché le parricide entraînerait la mort alors que sur Am Dam aucune sanction pénale ne serait appliquée, à part la saisie totale des biens. Pour l'infanticide on serait en revanche plus sévère sur Am Dam (prison de l'aguid äl-Choua).

Le chef de subdivision énonce quelques délits prévus par la coutume et non mentionnés dans le questionnaire, comme le vagabondage qui serait puni de la bastonnade et de la remise à un chef avec obligation de travail, ce qui est douteux. Il doit s'agir d'une pratique de chefs sédentaires plutôt que d'une disposition coutumière de portée générale.

On peut se demander pourquoi le chef de subdivision cite comme devant être réprimés les actes contre nature entre femmes ou entre hommes, qui sont des faits plutôt rares dans la région. L'abandon de famille en revanche est fréquent et avait été effectivement laissé de côté dans le questionnaire, tout comme la récidive.

Département du Ouaddaï   Am-Dam le 10 octobre 1938
    Subdivision d'Am-Dam

N° 820

Rapport du sous-lieutenant Lavergne, chef de la subdivision d'Am Dam, au sujet des infractions pour lesquelles les coutumes locales prescrivent des réparations civiles

Les renseignements ont été recueillis auprès des *faqih* actuels. Ces *faqih* ont été les auxiliaires des 4 *faqih el gadi* chargés par le sultan de rendre la justice sur le territoire de la subdivision. Ils ont écouté les mêmes jugements, ils sont les élèves d'une même école. Aussi les mêmes règles et les mêmes interprétations coraniques sont appliquées à toutes les races ou tribus.

Nous n'avons donc pas une coutume par race mais une seule interpré-tation du Coran.

N.B. - Les réparations civiles et les amendes sont très souvent comptées en têtes de bétail. La vache est une véritable unité monétaire et représente une valeur plus sûre que l'argent. Un indigène exigera une vache comme réparation et non la somme d'argent correspondante. Le prix actuel moyen est de 120 francs.

Département du Ouaddaï
        N°821
Références :
N°113/AP du 29/6/38 de M. le G.G.
N° 43/AG du 16/7/38 de M. le Cdt de T.
N°1740 en date du 26/9/38 de M. le chef du département du Ouaddaï

1. ABUS DE CONFIANCE - DÉTOURNEMENT

1. Toutes races :

(a) détournement frauduleux de bétail : restitution du bétail. Amende : 50 francs pour une vache. Récidive : prison ; pas de réparations pécuniaires.

(b) somme d'argent : restitution. Amende : 25 francs pour 100 francs ; pas de réparations civiles.

(c) cas particuliers : détournement d'une somme d'argent, par un commerçant qui en tire bénéfice ; restitution et amende : 200 francs pour 100 francs.

2. Captifs (détournement par un captif). Le captif paie une moitié de l'amende ; Le maître est condamné à payer l'autre moitié.

2. Adultère

1. Toutes races :

L'amende ne s'applique que lorsque l'époux trompé n'a pas 4 témoins formels.

(a) femme : 50 francs d'amende ; pas de réparation à son mari ;

(b) complice : la famille du complice est condamnée à 100 vaches (80 à titre d'amende plus 20 à titre de réparation) qui sont données au mari.

2. Captifs : la femme et son complice sont toujours condamnés à la prison.

3. Aliénation mentale - ivresse

(a) cas de meurtre par un fou : la famille est condamnée à payer la *dia* (100 vaches pour un homme au temps du Sultan) ;

(b) cas de vol par un fou : la famille restitue l'objet volé et paie l'amende habituelle. (Autrement la famille se substitue à l'individu irresponsable) ;

(c) cas de meurtre par un homme en état d'ivresse : prison, paiement de la *dia*.

(d) cas de vol par un homme en état d'ivresse : restitution, amende habituelle

Aucune atténuation de la responsabilité de l'individu en cas d'ivresse.

4. Attentat à la pudeur sur mineur impubère (voir aussi viol)

[1. victime libre] :

- 100 francs d'amende ;

- pas de réparations pécuniaires aux parents si les attouchements n'ont pas entraîné la perte de la virginité ;

- pas d'augmentation si violence ;

- communication de maladies vénériennes : réparations pécuniaires égales à la somme dépensée pour les médicaments.

2. Captifs (si l'attentat à la pudeur a lieu sur une femme captive) :

- 50 francs d'amende au lieu de 100 francs ;

- paiement des médicaments, si les attouchements ont communiqué une maladie vénérienne.

5. Avortement

(a) Si la femme ayant commis l'avortement est mariée : la famille de la femme est condamnée à donner 50 vaches ; le mari reçoit 25 vaches et le divorce ; la femme reçoit 25 vaches ;

(b) La coutume ne prévoit pas le cas d'une femme divorcée mais enceinte avant le divorce : l'homme ne doit pas divorcer lorsque la femme est enceinte ;

(c) Femme non mariée : amende proportionnelle à la richesse : 40 vaches si elle est riche - 4 ou 5 vaches si elle est très pauvre ;

(d) Avortement commis à l'instigation du mari : saisie de tous les biens du mari.

6. Blessures volontaires, et aussi, violences et voies de fait

1. Toutes races :

(a) blessures volontaires sans intention de donner la mort mais qui l'ont pourtant occasionnée : indemnité à la famille de la victime de 50 vaches (*dia*) pas d'amende ;

(b) perte d'un œil : indemnité au blessé de 25 vaches ;

(c) amputation d'un membre : indemnité de 100 vaches (*dia* entière) car la blessure a occasionné l'incapacité de travail ;

(d) amputation d'un doigt : indemnité de 15 vaches (5 vaches par phalange) ;

(e) incapacité de travail : indemnité de 50 francs par mois ;

(f) sans incapacité de travail : amende de 20 à 25 francs - pas d'indemnité.

2. Captif : un captif est toujours condamné à la prison.

7. Circonstances atténuantes

(a) vol causé par la famine : restitution de l'objet volé, pas d'indemnité, pas d'amende ;

(b) mauvais antécédents (éducation, hérédité) : punition proportionnée à la faute - changement de résidence obligatoire ;

(c) ivresse : voir paragraphe 3.

8. Blessures involontaires

(a) blessures involontaires entraînant la mort : indemnité pécuniaire à la famille de 50 vaches (demi *dia*) ;

(b) blessures involontaires non mortelles : 50 francs par mois d'incapacité de travail, payés à la victime quand la blessure est guérie.

9. COMPLICITÉ

Le complice, actif ou passif, est condamné à la même peine que l'auteur du délit - même amende. La coutume prévoit, toutefois, une amende proportionnée à la force physique des complices, le plus fort étant censé avoir agi davantage.

Si l'auteur du délit ou du crime est condamné à des réparations civiles, chaque complice doit les payer également : (a) les réparations pécuniaires de l'auteur du délit ou du crime sont données à la victime ; (b) celles des complices sont gardées par le sultan.

10. CONCUSSION

(a) même peine que pour un vol simple ;

(b) indigène se parant d'un titre auquel il n'a pas droit et en profitant pour voler : amende quatre fois plus forte, même indemnité.

11. CORRUPTION

(a) tentative de corruption d'un agent de l'administration :
- pour le corrupteur : avertissement à la première tentative ; en cas de récidive, amende proportionnée à la fortune (de 35 à 250 francs) ;
- pour le corrompu : révocation de l'emploi et 100 francs d'amende quel que soit le don reçu.

(b) corruption par contrainte
- si le corrompu est frappé d'une amende de 100 francs, le corrupteur a une amende de 400 francs.

12. DÉFENSE LÉGITIME

- pas de réparation civile.
- pas d'amende.

13. DÉNONCIATION CALOMNIEUSE

- pas de réparations civiles ;
- amende variable de 100 à 500 francs suivant la richesse.

14. DIFFAMATION ET INJURE

(a) pas de réparation civile à la victime.

(b) les coups de chicotte prévus par la coutume peuvent être rachetés à raison de 1 franc par coup de chicotte ;

(c) diffamation d'un chef : même peine aggravée d'une amende de 100 à 150 francs ;

(d) injures : 1ère fois : 25 francs d'amende ; 2ème fois : 50 francs d'amende ; récidive : changement de résidence.

15. Empoisonnement

(a) empoisonnement entraînant la mort : paiement à la famille de la victime (*dia* 100 vaches) à titre de réparation ;

(b) empoisonnement causant une maladie : réparation civile de 50 francs par mois ; amende 500 francs ;

(c) empoisonnement des puits, citernes, etc. : prison jusqu'à la mort.

16. Escroquerie

La coutume ne prévoit pas de différence entre l'abus de confiance et l'escroquerie - voir paragraphe 1.

17. Escroquerie dite *au mariage* ou *à la dot*.

- remboursement de la dot ou des dots reçues ;
- amende variable de 50 à 300 francs suivant la richesse.

18. Évasion

(a) prison s'ajoutant à la peine encourue ; amende de 200 francs si le prisonnier est riche ;

(b) cas où le gardien facilite l'évasion : s'il a reçu de l'argent, amende de 400 francs pour 100 francs, ceci s'ajoutant à la prison.

19. Exactions

- révocation ; saisie totale des biens ou amende de 500 francs suivant la gravité de la faute ; restitution des sommes ou objets volés ; pas de réparations civiles.

20. Faux

Exil ; saisie des biens à titre d'amende ; pas de réparations civiles.

21. Fausse monnaie [non prévu]

22. Faux témoignage

- saisie totale des biens ;
- pas de réparations civiles au cas où le faux témoignage a porté préjudice à quelqu'un.

23. Homicide volontaire

La famille du meurtrier paie la *dia* à la famille de la victime (100 vaches).

Pas d'amende ; même *dia* si la victime est un enfant nouveau né.

24. Homicide involontaire (voir paragraphe 8)

25. Incendie volontaire

(a) réparation à la victime (réparation pécuniaire égale au prix des objets détruits) ; saisie de tous les biens de l'auteur de l'incendie ;

(b) cas où l'incendie a fait des victimes : la famille de l'auteur de l'incendie paie la *dia* à titre de réparation (100 vaches) ; réparation pécuniaire pour les objets détruits ; saisie totale des biens.

26. Injure à témoin

(a) amende proportionnelle à la richesse pouvant aller jusqu'à 50 vaches ;

(b) les coups de chicotte prévus par la coutume peuvent être rachetés au tarif de 1 franc par coup ;

(c) pas de réparation pécuniaire, toutefois la coutume du sultan était de faire un cadeau à la victime.

27. Menaces simples

(a) menaces sans conditions : amende de 25 à 30 francs, suivant richesse ; pas d'indemnité pécuniaire ;

(b) menaces avec ordre : amende de 3 à 56 vaches suivant la richesse ; le travail obtenu par menace est payé double.

28. Outrages (au tribunal ou à l'un de ses membres)

- peine de prison augmentée ;
- amende de 5 à 7 vaches ;
- pas de réparations civiles.

29. Pillage en bande et à main armée

- saisie totale des biens des coupables ;
- réparation pécuniaire à la victime, payée avec les biens des coupables ;
- le reste des biens est gardé par le sultan à titre d'amende.

30. Rapt

(a) mêmes peines que pour le vol ; (voir paragraphe 37).

(b) rapt accompagné de violences : indemnité de 50 francs si la blessure est peu grave, et amende de 100 francs ; si la blessure est grave l'indemnité est toujours de 50 francs, l'amende est portée à 200 francs.

31. Rébellion

(a) rébellion sans arme : prison (pour mémoire), amende 2 vaches ; en cas de récidive l'amende est portée à 5 vaches ;

(b) rébellion avec armes : saisie totale de tous les biens au profit du sultan ;

(c) rébellion politique : saisie de tous les biens ; la coutume prévoit cependant qu'une partie des biens est laissée aux enfants.

32. Recel

Même amende au receleur et au voleur, car la coutume prévoit qu'ils partageront par la suite le produit du vol.

33. Recel de malfaiteurs

(a) amende légère de 50 à 75 francs si celui qui offre l'hospitalité ignore qu'il a reçu un malfaiteur ;
(b) amende de 5 ou 6 vaches si celui qui offre l'hospitalité n'ignore pas qu'il a affaire à un malfaiteur ;
(c) aucune atténuation de l'amende pour les parents de l'auteur du délit.

34. Séquestration, arrestation arbitraire

(a) séquestration sans violence et sans motif : amende du _ des biens ;
(b) séquestration sans violence mais avec motif : amende du 1/8 des biens ;
(c) séquestration avec violence et sans motif : amende de _ des biens ;
(d) séquestration avec violence, avec motif : amende du _ des biens ; indemnité pour blessures ;
(e) séquestration entraînant la mort, amende du _ des biens ; indemnité à la famille (*dia* = 100 vaches).

35. Tentative

(a) tentative de meurtre : amende 50 vaches ; la *dia* n'est pas payée car le sang n'a pas coulé ;
(b) tentative de vol : même amende et même indemnité que si le vol avait été commis (voir paragraphe 37).

36. Viol

(a) femme nubile : paiement de la dot (sans droit au mariage) ; amende égale au reste des biens, indemnité pécuniaire à la femme égale à la dot de sa sœur ou à la dot moyenne de la famille ; si maladie vénérienne, indemnité pour le paiement des médicaments et des soins ;
(b) femme impubère : même amende, même indemnité ;
(c) avec violences : indemnité correspondant aux blessures (voir paragraphe 6) ;
(d) commis par un ascendant [inceste] : saisie totale des biens.

SUBDIVISION D'AM DAM

37. Vol

(a) commis en brousse : restitution au propriétaire, amende de 100 francs pour une vache ; pas d'indemnité au propriétaire.
(b) commis dans les maisons : amputation du poignet droit ; si récidive : amputation du pied gauche ; restitution des biens volés, saisie de tous les biens des voleurs ; pas d'indemnité au propriétaire.

A Am-Dam le 10 octobre 1938
Le sous lieutenant LAVERGNE chef de subdivision
signé LAVERGNE

Commentaire

Cette réponse du sous-lieutenant Lavergne, nouveau chef de la subdivision est intéressante car c'est la seule où l'on trouve les sanctions coutumières applicables au captif ainsi que les réparations civiles qui lui échoient ou qui sont à la charge de son maître. En 1938 la question avait peut-être perdu de son intérêt sur le plan pénal, mais pas sur le plan civil compte tenu du nombre encore important de captifs de case au Waddai. Il aurait été intéressant de savoir si les tribunaux de premier et second degrés tenaient compte des dispositions coutumières mettant une partie des réparations à la charge des maîtres.

On notera plusieurs points importants : la proportionnalité des amendes au montant du détournement commis et la responsabilité pénale du maître qui paye la moitié de l'amende quand le détournement a été commis par un de ses captifs (1), le remplacement de la peine de la lapidation par une amende pour la femme adultère (2), mais il doit s'agir de la coutume actuelle, le principe de la responsabilité pénale et bien entendu civile de la famille du fou qui commet un vol (3), la sévérité de la coutume (saisie totale des biens) en cas d'avortement lorsque celui-ci est commis à l'instigation du mari (5).

On constate plusieurs différences avec la coutume waddayenne d'Abbéché. Ainsi les coups et blessures volontaires mortels (6,1) n'entraînaient à Am-Dam que le paiement d'une demi-diya (à Abbéché diya entière), alors que l'amputation d'un membre (6,3) emporte le versement d'une diya totale (une demi-diya à Abbéché, ceci conformément aux dispositions de Khalîl). Mais ces renseignements doivent être pris à notre avis avec précaution, tout comme cette indemnité de 50 fr. par mois (6,5) pour incapacité de travail. A moins évidemment qu'il ne s'agisse d'une jurisprudence récente du tribunal du premier degré, car le principe est qu'aucune blessure n'entraîne le paiement de la diya avant guérison (Risâla, Chap. XXXVII).

L'homicide involontaire (24) n'entraîne que le paiement d'une demi-diya alors qu'on verse la diya entière à Abbéché. Il aurait été intéressant de savoir s'il en a toujours été ainsi.

Complicité active et passive (9) seraient punies des mêmes peines alors qu'on fait la distinction à Abbéché. Les réparations payées par les complices seraient gardées par le sultan alors que celles payées par l'auteur du délit iraient à la victime. Il est douteux que les choses se soient passées exactement ainsi.

Diffamation et injure (14) : la coutume aurait prévu le rachat des coups de chicotte (1 fr. par coup) Cette disposition est sans doute postérieure à l'arrivée des Français qui ont apporté le numéraire.

On constate pour plusieurs infractions la variation des amendes en fonction de la richesse des condamnés.

La diya *de cent boeufs est la* diya coranique. *On sait qu'elle s'est établie au Wadday à un niveau nettement inférieur et qu'on peut parler en 1938 d'une nouvelle coutume née de la jurisprudence des tribunaux indigènes.*

Pour le vol, la distinction entre le vol commis en brousse et celui commis dans une maison est directement inspiré du droit musulman. L'objet volé devait être en lieu sûr (h'riz). Khalîl précise : « La chose doit avoir été soustraite d'un endroit gardé, tel que celui qui y dépose quelque chose n'est pas supposé l'avoir exposée à se perdre ». *(Chap. LIII § 306). Seul ce vol qualifié* sarika *encourt la peine de l'amputation.*

On notera la fréquence des amendes, et leur importance, comme par exemple en cas de tentative de meurtre : 50 vaches, soit la moitié d'une diya*. On est ici en pays de grande chefferie.*

Chapitre III

DÉPARTEMENT DU SALAMAT

1. Lettre d'envoi du chef du département avec note sur l'ancien système répressif. Réponse au questionnaire pénal du chef de département pour les tribus arabes du Salamat.
2. Subdivision d'Am Timan, quantum des réparations civiles pour les tribus arabes et les autochtones Kibet et Daguel.
3. Subdivision d'Aboudéia, quantum des réparations pécuniaires.
4. Subdivision d'Haraze, note sur l'ancien système répressif en pays Rounga et réponse au questionnaire pénal.

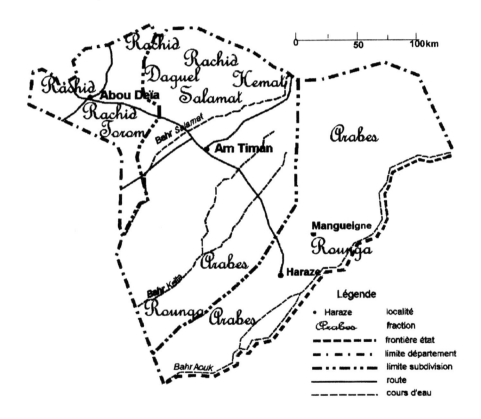

3. Département du Salamat en 1937

1
Lettre d'envoi du chef du département sur l'ancien système répressif. Réponse au questionnaire pénal pour les tribus arabes du Salamat

A.E.F. - Tchad
Salamat
N° 128

Am Timan, 3 septembre 1937

Coutumes pénales

> Le chef du département du Salamat
> à M. le Gouverneur général de
> l'A.E.F.
>
> s/s de M. le Gouverneur délégué et
> de M. le Commandant de la région

La présente réponse au questionnaire établi par M. le chef du Service judiciaire de l'A.E.F. a été basée sur les enquêtes faites à ce sujet par le chef du département du Salamat parmi les tribus arabes des subdivisions d'Am Timan et d'Aboudéia. Il sied de remarquer que l'idée générale qui dominait le système répressif local était basée sur la répression par indemnisation de la partie lésée. La notion d'une peine infligée à titre d'exemple préventif ou de sanction en soi était totalement étrangère à ces populations, même aux populations arabes, quoique le Coran ait établi à côté de la compensation un certain nombre de peines, mutilations, mort, amende à titre de sanction pure. Ce ne fut que dans une période récente lorsque le Ouadaï étendit son autorité d'une manière effective sur le Salamat, que la notion du châtiment, sanction d'un trouble apporté à la constitution politique de la société, apparaît.

LES ANCIENNES COUTUMES PÉNALES DU TCHAD

Façon dont la justice était rendue avant notre arrivée dans le pays.

Dans les tribus arabes la justice était rendue par le *faqi* désigné par le chef de tribu ; son mandat n'était pas restrictif et sa compétence était absolue. Dans les tribus fétichistes *Yalnas* le chef de tribu et, fort souvent aussi, le chef de village (l'autorité du chef de tribu était souvent en effet plus théorique que réelle sur les chefs de village), rendaient la justice assistés du sorcier de la tribu détenteur de la *margaï*, objet fétichiste sur lequel on jurait. Le sorcier était aussi chargé de l'administration du poison d'épreuve en pays *Yalnas*.

***

Les tribus sur lesquelles ont porté cette enquête sont :

- Les Arabes Salamat
- Les Arabes Hémat
- Les Arabes Rachid d'Am Timan et d'Aboudeia
- Les groupements Yalnas d'Aboudeia

Ci-joint une carte schématique [1] indiquant les zones d'habitat de ces tribus.

Commentaire.

Les tribus arabes dont il est question dans la réponse du chef du département sont les Salamat, les Hémat et les Rachid. On notera que le chef de département (Montchamp, de juin 1937 au 11.4.1939) se réservait l'administration de l'ensemble des tribus arabes, y compris celles de la subdivision d'Aboudéia, ne laissant au chef de subdivision d'Aboudéia que les Yalnas et les "autochtones".

Les Salamat sont surtout fixés au sud d'Am Timan en direction de Kyabé, dans le canton du même nom, les Rachid dans le canton du Dar Salem au nord d'Am Timan et dans le canton Rachid d'Aboudéia, les Hémat dans le canton du Bahr Azoum (route de Goz Beida).

Les Salamat de la région d'Am Timan ne constituent qu'une partie des Salamat du Tchad, qu'on trouve à cette époque depuis Fort-Lamy jusqu'à Am Timan en passant par Massakory, Bokoro, Ati et Aboudéia.

Les Rachid forment l'élément le plus nomade de cette population arabe du Salamat qui est semi-sédentaire.

Les Yalnas qui forment un des trois cantons d'Aboudéia sont les descendants d'anciens captifs des Baguirmiens et des Waddaiens. Il s'agit d'un groupe fortement métissé avec les populations locales. On les trouve en nombre à peu près équivalent sur Mongo et sur Aboudéia.

---

[1] - Cette carte n'a pas été retrouvée

DÉPARTEMENT DU SALAMAT

Ceux qu'on appelle les "autochtones" sur Am Timan sont les Kibet, dans le canton du même nom au nord de la subdivision sur les confins du "Dar Ouara" (Am Dam), et les Daguel, dans le canton du même nom, également au nord d'Am Timan mais sur la limite du Dar Sila.

Réponse au questionnaire pénal pour les tribus arabes du Salamat

1. **ABUS DE CONFIANCE**. La coutume arabe du pays Salamat ne prévoit pas de peine pour la répression de l'abus de confiance. L'opinion publique est pleine d'indulgence pour le trompeur et le juge se bornait à restituer la chose détournée. C'est depuis l'installation de l'administration française en ce pays que s'est établie la coutume d'assimiler l'abus de confiance et l'escroquerie au vol simple.

Au temps de la domination ouadaïenne, le vol au préjudice du Sultan, qui représentait alors l'Etat, était puni de prison avec mise aux fers et parfois de mort.

Les *Peines proposées*, 3 mois à 5 ans, paraissent très suffisantes pour sanctionner les divers cas selon le degré de gravité de chacun d'eux.

2. **ADULTÈRE**. La coutume coranique exigeait, pour que la répression de ce délit par quatre-vingts coups de fouet puisse être appliquée que cet acte délictueux ait été constaté par quatre témoins oculaires assistant simultanément et non séparément à la consommation de l'acte répréhensible.

Aussi la répression pénale de l'adultère est-elle tombée en désuétude. Actuellement l'adultère de la femme donne lieu à une compensation pécuniaire au profit du mari.

Dans la plupart des cas le mari répudie sa femme et réclame à celui qui l'a détournée le remboursement de la dot et des frais faits pour l'entretien de la femme. C'est une très bonne affaire pour le mari qui peut ainsi se remarier à nouveau avec une femme plus jeune.

Parfois le mari ne répudie pas sa femme mais réclame une indemnité qui est généralement fixée à cent francs ou à la cession d'une vache adulte. En pays Yalnas l'indemnité d'une vache est remplacée par le versement de cinq cabris.

Si le coupable est un jeune célibataire, il est vertement admonesté la première fois et, s'il continue, il est condamné à verser au mari lésé cinquante francs.

L'adultère du mari n'est pas puni ; toutefois, si cela devient une habitude et que les parents de la femme puissent prouver que le mari a trompé sa femme plus de quatre fois, celle-ci pourra obtenir le divorce sans être astreinte à rembourser la dot.

Peines proposées : de 15 jours à trois mois, plus les réparations pécuniaires coutumières.

3. **ALIÉNATION MENTALE**. Elle supprime la responsabilité mais la famille du dément est responsable des compensations pécuniaires résultant des actes délictueux commis par lui ; à condition toutefois qu'il soit prouvé que la famille n'avait pas pris toutes les précautions pour empêcher le fou d'être dangereux.

Chez les Yalnas, le fou meurtrier est supprimé par la collectivité. Chez les Arabes on le maintient aux fers.

4. **ATTENTAT À LA PUDEUR SUR UN MINEUR IMPUBÈRE**. Ces faits ne sont nullement punis par la coutume et les notables indigènes que j'ai consultés m'ont déclaré que ces menus faits, s'ils étaient blâmables, n'étaient nullement punissables s'ils ne sont pas accompagnés de violences, auquel cas ils sont assimilés à un viol.

Quant aux pratiques qui se produisent entre garçons et fillettes impubères, la coutume les regarde avec indifférence et il ne semble pas que nous puissions intervenir judiciairement pour les réprimer ; c'est affaire des parents d'y veiller. D'ailleurs en cas de défloration de la fillette, la coutume prévoit que la famille du jeune partenaire imprudent devra payer une indemnité pour la détérioration ainsi causée.

Propositions : pas de délit si les faits se passent entre impubères ; délit si l'un des partenaires est majeur et s'il y a violence ; peine de trois mois à deux ans. Aggravation au cas où une maladie vénérienne serait communiquée ; peine portée alors au maximum de 5 ans.

5. **AVORTEMENT**. L'arrivée d'un enfant est toujours souhaitée par les ménages en règle générale. Les avortements sont donc rarissimes. Cependant il arrive qu'une femme enceinte désirant se faire répudier pour pouvoir épouser un autre homme se fasse avorter. Aucune peine n'est prévue, mais alors la femme est tenue de rembourser au mari non seulement la dot versée mais tous les frais faits pour elle. Il serait bon que l'avortement ainsi perpétré soit puni d'une sanction légère, par exemple de 3 à 6 mois de prison.

Pour la répression des manœuvres anticonceptionnelles et de la propagande en ce sens les dispositions du décret du 30 mai 1933 suffisent parfaitement.

6. **BLESSURES VOLONTAIRES**

a/ *Blessures ayant occasionné la mort sans intention de la donner.* A défaut du payement de la *dia*, prix du sang, la peine du talion peut être appliquée.

La coutume fixe minutieusement le tarif des compensations selon que la victime est un homme, une femme ou un enfant. Primitivement il n'était pas question d'infliger au coupable une peine de prison ; sous la domination des sultans du Ouaddaï, la coutume s'était établie d'infliger, outre les compensations coutumières, une peine d'amende au profit du sultan ou de prison. La fixation de cette amende ou de cette peine de prison était très arbitraire.

b/ *Blessures faites suivies de mutilations ou de perte de faculté.* La coutume coranique fixait minutieusement le tarif des compensations. Ainsi une plaie pénétrante à l'abdomen ou à la tête donnait lieu à une *dia* égale au tiers du tarif pour homicide. Lorsqu'il y a eu perte de la raison, de l'ouïe ou de la parole ou des fonctions génitales par suite des blessures reçues, la *dia* à payer est égale à celle fixée pour la sanction de l'homicide.

Un doigt coupé donne lieu à indemnité égale au dixième de celle fixée pour l'homicide ; la perte d'une dent est sanctionnée très sévèrement par le paiement d'une vache à titre d'indemnité. Chez les Yalnas cette compensation est fixée à cinq cabris.

Les sanctions proposées pour les paragraphes un et deux me paraissent adaptées aux conditions nécessaires de la répression en ce pays.

c/ *Violences légères.* Ne donnaient pas lieu à compensation si le sang n'avait pas coulé suffisamment pour être répandu et recueilli. Toutefois, sous la domination ouadaïenne le sultan sanctionnait ces faits par une amende le plus souvent ou par de la prison.

Le tarif de punition proposé ne soulève pas d'objection.

7. **Circonstances atténuantes**

Sans observation.

8. **Blessures involontaires**. La coutume locale prévoit des indemnités. La sanction pénale proposée permet de sanctionner équitablement les responsabilités.

9. **Complicité**. La coutume ne prévoit que la complicité active et la réprime par les mêmes peines que pour l'auteur principal, mais il fallait pour cela que le complice ait prêté la main effectivement à l'acte délictueux perpétré en aidant ou assistant l'auteur.

La complicité passive n'est pas punie par la coutume. Les peines prévues par le projet paraissent devoir être appliquées.

10. **Concussion**. La concussion a toujours été considérée en ce pays comme l'apanage normal des gens qui exercent une autorité quelconque sur leurs concitoyens. Nos efforts pour corriger cette mentalité n'ont pas été, il faut le reconnaître, couronnés de beaucoup de succès.

Au temps de l'autorité des sultans du Ouaddaï, quand l'*aguid* du Salamat avait vraiment exagéré, le sultan raflait ses biens, le mettait au cachot selon son bon plaisir. La concussion était donc réprimée.

Les peines prévues sont justifiées.

11. **CORRUPTION**. La coutume est muette à cet égard mais les populations sont habituées à voir ce fait réprimé depuis que le pays est placé sous l'administration française. Je ne pense pas que le maximum de 5 ans soit exagéré dans certains cas, mais je crois qu'il est regrettable que le minimum soit fixé à un an. Un minimum aussi élevé empêchera pratiquement que nous puissions poursuivre de légers délits de corruption qu'il serait tout de même bon de réprimer si nous voulons modifier peu à peu la mentalité indigène sur ce point.

Je propose donc que l'échelle des peines soit fixée de trois mois à 5 ans.

12. **LÉGITIME DÉFENSE**. D'après la coutume elle supprime la responsabilité pénale. Toutefois elle prévoit que si l'agressé, après avoir blessé son agresseur, l'achève d'un second coup, il doit payer la compensation prévue pour le cas d'homicide involontaire. Aucune compensation n'est prévue pour les blessures ou même la mutilation faite en ces circonstances.

13. **DÉNONCIATION CALOMNIEUSE**. La coutume ne prévoit pas de sanction bien que ce délit soit courant. Il est cependant d'intérêt public que la dénonciation calomnieuse soit réprimée et les sanctions proposées dans le projet de réglementation pénale sont suffisantes.

14. **DIFFAMATION ET INJURE**. En droit coranique la diffamation n'était punie de quatre-vingts coups de fouet que dans des cas bien déterminés et insinuation ou insulte à propos de la filiation (accusation de stupre ou mauvaises mœurs, etc.). En fait, les victimes coutumières des diffamations et injures sont généralement les chefs. C'est pourquoi il paraît équitable que la diffamation et l'injure vis-à-vis des particuliers soient punies d'une peine de 15 jours à six mois ou par une amende, avec indemnité à la victime.

L'injure et la diffamation vis-à-vis d'un chef doivent être plus sévèrement punies et une peine de 1 mois à un an ou une amende permettraient de lutter efficacement contre ces pratiques beaucoup trop fréquentes.

15. **EMPOISONNEMENT**. Peu pratiqué dans cette région. Il était d'ailleurs assimilé à l'assassinat et, sous le règne des sultans du Ouaddaï, ce crime était puni de mort. L'empoisonnement des puits et mares est inconnu et la coutume n'a rien prévu à ce sujet.
Ce crime, toutefois, doit être sévèrement réprimé et la peine capitale ne paraît pas exagérée pour sa sanction suprême.

16. **ESCROQUERIE**. N'est punie par la coutume que par la réparation du préjudice causé. Il est nécessaire toutefois qu'une sanction pénale vienne s'ajouter à la réparation du dommage causé. Cependant, je pense que pour la punition des petites escroqueries le minimum est trop élevé.

Sanction proposée : 3 mois à 5 ans ou amende. Interdiction de séjour facultative.

17. **Escroquerie au mariage ou à la dot**. Très pratiquée mais non réprimée par la coutume. Il paraît cependant nécessaire de réprimer ce délit. La sanction proposée est suffisante.

18. **Évasion**. La coutume est muette sur ce point. Je ne pense pas que l'on puisse faire grief à un individu arrêté d'échapper à ses gardiens. D'ailleurs, ceux-ci se chargent bien (cette remarque ne s'applique pas qu'à la colonie) de sanctionner le délit de fuite quand ils remettent la main sur le fugitif.

Par contre, j'estime que le détenu malade, en traitement à l'hôpital et qui en profite pour s'échapper devrait être puni. Dans ce cas un emprisonnement de 1 mois à 6 mois s'ajoutant à la peine me paraît suffisant.

Par contre l'évasion aggravée de bris de clôture et de violences sur les gardiens paraît devoir être durement réprimée, d'un an à cinq ans de prison.

Complicité du gardien ou d'un tiers : les *Peines proposées* sont justifiées.

19. **Exactions**. La coutume ne les distingue pas de la concussion. Il est nécessaire que la répression soit sévère mais je pense qu'il serait souhaitable que le minimum de la peine soit abaissé à 3 mois. Le maximum de 5 ans est suffisant.

20. **Faux**. Cet acte répréhensible est inconnu dans la région. Mais il est bon tout de même d'en prévoir la répression car, avec le temps, nos administrés avanceront dans la voie de la civilisation.

Emprisonnement de 2 ans à 10 ans. 1er degré.

21. **Fausse monnaie**. Délit très rare. C'est plutôt ici d'une escroquerie que de l'émission à proprement parler de fausse monnaie. C'est ainsi qu'il m'est arrivé de trouver au Batha un billet de cinq francs dessiné avec des couleurs sur du papier de journal et, à la tombée de la nuit, son auteur avait pu le faire passer pour un véritable billet. Au jour il ne pouvait tromper personne.

22. **Faux témoignage**. Est fort fréquent. Toutefois lorsqu'on a la précaution de faire jurer solennellement un musulman sur le Coran ou un Yalnas sur la *Margaï*, fétiche de la tribu, les témoignages ont plus de chances d'être véridiques.

La sanction coutumière en cas de faux témoignage est, en matière pénale, l'application au faux témoin de la même peine que pour l'auteur du délit à propos duquel le témoignage a été fait, et de dommages-intérêts le cas échéant ; et d'une indemnité si le faux témoignage a eu lieu lors d'une affaire civile.

Les peines du décret de 1936 sont tout à fait insuffisantes et il serait souhaitable que le tarif soit de 6 jours à un mois et amende de 16 [?] à

500 francs quand le faux témoignage se produit au cours d'une instance civile, et que le maximum soit porté à deux ans si le faux témoignage a lieu au cours d'un procès criminel.

Il n'y a pas d'inconvénient à ce que tribunal de 1ᵉʳ degré connaisse de la répression du faux témoignage lorsque ce délit s'est produit devant ce tribunal.

23. Homicide volontaire. Crime du 2ᵉ degré. La coutume ne fait aucune distinction entre le meurtre et l'assassinat. La peine du talion, le sang appelant le sang, était pratiquée à l'origine, puis cette peine fut remplacée par la *dia*, prix du sang. C'est l'indemnité versée par le coupable à la famille de la victime.

En principe la *dia* était fixée à cent bovidés mais en pratique elle était toujours fixée à un taux plus faible après discussion entre les parties en cause. La valeur de la *dia* varie selon les moyens dont disposent le meurtrier et sa famille car celle-ci est responsable avec le coupable des dommages et intérêts à payer aux parents de la victime.

Si la victime et le meurtrier sont du même clan (*khachimbei*), la *dia* est de dix bovidés. S'ils sont de la même tribu, la *dia* est de trente bovidés et de 70 s'ils sont de tribus différentes. Dans ce dernier cas la coutume veut que toute la tribu contribue à payer cette *dia* si la famille est trop pauvre pour le faire.

Si la victime est un fétichiste, l'indemnité est réduite de moitié.

Chez les Yalnas, peuple pauvre, la *dia* se paye en cabris.

L'infanticide est défendu par le Coran qui interdit le meurtre des enfants pour *cause de pauvreté*. Il n'est pas sanctionné par la coutume.

Le crime de parricide est considéré comme un crime envers la divinité. Il n'y a pas de *dia* et le coupable doit être mis à mort.

Il serait souhaitable que les circonstances atténuantes abaissent à trois ans le maximum de 15 ans proposé pour le meurtre sans préméditation ni guet-apens.

24. Homicide involontaire. N'est pas puni par la coutume mais la *dia* est due comme si l'homicide était volontaire. Il sied cependant de réprimer pénalement l'homicide dû à la maladresse, l'imprudence ou l'inobservation des règlements et les *Peines proposées* ne sont point exagérées.

25. Incendie volontaire. La coutume l'assimile à l'assassinat quand l'incendie a fait des victimes. Pas d'observations au sujet des *Peines proposées*.

26. Injure à témoin. Ce délit d'audience est suffisamment sanctionné par le décret de 1936.

27. **MENACES**. La coutume locale ne prévoit pas de peine pour la répression de ces délits, sans doute parce que les pires menaces sont monnaie courante et il suffit que les gens soient un peu échauffés pour proférer les menaces les plus terribles mais presque toujours non suivies d'effet. Il est nécessaire cependant de réprimer la menace et surtout la menace sous condition car elle peut avoir un effet d'intimidation.

Les *Peines proposées* permettent une répression efficace.

28. **OUTRAGE AU TRIBUNAL**. Il semblerait que ce délit d'audience soit réprimé avec autant de sévérité lorsqu'il est commis devant un tribunal indigène que lorsqu'il se produit devant une juridiction française.

La peine d'emprisonnement prévue, pour être vraiment efficace, devrait être portée à un maximum de dix mois.

29. **PILLAGE EN BANDE ET À MAIN ARMÉE**. D'après la coutume, les pillards étaient purement et simplement détruits. Les *Peines proposées* conviennent parfaitement mais il semblerait équitable d'appliquer la peine capitale lorsqu'au cours du pillage il y a eu des morts parmi les personnes attaquées sans qu'il soit besoin que ces morts soient le résultat de tortures.

30. **RAPT**. La coutume n'a pas prévu la répression pénale de ce crime.

Les peines et distinctions du projet doivent être maintenues.

31. **RÉBELLION**. D'après la coutume musulmane du pays, la rébellion est la *résistance ouverte et flagrante contre le gouvernement établi dans ce qu'il ordonne de non contraire à la loi*. Le refus des impôts légalement dûs est un acte de rébellion.

La sanction est très dure et le jurisconsulte Khalîl qui fait autorité en la matière déclare : « *Tant que dure la résistance, le prince légitime pourra combattre les rebelles par tous les moyens permis dans la guerre contre les infidèles* ».

Les dispositions répressives adoptées dans le projet ne soulèvent pas d'objections.

32. **RECEL**. La coutume des tribus ne punissait pas le recel. Par contre, sous la domination du Ouaddaï, le receleur était puni d'une amende.
Il est cependant nécessaire pour la répression utile du vol que le receleur soit puni, mais il semble qu'il serait équitable (c'est l'opinion des notables que j'ai consultés à ce sujet) que la peine soit moins élevée qu'en ce qui concerne l'auteur même du vol.
En conséquence, je propose une peine de 6 mois à 2 ans, amende et interdiction de séjour facultatives.

33. **RECEL DE MALFAITEURS**. Etait puni d'amende par la coutume, mais aucune pénalité prévue lorsque les auteurs du recel étaient les proches parents de l'individu coupable. Les notables estiment que, si les *Peines*

proposées sont justifiées lorsqu'elles s'appliquent à des gens qui recèlent des malfaiteurs étrangers à leur famille, par contre ils déclarent être opposés à ce que ces pénalités puissent s'appliquer aux pères, mères, sœurs ou frères des individus coupables et qui sont venus chercher refuge chez leurs proches. Il me semble que c'est un point de vue humain et en conséquence je propose que le recel, lorsqu'il a pour auteurs les proches parents du coupable soit seulement puni d'une amende de 50 à 500 francs.

34. **SÉQUESTRATION ARBITRAIRE**. La coutume ne connaît pas de punition pour ce crime. Il ne pourrait guère être commis que par certains chefs et l'application des *Peines proposées* se trouverait parfaitement justifiée dans ce cas.

35. **TENTATIVE**. N'est pas punie par la coutume. Il semble cependant que l'ordre public soit intéressé à ce que la tentative bien caractérisée soit punie de la même peine que le délit ou le crime.

36. **VIOL**. Le viol était seulement réprimé par des dommages et intérêts à la victime ou à ses parents. La vieille coutume religieuse qui prescrivait de lapider le coupable jusqu'à ce que mort s'ensuive était, bien avant notre venue, complètement tombée en désuétude.
Les *Peines proposées* paraissent équitables. L'aggravation prévue pour les peines indiquées dans le projet est parfaitement justifiée en ce qui concerne les ascendants, car le coupable dans ce cas commet non seulement un viol mais encore un inceste, crime contre la loi religieuse et puni théoriquement de mort.

37. **VOL**. Le vol est puni par la loi coranique avec une sévérité extrême. Il fallut donc y apporter des restrictions qui aboutirent à ne plus sanctionner que par la restitution toute une série d'actes délictueux ; ainsi n'encourait pas le châtiment pour vol le filou qui profitait de l'inattention pour soutirer adroitement un objet, celui qui tirait à lui un vêtement pendant en partie sur la voie publique, celui qui volait un cheval ou tout autre animal laissé sans gardien sur un marché, etc.
Le brigandage y était puni de mort et de mutilation.
Le barème proposé permet de sanctionner tous les cas qui se présentent.
Toutefois il semble que le vol accompagné de circonstances aggravantes donnant lieu à l'application de peines criminelles devrait relever du 2e degré.

Signé : MONTCHAMP

Pour copie conforme :
Le Chef du Bureau
de l'Administration Générale

(non signé)

DÉPARTEMENT DU SALAMAT

Commentaire.

Montchamp fait une observation intéressante : la coutume musulmane du Salamat s'est affaiblie depuis la fin de la domination waddaïenne. On remarque en effet que la répression était nettement plus sévère pour toute une série d'infractions pour lesquelles, au cours de la première moitié du 19ᵉ siècle, on infligeait des peines d'emprisonnement, de mise aux fers et même la mort. La dégradation de la coutume (ou son retour à des conceptions plus traditionnelles) est particulièrement nette pour des infractions comme l'adultère (2), l'avortement (5), l'empoisonnement (15), la rébellion (31) ou le recel (32).

Certaines infractions ne semblent donc avoir été réprimées qu'exceptionnellement et seulement pendant l'hégémonie du Wadday.

Pour la défense légitime, il semble qu'on suive les règles coraniques : elle exclut toute réparation à condition que la réaction soit proportionnée à l'action : achever un homme qu'on a blessé en défendant sa personne ou ses biens, et qui ne présente plus de danger, déborde le cadre de la légitime défense et entraîne paiement de "la compensation prévue pour le cas d'homicide involontaire", c'est-à-dire en fin de compte la diya *totale puisque celle-ci est identique que l'homicide soit volontaire ou involontaire (cf. réponse 24)*

Pour les blessures occasionnées en état de légitime défense en revanche, il n'y aurait pas réparation. On verra dans la réponse suivante, concernant Aboudéia, que les Rachid n'excluaient la réparation que pour les agents de l'autorité agissant dans l'exercice de leurs fonctions.

Montchamp donne des indications sur le montant de la diya *selon que le meurtre est interne au* khashimbet *(10 bovidés), à la tribu (30 bovidés) ou qu'il intéresse deux tribus distinctes (70 bovidés). Il faut rappeler que le* khashimbet *est l'unité de base transhumante des tribus arabes. Il regroupe des individus unis par une solidarité étroite en raison de leur "rattachement à un ancêtre proche" (Le Rouvreur). Dans le cas d'un meurtre commis à l'intérieur du* khashimbet*, la* diya, *lorsqu'elle est payée, ce qui n'est d'ailleurs pas toujours le cas, est donc toujours beaucoup plus faible et ressemble plutôt à une sadaka. Les bœufs sont alors prélevés sur le cheptel personnel du meurtrier. Lorsque le meurtre a été commis sur une personne qui n'appartient pas au* khashimbet, *celui-ci est collectivement responsable de la* diya. *La tribu (ou la fraction quand la tribu est divisée en fractions) n'intervient pour le paiement de la* diya *que lorsque le* khashimbet *est trop pauvre pour la payer.*

Quand Montchamp parle, pour le vol, des restrictions qu'il fallut apporter aux amputations et "qui aboutirent à ne plus sanctionner que par la restitution toute une série d'actes délictueux", il fait évidemment allusion aux restrictions imaginées par les commentateurs du Coran. Khalîl développe longuement les cas de vol qui n'emportent pas amputation (Chap. LIII § 307. Du vol).

2
Subdivision d'Am Timan

A.E.F. – Tchad
Salamat
Subdivision d'Am Timan

Quantum des réparations civiles coutumières dans la subdivision d'Am Timan.

Les coutumes dans la subdivision d'Am Timan peuvent se classer en deux groupes : coutumes des tribus arabes (Salamat, Hémat et Rachid) basées sur le rite malékite et coutumes des autochtones Kibet et Daguel. Ces dernières ont été d'ailleurs largement influencées par l'islamisation.

En réalité ce sont les coutumes islamiques qui, dans tout l'ensemble de la subdivision, se sont imposées car celles qui étaient en cours au Kibet et Daguel n'ont pu être appliquées depuis l'établissement de l'autorité française car le quantum des réparations civiles chez ces peuplades démunies de numéraire ou de cheptel était évalué en captifs. Il y a donc tendance à une uniformisation de la coutume en matière de réparations civiles, le quantum variant simplement suivant la richesse du groupe ethnique.

C'est pourquoi il serait bon, au cas où un code de réparations civiles serait établi, que le minimum et le maximum du quantum adopté soient assez éloignés pour permettre une exacte adaptation du tarif à appliquer dans les cas d'espèce.

1. Contrat de dépôt

a/ Arabes. Il est admis que le dépositaire qui n'a pas veillé avec diligence sur le dépôt qui lui avait été confié en doit restituer la valeur au propriétaire. Si le dépôt a été avarié, il doit une compensation.

b/ Kibet et Daguel. Ont une coutume identique sur ce point. Ils admettent que le dépositaire, même si la chose déposée en ses mains a périclité sans qu'il y ait faute de sa part, est néanmoins responsable de sa valeur à l'égard des propriétaires s'il n'a pas fait toute diligence pour prévenir en temps utile le déposant de l'accident arrivé à la chose déposée.

2. Usurpation

a/ Arabes. La chose usurpée doit être restituée. S'il s'agit d'une terre inculte qui a été usurpée et mise en valeur par l'usurpateur, celui-ci peut retenir la moitié de la récolte. S'il a construit un immeuble sur le terrain, il peut réclamer la plus-value en résultant.

Si c'est un animal qui a été usurpé, le propriétaire peut reprendre son animal et réclamer des dommages et intérêts. Si l'animal a périclité pendant le temps de l'usurpation, le propriétaire peut refuser de le reprendre et réclamer la valeur de l'animal au moment où il a été détourné.

b/ Kibet et Daguel. Le propriétaire reprend son bien sans dommages et intérêts s'il le retrouve en bon état.

Il récupère de même son terrain sans avoir à verser une indemnité pour la plus-value qui aurait pu se produire.

3. DÉTÉRIORATION D'OBJETS, BLESSURES À ANIMAUX

a/ Arabes. Si les détériorations sont graves, le propriétaire peut prétendre à une indemnité de la valeur totale de la chose détériorée. Un cheval auquel on aurait coupé une oreille ou la queue doit être payé intégralement.

b/ Kibet et Daguel ont une coutume identique

4. FAUX TÉMOIGNAGE

a/ Arabes. Le faux témoin, en plus des peines correctionnelles qu'il encourt de la part de l'autorité car, s'il a prêté serment, il s'est rendu coupable du crime de parjure, doit indemniser la partie à laquelle il a fait du tort par son faux témoignage. Par exemple un faux témoignage ayant entraîné un divorce, le faux témoin, dans ce cas, est tenu au paiement de la moitié du douaire en litige.

b/ Les Kibet et Daguel ne prévoient qu'une sanction pénale et non des réparations civiles.

5. HOMICIDE

a/ Arabes. La composition légale qui est d'après la loi coranique de cent chameaux ne s'applique pas au Salamat.

Cette composition est fixée à 33 vaches en principe. En réalité elle est souvent très inférieure car les populations arabes de cette région n'ont pas de grands troupeaux.

Si la victime est un étranger pérégrin, le taux de la composition légale est de moitié.
Si la victime est un non-musulman, le tarif appliqué n'est que le quinzième de la composition normale.

Autrefois si un captif était victime d'un homicide, sa valeur vénale seulement était exigée.

b/ Kibet et Daguel. La *dia* était autrefois de 6 captifs pour le meurtre d'un homme libre et de cinq pour une femme.

Le meurtre d'un captif était payé par le don d'un captif du même sexe et du même âge.

Depuis la domination française, il a été admis que 75 fr. représenteraient la valeur d'un captif.

6. COUPS, BLESSURES, MUTILATIONS

a/ Arabes. La castration était assimilée au meurtre et donnait lieu à la même composition légale.

Une blessure ayant causé la fracture d'un membre donne lieu au paiement de trois-vingtièmes de la *dia* du meurtre. De même un œil crevé.

Par contre si les deux yeux ont été perdus à la suite des coups portés, le coupable doit verser les deux tiers de la *dia* d'homicide.

La cassure d'une dent est sanctionnée par l'abandon d'une vache.

Une plaie pénétrante au ventre ou à la tête donne droit au paiement du tiers de la *dia* pour meurtre.

b/ Kibet et Daguel. La perte d'un membre à la suite de blessure donne lieu à une indemnité égale au tiers de celle reçue pour homicide volontaire ou non. La perte de deux membres donne droit à l'indemnité entière.

La cassure d'une dent est très chèrement payée par le don de deux captifs ou 150 fr.

7. VIOLENCES

a/ Arabes. Les violences légères, gifles, poils de barbe ou cheveux arrachés ne donnent pas lieu à indemnité.
Cependant, quand la victime est une femme et que ses tresses ont été arrachées en partie, l'indemnité due est d'une vache.

En général pour qu'un coup donne lieu à indemnisation, il faut que le sang ait coulé. Dans ce cas l'indemnité est très variable ; elle est fixée en tenant compte des circonstances et du rang de la personne blessée ainsi que de celui de son agresseur.
Elle ne peut dépasser la valeur du vingtième de la *dia* d'homicide.

8. AVORTEMENT

a/ Arabes. L'indemnité exigée est égale au dixième de celle qui serait payée pour le meurtre de la mère.

b/ Kibet et Daguel. Donne lieu au paiement de 14 *tokkié* de gabak soit au cours actuel près de 150 fr.

9. VIOL

a/ Arabes. Distinguent si la femme est vierge ou non.
Si elle est vierge, le coupable doit payer une dot qui varie de 50 à 500 francs selon le rang de la victime.

Si elle n'est pas vierge le tarif est en général de 50 fr.

b/ Kibet et Daguel. Si la fille n'est pas vierge, aucune indemnité n'est prévue.

Si elle était vierge, le suborneur devait payer 1 captif au père et 1 captif à la mère, soit 75 fr chacun.

10. Attentat à la pudeur

Ne donne lieu, ni chez les Arabes, ni chez les autochtones à une indemnité quelconque.

11. Adultère

a/ Arabes. Très sévèrement puni dans le droit coranique (80 coups de fouet pour le coupable) ; en fait le coupable qui détourne la femme d'un autre doit payer la dot en totalité ou en partie.

Si l'adultère est retenu contre la femme, le mari peut récupérer non seulement la dot versée mais encore tous les frais qu'il a faits pour la femme et cela est souvent une très bonne affaire pour le mari trompé.

b/ Kibet et Daguel. On ne divorce pas pour si peu de chose mais le séducteur doit payer 50 fr. d'indemnités.

12. Injures

a/ Arabes. Une indemnité est accordée mais il est difficile de la fixer car elle varie selon la gravité de l'injure et le rang de la personne injuriée. L'injure la plus grave est celle qui consiste à traiter un musulman d'infidèle ; on fait dans ce cas payer jusqu'à cent francs d'indemnité. Injurier les descendants est également une chose très grave.

B/ Kibet et Daguel. Les injures graves sont indemnisées par le don de 7 *tokkié* de gabak. Traiter quelqu'un de sorcier est considéré comme une injure très grave.

Am Timan le 5 novembre 1938
Le Chef du Département du Salamat
Montchamp

Commentaire.

Cette étude de Montchamp est intéressante car elle montre combien les réparations pouvaient varier dans une même région d'une population à l'autre, ici entre "autochtones" (Kibet et Dagel) et Arabes (Salamat, Hémat et Rachid).

La tendance qui pousse à s'aligner sur la coutume la plus évoluée est aussi à souligner. Le chef du département, oubliant qu'on ne l'interrogeait que sur les réparations civiles "ayant leur cause dans les crimes et les délits" a abordé des questions de droit civil pur qui doivent se poser quotidiennement.

A noter chez les Kibet et Dagel, avant l'occupation française, le paiement des réparations pour meurtre ou blessures graves en esclaves, et la valeur vénale attribuée à ceux-ci (75 frs). Cette pratique qu'on retrouvera chez d'autres populations, notamment ceux qu'on appelle les "fétichistes" du Guéra, s'explique en partie par l'extrême pauvreté des Kibet et des Dagel qui ont beaucoup souffert des razzias waddaïennes, foriennes et rabistes. Peu de numéraire ici et du bétail en nombre insuffisant.

On remarquera que le montant de la réparation pour le meurtre d'un homme est de 6 captifs et de 5 pour celui d'une femme alors que chez les musulmans la diya *payable pour la femme est la moitié de celle de l'homme.*

Quelques différences entre la coutume musulmane du Salamat et la waddaïenne en ce qui concerne la diya *pour blessure (fracture d'un membre, perte d'un œil).*

Grande variation dans l'appréciation de la gravité de certaines blessures entre "autochtones" et Arabes. Ainsi la cassure d'une dent est payée chez les Kibet et Dagel par le don de deux captifs, ce qui correspond au tiers d'une diya *totale alors que chez les Arabes on fait don d'une vache, soit environ un trentième de la* diya *totale puisque celle-ci serait, d'après Montchamp, de 33 bœufs.*

Curieusement, pour la perte des deux yeux la réparation chez les Arabes n'est que des deux tiers de la diya *totale (de la totalité au Wadday conformément aux règles de Khalîl), alors que les Dagel et Kibet prévoient une réparation identique à celle du meurtre.*

Un autre administrateur, Jacques Mérot, qui fut aussi chef de la région du Salamat a adressé en 1950 à ses chefs de districts une circulaire sur "l'application de la coutume en matière de réparations civiles et de responsabilité civile" qui mérite d'être reproduite. Elle donne d'ailleurs des chiffres un peu différents pour la diya.

Après avoir rappelé dans une introduction que la coutume restait la base juridique en matière civile et commerciale puisque la loi du 30 avril 1946 n'avait supprimé les juridictions indigènes qu'au pénal, il écrit à propos des réparations civiles : "Vous savez que la question de la dia, c'est-à-dire du prix du sang, est une des plus difficiles à concilier avec le droit répressif français. Au pénal, la jurisprudence accorde la dia coutumière et même, étant donné les lenteurs de la justice, permet de la donner avant jugement. Juridiquement cette solution est contraire à tous les principes, mais il est impossible de faire autrement. Devons-nous voir là un premier pas vers l'adaptation du droit métropolitain à l'Afrique, ou, au contraire, est-ce une mesure transitoire qui sera rapportée quand le service judiciaire aura les moyens de travailler rapidement ? Je ne saurais le dire…"

Abordant ensuite les tarifs, il précise à propos de la diya coranique de 100 chameaux qui existerait encore à Fada : "Je suis persuadé que c'est une erreur d'un ancien chef de district qui s'est tenu purement et simplement au Coran. Je crois que même chez le rigoriste Ibn Séoud le tarif a été réduit. Dans la coutume du district d'Am-Timan, applicable aux Arabes Salamat, Hémat et Rachid et aux Kibet et Daguel, la dia qui était encore de 100 bovidés avant l'occupation française, est réduite maintenant à 70 bovidés c'est-à-dire à un troupeau de soixante-dix bêtes comprenant une proportion normale de mâles et femelles, d'adultes et de veaux. Il y a lieu de verser la dia entière en cas de meurtre, sauf en cas d'homicide involontaire et de légitime défense, en cas de blessures très graves : castration, ablation des deux mains chez une femme qui est encore en âge d'enfanter, blessure entraînant la perte des deux mains, des deux pieds, des deux oreilles (surdité complète), du nez, de la bouche (avec perte de la parole). On verse trois vaches pour la perte d'un œil, d'une main, d'un pied, deux vaches pour la perte de la moitié du nez ; une vache pour une dent ".

A noter que toute convention entre les parties peut modifier la coutume. La dia peut être réduite ou même supprimée. En dehors de la dia sont prévues des réparations pécuniaires ;

1°/ Pour vol, si la chose volée n'a pas été retrouvée.

2°/En cas d'insulte : la victime n'a droit à une réparation pécuniaire que si l'insulte a été très grave, par exemple si elle a été traitée de forgeron, d'esclave, de bâtard, ou de païen. En plus le chef perçoit une amende.

En cas d'adultère il n'y a pas de réparations civiles, mais uniquement une amende au profit du chef. Toutefois, chez les Ouled Rachid seulement, la victime a droit à une réparation civile fixée à une génisse, cela indépendamment de l'amende à payer au chef.

3°/ En certains cas, pour tous autres dommages causés à autrui.

Enfin sur les problèmes de responsabilité civile il écrit : "Cette question est inséparable de la précédente. Il faut veiller à ne pas se laisser entraîner par les connaissances juridiques que nous pouvons avoir ou même simplement par nos habitudes mentales.

1/ Responsabilité du fait des choses que l'on a sous sa garde. On n'est responsable que si on a commis une imprudence, par exemple celui qui a allumé un feu pour brûler sa plantation n'est responsable des dégâts faits par le feu que s'il n'a pas pris les précautions d'usage. Le propriétaire d'un animal réputé méchant est toujours responsable si l'animal blesse ou tue quelqu'un. Mais s'il s'agit d'un animal normalement paisible qui entre subitement en fureur ou blesse quelqu'un, le propriétaire n'est pas responsable, même si à ce moment-là il ne surveillait pas son animal. J'insiste que sur ce point le droit français (art. 1382 à 1386) diffère complètement. Voici à ce sujet une histoire typique et encore récente : un chien ayant mordu un enfant, ce dernier mourut. Le père vint devant le chef de canton demander la dia. Le chef de canton refusa car cela était contraire à la coutume. L'interprète, individu malhonnête s'il en fut, se fit donner un cadeau par le père qui fit appel devant le chef de district. Ce dernier, trompé par l'interprète et probablement influencé par le droit français, cassa la décision et, contrairement au droit coutumier, fit payer la dia. Cela fit un grand scandale. Ce sont des choses qu'il faut éviter et on ne peut le faire qu'en étudiant soigneusement la coutume.

2/ Responsabilité du fait d'autrui. Elle n'existe pas, sauf naturellement la responsabilité des parents pour leurs enfants. Un domestique est responsable d'un animal méchant que lui a confié son maître etc. C'est là une conception diamétralement opposée à celle de l'article 1384 de notre code civil". *(Jacques Mérot 1950)*

3
Subdivision d'Aboudéia

A.E.F. – Tchad
Salamat
Subdivision d'Aboudéia

Quantum des réparations civiles coutumières dans la subdivision d'Aboudeïa

Les habitants de la subdivision d'Aboudeïa peuvent être divisés en trois groupes ethniques :
1. Les autochtones dits Kirdi.
2. Les Arabes Oulad Rachid.
3. Les Yalnas.

Les autochtones se répartissent en sous-groupes : Torom, Birguid, Djonkor, Beni [?]. Malgré les origines différentes, ils forment un tout assez homogène au point de vue coutumier ; ce sont tous d'anciens animistes profondément pénétrés par l'islamisation bien avant notre arrivée et malgré le maintien de leur indépendance politique vis-à-vis du sultan du Ouadday auquel ils n'ont jamais payé l'impôt. Les différences coutumières entre les quatre sous-groupes qui subsistent encore correspondent à des degrés plus ou moins avancés d'islamisation ; elles consistent surtout dans des conditions de forme : prestation du serment, mode de constatation de l'adultère, répartition des héritages, etc. Dans le tableau ci-dessous, les quatre sous-groupes sont réunis sous la dénomination d'autochtones ; les différences de coutumes entre eux sont notées lorsqu'il y a lieu.

Les Arabes Oulad Rachid sont islamisés mais conservent quelques dispositions coutumières dont quelques-unes ont certainement leur origine avant l'islamisation.

Les Yalnas sont en réalité un groupement politique et non un groupe racial. Ce sont les anciens captifs des Arabes, aujourd'hui libérés ; ils ont adopté les coutumes de leurs anciens maîtres et ignorent presque tous quelles peuvent être les coutumes des races du sud auxquelles ils se rattachent du point de vue somatique. Aussi ils ne figurent pas séparément dans le tableau et sont rangés avec ceux dont ils ont accepté les coutumes, les Arabes Oulad Rachid.

Comme tous les phénomènes naturels, les coutumes sont en perpétuelle évolution ; cette évolution s'est, de plus, précipitée depuis notre arrivée ; de nombreuses dispositions dont la rigueur ou l'étrangeté apparente n'auraient leur raison d'être que dans l'instabilité et l'insécurité qui régnaient auparavant, ont disparu d'elles-mêmes ; leur énoncé surprend les indigènes des jeunes générations presqu'autant qu'un étranger ; d'autres sont lentement oubliées. A mon humble avis, ce serait une erreur de ne pas tenir compte de cette évolution et de fixer certaines coutumes d'une manière trop rigide.

La classification adoptée ci-dessous est celle qui figure dans le questionnaire concernant les coutumes pénales.

Adultère

Oulad Rachid. Il n'y a pas de tarif fixe. L'indemnité varie :
   a) avec la richesse du coupable
   b) avec le rang politique et social de la victime.

Si l'on prend comme base l'indemnité à payer par un indigène normalement aisé, non notable, à une victime de la même catégorie, on peut fixer le quantum à 50 francs. Ce quantum est indépendant du nombre des rapports tant qu'il n'y a pas eu commencement de conciliation ou de jugement.
Si l'adultère se renouvelle après jugement ou conciliation, le tarif de base est augmenté de 50 %.
Si le coupable est riche et la victime non notable, le tarif peut être porté, proportionnellement à la capacité de paiement, jusqu'à 150 francs.
Si la victime est un notable, le barème augmente avec son rang et peut aller jusqu'à la confiscation de tous les biens du coupable si le mari est un grand chef (mise en captivité si le coupable est absolument dénué de ressources).
Les dispositions de ce dernier paragraphe sont en voie d'atténuation progressive depuis qu'a disparu l'absolutisme sur lequel reposait la hiérarchie sociale indigène.
Le coupable perd le droit de se marier avec sa complice. Egalement en voie d'atténuation : ne s'applique plus qu'aux cas de récidive ou d'adultère commis pendant les périodes de gestation et d'allaitement.

Autochtones. Mêmes règles générales avec les particularités suivantes :
- chez les Torom, le tarif de base est de 75 francs.
- chez les Birguid et les Djonkor il est de 40 francs, mais il tend à être augmenté au niveau du tarif Oulad Rachid.
- chez les Beni [?] il est de 25 francs avec une tendance très nette à l'augmentation.

La progression montant avec le rang de la victime est moins rapide chez les autochtones que chez les Oulad Rachid (chefs jadis moins puissants).
Les règles ci-dessus ne s'appliquent qu'au cas où l'adultère est commis au détriment du mari. Chez les Oulad Rachid, lorsque l'adultère est commis par le mari il n'y a pas de sanction obligatoire. Cependant, si la *paix du ménage* en a été troublée, le juge convainc presque toujours le mari de donner un cadeau à la femme, cadeau dont la valeur varie de 15 à 100 francs suivant la richesse du mari.

Chez les autochtones, les Torom tendent de plus en plus à adopter cette dernière coutume ; les Birguid commencent également à s'y référer, mais moins nettement. Quant aux Djonkor et aux Beni, ils jugent la plainte de la femme non fondée.

Abandon de domicile par la femme

Oulad Rachid. 4 cas :
1) Suivi de cohabitation avec un autre homme : considéré comme adultère.
2) La femme va habiter seule dans une case : (rare) considéré comme adultère.
3) La femme se rend chez ses parents et y mène une vie notoirement régulière ; son départ est dû à des dissentiments avec son mari. Non seulement la femme ne paie pas d'indemnité, mais le juge convainc généralement le mari de donner un cadeau à la fugitive, même si la femme avait quelques torts dans la querelle. Si la femme refuse de reprendre la vie commune, remboursement de la dot.
4) La femme se rend chez ses parents sans prétexte plausible, y mène une vie dépourvue d'austérité sans qu'il y ait d'adultère constaté. Le mari *qui n'a pas su bien conserver sa femme* n'a droit à aucune indemnité, mais la famille doit, ou rendre la femme, ou rendre la dot dans le plus bref délai possible. Jamais de don du mari à la femme.

Autochtones. Cas 1 et 2 : comme chez les Oulad Rachid.

Cas 3 et 4 : 3 ramené au cas 4 ; résolus comme chez les Oulad Rachid.

Les Torom commencent à faire la distinction entre les cas 3 et 4 et à les résoudre comme le font les Oulad Rachid.

Abus de confiance. Pas de différence avec le vol.

Aliénation mentale

Chez les Oulad Rachid comme chez les autochtones, les aliénés sont soignés par leurs proches parents.

Lorsque l'aliéné commet des actes entraînant réparations civiles, la démence n'est pas considérée comme diminuant celles-ci ; ce sont les parents qui soignent l'aliéné qui doivent payer. La victime a droit aux réparations, mais ne les réclame que très rarement. Il semble bien qu'à l'origine, les réparations n'étaient dues qu'en cas de fautes très graves de surveillance de la part des parents et que le droit à réparation dans tous les cas soit dû à des influences nilotiques.

Attentat à la pudeur sur impubère

Oulad Rachid. Le principe qui détermine le taux d'indemnité est celui-ci : il faut compenser la diminution de la valeur dotale de la victime.

Attentat commis par un jeune garçon impubère ou réputé tel : pas d'indemnité ; la dot n'est pas dépréciée.

Attentat sans défloration (4 vieilles femmes font l'examen) par un adulte : la moitié du prix de la virginité. Le prix de la virginité varie de 50 à 500 francs suivant l'importance des deux familles. Le coupable peut, si la famille y consent, épouser la victime en payant la dot et le prix de la virginité que fixe la famille de la victime. Dans ce cas pas d'autre indemnité.

S'il y a violences, indemnité supplémentaire égale à celle qui serait fixée pour blessures volontaires.

Deux seules maladies vénériennes transmissibles reconnues par la coutume : blennorrhagie et syphilis. Indemnité variable suivant la situation des deux familles. Blennorrhagie : 100 francs, syphilis : 300 francs en moyenne.

Autochtones. Dispositions analogues.

Chez les Torom et les Birguid, mêmes tarifs.

Chez les Djonkor et les Beni, tarifs moitié moindres ; mais tendance très nette à rejoindre les tarifs des Oulad Rachid.

Blessures volontaires et involontaires

Les indemnités sont les mêmes dans les deux cas.

Le quantum de l'indemnité est basé non pas sur l'incapacité de travail mais sur ce que l'on pourrait appeler la diminution de la capacité vitale. Exemples :

Perte de 2 membres : considérée comme perte totale de la capacité vitale. Indemnité égale à celle de l'homicide. Perte de 1 membre : la moitié.

Perte des 32 dents : considérée comme perte totale de la capacité vitale. Indemnité égale à celle versée pour homicide. Perte de 1 dent : en proportion : 1/32 de l'indemnité pour homicide.

Perte des 2 yeux : comme pour homicide.

Perte des 2 mains ou des 2 pieds : comme perte des 2 membres.

Perte d'un doigt : un dixième de l'indemnité pour homicide, etc.

Blessures guérissant entièrement : 1 à 50 frs.

Concussion

Oulad Rachid. Remboursement sans indemnité à la victime.

Autochtones. Idem.

SUBDIVISION D'ABOUDÉIA

CORRUPTION

Oulad Rachid. Si un indigène a été lésé par suite de manœuvres consécutives à la corruption, il est dédommagé, sans majoration, du préjudice subi. Le corrupteur et le corrompu sont solidairement responsables.

Autochtones. Mêmes dispositions, sauf que :

> Chez les Torom, les Birgid et les Beni, seul le corrompu répare les dommages éventuellement causés.
> Chez les Djonkor, seul le corrupteur répare les dommages éventuels.

Les Torom ont tendance à adopter en entier les point de vue Oulad Rachid.

DÉFENSE LÉGITIME

Oulad Rachid. N'est considéré comme supprimant en entier le paiement de l'indemnité que le cas d'un agent de l'autorité dans l'exercice de ses fonctions. L'indemnité est diminuée de _ s'il y a eu provocation publique suivie d'attaque.

Autochtones. Pas de diminution de l'indemnité sauf dans le cas d'un agent de l'autorité ; alors pas d'indemnité.

DÉNONCIATION CALOMNIEUSE

Oulad Rachid. La coutume prévoit :

a) le remboursement des frais de voyage et de nourriture à la victime si elle a été obligée de se déplacer pour comparaître ;

a) le remboursement des amendes et indemnités éventuellement payées à tort par la victime. Si la victime a été emprisonnée, elle est indemnisée sur le taux de l'incarcération arbitraire, par le dénonciateur. Voir *séquestration arbitraire*.

Autochtones. La coutume ne prévoit pas le cas (a). Cela est peut-être dû à ce que ces indigènes étaient jadis groupés dans des espaces très restreints. Le cas (b) est résolu comme chez les Oulad Rachid.

DIFFAMATION ET INJURES

Oulad Rachid. a) gravité moyenne. Il n'y a pas de règle fixe pour mesurer le degré de gravité qui est remis à l'appréciation du tribunal.
Indemnité en nature (petit bétail) ou en espèces ne dépassant pas 100 francs. Au bout de 10 jours, l'indemnisé rend l'indemnité à celui qui l'a versée et tout ressentiment disparaît de part et d'autre.

b) injure grave. Indemnité définitive ne dépassant pas 50 francs.

Autochtones. Chez les Torom, mêmes dispositions que chez les Oulad Rachid.

> Chez les Birgid, la coutume commence à pratiquer l'indemnisation temporaire pour les cas de gravité moyenne.
> Chez les Djonkor et les Beni, toute injure entraîne une indemnité de 0,50 à 25 francs.

Empoisonnement

Comme pour l'homicide volontaire.

Escroquerie

Pas de différence avec les indemnités prévues pour le vol.

Exactions

Remboursement, sans plus, à la victime.

Faux

Oulad Rachid. Dédommagement du préjudice causé.

Autochtones. Ignoré par la coutume ancestrale car, autrefois, ces indigènes, parlant un langage à eux, ne connaissaient pas l'écriture. Au fur et à mesure que les autochtones adoptent la langue arabe, le faux prend naissance en tant que délit possible, mais il n'y a pas encore eu de cas connu sanctionné par les juges coutumiers de la région.

Faux témoignage

Réparations civiles identiques à celles que les coutumes prévoient pour la dénonciation calomnieuse

Homicide volontaire

Oulad Rachid. Pas de tarif fixe. Le montant de la *dia* varie suivant la richesse du coupable, suivant l'importance politique et sociale de la victime et de sa famille : 100 francs à 2.000 francs. Si le coupable était dénué de ressources, il était pris, à titre d'indemnité, en esclavage par la famille de la victime.

Cas où la victime et le coupable sont des indigènes de ressources moyennes et ne sont pas des notables (cas moyen) : 400 francs.

Autochtones. Mêmes considérations générales.

Torom : de 150 à 1.500 francs. Cas moyen 500 francs.

Djonkor et Birgid : de 100 à 1.000 francs. Cas moyen : 350 francs.

Beni : de 50 à 500 francs. Cas moyen : 250 francs.

Homicide involontaire

Pas de différence au point de vue réparations civiles

SÉQUESTRATION ARBITRAIRE

Oulad Rachid. Emprisonnement de 1 an : indemnité égale à celle qui serait prévue pour l'homicide. L'année est l'année musulmane et on adopte le chiffre de 355 jours.

Si l'incarcération a été de X jours, l'indemnité est proportionnelle au nombre de jours ($1/355^{ème}$ de la *dia* par jour). Souvent les juges coutumiers adoptent X/300 pour ce dernier calcul.

Autochtones. 1 franc par jour solaire d'incarcération avec un maximum de 200 francs.

INCENDIE VOLONTAIRE

Remboursement des objets détruits. Blessures et décès indemnisés au tarif ordinaire.

MENACES

Aucune réparation civile prévue

PILLAGE EN BANDE ET À MAIN ARMÉE

Réparations civiles prévues pour vol, blessure et meurtre.

RAPT

Réparations civiles prévues pour séquestration arbitraire.

RÉBELLION

Toutes les coutumes prévoient une indemnité au profit du chef. Il semble que cette indemnité doive être assimilée à une amende plus qu'à une réparation civile.

RECEL

Receleur solidaire des réparations civiles dues par le voleur. La coutume spécifie très nettement que cela s'applique seulement lorsque le receleur savait qu'il s'agissait d'un vol ou n'a pas pris suffisamment de précautions pour s'assurer du contraire.
Exemple : l'achat de bétail sur un marché à un inconnu est assimilé à un acte de recel s'il s'agit de bétail volé. Par contre, il n'y aura pas recel si l'acheteur a fait la même transaction en présence d'un chef indigène local ou de son représentant officiel sur le marché.

VIOL

Oulad Rachid :

1. Sur femme nubile et non-vierge. La coutume ne reconnaît pas de délit spécial s'il n'y a pas eu violences ; donc : viol sans violences, paiement de l'indemnité d'adultère au mari si la femme est mariée, paiement de 2,50 francs (prix des professionnelles) si la femme est libre.

S'il y a eu violences, indemnité supplémentaire pour ces violences (voir blessures). S'il y a eu transmission de maladies vénériennes, tarif prévu pour attentat à la pudeur.

2. Sur femme nubile vierge. Viol sans violences : paiement du prix de la virginité (50 à 500 francs suivant la situation sociale du coupable et de la famille de la victime).

Viol avec violences : indemnité supplémentaire pour ces violences (voir blessures) ; avec transmission de maladies vénériennes : comme au cas précédent.

3. Sur femme impubère : comme pour attentat à la pudeur, mais le prix de la virginité est payé en entier.

Autochtones. Dispositions analogues chez les Torom et les Birguid. Tarifs identiques. Chez les Djonkor et les Beni, tarifs moitié moindres avec tendance très nette à l'augmentation.

VOL

La plus vieille coutume ancestrale prévoyait le remboursement, sans plus, des objets volés, détournés, escroqués, extorqués. Cependant, avant même notre occupation, la coutume a commencé à tenir compte, dans une certaine mesure, d'une indemnité pour privation temporaire de biens et pour remboursement des frais de recherche. Cette évolution semble due à l'influence des commerçants étrangers. Elle s'est accélérée depuis notre arrivée.

En pratique, les juges coutumiers font toujours droit à une demande d'indemnité pour privation de biens momentanée et pour frais de recherches si le coupable est en état d'indemniser lui-même la victime. Si la proche famille doit, comme la coutume le prévoit, participer au versement des réparations civiles par suite de la défaillance pécuniaire du coupable, les juges coutumiers limitent strictement les réparations civiles au remboursement des objets volés.

A noter une disposition coutumière qui a, en pratique, une certaine répercussion sur l'évaluation du quantum : la liste des objets volés à restituer ou à rembourser est établie, sous la foi du serment, par la victime. C'est d'après cette liste que se feront les restitutions ou remboursements. Le coupable n'a pas le droit de la contester sauf en ce qui concerne le bétail. Pour celui-ci l'enquête permet aux juges de faire eux-mêmes un dénombrement exact.

Vu : le Chef du Département
signé : MONTCHAMP

Aboudeia le 6/11/38
Le chef de subdivision
Signé : Jean LAMBERT

SUBDIVISION D'ABOUDÉIA

Commentaire.

Les "autochtones" sont ici les Torom, Birguit (ou Birgid) Djonkour (ou Dionkor) et Béni.

Les Dionkor sont ici un peu marginaux, cette ethnie étant surtout installée dans le massif du Guéra.

Le degré d'islamisation de ces populations est variable. Il est un peu plus marqué chez les Birgid encore que certains d'entre eux continuent à pratiquer le culte de la margaï ; ou chez les Torom ; un peu moins chez les Dionkor et les Béni.

En ce qui concerne l'adultère ou l'abandon du domicile conjugal on notera le rapprochement progressif des coutumes de ces "autochtones" sur le groupe dominant Rachid dont la coutume est d'ailleurs elle-même assez éloignée des règles coraniques. Seul le niveau des indemnités diffère.

A noter, pour l'aliénation mentale, l'observation faite par le chef de subdivision : les réparations prévues par la coutume musulmane Rachid (inspirée du droit musulman) étaient rarement réclamées dans la pratique par les victimes. Cette notion de « faute grave de surveillance » nécessaire pour engager la responsabilité de la famille du fou correspond bien à ce que dit Jacques Mérot dans sa circulaire. Il n'y a pas de responsabilité du fait d'autrui sans faute personnelle.

Pour les blessures volontaires et involontaires les "autochtones" suivraient exactement la coutume des Rachid en ce qui concerne les barèmes de diya. Cela n'est pas sûr. Il aurait fallu regarder les choses de plus près. Les montants en tout cas diffèrent sensiblement.

La légitime défense n'exclut pas la réparation sauf si elle est le fait d'un agent de l'autorité en service.

Toutefois celle-ci serait diminuée du quart s'il y a eu "provocation publique suivie d'attaque". On sait que la légitime défense consiste en une riposte à une attaque. Il semble ici que cette attaque ou cette provocation pour être admise doive être publique c'est-à-dire faite devant témoins, ce qui rend la légitime défense difficile à prouver en cas de rencontre de deux personnes.

Le chef de subdivision est le seul à citer ce cas "d'indemnité temporaire" intégralement restituée en cas de diffamation et injure.

On observera que la diya pour homicide (100 à 2000 fr.) est nettement inférieure à celle du Wadday. La mise en esclavage dans la famille de la victime du coupable dénué de ressources est exceptionnelle chez les Arabes.

A noter, en matière de séquestration arbitraire, cette disposition de la coutume Rachid consistant à indemniser chaque journée de séquestration par une indemnité calculée sur la base d'une fraction de diya en tenant compte de la durée de l'année musulmane, une journée étant dédommagée par $1/355^{ème}$ de la diya totale et une année de séquestration emportant donc paiement de la diya pour homicide.

Pour le recel le chef de subdivision donne une disposition unanimement respectée en pays islamisé lorsqu'on se trouve face à un recel. L'achat de bétail sur *un marché à un inconnu est considéré comme recel s'il s'agit de bétail volé quand la transaction n'a pas été enregistrée en présence d'un chef local ou de son représentant.*

En général les faki enregistrent les ventes sur les marchés importants (et touchent à cette occasion un droit de marché pour le compte du sultan local).

Vol : on remarquera que la "coutume ancestrale" qui ne prévoyait que "le remboursement des objets volés, détournés, escroqués, extorqués" (sans faire de distinction entre ces différents cas) se serait perfectionnée bien avant l'occupation française puisqu'elle admettait l'indemnité pour perte de jouissance et remboursement des frais de recherches (parfois fort longs). A noter aussi la disposition concernant la manière dont on établit la liste des objets volés et le droit de contestation (uniquement pour le vol de bétail), de l'auteur présumé du vol.

4
Subdivision d'Haraze

La note sur l'ancien système répressif des Rounga et la réponse au questionnaire par l'administrateur Ph. Giraudet (chef de la subdivision du 7.7.1936 à juin 1938) ont été reconstituées à partir de notes personnelles.

Note sur l'ancien système répressif

Les Rounga forment environ les 9/10 de la population de la sous-préfecture d'Haraze-Mangueigne, le dixième restant étant composé d'Arabes Hemat dont les coutumes sont analogues à celles des Arabes Hémat et Salamat d'Am-Timan.

Il semble que cette population se soit formée par apport d'éléments arabes et Sara sur une population autochtone. La langue rounga est un arabe dans lequel ont subsisté de nombreuses locutions des anciens habitants et auquel se sont ajoutées des expressions d'origine sara.

Les coutumes pénales s'écartent beaucoup plus du Coran que les coutumes civiles, ce qui n'est pas d'ailleurs particulier au pays rounga. On trouve généralement un système de compensation sur lequel s'est greffé à partir du moment où le pays a été organisé en sultanat un système d'amendes pénales. Toutefois meurtre et infractions contre la chefferie ont toujours été réprimés avec une extrême sévérité de même que toutes les infractions commises par les étrangers au pays.

La justice était rendue par les chefs de village assistés de notables, leurs sentences étaient sans appel et il semble que l'autorité du sultan ne se manifestait que lorsque son prestige ou ses intérêts étaient en jeu. Dans ce cas, le coupable était jugé par une sorte de tribunal composé des faqih ou lettrés qui faisaient partie habituellement de la suite du Sultan.

Le pays rounga à connu au cours des siècles des périodes d'autorité coupées par des périodes d'anarchie, celles marquées par des razzias fréquentes des Ouaddaïens ou des Foriens.

Réponse au questionnaire

1 - ABUS DE CONFIANCE

Ce délit était assimilé au vol simple mais présentait un moindre caractère de gravité. Il était puni d'une amende d'un ou deux esclaves suivant l'importance de la somme détournée. Toutefois la sanction pouvait aller jusqu'à la mort lorsqu'il s'agissait d'un détournement au préjudice du sultan, ce qui correspondait à un détournement de deniers publics.

2 - ADULTÈRE

La coutume ne prévoyait aucune sanction pénale pour la violation du devoir de cohabitation mais seulement une réparation pécuniaire due par la famille de la femme.

L'adultère du mari n'était pas punissable. Il était considéré comme une faute vénielle qu'il n'y avait pas lieu de sanctionner.

L'adultère de la femme était puni par la coutume d'une amende de 7 pagnes noirs à la charge du complice.

3 - ALIÉNATION MENTALE

La démence établie d'un coupable supprimait toute responsabilité. Toutefois en cas de meurtre commis par un fou, celui-ci était mis à mort afin qu'il ne reste pas un danger pour la société ; mais cette peine, simple mesure de défense sociale, ne présentait pas un caractère infamant pour la famille du fou.

L'ivresse était dans tous les cas considérée comme une circonstance atténuante mais elle ne supprimait pas toute responsabilité : celle-ci restait entière en ce qui concerne les réparations pécuniaires.

4 - ATTENTAT À LA PUDEUR

La coutume ne le considérait comme un délit que s'il y avait violence auquel cas il était prévu une amende de 2 à 5 esclaves et des réparations à la famille de l'enfant.

5 - AVORTEMENT

L'avortement était prévu par la coutume et sanctionné par une amende de 5 pagnes noirs et de 2 esclaves.

Une réparation pécuniaire était due lorsqu'il s'agissait d'une femme mariée ; elle était payée au mari par la famille de la femme.

6 - BLESSURES VOLONTAIRES, VIOLENCES

Violences et voies de fait n'étaient réprimées par la coutume que s'il y avait blessure telle que " *le sang puisse être ramassé* ".

La sanction consistait en une indemnité qui revenait pour moitié au sultan pour moitié à la partie lésée. Cette indemnité était d'un esclave pour blessure simple, de deux à quatre esclaves, selon la gravité, pour blessure ayant entraîné une infirmité, de 5 à 6 esclaves pour blessure ayant causé la mort. Dans ce dernier cas l'indemnité variait selon la qualité du meurtrier et non selon la qualité de la victime. Si le meurtrier était de la famille d'un chef la réparation était de 6 esclaves : elle n'était que de 5 si le meurtrier n'était qu'un simple sujet.

8. - Blessures involontaires

La coutume en ce cas prévoyait une légère amende mais aucune compensation pécuniaire.

9 - Complicité

La complicité active était prévue et réprimée par la coutume. Le fait d'avoir provoqué un crime ou un délit était même plus sévèrement puni que le fait de l'avoir accompli. L'aide ou l'assistance apportée à l'auteur principal était sanctionnée par les mêmes peines que pour un crime ou délit.

Quant à la complicité passive, elle était prévue également et punie d'une amende variant, selon la gravité du fait, de 5 pagnes à deux esclaves.

10 - Concussion

La coutume prévoyait des peines extrêmement sévères, pouvant aller jusqu'à la mort pour la perception frauduleuse au nom du sultan

12 - Défense légitime

La conception de la défense légitime était connue et supprimait toute responsabilité pénale et même pécuniaire lorsqu'elle était établie. Elle était toutefois limitée à la défense de la personne et le fait de s'introduire par bris ou escalade ne constituait pas un motif de légitime défense si personne n'était directement menacé.

13 – Manque

14 - Diffamation et injure

L'injure seule était prévue et réprimée par une amende légère et une indemnité. La peine était beaucoup plus grave si la personne outragée appartenait à la famille du sultan ou à la famille du chef représentant le sultan.

15 - Empoisonnement

L'empoisonnement volontaire était puni de mort comme un meurtre ordinaire.

(Le poison d'épreuve n'a jamais été pratiqué chez les Rounga).

16 - Escroquerie

La coutume assimilait l'escroquerie au vol simple mais avec un caractère moindre de gravité. Ce délit était sanctionné par une amende d'un esclave.

17 - Escroquerie au mariage

N'était pas différenciée par la coutume de l'escroquerie ordinaire : constituait un délit de même gravité puni de la même peine.

18 - Évasion

Le seul cas pouvant se présenter était celui d'un individu prenant la fuite avant d'avoir acquitté l'amende dont il était passible. Dans ce cas la famille du fugitif devait payer à sa place mais l'évasion par elle-même ne constituait pas un délit.

19 – Exactions

Aucune distinction n'existait entre la concussion et l'exaction au point de vue de la peine. Les peines étaient très sévères dans un souci de protection des prérogatives du sultan.

22 - Faux témoignage

La coutume ne prévoyait de peine (amende d'un petit esclave) que si le témoin avait refusé de jurer sur le Coran. Un témoignage avéré inexact mais confirmé par un serment ne pouvait être puni, sans doute pour ne pas empiéter sur le pouvoir divin.

23 - Homicide volontaire

La coutume ne faisait aucune distinction entre les diverses sortes d'homicide. Dans tous les cas la peine du talion était appliquée sur le champ et si le meurtrier prenait la fuite et ne pouvait être retrouvé, son frère subissait à sa place la peine capitale.
De plus la famille du meurtrier devait payer à celle de la victime le prix du sang qui était de 5 esclaves si le meurtrier appartenait à une famille quelconque, de 6 esclaves s'il était apparenté au sultan. La qualité de la victime n'entrait pas en ligne de compte pour la fixation de la *dia*.

24 - Homicide involontaire

Etait puni d'une forte amende et même dans certains cas de mort, mais la famille de la victime ne pouvait prétendre à une réparation pécuniaire.

25 - Incendie volontaire

L'incendie volontaire était puni d'une amende d'un esclave et d'une indemnité compensatrice du préjudice subi. Si l'incendie avait fait des victimes, le coupable était puni de mort comme dans un cas d'homicide ordinaire.

29 - PILLAGE EN BANDE ET À MAIN ARMÉE

Même s'il n'y avait eu ni tué ni blessé, les pillards, s'ils pouvaient être atteints étaient mis à mort sur le champ. La sévérité de cette mesure s'explique par le fait de la fréquence des incursions en pays Rounga de petites bandes armées venant du nord ou de l'est piller et enlever des esclaves.

30 - RAPT

Deux cas étaient prévus par la coutume : si le rapt était le fait d'une personne étrangère au pays, le coupable était puni de mort et si c'était un Rounga qui s'était emparé d'une personne pour aller la vendre comme esclave dans une autre région, on prenait un de ses parents proches qui devenait esclave du sultan et ne pouvait recouvrer la liberté que si la personne enlevée revenait dans la région.

31 - RÉBELLION

La résistance violente aux agents du sultan était punie de peines sévères allant jusqu'à la peine de mort. Aucune distinction n'était faite par la coutume entre la rébellion sans arme et la rébellion avec armes, mais selon que l'envoyé du chef et sa suite avaient été plus ou moins molestés ou blessés, la répression allait de la confiscation des biens à la peine capitale.

32 - RECEL

La coutume prévoyait le recel et le punissait d'une amende de dix pagnes. "Semblable, disait-elle, à la hyène qui emporte dans son trou la viande du bœuf tué par le lion, le receleur doit être châtié, mais sa faute est moins grave que celle du voleur".

33 - RECEL DE MALFAITEURS

Le recel de malfaiteur était puni d'amende sauf cas de parenté proche : ascendants, conjoint, frère ou sœur.

35 - TENTATIVE

La coutume punissait la tentative comme l'acte lui-même

36 - VIOL

Le viol était puni d'une amende d'un esclave et donnait lieu à une réparation pécuniaire. Les distinctions entre le viol d'une femme nubile, celui d'une impubère, le viol commis par un ascendant, le viol avec communication de maladie vénérienne n'existaient pas.

La responsabilité pénale disparaissait si le coupable épousait sa victime.

37 - VOL

Très sévèrement réprimé par la coutume, le vol était considéré très différemment selon qu'il était le fait d'un habitant du pays ou d'un étranger.

Dans le premier cas il était puni d'une amende de 2 esclaves au minimum, amende qui pouvait aller jusqu'à 5 esclaves dans les cas graves, en particulier pour le vol de bétail.

S'il s'agissait d'un étranger au pays il était puni de mort.

La coutume coranique de l'ablation de la main n'a jamais été appliquée dans la région, du moins de mémoire d'homme.

Commentaire.

Nous nous trouvons ici devant une coutume pénale peu marquée par l'islam. La base du système est l'indemnité réparatrice, presque toujours payée en esclaves avant l'occupation française. La diya *moyenne est de 5 esclaves, ce qui représente environ un peu moins de 400 fr.*

A noter l'absence de réparation en cas d'homicide involontaire, lequel en revanche aurait été sanctionné sévèrement pénalement. Il aurait fallu savoir dans quels genres de cas et à quelle époque.

Sévérité de la coutume pour les infractions à l'égard de la chefferie (exaction, rébellion).

Dans une région qui fut l'une des plus razziées par les Waddaïens et les Foriens, on est évidemment sans pitié à l'égard de l'étranger délinquant (pillage, vol).

On remarquera que la répression du vol et de l'adultère est ici tout à fait différente du Sila. Amputation et lapidation n'y sont pas pratiquées.

La coutume rounga, spécialement au pénal, a dû beaucoup varier selon les époques en fonction du pouvoir de la chefferie et des influences waddaienne ou dadjo.

CHAPITRE IV

DEPARTEMENT DU BATHA

1. Rapport du Chef du département. Liste des tribus. Etude de l'ancien système répressif et réponse au questionnaire pénal.

2. Subdivision de Mongo, rapport du chef de subdivision. Réponse au questionnaire concernant les coutumes pénales.

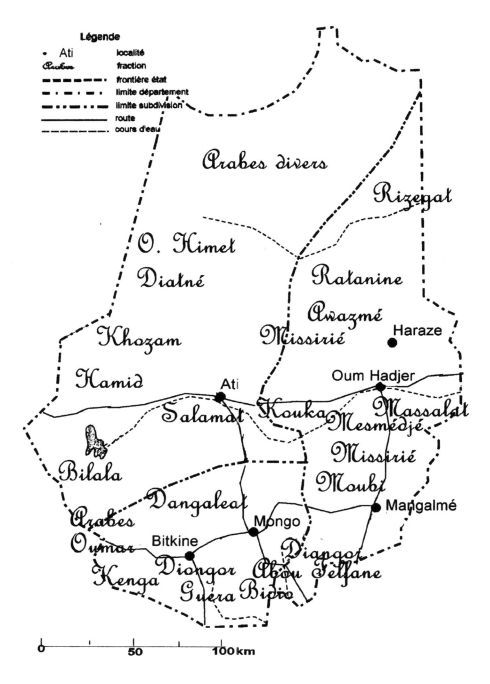

4. Département du Batha en 1937

1
Rapport du chef de département. Etude sur l'ancien système répressif et réponse au questionnaire pénal

AEF
Région du Tchad
Département du Batha
N° 978/22

> Le capitaine de Tournadre,
> Chef de département du Batha,
>
> à monsieur l'Administrateur en chef
> commandant la Région du Tchad à Fort-Lamy

J'ai l'honneur de vous adresser ci-joint les renseignements demandés par la circulaire n° 25 du 21.2.1937 relative aux coutumes pénales indigènes.

Ce travail comprend :

1. Une réponse au questionnaire joint à la circulaire précitée.
2. Une liste des tribus ou sous-tribus sur lesquelles l'étude a porté.
3. Une carte au 1/1.000.000 indiquant les emplacements de ces tribus et sous-tribus à l'intérieur du département.

Ce travail a été établi à l'aide de renseignements fournis par les chefs de canton, de village, les notables et les *faki* influents.

I. Il fait ressortir de grandes différences pour la sanction des crimes et délits, non seulement entre musulmans et fétichistes, mais encore entre les tribus.

II. Le code indigène, suivant les prescriptions de la circulaire n° 25, devrait s'inspirer, pour fixer le maximum et le minimum des peines et nuancer la répression des mœurs, des réflexes traditionnels devant le délit ou le crime de chaque région.

Il ne semble pas possible d'appliquer entièrement ce principe : les sanctions coutumières sont souvent trop disproportionnées à l'importance de l'acte commis.

Ainsi, dans les pays fétichistes, le vol, quel que soit son importance, est puni de mort ou de captivité. Par contre, les crimes et délits commis à l'intérieur de la famille ne comportent pas de sanction. Le parricide, le fratricide ne sont pas inquiétés.

Dans certains villages ayant peut-être un ancêtre commun et en particulier chez les Dangaléat, le mot "famille" est pris dans un sens très étendu, et le village lui-même est considéré parfois comme une véritable famille et aucune sanction n'est prévue contre ses membres pour des crimes et délits commis à l'intérieur du village.

Nos efforts actuels semblent devoir tendre à inculquer aux indigènes la notion de responsabilité individuelle et à leur faire comprendre que les sanctions doivent être proportionnées, dans tous les cas, à l'importance du délit commis. Le code indigène peut sanctionner cette tendance.

III. Avant notre arrivée dans le pays la justice était rendue dans les conditions suivantes :

a) pour les tribus sous la domination du sultan du Ouaddaï le chef de la justice était l'*imam Al Gadi*, grand chef des faki du Ouaddaï, résidant près du sultan d'Abécher.

L'imam avait des représentants dans chaque canton. Ces représentants étaient de véritables juges reconnus de tous, munis d'une délégation signée par le sultan. Ils étaient revêtus d'un burnous noir ou vert, insigne de leurs fonctions, et, lorsqu'ils présidaient une audience, un domestique à leurs côtés présentait les chaînes envoyées par le sultan. Les jugements rendus, basés sur le Kkalîl, la Tohfa[1] et la Risâla, étaient consignés par écrit et envoyés à l'imam pour visa d'exécution.

b) Dans l'ensemble le système répressif local était basé sur le châtiment corporel plutôt que sur l'indemnisation.

Dans les tribus islamisées non soumises à la domination du sultan du Ouaddaï, la justice était rendue en premier ressort par les *djemaa* villageoises, assemblées de notables, qui voyaient toutes les affaires concernant la vie intérieure de la famille ou du village.

Les causes sortant de ce cadre, plus difficiles du fait de la différence d'origine des deux parties, étaient portées devant les faki influents connus dans la région, ceux-ci pouvant être d'une race différente de celles des deux parties.

La coutume était uniformément la coutume coranique.

c) dans les tribus fétichistes la justice était rendue par le chef de village, assisté de quelques notables

La coutume prévoyait pour chaque délit ou crime les sanctions à infliger. Les peines étaient variables, même pour une même tribu, suivant l'autorité personnelle du chef de village, l'influence des notables et l'importance du délinquant et de sa famille.

signé : TOURNADRE

---

[1] *La Tohfa d'Ebn Acem. Traité de droit musulman.* Houdas et Martel, Alger, 1882-1893.

DÉPARTEMENT DU BATHA

Liste des tribus sur lesquelles l'étude a porté. :
a) Tribus autrefois sous la dépendance du sultan du Ouadaï :
Missiriyé, Haddad, Hemat, Kouka, Mesmédjé, Massalat, Moubi, Zioud, Ouled Rachid, Diatné, Khozzam.
b) Tribus islamisées :
Sultanats des Boulala et des Médogo, Arabes Oumar, Dadio.
c) Tribus fétichistes :
Bidio, Dangaléat, Diongor, Kenga.

Réponse au questionnaire concernant les coutumes.

1. ABUS DE CONFIANCE

a) CO (coutume des tribus dépendant autrefois du Ouaddaï). Emprisonnement de 6 mois à 1 an. Réparation pécuniaire obligatoire.

b) CI (coutume des tribus islamisées ne dépendant pas du Ouaddaï autrefois). Restitution ou réparation pécuniaire obligatoire suivant un tarif fixé par la partie lésée. Pas de peine corporelle.

c) CF (coutume fétichiste). Restitution ou remboursement obligatoire. Pas de peine corporelle.

Peines proposées par la circulaire 25 : 3 mois à 5 ans. Amende et réparations pécuniaires facultatives.

Avis : barème suffisamment souple pour permettre l'application de la coutume du lieu.

2 ADULTÈRE

a) CO. Peine de mort par lapidation pour la femme et le complice pris en flagrant délit (4 témoins). 100 coups de chicotte pour la femme abandonnant le mari et refusant de rentrer au domicile conjugal. L'adultère du mari n'est pas puni.

b) CI. Peine de mort par lapidation pour la femme et le complice, sauf pour les captifs qui ne sont punis que de 50 coups de chicotte. Pas de sanction pénale pour la femme abandonnant le mari et refusant de rentrer au domicile conjugal.

Après étude de l'affaire le mariage est cassé avec remboursement de la dot.

Adultère du mari non puni.

c) CF. Aucune peine pour la femme. Le complice paie une amende variable, de 2 *gabak* à 1 cheval. Si le mari prend en flagrant délit le complice et le tue, il ne paie aucune *dia*. Pas de sanction pénale pour la femme abandonnant le mari et refusant de rentrer au domicile conjugal. La famille rembourse la dot. Adultère du mari non puni.

Peines proposées : emprisonnement 15 jours à 1 an pour la femme et le complice. Réparations pécuniaires toujours dues par le complice.

Avis : le barème convient à la femme adultère et à son complice. La punition du mari adultère ne serait pas actuellement comprise.

3. ALIÉNATION MENTALE

a) CO. La coutume considère la démence comme une cause d'exemption de peine. L'ivresse n'exclut pas la peine.

b) CI. La démence est un cas d'atténuation de peine. La *dia* est cependant payée en cas de meurtre, mais par la suite le dément doit être attaché dans la case. L'ivresse n'est pas une cause d'atténuation de peine.

c) CF. Le dément n'est pas responsable sauf si, à trois reprises, la famille du dément a été priée par les notables du village de le surveiller. L'ivresse n'est pas une cause d'atténuation de peine.

4. ATTENTAT A LA PUDEUR SUR MINEUR IMPUBÈRE

a) CO. Aucune sanction pour l'attentat à la pudeur sur mineur s'il n'y a pas aggravation. S'il est commis avec violence : 1 an de prison.

Par un ascendant : avertissement et blâme. Avec communication de maladie vénérienne : 100 coups de chicotte et 10 mois de prison.

b) CI. Mêmes sanctions que pour la coutume du Ouaddaï.

c) CF. Ces faits sont considérés comme sans gravité et ne donnent pas lieu à sanction.

Peines prop. : emprisonnement de 6 mois à deux ans. Indemnité.

Avec aggravation : de 2 à 5 ans. Indemnité sauf au cas de l'ascendant coupable.

Avis : délit pouvant être déféré au tribunal du 1er degré. Les peines prévues semblent fortes par rapport aux différentes coutumes du département. Pourraient être réduites. Délit simple : 15 jours à six mois. Aggravation : six mois à deux ans.

5. AVORTEMENT

a) CO. La femme qui se fait avorter paie au père de son enfant 15 bovidés si c'est un garçon ; 7 bovidés si c'est une fille. Le complice, s'il y en a, est puni d'un an de prison.

b) CI. Coutume semblable à celle du Ouaddaï.

c) CF. La femme n'a aucune responsabilité. Seul le complice paie une *dia* de 2 vaches à 1 cheval au père. Si le père est complice, il paie la *dia* au chef de village.

6. BLESSURES VOLONTAIRES

- **Sans intention de donner la mort mais qui l'ont pourtant occasionnée** :

a) CO. Indemnité variant de 3 à 50 bovidés suivant la qualité et la race de l'homme tué. Si la victime est une femme, indemnité réduite de moitié.

b) CI. Indemnité de 70 vaches. Si la victime est une femme, indemnité réduite de moitié.

c) CF. Indemnité de 15 vaches.

Peines prop. : tribunal du 2ème degré. Emprisonnement de 5 à 15 ans. Amende et interdiction de séjour facultative. Indemnité à la famille de la victime.

Avis : peine forte pour certains cas particuliers. Devrait être de 2 à 10 ans.

- **Perte d'un œil ou de l'usage d'un membre** :

a) CO. Indemnité de 10 vaches pour un bras, de 50 vaches pour deux bras, de 10 vaches pour une jambe, de 50 vaches pour deux jambes, de 50 vaches pour deux yeux, de 10 vaches pour une oreille, de 20 vaches pour deux oreilles, de 35 vaches pour un testicule, de 70 vaches pour deux testicules, de 70 vaches pour la verge.

b) CI. Coutume semblable à celle du Ouaddaï.

c) CF. Indemnité d'un cheval pour la perte d'un œil ou d'un membre, de deux vaches pour une dent. Amende de 2 ou 3 boubous infligée par le chef de village.

Peines prop. : emprisonnement de 1 à 8 ans. Amende et interdiction de séjour facultative.
Indemnité au blessé.

- **Simples, ayant entraîné une incapacité de travail de plus de vingt jours** :

a) CO. Indemnité de 5 à 10 bovidés. 6 mois de prison.

b) CI. La personne qui a frappé est condamnée à être frappée comme elle l'a fait à sa victime.

c) CF Aucune indemnité. Le chef de village inflige une amende d'un ou deux boubous.

Peines prop. : tribunal du 1er degré. Emprisonnement d'un à trois ans. Interdiction de séjour facultative. Indemnité au blessé.

Avis : peine trop forte par rapport à la sanction coutumière. Devrait être de 3 mois à un an.

- Simples, sans incapacité ou incapacité inférieure à 20 jours :

Mêmes coutumes que pour le paragraphe précédent.

Peines prop. : emprisonnement d'un mois à un an. Indemnité. Amende.
Avis : *Peines proposées* adaptée à la coutume.

7. CIRCONSTANCES ATTÉNUANTES

La coutume ne prévoit pas de circonstances atténuantes.

8. BLESSURES INVOLONTAIRES

Pour les blessures graves, indemnisation au même taux que les blessures volontaires.

Peines prop. : emprisonnement de 15 jours à trois mois. Amende facultative. Indemnité.
Avis : peine nécessaire ; insuffisante en cas de récidive.

9. COMPLICITÉ

- Volontaire :

a) CO. La coutume ne fait pas de distinction entre la complicité volontaire et passive.

b) CI. Pas prévue par la coutume.

c) CF. Pas prévue par la coutume.

Peines prop. : mêmes peines que celle du crime ou du délit.
Avis : peines conformes à la coutume.

- Passive :

Peines prop. : emprisonnement de 3 mois à 3 ans.
Avis : peine nécessaire en cas de complicité passive non excusable.

10. CONCUSSION

a) CO. Un à quatre ans de prison. Confiscation de tous les biens du concussionnaire.

b) CI. Peine de prison laissée à l'initiative du juge. Remboursement des sommes perçues frauduleusement.

c) CF. Non prévue par la coutume.

Peines prop. : emprisonnement de 1 à 5 ans. Indemnité. Amende et interdiction de séjour facultatives.

11. CORRUPTION

a) CO. Coutume muette.

b) CI. Chicotte pour le corrompu qui doit verser, soit à son sultan, soit à l'assemblée des notables, les sommes perçues. Coutume muette pour le corrupteur.

c) CF. Le corrompu verse au notable les sommes reçues ; en cas de récidive il est destitué. Le corrupteur est chassé du village.

Peines prop. : emprisonnement de 1 à 5 ans pour le corrupteur et pour le corrompu.
Avis : peine nécessaire. Distinction entre concussion et corruption à maintenir.

12. DÉFENSE LÉGITIME

a) CO. Aucune sanction pénale mais en cas de meurtre, la *dia* doit être payée à la famille de la victime.

b) CI. Mêmes dispositions mais pas de *dia* si la victime est un bandit ou voleur connu.

c) CF. Ni *dia* ni amende en cas de légitime défense.

Avis : acquittement mais indemnité pécuniaire si la coutume la prévoit.

13. DÉNONCIATION CALOMNIEUSE

a) CO. Sanction d'un an de prison. Pas de réparation civile.

b) CI. Peine de prison légère. Pas de réparation civile.

c) CF. Indemnité d'une à quatre vaches ou une jument.

Peines prop. : emprisonnement d'un mois à deux ans. Amende facultative. Indemnité à la victime.
Avis : peine nécessaire dans toutes régions et conforme à la coutume.

14. DIFFAMATION ET INJURE

- Simple :

a) CO. Aucune sanction.

b) CI. 80 coups de chicotte et peine de prison légère.

c) CF. Indemnité d'une à quatre vaches.

Peines prop. : emprisonnement de 15 jours à six mois. Amende facultative. Indemnité à la victime.
Avis : peine nécessaire et conforme à la coutume.

- A l'égard d'un chef :

a) CO. six mois de prison.

b) CI. 80 coups de chicotte et peine de prison légère.

c) CF. Même disposition que pour la diffamation et l'injure.

Peines prop. : emprisonnement d'un mois à un an. Amende facultative. Indemnité à la victime.
Avis : peine nécessaire et conforme à la coutume. L'injure publique d'un chef doit être sanctionnée par une peine aggravée.

15. EMPOISONNEMENT

a) CO. L'empoisonneur est confié à la famille de l'empoisonné qui le tue.

b) CI. L'empoisonneur est tué à moins que la famille de la victime ne demande une *dia*. Dans ce cas l'empoisonneur paie le même prix du sang que pour un meurtre.

Le crime d'empoisonnement de puits, d'eau potable, est puni de la peine de mort. La tentative d'empoisonnement est punie d'une peine minimum de 3 ans de prison.

c) CF. Même sanction que pour un meurtre, mais en plus, saisie au profit du village de tous les biens de l'empoisonneur.

Peines prop. : maximum, mort. Minimum : 15 ans de prison.
Avis : peine conforme à la coutume.

16. ESCROQUERIE

a) CO. Le délinquant doit rembourser et effectuer une peine de prison proportionnelle à l'escroquerie.

b) CI. *id.*

c) CF. Ne prévoit aucune sanction. Seul le montant de l'escroquerie est remboursé.

Peines prop. : emprisonnement d'un à cinq ans. Amende et interdiction de séjour facultatives.
Avis : peine nécessaire ou conforme à la coutume.

17. ESCROQUERIE A LA DOT

a) CO. La coutume ne fait pas de distinction avec l'escroquerie ordinaire.

b) CI. *id.*

c) CF. Pas de sanction. Seul le montant de l'escroquerie est remboursé.

Peines prop. : emprisonnement d'un à cinq ans. Amende facultative. Remboursement de la dot ou des dots perçues.
Avis : peine nécessaire ou conforme à la coutume.

18. ÉVASION

- Simple :

Le prisonnier repris termine la peine qui était en voie d'exécution lors de son évasion.

Peines prop. : pour le détenu, emprisonnement d'un mois à un an. Interdiction de séjour facultative.

- **Aggravation** :

Pour les trois coutumes, mêmes dispositions.

Peines prop. : emprisonnement d'un à deux ans. Interdiction de séjour facultative.

Avis : quoique la coutume ne sanctionne pas le délit d'évasion, il est nécessaire d'adopter les peines prévues ci-dessus pour enrayer les évasions par trop fréquentes.

- **Complicité** :

Le gardien ou le tiers fautif remplace l'évadé.

Peines prop. : gardien, emprisonnement deux mois à deux ans ; tiers, emprisonnement un mois à un an.
Avis : peine conforme à la coutume.

19. EXACTIONS

a) CO. La coutume ne fait pas de distinction entre exaction et concussion.

b) CI. La coutume fait la distinction, prévoyant le remboursement et des peines plus fortes pour l'exaction.

c) CF. Délit non prévu par la coutume.

Peines prop. : emprisonnement d'un à cinq ans.
Avis : prévoir une peine d'un à six ans de prison tenant compte de la coutume.

20. FAUX

a) CO. Peine de six mois à un an avec, le cas échéant, une indemnité correspondant au dommage subi.

b) CI. Peine du menteur ; le délinquant est frappé à la chicotte ; peine maximum de six mois de prison. Remboursement des dommages subis.

c) CF. Non prévu par la coutume.

Peines prop. : emprisonnement de 2 à 10 ans.
Avis : peine paraissant trop forte par rapport à la sanction coutumière et aux montants restreints des dommages causés par des faux. Un barème de 6 mois à 2 ans laisserait une marge suffisante. Peut être jugé par le tribunal du 1er degré.

21. FAUSSE MONNAIE

Non prévue par l'ensemble des coutumes.

22. FAUX TÉMOIGNAGE

a) CO. 100 coups de chicotte. Un an de prison.

b) CI. Puni de coups de chicotte et d'un certain temps d'emprisonnement proportionné au préjudice causé. Si le faux témoignage a provoqué une exécution, le faux témoin est exécuté. S'il a provoqué un préjudice en argent, le faux témoin rembourse.

c) CF. Ne différencie pas le faux témoignage et la dénonciation calomnieuse.

Peines prop. : emprisonnement de six jours à un mois, 16 à 500 fr. d'amende.
Avis : peines paraissant faibles par rapport à la rigueur de la sanction coutumière dans certains cas. Pourrait être de 1 mois à un an de prison.

23. HOMICIDE VOLONTAIRE

1°/ Meurtre.

a) CO. Mort du fautif ou d'un membre de sa famille ou *dia* de 70 vaches (une demie *dia* pour une femme ou une petite fille).

b) CI. id.

c) CF. Mort du coupable ou d'un proche parent à moins que ceux-ci offrent une *dia* et qu'elle soit acceptée : *dia* de trois chevaux pour un homme, deux chevaux pour une femme. Amende d'un cheval pour le chef de village. En sus, paiement d'un jeune bœuf pour le sacrifice, 10 *yébé* de mil pour faire le mérissé de la cérémonie de l'enterrement et un boubou pour l'ensevelissement du mort.

Peines prop. : Emprisonnement maximum : perpétuité. Minimum : quinze ans. *dia*. Amende et interdiction de séjour facultatives.

2° Assassinat.

a) CO. Même coutume que pour le meurtre.

b) CI. L'assassin est tué même si sa famille offre une *dia*.

c) CF. Même coutume que pour le meurtre mais la famille de la victime doit faire quelques difficultés avant d'accepter la *dia*.

Peines prop. : Maximum : Mort. Minimum : 15 ans. Amende et interdiction de séjour facultatives.

3° Parricide.

a) CO. Pendaison publique.

b) CI. Le parricide est tué.

c) CF. Amende d'un cheval infligé par le chef de village.

Peines prop. : peine de l'assassinat.

DÉPARTEMENT DU BATHA

4°/ **Infanticide**.

a) CO. Paiement d'une indemnité de 1 à 15 bovidés au père de l'enfant.

b) CI. Commis par le père ou la mère : le délinquant paie une *dia* de meurtre à

l'autre. Par un étranger, même peine que pour le meurtre.

c) CF. Amende d'un cheval infligée par le chef de village.

Peines prop. : Peine du meurtre.
Avis : peines nécessaires et conformes à la coutume.

24. HOMICIDE INVOLONTAIRE

a) CO. Sanctionné par une *dia* égale à celle prévue pour un meurtre.

b) CI. id.

c) CF id. En sus amende d'un cheval au profit du chef de village.

Peines prop. : Emprisonnement de 3 mois à 2 ans. Amende facultative. Indemnités.
Avis : Peine conforme à la coutume.

25. INCENDIE VOLONTAIRE

a) CO. Incendiaire : 6 mois de prison. Si l'incendie a entraîné mort d'homme, sanction du meurtre. Dans tous les cas, indemnités correspondant aux dommages causés.

b) CI. L'incendiaire rembourse tout ce qui a été brûlé et subit une peine d'un à

deux ans de prison. Si mort d'homme, est tué.
Si des hommes sont blessés, il paie une indemnité correspondant à la gravité de la blessure ou une *dia* correspondant au membre dont l'usage a été perdu.

c) CF. La valeur des objets brûlés est remboursée. L'incendiaire est chassé du village ou paie une amende d'un cheval ou d'une vache au chef de village. Si l'incendie a fait des victimes, la *dia* est payée à la famille de l'incendiaire.

Peines prop. : emprisonnement de 1 à 10 ans. Indemnité. Interdiction de séjour facultative.
Si l'incendie a entraîné mort d'homme, emprisonnement perpétuel. Indemnités.
Avis : peine correspondant à la gravité de la sanction coutumière.

26. INJURE A TÉMOIN

a) CO. Même sanction que pour le faux témoignage.

b) CI. Non prévu. Sanction des diffamations.

c) CF. id.

Peines prop. : emprisonnement de 6 jours à 1 mois, 16 à 500 fr. d'amende.
Avis : Peine insuffisante. Devrait être sanctionnée comme la diffamation.

27. **MENACES**

- **simple** :

Infraction non prévue par la coutume. L'acte seul compte.

- **de mort, d'incendie**.

Non prévu par les coutumes.

Peines prop. : emprisonnement de 6 mois à 2 ans. Amende, interdiction de séjour facultative.
Avis : Contrairement à la coutume ces deux infractions doivent être sanctionnées comme prévu ci-dessus.

28. **OUTRAGE**.

Ne prévoit pas spécialement les outrages. Sanction des diffamations.

Peines prop. : emprisonnement de 6 jours à 1 mois. Amende de 16 à 500 fr.

Avis : peine insuffisante. Devrait être sanctionnée comme la diffamation.

29. **PILLAGE EN BANDE ET A MAIN ARMÉE**

- **Simple** :

a) CO. Vente de tous les biens des pillards. Amende et emprisonnement de 2 à 5 ans. Pas d'aggravation pour le chef.
b) CI. La mort, suivant le principe *"Al mahareb rabat al Drib"* qui dit : un homme ou une bande qui se livre à des actes de banditisme ou de pillage, si on le prend, il rembourse les marchandises pillées et ensuite, ou on le tue simplement, ou on le pend, ou on lui coupe les pieds et les mains et on le jette seul en pleine brousse. Pas d'indemnité aux blessés ou de *dia* pour les morts.
c) CF. Si les pillards sont d'une race étrangère, ils sont tués ou gardés comme captifs. Si les pillards sont du pays et ont attaqué des gens du pays, c'est la guerre et chacun garde ses prises. Si les pillards sont du pays et ont attaqué des étrangers, remboursement des prises moins une partie laissée au chef de village.

Peines prop. : emprisonnement de 5 à 20 ans. Aggravation pour le chef. Indemnité le cas échéant. Interdiction de séjour facultative.
S'il y a des blessures faites au cours de l'agression, mêmes dispositions.

Avis. : emprisonnement minimum : 20 ans. Maximum : perpétuité. Indemnités. Interdiction de séjour facultative.

- **En cas de mort à la suite des blessures** :

Mêmes dispositions que ci-dessus pour le pillage simple. En plus, paiement de la *dia* prévue pour un meurtre.

Peines prop. : peines de l'assassinat.

30. RAPT

- **simple** :

a) CO. Trois ans de prison dans les deux cas.

b) CI. Si c'est un incroyant qui est enlevé, aucune peine ; au contraire, la coutume encourage cette capture et la vente du razzié. Si c'est un musulman qui a été enlevé, on coupe la main du ravisseur. Si c'est une femme qui a été enlevée, deux cas : Si le ravisseur désire se marier avec elle, 50 coups de chicotte pour n'avoir pas respecté la coutume du mariage. Dans le cas contraire, s'il ne l'a pas déflorée, on lui coupe la main. S'il l'a déflorée, on le tue.

c) CF. Seuls les rapts de jeune fille effectués par un jeune homme qui désire se marier avec elle sont prévus et sanctionnés par le mariage après intervention des notables.

- **avec aggravation**.

Peines prop. : emprisonnement de 2 à 4 ans.
Avis : peines conformes à la coutume.

31. RÉBELLION

- **sans arme** :

a) CO. Envoi de faki pour ramener les rebelles à la raison. A la troisième venue des faki, capture et mort.

b) CI. Ceux qui ont résisté à l'autorité sont frappés ainsi qu'ils ont frappé les représentants de l'autorité.

c) CF. Non prévu par la coutume.

Peines prop. : emprisonnement de 1 mois à 2 ans. Amende et interdiction de séjour facultatives. Indemnités.

- **avec armes** :

a) CO. Même sanction que pour la rébellion sans arme, mais en cas de meurtre ou de blessures, paiement de la *dia* correspondante.

b) CI. *id.*

c) CF. Paiement de la *dia* en cas de meurtre ou de blessures.

Peines prop. : emprisonnement de 2 à 5 ans (sans préjudice des peines du meurtre ou des coups et blessures s'il s'en produit). Amende, indemnité, interdiction de séjour facultative.

32. RECEL

a) CO. Amende de 10 bovidés. Restitution ou remboursement.

b) CI. 50 coups de chicotte. Restitution ou remboursement.

c) CF. Pas de sanction. Restitution ou remboursement.

Peines prop. : emprisonnement de 1 à 5 ans. Restitution ou remboursement. Amende et interdiction de séjour facultatives.
Avis : peine nécessaire ou conforme à la coutume.

33. RECEL DE MALFAITEUR

a) CO. Par la famille, amende de 5 bovidés ; de 10 bovidés dans les autres cas.

b) CI. 50 coups de chicotte.

c) CF. Amende variable, d'un boubou à un cheval suivant l'infraction reprochée au malfaiteur recelé.

Peines prop. : emprisonnement de 3 mois à deux ans. Amende, interdiction de séjour facultatives.
Avis : peine conforme à la coutume.

34. SÉQUESTRATION ARBITRAIRE.

a) CO. Non prévue par la coutume.

b) CI. La coutume prévoit que le délinquant subit la peine qu'il a fait subir à la victime.

c) CF. Non prévue par la coutume.

Peines prop. : emprisonnement d'un à cinq ans. Indemnité. Interdiction de séjour facultative.
Avis : peine nécessaire. Infraction rare.

35. TENTATIVE. Non prévue par les coutumes.

Peines prop. : même peine que le délit ou le crime.
Avis : peine nécessaire pour les motifs indiqués dans le questionnaire.

36. VIOL.

- 1° **Femme nubile**.

a) CO. Mêmes sanctions que pour l'adultère.

b) CI. L'homme non marié paie la dot, reçoit 100 coups de chicotte et fait un an de prison. L'homme marié est tué.

c) CF. L'auteur doit remettre un cheval au fiancé, au premier mari de la victime.

Peines prop. : emprisonnement d'un mois à un an. Indemnité. Amende facultative.

- 2° **Femme impubère**.

CO, CI et CF : mêmes sanctions que pour la femme nubile.

Peines prop. : emprisonnement de 6 mois à 2 ans. Indemnité à la famille. Amende et interdiction de séjour facultative.

- 3° **Avec violence** sur une femme impubère : mêmes sanctions que pour la femme nubile.

Peines prop. : emprisonnement d'un à trois ans.

- 4° **Par un ascendant** ou une personne ayant autorité : mêmes sanctions que pour la femme nubile.

Peines prop. : emprisonnement d'un à cinq ans.

- 5° **Avec communication de maladie vénérienne**.

Mêmes sanctions, les maladies étant un don d'Allah.

Peines prop. : emprisonnement d'un à cinq ans

Avis : peines nécessaires. Il y a lieu de prévoir une aggravation de peine pour l'ascendant ou la personne ayant autorité sur la mineure et de maintenir à cette infraction le caractère de crime.

37. **VOL**

- **Simple**:

a) CO. Ablation du poignet droit et du pied gauche. Remboursement et restitution.

b) CI. Un homme qui prend 1,50 fr. ou des bagages dans une case, on lui coupe la main droite ; en cas de récidive le pied gauche, nouvelle récidive la main gauche. Moins de 1 franc, 50 coups de chicotte.

c) CF. Voleur et volé du même village : simple restitution. Villages différents : restitution, et amende au chef de village. Entre races différentes : le voleur devient le captif du volé ou de celui qui a procédé à son arrestation. Le volé a le droit de tuer son voleur s'il le prend sur le fait.

Peines prop. : emprisonnement d'un à cinq ans. Remboursement ou restitution. Amende ou interdiction de séjour facultatives.

Avis : minimum de la peine paraît trop fort pour certains petits vols commis dans les marchés. La peine d'emprisonnement pourrait être de 3 mois à 5 ans.

- **Avec circonstances aggravantes** :

CO, CI et CF : pas de distinction avec le vol simple.

Peines prop. : emprisonnement de 2 à 10 ans, plus indemnité.

Avis : peine nécessaire et conforme à la coutume.

- **Avec tortures corporelles** et actes de barbarie ayant entraîné la mort :
a) CO. Pas de distinction avec le vol simple.
b) CI. Le délinquant subit les violences ou tortures infligées à la victime.
c) CF. Non prévue par la coutume.
Peines prop. : maximum : mort. Minimum : 15 ans.
Avis : peine nécessaire ou conforme à la coutume. Distinctions prévues à conserver.

Commentaire.

Le capitaine de Tournadre, chef du département du Batha a adressé une réponse globale pour toutes les ethnies de son département, lequel se compose à cette époque des subdivisions d'Ati, Oum Hadjer et Mongo.

Il dit que les renseignements lui ont été fournis "par des chefs de canton, de villages, les notables et les faki influents" sans faire mention de ceux qu'il a dû obtenir de ses chefs de subdivision. Quand nous avions collecté ces documents, nous n'avions découvert pour le Batha que ce rapport du 28.11.1937. Récemment nous avons pu retrouver la réponse qui avait été faite par le lieutenant Duault, chef de la subdivision de Mongo. Nous ignorons donc si le capitaine de Tournadre a envoyé les rapports de ses subordonnés ou s'il a repris à son compte leurs informations en les résumant, comme cela semble être le cas. On notera en tout cas l'appauvrissement de sa réponse pour les "tribus fétichistes" du Guéra quand on la compare à celle de son chef de subdivision.

La distinction qu'il fait entre coutume waddaïenne, coutume islamisée des tribus non anciennement dépendantes du Wadday et coutume "fétichiste" est tout à fait justifiée. On relèvera la tendance de la coutume waddaïenne à infliger des peines en plus des réparations.

Dans les tribus anciennement soumises au Wadday on retrouve nommé l'imam äl Gadi, qui semble être le qadi d'Abbéché, lequel avait des représentants sur l'ensemble du territoire du sultanat, ici dans chaque "canton".

La carte qui était jointe à l'envoi au Gouverneur n'a pas été retrouvée. Elle aurait permis de mieux cerner l'emplacement des populations citées : Bidio, Dangaléat, Diongor (Dionkor), Kenga, Dadio (Dadjo), et arabes Oumar, se trouvent dans la subdivision de Mongo. Missiriyyä rouges et noirs, Kouka et Médogo sur celles d'Ati et d'Oum Hadjer. Mesmedjé, Mubi, Massalat, Zioud et Haddad principalement sur Oum Hadjer. Ouled Rachid, Diaatné, Khozzam, Hémat principalement sur Ati (dans ce qu'on a appelé par la suite le district nomade de l'Ouadi Rimé), ainsi que les Bilala.

D'une manière générale les renseignements fournis par le capitaine de Tournadre sont trop résumés, ce qui leur fait perdre une partie de leur intérêt.

Il semble qu'au Batha la coutume waddaïenne prévoyait le paiement de la diya *même en cas de légitime défense, ce qui n'était le cas ni à Abéché ni à Am Dam. Il est possible que plus on s'éloignait d'Abéché, donc des grands* faki *dont les décisions s'inspiraient de Khalîl, plus la coutume ancestrale qui veut que tout sang répandu soit racheté (à l'exception de celui du bandit) avait tendance à prévaloir.*

Le renseignement donné pour la diffamation et l'injure dans la coutume waddaïenne est douteux. Il est probable qu'il y avait sanction en cas d'injure grave, même à l'égard d'un particulier.

On relève que la coutume waddaïenne est plus sévère en ce qui concerne les infractions visant la chefferie.

La tentative ne serait réprimée ni dans la coutume waddaïenne ni dans les tribus islamisées, ce qui serait à vérifier. A notre avis elle devait être sanctionnée pour les infractions graves lorsqu'il y avait un commencement d'exécution caractérisé, mais pas avec la même sévérité que si l'infraction avait été réalisée.

On notera que le taux des diya *(pour coups mortels notamment) est un peu différent entre la coutume waddaïenne et la coutume des tribus islamisées non dépendantes du Wadday.*

Quand le chef de département écrit, dans le cas de blessures ayant entraîné la perte d'un œil ou de l'usage d'un membre, que ces deux coutumes étaient semblables, il se trompe. Ce qui est semblable c'est leur manière de mesurer la perte de capacité vitale, c'est-à-dire le pourcentage à payer par rapport à la diya *totale, mais son montant n'est pas le même. Le nombre de têtes de bétail remises était toujours légèrement supérieur chez ces tribus d'éleveurs non dépendants du Wadday. On sait aussi qu'entre Médogo, Kouka et Bilala les* diya *étaient sérieusement diminuées, voire même parfois supprimées à la suite d'accords imposés par certains sultans, ce qui n'apparaît pas dans ce rapport.*

2
Subdivision de Mongo

Afrique Equatoriale
Française
Région du Tchad
Département du Batha
Subdivision de Mongo

Mongo le 31 octobre 1937

Le lieutenant Duault R., Chef de la Subdivision de Mongo
à Monsieur le Chef du Département du Batha

J'ai l'honneur de vous adresser ci-joint les réponses au questionnaire concernant les coutumes pénales indigènes de la subdivision.

Ce travail a été établi à l'aide des renseignements fournis par les chefs de cantons, de villages et les notables indigènes. Les questions concernant les différents cas prévus ont été posées au cours des tournées dans les villages mêmes où résident les chefs de canton : Gourbitih, Niergi, Sara, Golé. Les coutumes des cantons arabes Myssirîehs - six villages - et Yalna - trois villages qui ne forment qu'une part insignifiante de la population de Mongo n'ont pas été étudiées.

Jadis dans la région de Mongo, la justice était rendue par le chef de village, toujours assisté de quelques notables de la *djemaa*. La coutume prévoyait les divers délits ou crimes courants et les sanctions consécutives. Il semble bien qu'en fait il n'y eut pas un barème strict de sanctions mais des peines variables, même pour une race donnée, suivant l'autorité personnelle du chef de village, l'influence des notables sur lui, et aussi l'autorité personnelle du délinquant et de sa famille. Il y avait des délits importants pour lesquels le chef n'avait rien à voir, par exemple : un voleur venu d'un autre village était arrêté ; l'auteur de l'arrestation avait tous les droits sur le voleur, le tuer sur le champ, le garder comme captif, le rendre à la famille contre rançon, sans que le chef de village eut à intervenir.

A la base de la société était non l'individu mais la famille : c'est elle qui était responsable du délit ou du crime commis par l'un de ses membres. La mort du père ou du frère, ou d'un cousin (côté mâle) vengeait la famille de la victime au même titre que la mort du meurtrier lui-même. Si la *dia* était acceptée, c'est également toute la famille qui participait au versement de cette indemnité.

La conséquence se manifestait par le fait que les délits et les crimes commis à l'intérieur d'une famille ne comportaient pas de sanction pour ainsi dire : quelquefois, et encore pas toujours, une simple amende du chef de village. Le parricide, le fratricide ne payaient aucune *dia*. En cas de vol il y avait le plus souvent simplement restitution. Par contre, dans certaines coutumes, la famille de la mère meurtrière de son fils devait la *dia* entière à la famille du père. Les indemnités versées de famille à famille étaient en général d'autant plus fortes que ces familles étaient plus éloignées au point de vue parenté.

Dans certains villages ayant peut-être un ancêtre commun et en particulier chez les Dangaléat, ce mot famille était pris dans un sens très étendu, et le village lui-même était considéré parfois comme une véritable grande famille.

Enfin la femme n'avait dans la plupart des cas aucune responsabilité. Celle-ci appartenait soit à son mari, soit, vis à vis de son mari, à sa propre famille. Cette dénégation de la responsabilité de la femme était poussée à l'extrême chez les Diongor du Guéra.

Responsabilité familiale, avec atténuation ou disparition totale de celle de la femme étaient donc à la base du système de justice des diverses coutumes.

Quant aux sanctions elles-mêmes, si celles concernant le crime sont à peu près identiques partout : la vengeance ou l'acceptation de la *dia*, celles du vol sont très diverses et souvent disproportionnées à l'importance de l'acte commis : mort ou captivité. D'autres peines sont également exagérées ; ce sont celles qui punissent les injures : "sorcier", "fils d'inconnu".

Nos efforts actuels tendent naturellement à inculquer aux indigènes la notion de responsabilité individuelle, tant de celle de l'homme que de celle de la femme, et à leur faire comprendre que les sanctions doivent être proportionnées dans tous les cas à l'importance du délit.

signé : D<small>UAULT</small>

Réponse au questionnaire concernant les coutumes pénales indigènes

1. ABUS DE CONFIANCE.

L'abus de confiance n'est pas sanctionné par les diverses coutumes pénales de la région. Il y a simplement restitution des objets détournés. Un propriétaire ne confiait guère d'ailleurs d'objets lui appartenant qu'à des membres de sa famille ou à des gens du même village ; tout à fait exceptionnellement à des gens d'un autre village, même voisin.

2. ADULTÈRE.

La femme n'a jamais aucune responsabilité ; seul le complice l'est vis à vis du mari, et il est d'autant moins puni qu'il est d'une famille plus proche de celle de l'époux, ou, à plus forte raison, de sa propre famille. L'adultère du mari n'est nulle part puni ; mais celui-ci est, en général, sauf chez les Arabes Oumar, responsable des actes de violence que peut commettre sa femme légitime sur la personne de sa concubine.

- **Arabes Oumar** (coutume musulmane). La preuve de l'adultère doit être faite d'une façon très précise (3 ou même 4 témoins). Le mari trompé ne reçoit pas d'indemnité. Une amende variable (vaches, boubous.) est infligée par le chef de kachimbet. Cependant, si un mari a prévenu par trois fois devant les notables le complice de sa femme et si, le prenant en flagrant délit, il le tue, il ne paie aucune *dia*. La dot de la femme violant le devoir de cohabitation est remboursée, ainsi que les cadeaux et accessoires divers accompagnant cette dot. C'est la famille de la femme qui est responsable des violences que celle-ci peut exercer sur la concubine de son mari.

- **Bidio** (coutume fétichiste). Une indemnité d'un cheval, un boubou, une sagaie, un couteau de jet est versée par le complice à l'époux trompé. Aucune amende n'est infligée par le chef de village. Si le mari trompé se venge par le meurtre du complice de sa femme, il ne paie pas de *dia*, Parfois le complice propose d'épouser la femme adultère, et le mari accepte : la dot lui est alors remboursée. La dot de la femme violant le devoir de cohabitation n'est remboursée que lorsque celle-ci se remarie. Le mari est responsable des actes de violence commis par sa femme légitime.

- **Dadio** (coutume musulmane.). Une indemnité variable (de quelques rouleaux de gabak à un demi-cheval) est due par le complice à l'époux. Le chef de village inflige également une amende (2 ou 3 boubous, une vache). Tout dépend surtout des relations antérieures des deux familles. L'époux trompé qui tue le complice paie la *dia* et l'amende. Il n'y a là aucune circonstance atténuante. La dot de la femme violant le devoir de cohabitation est remboursée par le père au mari. Le mari est responsable des actes de violence que peut commettre sa femme légitime.

- **Dangaléat** (Korbo, Golé), coutume fétichiste. Si le complice est de la même famille que l'époux, le délit est peu grave (un poulet est symboliquement remis à titre d'indemnité). Si les deux familles sont éloignées, l'indemnité peut atteindre un cheval. Aucune amende par le chef de village. La dot de la femme violant le devoir de cohabitation n'est remboursée qu'après le remariage de cette femme. Le mari est responsable des actes de violence commis par sa femme légitime sur sa concubine. Si l'époux trompé surprend le complice en flagrant délit et le tue, il ne paie aucune *dia*.

- **Diongor de l'Abou Telfane** (coutume fétichiste). L'indemnité versée au mari par le complice est d'autant plus forte que les familles sont plus éloignées (de quelques rouleaux de gabak à quatre vaches). Il en est de même de l'amende infligée par le chef de village (jusqu'à une vache). La dot de la femme violant le devoir de cohabitation est immédiatement remboursée par le père. Le mari est responsable des actes de violence commis par sa femme sur sa concubine. Si l'époux trompé prend le complice en flagrant délit et le tue, il ne paie aucune *dia*.

- **Diongor du Guéra** (coutume fétichiste). L'adultère n'entraîne aucune sanction ni pour la femme ni pour le complice. L'époux trompé cherche à se venger par une action analogue commise avec une femme de la famille du complice. Aucune amende par le chef de village. La dot de la femme violant le devoir de cohabitation est remboursée par le père. Le mari est responsable des actes de violence commis par sa femme légitime sur la personne de sa concubine. Si l'époux trompé surprend le complice en flagrant délit et le tue, il ne paie aucune *dia*.

- **Kenga** (coutume fétichiste). En général le mari trompé accepte une indemnité variable (jusqu'à un cheval, un mouton, un pagne kenga, une paire de naïls et deux gabak), mais si après avoir prévenu le complice il le surprend en flagrant délit et le tue, il ne paie aucune *dia*. Dans ce dernier cas le chef de village inflige cependant une amende au meurtrier. Le chef de village n'inflige pas d'amende au complice de la femme adultère. La dot de la femme violant le devoir de cohabitation est remboursée par le père. Le mari est responsable des actes de violence commis par sa femme.

Observations :

1/ En cas de violation du devoir de cohabitation, la femme n'est jamais punie. Son père rembourse simplement la dot plus ou moins rapidement au mari.

2/ Dans leur état d'esprit actuel les indigènes ne pourraient comprendre qu'une sanction soit infligée au mari adultère. Si la femme doit entière obéissance et soumission au mari, celui-ci reste libre. Il est rare qu'une femme trompée aille porter plainte devant le chef de village. Il l'est moins qu'elle ne cherche elle-même à se venger, sachant son mari responsable.

3/ Oui, des sanctions pénales doivent être appliquées au complice (surtout dans les grands centres).

3. **ALIÉNATION MENTALE**.

Le meurtre commis par un individu en état d'ivresse est considéré comme moins grave par les diverses coutumes, mais il est en fait sanctionné de la même façon, que le meurtrier soit ivre ou non. Dans le premier cas la *dia* est plus facilement acceptée par la famille de la victime, et le meurtrier n'est pas obligé de quitter le village ou tout au moins il peut y rentrer assez rapidement.

Le fou n'est en principe pas responsable. Cependant, si à deux ou trois reprises les parents de ce fou ont été avertis par les notable du danger qu'il y avait à le laisser en liberté, ils deviennent responsables du meurtre qui peut être commis par la suite (*dia*, et amende au chef de village).

Observation : l'ivresse ne doit pas constituer une atténuation de la gravité du meurtre.

4. **ATTENTAT A LA PUDEUR SUR MINEURE IMPUBÈRE**.

Ces faits ne sont pas prévus par les diverses coutumes locales ou sont considérés comme sans gravité ; il n'y a faute et sanction qu'en cas de viol de mineure impubère. En cas de plaintes répétées contre un même individu, une légère amende, de quelques gabak, est parfois infligée par le chef de village.

Observation : ces faits, considérés comme peu graves, et rares, pourraient n'être déférés qu'au tribunal du 1er degré.

5. **AVORTEMENT**.

La femme n'a aucune responsabilité ; c'est le complice qui lui a procuré les médicaments, instruments etc.., ou l'individu qui volontairement l'a frappée, qui sont redevables du "prix du sang" au mari. La femme mère d'un "fils inconnu" (et son complice) ne sont pas punis.

- **Arabes Oumar**. Le complice de la femme doit payer 5 vaches (le 1/6 de la *dia*) au mari. Une amende d'une vache lui est en outre infligée par le chef de village.

- **Bidio**. Le complice de la femme paie la *dia* entière (deux chevaux) au mari. Une amende d'un cheval lui est infligée par le chef de village. Si un mari a plusieurs femmes et si l'une d'elle avorte par suite des agissements d'une autre, aucune *dia* ne lui est payée ; le chef de village inflige cependant une amende d'une vache dans ce dernier cas.

- **Dadio**. La femme a ici une part - très légère - de responsabilité, et le chef de village lui inflige, c'est-à-dire en fait à sa famille, quelques gabak d'amende. Le complice verse une indemnité de deux vaches au mari, et une amende d'une ou deux vaches lui est infligée en sus par le chef de village.

- **Dangaléat**. L'individu qui a provoqué l'avortement paie au mari une indemnité d'un cheval et au chef de village une amende d'un demi-cheval.

- **Diongor de l'Abou Telfane**. Aucune indemnité n'est versée au mari par l'individu qui a provoqué l'avortement. Le chef de village lui inflige une amende d'une vache.

- **Diongor du Guéra**. L'individu qui a provoqué l'avortement paie la *dia* entière. Pas d'amende par le chef de village.

- **Kenga**. L'avortement est considéré comme peu grave. L'indemnité versée par l'individu qui l'a provoqué, au mari, est seulement d'un boubou noir et un boubou blanc.

6. BLESSURES VOLONTAIRES.

I. *Crime.*

Sauf chez les Arabes Oumar les blessures faites volontairement sans intention de donner la mort mais qui l'ont pourtant occasionnée, sont considérées par les diverses coutumes comme des meurtres et punies des mêmes peines.

- **Arabes Oumar**. (a) Les blessures faites sans intention de donner la mort mais qui l'ont occasionnée n'entraînent que le paiement de la moitié de la *dia*, soit 15 vaches. (b) L'auteur de la perte d'un œil paie à sa victime 15 vaches (souvent ramené à 10). Pour un membre, l'indemnité est la même (souvent diminuée pratiquement). Lorsque l'amputation est faite avec un sabre indigène, le chef de khachimbet inflige une amende d'une génisse et de cinq boubous ; la perte d'une dent est sanctionnée par une indemnité de cinq chevaux, ramenée le plus souvent à cinq vaches.

- **Bidio**. (b) Si l'auteur des violences et la victime sont de familles très proches ou du même village, il n'y a ni amende ni indemnité. Dans le cas contraire une indemnité d'un cheval est due par l'auteur de la perte d'un œil ou du bras droit, de deux vaches seulement pour la perte du bras gauche. La perte d'une dent est sanctionnée par une indemnité de deux vaches.

- **Dadio**. (b) La perte d'un œil ou d'un membre entraîne pour l'auteur le paiement à la victime d'une indemnité d'un cheval ou d'une dizaine de vaches. Une amende de deux ou trois boubous est infligée par le chef de village. La perte d'une dent est sanctionnée par une indemnité de cinq vaches (souvent ramenée à trois).

- **Dangaléat**. (b) L'importance de l'indemnité versée pour la perte d'un œil ou d'une jambe varie beaucoup avec la parenté et les relations antérieures des deux familles de la victime et de l'auteur des violences (aucune indemnité si ces deux derniers sont proches parents, un cheval s'ils sont éloignés). Une amende (gabak, boubous) est infligée par le chef de village. La perte d'une dent est sanctionnée par une indemnité de deux boubous et un rouleau de gabak.

- **Diongor de l'Abou Telfane**. (b) Une indemnité de 15 vaches est versée à la victime par l'auteur de violences occasionnant la perte d'un œil ou du bras droit. Une amende de deux vaches est en outre infligée par le chef de village. L'indemnité est ramenée à 12 vaches pour la perte du bras gauche et à 7 pour une jambe. L'amende est ramenée à une vache ou à une génisse. L'indemnité due pour la perte d'une dent est de 5 vaches.

- **Diongor du Guéra**. (b) La perte d'un bras entraîne le paiement de la *dia* complète ; celle d'un œil, d'une oreille, d'une dent, celui d'un cheval ou de 7 boubous seulement. Dans une même famille aucune indemnité n'est jamais payée.

- **Kenga**. (b) L'indemnité due par l'auteur de violences entraînant la perte d'un œil ou d'une dent est d'un cheval. Pour la perte d'un bras c'est un jeune captif qui doit être livré à la victime. Aucune indemnité n'est jamais versée entre deux membres de la même famille.

II. *Délit*

Les blessures n'occasionnant aucune infirmité ne sont suivies en général d'aucune indemnité à la victime. Parfois le chef de village inflige à l'auteur de la violence une légère amende (gabak, boubous)

- **Arabes Oumar**. Une morsure grave laissant une cicatrice très apparente entraîne le paiement d'une indemnité d'une génisse. Légère amende par le chef de village.

Chez les **Dadio, Dangaleat et Diongor de l'Abou Telfane**, légère amende du chef de village.

7. CIRCONSTANCES ATTÉNUANTES.

Aucune circonstance atténuante pour le vol dans les diverses coutumes. La folie, mais non l'ivresse, en constitue une pour le meurtre. Le fait que l'auteur d'un crime ou d'un délit et sa victime soient de la même famille constitue en quelque sorte une circonstance atténuante puisque dans ce cas les sanctions prévues, sinon l'amende, du moins l'indemnité due à la victime, sont ou supprimées ou très diminuées.

8. BLESSURES INVOLONTAIRES.

Ces blessures ne sont en général sanctionnées par aucune indemnité et aucune amende ; seules les blessures graves occasionnant une infirmité, et toujours à condition qu'auteur et victime ne soient pas de la même famille, entraînent le paiement d'une indemnité.

- **Arabes Oumar.** La perte d'un œil ou d'un membre causée par des blessures involontaires est sanctionnée par une indemnité de 5 ou plus souvent 3 vaches à la victime.

- **Bidio**. Aucune indemnité prévue.

- **Dadio**. La perte d'un œil, d'un membre, suite à des blessures involontaires entraîne le paiement d'une indemnité de 5 vaches.

- **Dangaléat**. Aucune indemnité.

- **Diongor de l'Abou Telfane**. En général aucune indemnité n'est versée mais s'il y a par la suite un incident entre les deux familles, cet abandon est naturellement rappelé et aucune indemnité n'est versée non plus pour le nouveau fait par la famille de la première victime.

- **Diongor du Guéra**. Aucune indemnité.

- **Kenga**. En général aucune indemnité mais à l'occasion, la famille de la victime sait rappeler cet abandon volontaire.

Observations : oui, il y a lieu de réprimer ce délit si la preuve est nettement faite qu'il y a eu inattention, imprudence ou inobservation des règlements.

9. COMPLICITÉ.

Les différents genres de complicité prévus par les diverses coutumes sont les suivants : complicité effective par aide (partage des sanctions prévues pour le délit ou le crime), provocation par des menaces, dons (cela n'est prévu qu'en tant qu'abus d'autorité, de pouvoir, et c'est le chef ou le notable provocateurs qui sont en général entièrement responsables). La complicité passive n'est pas punie par les différentes coutumes.

- **Arabes Oumar.** En cas de meurtre commis à la suite de dons, de promesses, le meurtrier paie 25 vaches de *dia* ; le provocateur paie les 5 autres. Si ce sont des menaces qui ont imposé le crime, le provocateur est entièrement responsable.

- **Bidio**. En cas d'aide active à un meurtre, le meurtrier et son complice paient chacun un cheval. Celui qui provoque un meurtre par promesse ou menace est entièrement responsable.

- **Dadio**. Dans le cas d'aide active, *dia* et amende sont partagées par le meurtrier. Le chef ou notable provocateur d'un meurtre est entièrement responsable.

- **Dangaleat**. Le meurtrier paie la *dia* ; celui qui l'a poussé à ce meurtre paie l'amende. Si le provocateur est un chef ou un notable, il est entièrement responsable.
- **Diongor de l'Abou Telfane**. Le provocateur au meurtre paie la moitié, les trois-quarts ou même la *dia* entière suivant l'action qu'il a exercée sur le meurtrier.
- **Diongor du Guéra**. Le provocateur au meurtre est entièrement responsable. Le seul fait de prêter sa sagaie entraîne également cette entière responsabilité.
- **Kenga**. Le meurtrier n'a plus aucune responsabilité : c'est le chef ou notable qui lui ont imposé cette action qui sont entièrement responsables.

Observations : l'inaction, l'abstention ne doivent être punies que si elles sont inexcusables.

10. CONCUSSION

N'est prévue par aucune coutume locale. Les chefs de village, ou bien ont une autorité personnelle effective et ne sont pas inquiétés, ou bien sont étroitement contrôlés par les notables qui les obligent à respecter la coutume.

11. CORRUPTION

- **Arabes Oumar**. Non prévu.
- **Bidio**. Rien n'est prévu. Tout dépend de l'autorité du chef de village, de l'influence des notables.
- **Dadio**. Le chef qui reçoit d'un voleur un cadeau pour que ce dernier ne soit pas puni doit verser aux notables une amende supérieure au cadeau reçu. Le voleur est puni pour son vol, mais non pour l'acte de corruption.
- **Dangaléat**. Le chef corrompu par un voleur doit rendre à la djéma le cadeau reçu, mais aucune amende ne lui est infligée.
- **Diongor de l'Abou Telfane**. Il y a restitution des cadeaux reçus par le chef corrompu et, en cas de récidive, celui-ci peut être destitué.
- **Diongor du Guéra**. Les notables obligent le chef à chasser le corrupteur. Aucune sanction contre le chef corrompu.
- **Kenga**. Rien n'est prévu. Tout dépend en fait de l'autorité du chef de village et de l'influence des notables.

Observations : oui, il faut maintenir ces distinctions.

12. LÉGITIME DÉFENSE

La défense légitime est admise par toutes les coutumes ; il y a, en cas de meurtre, disparition totale de la responsabilité du meurtrier (ni *dia* ni amende).

13. DÉNONCIATION CALOMNIEUSE

-Arabes Oumar. Une indemnité d'un jeune bœuf et 3 boubous est versée à la victime de l'accusation calomnieuse par son auteur. Aucune amende par le chef de khachimbet.

- **Bidio**. Une indemnité de 6 moutons, 6 yébé de mil, 2 gabak est payée par l'auteur de l'accusation à la victime. Elle représente le double de ce qu'a payé au chef de margaye l'accusé, pour jurer de son innocence.

- **Dadio**. L'indemnité versée à la victime par le calomniateur varie avec l'importance de l'accusation (de quelques gabak à 4 vaches). De même l'amende infligée par le chef de village (de quelques gabaks à une vache).

- **Dangaléat**. L'accusateur calomnieux doit verser à sa victime une indemnité d'une jument si le préjudice moral causé est important.

- **Diongor de l'Abou Telfane.** Une indemnité de 4 vaches est due par le dénonciateur à sa victime. En outre le chef de village lui inflige une amende d'une vache.

- **Diongor du Guéra**. Aucune amende n'est infligée par le chef de village mais le dénonciateur calomnieux doit verser à la victime une indemnité d'un cheval ou sept boubous.

-**Kenga**. La dénonciation calomnieuse est grave ; si la victime s'en venge par un meurtre, elle ne doit aucune *dia*. Cependant en général la victime accepte une indemnité d'un cheval et de deux boubous.

14. DIFFAMATION ET INJURE

Quelques injures, différentes suivant les coutumes, sont très sévèrement sanctionnées.

- **Arabes Oumar**. Les plus graves injures sont celles de "haddad" et de "fils d'inconnu". S'il est prouvé par un conseil de notables que ces injures sont calomnieuses, une indemnité d'un cheval est versée par l'insulteur dans le premier cas, d'une vache dans le second.

- **Bidio**. Les plus graves injures sont celles de "sorcier", "voleur", "captif", la première surtout, qui, si la preuve du contraire est faite, est sanctionnée par le paiement d'une indemnité d'un cheval par l'insulteur.

- **Dadio**. "Sorcier", "captif", "fils d'inconnu", "empoisonneur", sont les plus graves insultes. Si l'insulté fournit la preuve qu'il n'est point ce dont on l'accuse, il reçoit une indemnité d'un cheval. En outre le chef de village inflige une amende d'un cheval à l'insulteur.

- **Dangaléat**. Les plus graves injures sont celles de "sorcier", "empoisonneur". Si l'insulté réussit à prouver qu'il n'est pas sorcier, par exemple en se jetant du haut d'un arbre sans se faire de mal, il reçoit une indemnité de 5 à 7 chevaux. L'insulte calomnieuse d'"empoisonneur" entraîne le paiement d'une indemnité de 2 chevaux. Dans les deux cas une amende d'un cheval est en outre infligée par le chef de village.

- **Diongor de l'Abou Telfane.** Les injures suivantes : "sorcier", "fils d'inconnu", sont les plus graves. Si la preuve de la calomnie de ses injures est faite, une indemnité de 4 vaches est due par l'insulteur.

- **Diongor du Guéra.** Une seule injure grave : "sorcier". Si l'insulté prouve qu'il n'est pas sorcier, par exemple en plongeant sa main dans l'eau bouillante sans être brûlé, une indemnité de 14 boubous est versée.

- **Kenga.** Les plus graves sont celles de "sorcier", "captif", "fils d'inconnu". Si la preuve est faite par l'insulté qu'il ne mérite pas l'injure, par exemple en se jetant du haut d'un arbre sans se faire de mal, son insulteur est immédiatement mis à mort par la famille de l'insulté. Les autres injures sont punies seulement par le versement d'une indemnité de quelques boubous.

Observations : les différentes sanctions, surtout chez les fétichistes, sont nettement exagérées. Oui, il faut prévoir les pénalités indiquées, et une peine aggravée, ce qui n'existe pas dans les coutumes, en cas d'injure publique à un chef.

15. EMPOISONNEMENT.

Les cas d'empoisonnement prouvés sont très rares. L'empoisonnement est considéré comme plus grave que le meurtre à l'arme blanche, mais il est en fait sanctionné par les mêmes peines. En général l'empoisonneur ne peut jamais rentrer dans son pays. Les rites du poison d'épreuve ne sont pas pratiqués dans la région. Le crime d'empoisonnement des eaux n'est nulle part prévu.

- **Arabes Oumar.** Même sanction que pour le meurtre.

- **Bidio.** En plus des sanctions du meurtre, tous les biens personnels de l'empoisonneur sont confisqués par le chef de village et les notables.

- **Dadio.** Mêmes sanctions que pour le meurtre.

- **Dangaléat.** En plus des sanctions du meurtre tous les biens personnels de l'empoisonneur sont vendus (la moitié revient au chef de village, l'autre moitié à la famille de la victime).

- **Diongor de l'Abou Telfane.** En plus des sanctions du meurtre, tous les biens personnels de l'empoisonneur sont confisqués par le chef de village et les notables.

- **Diongor du Guéra.** La *dia* est très rarement acceptée et presque toujours la vengeance de la famille de la victime s'exerce par le meurtre d'un membre de la famille de l'empoisonneur. Tous ses biens sont confisqués par le chef de village et les notables.

- **Kenga.** En plus des sanctions du meurtre tous les biens personnels de l'empoisonneur sont confisqués par le chef et les notables. Parfois ces biens sont brûlés.

16. ESCROQUERIE.

Les diverses coutumes ne prévoient aucune sanction : les objets ou animaux escroqués sont remboursés (voir abus de confiance). Les sommes escroquées à un malade, avec promesse de lui rendre la santé, ne sont jamais remboursées. L'escroc qui se fait remettre des cadeaux, en promettant de faire retrouver un animal volé, est considéré comme complice du voleur et, si ce dernier n'est pas pris, c'est lui qui doit rembourser, avec les sommes escroquées, l'animal volé.

17. ESCROQUERIE A LA DOT.

En général la coutume est la suivante : si pendant l'absence de son premier mari, une femme a été mariée à un autre homme, c'est elle, qui, au retour de ce premier mari, choisit l'homme avec lequel elle préfère demeurer. La dot est remboursée par le père à celui qui n'a pas été choisi. Des indemnités, des amendes sont prévues ou non.

- **Arabes Oumar**. La femme laissée sans ressources par son mari pendant un an va porter plainte au chef de khachimbet. Après un délai de trois mois suivant cette année le mariage est cassé aux torts du mari et celui-ci n'a plus droit au remboursement de la dot. L'escroquerie à la dot n'est donc pas prévue.

- **Bidio**. Si le deuxième mari est choisi il paie au premier une indemnité d'un cheval. Si la femme retourne avec son premier mari, ce dernier n'a droit à aucune indemnité.

- **Dadio**. Si la femme reste avec le deuxième mari, ce dernier verse une indemnité variable (en boubous..) au premier mari. Une légère amende de quelques gabak est infligée au père qui a touché deux fois la dot.

- **Dangaléat**. Le premier mari, choisi ou non par la femme, n'a droit à aucune indemnité.

- **Diongor de l'Abou Telfane.** En général la femme revient avec le premier mari, mais si, exceptionnellement, elle reste avec le second, ce dernier verse une vache d'indemnité au premier. Une légère amende est infligée au père qui a touché deux fois la dot.

- **Diongor du Guéra.** Ni amende ni indemnité dans aucun cas.

- **Kenga**. Si le deuxième mari garde la femme, il verse une indemnité de la valeur d'un cheval au premier mari.

Observations : le seul responsable est évidemment le père qui touche deux fois la dot. Il doit, outre le remboursement de cette dot, être condamné à une peine d'emprisonnement. Il n'y a pas délit si le premier mari ayant laissé sa femme sans ressources, les notables ont autorisé cette femme à contracter un nouveau mariage. Dans ce dernier cas, comme chez les Arabes, le premier mari n'aurait pas droit au remboursement de la dot.

18. ÉVASION.

Le fait même de l'évasion n'est pas sanctionné par les diverses coutumes : les voleurs ou criminels enchaînés - il s'agissait presque toujours des gens d'un autre village ou d'une autre race - qui étaient repris après évasion étaient enchaînés à nouveau mais n'étaient punis que pour le délit ou le crime commis.

- **Arabes Oumar**. Si l'évadé n'est pas repris, la personne de connivence ayant favorisé la fuite est enchaînée et devient responsable de l'acte commis par le voleur (remboursement d'un vol, *dia*.)
- **Bidio**. Connivence non prévue.
- **Dadjo**. Une amende (en boubous) est infligée à la personne de connivence.
- **Dangaléat**. Connivence non prévue.
- **Diongor de l'Abou Telfane.** Mise à la chaîne de la personne de connivence ayant favorisé la fuite.
- **Diongor du Guéra**. La personne de connivence ayant favorisé la fuite est elle-même mise à la chaîne et devient responsable de l'acte pour lequel l'évadé avait été enchaîné.
- **Kenga**. Mise à la chaîne de la personne de connivence ayant favorisé l'évasion.

Observations : Oui, il faut réprimer l'évasion par une peine supplémentaire de prison. Le gardien ou la personne de connivence doit également faire l'objet d'une peine d'emprisonnement.

19. **EXACTIONS**

Comme la concussion, ce délit n'est pas prévu par les diverses coutumes.

Observation : il ne semble pas indispensable de distinguer l'exaction de la concussion. Il suffirait, pour une même valeur exigée, d'infliger une peine plus grave si des violences ont été exercées.

20. **FAUX**

N'est pas prévu par les diverses coutumes, sauf pour les Arabes Oumar et Dadio qui possédaient quelques faki. En cas de préjudice matériel, il y avait remboursement par l'auteur du faux ; si ce dernier n'avait causé qu'un préjudice moral une amende était infligée par le chef de village. Naturellement, le faki auteur du faux perdait toute confiance.

Observations : les *Peines proposées* sont suffisantes. Elles ne sont pas trop élevées.

21. FAUSSE MONNAIE

Non prévu.

22. FAUX TÉMOIGNAGE

Les diverses coutumes ne différencient pas le faux témoignage de la dénonciation calomnieuse.

23. HOMICIDE VOLONTAIRE

I. Meurtre

Pour toutes les coutumes de la région le meurtre est en principe sanctionné par la mort du coupable ou d'un proche parent, père, frère, cousin du côté paternel. C'était ce qui se passait, en fait, lorsque le meurtrier ou son frère par exemple tombait entre les mains de la famille de la victime peu après le meurtre. L'affaire était alors réglée. Le plus souvent, le meurtrier et sa famille s'enfuyaient dans un autre village. De là, par l'intermédiaire de notables, d'amis communs, ils proposaient le prix du sang : la *dia*. La première réponse était en général négative, le sang appelant le sang ; puis, au bout d'un certain temps très variable dépendant de l'humeur plus ou moins farouche de la famille de la victime et surtout de la parenté et des relations antérieures des deux familles, la *dia* était finalement acceptée. Si meurtrier et victime étaient de la même famille (dans un sens très étendu), aucune *dia* n'était payée.

- **Arabes Oumar**. Après le meurtre, le meurtrier et sa famille s'enfuient le plus souvent pour proposer de loin la *dia*. Parfois cependant la famille du meurtrier arrête elle-même ce dernier et le conduit à des notables, qui informent de ce fait la famille de la victime. Celle-ci choisit : mort ou *dia*. En général, la mort d'abord est choisie mais les conseils des notables aboutissent à faire accepter la *dia* : en principe 30 vaches pour un homme, 15 pour une femme. La famille du meurtrier paie en outre une amende d'un cheval au chef de khachimbet. A ce dernier la famille de la victime fait cadeau d'un dixième de la *dia*, soit 3 vaches. Si la famille de la victime, peu fortunée, ne peut payer la *dia*, le meurtrier est parfois livré lui-même comme captif à la famille de la victime après que celle-ci ait fait serment de ne point le mettre à mort. Aucune "charité" n'est due.

- **Bidio**. Du village où elle s'est enfuie, la famille du meurtrier fait proposer par des notables la *dia* ou *keya*, qui est en principe de 2 chevaux pour un homme, un cheval pour une femme. Si la famille du meurtrier ne possède pas d'animaux, elle propose un jeune garçon ou une jeune fille (suivant le sexe de la victime) qui deviennent captifs. Le chef de village inflige une amende d'un cheval à la famille du meurtrier, qui peut rentrer au village quand *dia* et amende sont payées. Le meurtrier ne peut rentrer avant une année. En sus de la *dia* la famille du meurtrier remet à celle de la victime au titre de "charité" ou "sadaga" un jeune bœuf ou trois moutons (pour être sacrifiés), 5 à 10 yébé de mil pour faire du mérissé et un boubou destiné en principe à l'ensevelissement du mort.

- **Dadio**. Le meurtrier et sa famille s'enfuient. La *dia* ou *kaguié* proposée est en général de deux chevaux ou de deux jeunes filles vierges. L'une d'elles est choisie comme épouse par un proche parent de la victime, et elle devient libre après avoir donné naissance à un garçon le jour où cet enfant marche. L'autre est définitivement captive et ne peut être que rachetée. Pour une femme la *dia* est seulement d'un cheval (ou de 10 vaches), jamais de jeunes filles. L'amende versée au chef de village par la famille du meurtrier est d'un cheval quelque soit la victime. En sus de la *dia*, au titre de "charité", sont remis à la famille de la victime par celle du meurtrier : un bœuf, un boubou en gabak, 10 yébé de mil, une sagaie, un couteau. La moitié de tout cela pour le meurtre d'une femme. Si la famille du meurtrier ne peut payer la *dia*, elle ne rentre pas au village et l'affaire n'est pas finie.

- **Dangaléat**. Craignant les représailles, immédiatement le meurtrier et toute sa famille quittent le village. La *dia* proposée ou *kadia* est normalement d'une jeune fille vierge (rarement de deux chevaux). Cette jeune fille épousée par un proche parent de la victime devient libre après avoir donné naissance à un garçon et que cet enfant marche. Parfois elle reste avec son époux. Une dot est quelquefois payée à ce moment. Le mari n'y est pas absolument obligé. Une amende d'un cheval est payé au chef de village. Le meurtrier reste en général plusieurs années absent. Lorsque meurtrier et victime sont de la même famille, parfois même simplement du même village, aucune *dia* n'est payée (l'amende l'est toujours dans tous les cas). Aucune "charité" n'est versée à la famille de la victime. Pour une femme la *dia* est d'un cheval. L'amende au chef de village est toujours la même.

- **Diongor de l'Abou Telfane**. La *dia* ou "*katié*" proposée à la famille du meurtrier du village où elle s'est enfuie est en principe de deux jeunes filles vierges. Comme chez les Dadio l'une d'elle est épousée par un proche parent de la victime et devient libre après avoir donné naissance à un garçon. L'autre est définitivement captive. A défaut de jeunes filles la *dia* est parfois constituée par 50 vaches ou deux chevaux (les déclarations des Diongor sont très variables). Pour une femme la *dia* est de moitié (quelquefois quinze vaches seulement). L'amende due par la famille du meurtrier au chef de village est toujours de cinq vaches. En sus de la *dia*, la "charité" due à la famille de la victime est d'un jeune bœuf, 10 yébé de mil, un boubou, une houe indigène pour creuser la tombe.

- **Diongor du Guéra**. Si les notables réussissent à faire accepter la *dia* ou "tardoua", celle-ci comprend en principe une jeune fille vierge, 5 à 7 boubous blancs, un boubou noir (ou à défaut deux chevaux). La jeune fille épousée par un proche parent de la victime devient libre après avoir donné naissance à un garçon et que ce garçon marche. La *dia* pour le meurtre d'un homme ou d'une femme est la même. Le chef de village n'inflige pas d'amende. Le meurtrier reste en général plusieurs années avant de rentrer dans son village. La famille rentre quand la *dia* est payée. Particularité : si une femme tue son mari, aucune sanction ne lui est infligée (analogie avec le coup de sabot du cheval qui tue son maître).

- **Kenga.** La *dia* ou "tardoua" proposée est en principe d'une jeune fille, de 7 boubous blancs et d'un boubou noir (ou à défaut de deux chevaux) Pour une femme elle est seulement d'un cheval et de 7 boubous blancs. La jeune fille épousée par un proche parent de la victime devient libre après avoir donné naissance à un garçon et que cet enfant marche. L'amende due au chef de village est en principe d'une jeune fille, mais en général c'est un cheval qui est remis. Quelquefois le chef ne prend ni la jeune fille ni le cheval mais touche la dot de la jeune fille le jour de son mariage. La *dia* payée, la famille du meurtrier peut rentrer au village. Le meurtrier ne peut rentrer au village avant plusieurs années. Au titre de "charité" sont remis à la famille de la victime un ou deux moutons et quelques yébé de mil.

II. Assassinat

L'assassinat, partout considéré comme plus grave que le meurtre sans préméditation, est en fait puni des mêmes sanctions. La famille de la victime fait naturellement beaucoup plus de difficultés pour accepter le prix du sang. Elle s'y résout le plus souvent cependant ; l'assassin doit rester plus longtemps en dehors du village. En général il ne rentre qu'après serment (sur le Coran ou la margaye), par la famille de la victime, que l'affaire est terminée.

III. Parricide

Les diverses coutumes ne prévoient naturellement aucune *dia* pour le fils qui tue son père ou son oncle puisque meurtrier et victime sont de la même famille ; mais sauf chez les Diongor du Guéra une amende est infligée par le chef de village.

- **Arabes Oumar**. Le fils meurtrier ne touche aucune part d'héritage. Une amende d'un cheval est infligée par le chef de khachimbet. Si le fils tue sa mère, la famille du père doit en principe la *dia* à celle de la victime.

- **Bidio**. Une amende d'un cheval est infligée par le chef de village. Pas de *dia* si le fils tue sa mère.

- **Dadio**. Le meurtrier, considéré en général comme fou, doit quitter le village bien qu'il ne risque pas de représailles. Une amende d'un cheval est infligée par le chef de village. Le père paie la *dia* à la famille de sa femme tuée par son fils.

- **Dangaléat**. Une amende d'un cheval est infligée par le chef de village à la famille. Si la victime est la mère et si elle est d'une famille éloignée de celle de son mari, ce dernier doit la *dia* (un cheval).

- **Diongor de l'Abou Telfane.** Le chef de village inflige une amende de cinq vaches à la famille. La famille du père est redevable de la *dia* à la famille de la mère si cette dernière est la victime.

- **Diongor du Guéra**. En cas de meurtre de la mère, la famille du père doit la *dia* à la famille de la victime. Pas d'amende.

- **Kenga**. Le meurtrier, considéré comme fou, reste cependant dans le village. Le chef de village inflige une amende d'un cheval. Pas de *dia* même si la victime est la mère.

IV. INFANTICIDE

- **Arabes Oumar**. La famille de la mère coupable doit rembourser au père la moitié de la *dia*. Le plus souvent le père abandonne cette *dia*. Aucune sanction contre la mère si l'enfant est "fils d'inconnu". Amende du chef de village au père ou à la mère criminels.

- **Bidio**. La famille de la femme qui tue son enfant n'est redevable d'aucune *dia* au père. Une amende (deux vaches) est infligée à cette femme, que la victime soit ou non "fils d'inconnu" ; de même qu'au père qui tue son fils.

- **Dadio**. La famille de la mère coupable doit payer la *dia* entière au père de la victime. Que le meurtrier soit le père ou la mère, que la victime soit ou non "fils d'inconnu", une amende d'un cheval est toujours infligée par le chef de village.

- **Dangaléat**. La famille de la femme coupable ne doit aucune *dia* au père quel que soit le meurtrier (père ou mère), que l'enfant soit ou non "fils d'inconnu". Une amende d'un cheval est toujours infligée par le chef de village à la famille du criminel.

- **Diongor de l'Abou Telfane**. Pas de *dia* au père si la mère tue son fils. Une amende de quatre vaches est toujours infligée par le chef de village quel que soit le meurtrier (père ou mère), et même si l'enfant est "fils d'inconnu".

- **Diongor du Guéra**. Aucune amende n'est infligée par le chef de village. Aucune *dia* n'est payée au père par la famille de la femme coupable d'infanticide.

- **Kenga**. Une amende d'un cheval est toujours infligée quel que soit le meurtrier et que la victime soit ou non "fils d'inconnu". Aucune *dia* n'est due au père par la famille de la femme coupable d'infanticide.

24. HOMICIDE INVOLONTAIRE.

- **Arabes Oumar**. En principe la moitié de la *dia* (pratiquement 10 vaches ou moins) est due à la famille de la victime. Une amende est infligée par le chef de khachimbet.

- **Bidio**. La moitié de la *dia* est facilement acceptée par la famille de la victime qui ne cherche pas à se venger. Amende d'un demi-cheval infligée par le chef de village.

- **Dadio**. La moitié de la *dia* est due à la famille de la victime. Une amende d'un demi-cheval est infligée par le chef de village sauf si l'acte a été commis en brousse.

- **Dangaléat**. La moitié de la *dia* est due à la famille de la victime. Amende d'un demi-cheval infligée par le chef de village.

- **Diongor de l'Abou Telfane.** Aucune *dia* n'est en général payée mais si, par la suite, un membre de la famille de la victime tue involontairement ou non un membre de la famille du meurtrier, aucune *dia* n'est due. Le chef de village inflige une amende.

- **Diongor du Guéra**. Aucune *dia* n'est payée ; aucune amende infligée.

- **Kenga**. Aucune *dia* n'est payée. Une amende d'un demi-cheval est infligée par le chef de village.

Observations : oui, il faut maintenir la répression des homicides involontaires commis par inobservation des règlements, l'acquittement ne dispensant pas d'une réparation pécuniaire.

25. INCENDIE VOLONTAIRE

- **Arabes Oumar**. La valeur des objets brûlés est remboursée. Amende d'une vache infligée par le chef de khachimbet.

- **Bidio**. Aucune amende n'est prévue mais la valeur des objets brûlés est remboursée.

- **Dadio**. La valeur des objets brûlés est remboursée. Une amende de cinq boubous ou d'une vache est infligée par le chef de village.

- **Dangaléat**. La valeur des objets brûlés est remboursée. Amende d'un cheval par le chef de village.

- **Diongor de l'Abou Telfane**. La valeur des objets brûlés est remboursée. Amende d'une vache par le chef de village.

- **Diongor du Guéra**. La valeur des objets brûlés est remboursée. L'incendiaire est chassé du village. Aucune amende n'est prévue.

- **Kenga**. La valeur des objets est remboursée. Aucune amende.

Observation : si l'incendie fait des victimes, la *dia* est payée par la famille de l'incendiaire.

26. INJURE A TÉMOIN.

Voir diffamation et injure.

27. MENACE.

Voir complicité. Dans les diverses coutumes la menace n'est envisagée que comme provenant d'un chef ou d'un notable qui, lorsque le délit ou le crime sont commis, deviennent entièrement responsables. Si l'homme menacé n'exécute pas l'ordre, aucune sanction contre celui qui profère les menaces (ou de très légères amendes : quelques gabak). Les menaces sans condition ne sont pas sanctionnées par les différentes coutumes.

Observation : il semble que la menace sans ordre ni condition ne doive pas être punie.

28. OUTRAGES.

Voir diffamation et injure. Aucune coutume ne fait de différence entre l'injure à un chef ou à un autre homme.

29. PILLAGE EN BANDE ET A MAIN ARMÉE.

Le pillage en bande et à main armée par les gens de même race n'est pas prévu par les diverses coutumes. S'il se produit, c'est la guerre entre les villages. Chacun est entièrement maître de ses prises. Si les pillards sont d'une race étrangère, ils sont punis de mort ou gardés comme captifs. Si le pillage a été commis au dépens de voyageurs : ou bien ces voyageurs sont inconnus et il n'y a aucune sanction contre les pillards (le chef de village, d'accord avec la *djemaa*, garde souvent une partie de la prise) ou bien ces voyageurs sont connus et protégés par tel ou tel chef de village et dans ce cas :

- **Arabes Oumar.** Les voyageurs sont remboursés et le chef de village inflige une amende d'une vache aux auteurs du pillage.

- **Bidio.** Les voyageurs sont remboursés et la *dia* est même payée en cas de mort (en partie seulement le plus souvent). Si les victimes sont des Arabes (de Baterko, les seuls amis), il y a paiement de la moitié de la *dia* en cas de mort. Dans ces divers cas le chef inflige une amende.

- **Dadio.** Les sanctions sont les mêmes que pour un vol ordinaire. L'amende, collective, varie avec l'importance du vol et la richesse des familles des voleurs. Une partie de la *dia* est payée en cas de mort.

- **Dangaléat**. Les sanctions sont les mêmes que pour un vol, ou un crime : s'il y a victime, remboursement, et *dia* (en partie) s'il y a mort. Amende collective pour les voleurs.

- **Diongor de l'Abou Telfane**. Les voyageurs sont remboursés et le chef inflige une amende collective aux pillards (d'une ou plusieurs vaches).

- **Diongor du Guéra**. Les voyageurs réussissent parfois à se faire rembourser. Aucune amende par le chef de village.

- **Kenga.** Les voyageurs étaient parfois - mais pas toujours - remboursés. Le chef de village prélevait sa part sur ce remboursement.

30. RAPT

Deux sortes de rapts sont prévues : celui d'une personne par les gens d'un autre village ; c'est alors la guerre entre les deux villages. Celui d'une jeune fille par un jeune homme qui désire l'épouser. Ce rapt n'est pas puni ; après intervention des notables le père accepte finalement la dot proposée et les deux jeunes gens se marient.

Aucune sanction n'est prise contre celui qui, par un rapt, s'empare d'une personne d'une autre race ; si, exceptionnellement, un homme du village où a lieu l'enlèvement est complice des ravisseurs venus d'un autre village, c'est lui qui est responsable et qui doit payer la *dia*.

31. RÉBELLION

La rébellion n'est pas prévue - ou pas punie - par les diverses coutumes. L'individu est contraint par la force à exécuter les ordres du chef de village et de la djéma. Parfois cependant il est mis à la chaîne.

Observation : oui, il faut distinguer la rébellion avec armes et sans arme.

32. RECEL

- **Arabes Oumar**. Le receleur rend au légitime propriétaire les objets dérobés. Aucune amende ne lui est infligée. Il se fait rembourser par le voleur.

- **Bidio**. Les objets dérobés sont rendus au légitime propriétaire. Le receleur se fait rembourser par le voleur. Pas d'amende.

- **Dadio**. Il y a restitution des objets dérobés au propriétaire. Le plus souvent receleur et voleur sont considérés comme complices et une amende collective leur est infligée. La somme versée par le receleur au voleur lui est remboursée.

- **Dangaléat**. Le receleur rend au légitime propriétaire les objets dérobés puis se fait rembourser par le voleur. Pas d'amende.

- **Diongor de l'Abou Telfane**. Les objets dérobés sont restitués au propriétaire. Le receleur se fait rembourser par le voleur. Le plus souvent tous les deux sont considérés comme complices et paient une amende.

- **Diongor du Guéra**. Le receleur ne rend rien. Toute la responsabilité appartient au voleur.

- **Kenga**. Les objets recelés sont rendus au légitime propriétaire. Le receleur est ou non remboursé. Souvent considéré comme complice, il paie une amende collective avec le voleur.

Observation : oui, il faut réprimer le recel par la restitution et une peine d'emprisonnement.

33. RECEL DE MALFAITEUR

Les receleurs de malfaiteurs sont en général considérés comme complices et punis d'une amende. Si ces receleurs sont parents du criminel ou du délinquant (du côté mâle), ils ne sont pas punis pour l'acte de recel, mais sont responsables de l'acte commis par leur fils, frère.

- **Arabes Oumar**. Une amende d'une vache est infligée au receleur du malfaiteur (sauf s'il est membre de sa famille).

- **Bidio**. Le receleur de malfaiteur n'est pas puni, mais s'il est tué en s'opposant à l'arrestation de ce dernier, aucune *dia* n'est due.

- **Dadio**. Le receleur de malfaiteur, considéré comme complice, partage la sanction infligée au malfaiteur (peu importe donc qu'il soit ou non de la même famille).

- **Dangaléat**. Le receleur de malfaiteur, considéré comme complice, paie un cheval d'amende (sauf s'il est membre de la même famille).

- **Diongor de l'Abou Telfane.** Le receleur d'un voleur est puni d'une amende d'une vache, celui d'un assassin d'une amende de plusieurs vaches (sauf s'il est de la même famille).

- **Diongor du Guéra.** Le receleur de malfaiteur est puni d'une amende de 7 boubous ou d'un cheval si le malfaiteur est un criminel (sauf s'il est de la même famille).

- **Kenga**. Si le malfaiteur recelé est livré sans difficulté, une amende d'un boubou est infligée au receleur.

Observation : il y a forte atténuation de la faute du receleur lorsque le malfaiteur caché est le fils, le frère, etc.

34. SÉQUESTRATION ARBITRAIRE

Non prévu. Voir rapt.

35. TENTATIVE

La tentative de meurtre n'est en général pas punie par les diverses coutumes. La tentative de vol au contraire est punie des mêmes peines que le vol (même de mort, si le voleur pris sur le fait, est d'un khachimbet éloigné ou d'une autre race).

- **Dadio et Diongor de l'Abou Telfane.** Légère amende par le chef de village pour la tentative de meurtre.

36. VIOL

Trois cas sont prévus par les diverses coutumes : le viol d'une mineure impubère ; la sanction varie alors suivant les coutumes. Le viol d'une femme nubile, célibataire, veuve ou divorcée ; dans ce cas aucune sanction en général. Le viol d'une femme mariée : voir adultère.

Il n'y a pas de différences prévues entre le viol effectué avec ou sans violences. Aucune coutume ne prévoit le viol par un ascendant. Le fait de communication de maladie vénérienne n'est en général pas considéré comme circonstance aggravante.

- **Arabes Oumar**. Le viol d'une jeune fille impubère est sanctionné par une amende d'une vache suitée. Cette amende est légèrement majorée s'il y a eu communication d'une maladie vénérienne.

- **Bidio**. Si la mineure est fiancée, c'est-à-dire si un jeune homme a déjà payé une partie de sa dot, l'auteur du viol verse une indemnité d'un cheval au fiancé. Si la mineure n'est pas fiancée, aucune sanction n'est prévue si l'auteur du viol et la victime sont du même village. Si cet auteur est d'un autre village, il doit remettre un cheval d'indemnité au premier qui épousera la jeune fille.

- **Dadio**. L'auteur du viol d'une mineure impubère verse une indemnité de quatre vaches au père de la victime (sauf si le mariage suit). Une amende d'une vache est infligée par le chef de village.

- **Dangaléat**. Aucune sanction pour le viol d'une mineure impubère mais le mariage doit suivre obligatoirement.

- **Diongor de l'Abou Telfane**. Aucune sanction pour le viol d'une mineure impubère si le mariage suit, sinon une amende d'une vache est due au père de la victime.

- **Diongor du Guéra**. Le mariage doit suivre obligatoirement le viol d'une mineure impubère.

- **Kenga**. Aucune sanction mais le mariage doit suivre obligatoirement le viol d'une mineure impubère. Parfois l'auteur du viol d'une femme vivant seule doit verser à sa victime une indemnité d'un pagne kenga et d'une paire de naïls.

Observation : oui, il faut maintenir au viol son caractère de crime et prévoir des peines plus graves lorsque le viol est commis par un ascendant ou une personne ayant autorité sur la mineure violée.

37. VOL

I. *Délit*

Les différentes coutumes prévoient des peines très diverses contre le vol. En principe la sanction est immédiate : c'est la mort du délinquant pris en flagrant délit par le propriétaire des objets dérobés ou par un autre homme, ou encore l'arrestation et l'enchaînement comme captif (le captif appartenant alors à celui qui a procédé à l'arrestation). C'est ce qui se produit lorsque le voleur est d'une autre race ou d'un autre village. Si le voleur est du même village que sa victime, en général le règlement de l'affaire traîne un peu, il y a restitution des objets volés et (pas toujours) amende au chef de village. Le vol au préjudice d'un chef, le vol avec port d'arme, le vol avec effraction sont punis des mêmes sanctions que le vol simple. Si le vol a eu lieu en réunion, la responsabilité est partagée entre les divers complices.

- **Arabes Oumar.** Les objets volés sont remboursés en double à leur propriétaire. Le voleur est enchaîné jusqu'à ce que ce remboursement soit effectué. Une amende d'un bœuf et dix boubous lui est en outre infligée par le chef de khachimbet. Pour rendre à sa famille un voleur de khachimbet éloigné, celui qui l'a arrêté demande parfois jusqu'à dix vaches. Si le vol a lieu à l'intérieur d'une même famille, il y a simplement restitution des objets volés, mais une amende est toujours infligée par le chef de khachimbet.

- **Bidio**. Si le vol a été effectué dans un village voisin, il ne comporte aucune sanction, même pas la restitution. Si voleur et volé sont du même village, il y a simplement restitution. Aucune amende n'est infligée par le chef de village.

- **Dadio**. Le voleur doit rembourser la valeur ou restituer les objets ou animaux dérobés. Une amende variable (animaux, gabak, mil) lui est infligée par le chef de village suivant l'importance du vol et la richesse de sa famille.

- **Dangaléat**. Le voleur restitue au propriétaire les objets ou animaux volés. Le chef de village lui inflige une amende variable. Le vol de mil dans une *dabanga* (« grenier ») est sanctionné par une amende d'un cheval versée à la victime (pas d'amende du chef de village dans ce cas). Pour rendre à sa famille un voleur d'un village éloigné, l'auteur de l'arrestation demande un cheval en général.

- **Diongor de l'Abou Telfane**. La valeur des objets dérobés est remboursée en double, la moitié de ce remboursement appartenant à l'auteur de l'arrestation dans le cas où ce n'est pas le propriétaire lui-même. Aucune amende du chef de village. L'auteur de l'arrestation d'un voleur venu d'un autre village en dispose totalement. En général il le garde comme captif.

- **Kenga**. Le vol n'est puni par aucune amende. Il y a simplement restitution. Si ce voleur vient d'un autre village, l'auteur de son arrestation le garde en général comme captif.

II *Crime*

Le vol avec tortures corporelles et actes de barbarie n'est pas prévu de façon précise par les diverses coutumes. En principe la sanction est la mort ou la captivité puisque c'est celle déjà du vol simple. C'est ce qui se produit effectivement lorsque le voleur provient d'un autre village.

à Mongo le 31 octobre 1937

Le Chef de Subdivision

R. Duault

SUBDIVISION DE MONGO

Commentaire.

Le lieutenant Duault a donné des réponses très détaillées pour chacun des groupes de la subdivision de Mongo. Les Arabes Oumar, un rameau détaché des Diatné, installés chez les Kenga, sont de coutume musulmane, ainsi que les Dadjo, frères de ceux du Sila. Les autres groupes (Bidio, Dangaléat, Dionkor de l'Abu Telfan et du Guéra, Kenga) sont animistes. On remarquera que le chef de subdivision n'utilise pas pour parler d'eux le terme arabe "hadjaray" (montagnards).

Le chef de subdivision ne fait aucune allusion aux grands prêtres, le ngar *Marga de Mataya* ou le ngar *d'Ab Tuyur* qui avaient dans les temps anciens des fonctions religieuses et donc judiciaires importantes. Il parle d'une justice rendue par les chefs de village.

Dans ces groupes animistes vivant sur la défensive, assez isolés les uns des autres, on ne trouve plus en effet d'autorité politique supérieure intervenant dans le règlement des affaires judiciaires. Toutes sont jugées sur place, avec recours fréquent aux ordalies.

Le chef de famille est qualifié pour régler les affaires survenue au sein de celle-ci, y compris celles que nous considérons comme criminelles.

La responsabilité des femmes, considérées comme un bien du mari, est très faible, la vengeance privée et immédiate largement admise.

Seuls les Arabes Oumar, de coutume musulmane, se singularisent des autres populations de la subdivision, y compris des Dadjo qui sont eux aussi islamisés mais ont gardé certaines dispositions coutumières proches de celles de leurs voisins animistes, notamment celle de payer les diya en livrant des femmes.

Pour l'adultère (1), l'absence quasi totale de responsabilité de la femme est le point le plus remarquable pour ces coutumes animistes. Seul le complice répond de ses actes. Arabes Oumar et Dadjo ont, bien entendu, écarté les sévères sanctions coraniques prévues pour cette infraction. Les indemnités sont symboliques quand le complice de la femme appartient à une famille proche.

L'apparition d'amendes (Dadjo, Dionkor de l'Abu Telfan et Kenga) constituent toujours le signe de l'existence d'une chefferie plus puissante.

On relève une certaine unanimité dans tous ces groupes (à l'exception des Arabes Oumar) à ne pas tenir la femme mariée responsable des violences qu'elle commet à l'égard d'une concubine du mari.

Pour l'avortement (5) les Dadjo sont les seuls à estimer que la femme porte une part (très légère) de responsabilité. Seul le complice qui a procuré le médicament, l'instrument ou provoqué l'avortement par des coups paie le prix du sang.

Pour les blessures volontaires mortelles (6,1) on remarquera que les Arabes Oumar ne font payer que la moitié de la diya alors que les coutumes de l'ensemble des "montagnards" adoptent le principe d'une diya totale comme en cas de meurtre.

Les blessures involontaires (8) ne sont pratiquement pas réprimées dans les groupes animistes du Guéra, car elles interviennent toujours en pratique dans le cadre familial.

Il y aurait une étude intéressante à faire sur les injures (14). La plus grave, qui consiste à affirmer publiquement que quelqu'un est sorcier, devient en fait une dénonciation calomnieuse ou une diffamation quand la personne accusée de ce crime s'est lavée de tout soupçon en sortant indemne de l'ordalie du saut de l'arbre (chez les Dangaléat) ou de l'eau bouillante (chez les Dionkor du Guéra). L'indemnité à lui verser dans ce cas est toujours très importante. A noter l'absence du poison d'épreuve dans la région, d'après le chef de subdivision.

Pour l'escroquerie à la dot (17) le seul cas apparemment envisagé est celui où le mari s'étant "absenté", la femme a été mariée par son père à un autre homme, ce qui n'est pas le cas le plus habituel, du moins celui qu'on trouve de nos jours, qui est celui de la fiancée promise simultanément à plusieurs prétendants, lequel ne semble pas être prévu chez ces honnêtes montagnards.

A noter que les faux (20) ne sont réprimés, sans grande sévérité d'ailleurs, que chez les Arabes Oumar et les Dadjo parce qu'ils ont des faki, seuls personnages lettrés en mesure de les fabriquer.

Pour l'homicide volontaire (23) les différentes phases -vengeance immédiate sur le coupable ou un parent de la ligne paternelle lorsqu'elle est possible, fuite du meurtrier et de sa famille dans un autre village, première proposition de règlement amiable suivie d'un refus de principe, négociation finale de la compensation - est assez classique. Plus original mais très typique des sociétés autochtones anciennes est ce système de compensation par remise de femmes destinées à enfanter un enfant mâle dans la famille de la victime, lequel permet une réparation parfaite du dommage : une vie donnée pour une vie prise. On observera que les Dadjo, bien qu'ils soient islamisés, ont eux aussi recours à cette pratique. Certains groupes admettent l'union provisoire des couples ainsi formés et libèrent la jeune fille après la naissance du premier garçon dès qu'il est en état de marcher. Les Dangaléat semblent être les seuls à laisser le mari régulariser ce genre d'union par paiement d'une dot. On peut raisonnablement penser que ce genre de compensation était celle qui avait cours à une époque très ancienne dans la plupart des groupes ethniques avant qu'on institue la compensation par remise de bétail, et qu'elle s'est maintenue plus longtemps dans cette région en raison d'un isolement qui lui a permis de préserver son identité en la mettant à l'écart de l'influence arabe.

Nous avons ici tous les termes vernaculaires correspondant à la diya locale : keya chez les Bidio, kaguié chez les Dadjo, kadia chez les Dangaléat, katié chez les Dionkor de l'Abu Telfan, tardoua chez les Kenga et les Dionkor du Guéra (lesquels ont dû adopter le terme kenga).

A noter que la "diya" moyenne s'élève à deux chevaux pour un homme ou à deux jeunes filles vierges. Seules les Dadjo qui sont des sédentaires éleveurs de zébus versent parfois du bétail (10 vaches si la victime est une femme).

Il y a souvent, en sus de la compensation, ce que le chef de subdivision appelle "une charité" dont il ne donne malheureusement pas le nom local, et qui est l'équivalent de la "sadaga" arabe.

SUBDIVISION DE MONGO

Les chefs Kenga semblent avoir été les seuls à exiger parfois à titre d'amende la remise d'une jeune fille.

Le parricide reste dans ces groupes animistes une affaire de famille. Le matricide n'entraîne paiement de la "diya" à la famille de la mère tuée que chez les Dionkor ou chez les Dangaléat quand celle-ci vient d'une famille éloignée de celle du mari.

Pour l'homicide involontaire (24) les Arabes Oumar adoptent une position intermédiaire entre le droit musulman et le droit coutumier : ils ne font payer qu'une demi-diya. En revanche, Dionkor de l'Abu Telfan et du Guéra excluent toute diya, ce qui est conforme à la conception animiste (l'accident n'est que l'expression de la volonté divine). La position contraire des Dangaléat, si le renseignement donné par le chef de subdivision est exact, pourrait s'expliquer par l'influence de leurs voisins immédiats, les Arabes Oumar.

Pour le pillage (29) les distinctions faites par le chef de subdivision sont intéressantes et très révélatrices de la situation dans laquelle vivaient ces populations. Le pillage entre gens de la même "race" est inconcevable ; il devient un acte de guerre et on sort alors du cadre du droit. Celui commis par l'étranger (cas classique) entraîne la mort ou la mise en captivité et ne donne même pas lieu à une procédure judiciaire. Seul le pillage au dépens du voyageur de passage est pris en compte par la coutume, signe de l'existence d'un certain état de droit, à condition évidemment que cet étranger, surtout s'il est Arabe, bénéficie d'une certaine sympathie. Une partie de la diya est alors payée s'il y a eu mort d'homme, ce qui est le cas pour les Bidio quand la victime est "un Arabe de Baterko", c'est-à-dire un Missiriyyä noir.

Même observation pour le rapt (30). Dans ces sociétés en état de guerre permanent, non pas entre elles mais avec l'extérieur, notamment avec les Arabes, s'emparer d'une personne d'une "'race extérieure" n'est pas un crime, bien au contraire, puisqu'en général ce sont "les gens de la montagne" qui font les frais des razzias. Quant au rapt traditionnel de la fiancée, c'est une affaire qui se règle toujours à l'amiable, à condition évidemment qu'il ait lieu à l'intérieur du même groupe ethnique.

On relèvera l'indulgence des coutumes pour le viol, avec toujours la même distinction entre la mineure impubère - le seul à être vraiment sanctionné, la femme nubile célibataire, veuve ou divorcée - qui, lui, ne l'est pas - et l'épouse mariée.

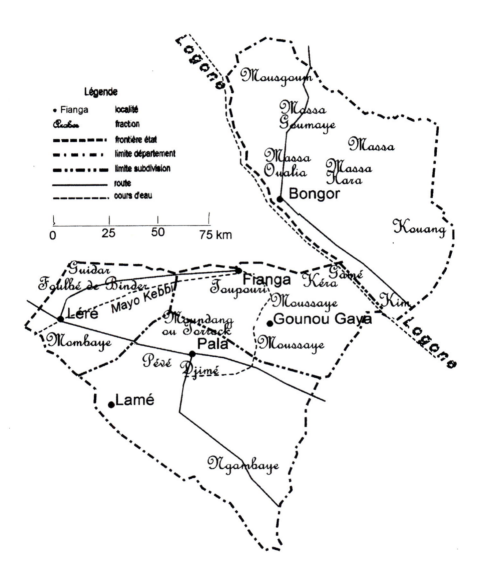

5. Département du Mayo-Kebbi en 1937

Chapitre V

DÉPARTEMENT DU MAYO-KEBBI

1. Subdivision de Bongor, note sur la justice ancienne chez les Massa, réponse au questionnaire pénal et au questionnaire civil.
2. Subdivision de Fianga, note sur la justice ancienne.
3. Subdivision de Léré, coutumier pénal des Foulbé de Léré.
4. Subdivision de Pala : liste des infractions pour lesquelles les coutumes ngambay et moundan prévoient des réparations civiles.

1

Subdivision de Bongor
Note sur la façon dont la justice était rendue dans la subdivision de Bongor

La subdivision de Bongor est peuplée de Massa sur tout son territoire. Les quelques îlots de Baguirmiens, Foulbé, Sara, sont négligeables au point de vue démographique et ethnographique.

La coutume de Bongor est donc la coutume Massa.

Sauf les Boudougour, les Gabré et les Kouan, la population indigène n'a subi aucune empreinte étrangère baguirmienne ou foulbé.

Notre établissement à Bongor résulte de la convention du 4 novembre 1911, mais le pays n'a été vraiment organisé que vers 1920 ; il fut divisé en cantons à la tête desquels furent mis les chefs de familles les plus influents. Il n'existait en effet aucune organisation politique indigène : le pays était morcelé en une infinité de petites agglomérations patriarcales installées sur les lisières boisées de chaque plaine d'inondation ou dans des îlots entourés de murailles. La puissance d'un chef de famille était proportionnelle au nombre de ses *bâtons*. Avait-il de nombreux fils, une prolifique descendance, il était considéré suivant le chiffre de *bâtons* que sa famille pouvait aligner et manier pour le défendre et protéger les troupeaux et les femmes de la communauté.

Quand il s'est agi d'organiser politiquement la subdivision de Bongor, ce sont les hommes les plus influents, donc les plus riches, qui furent choisis et c'est ce qui explique en une certaine mesure l'anarchie qui fut souvent constatée dans certains cantons. Il n'y a pas de chef de race mais seulement une oligarchie de patriciens dont la seconde génération a fort à faire pour maintenir son prestige sur des populations simples mais turbulentes et chicanières. On voit encore couramment des *meskines* conscients de leur bon droit et de leur bonne foi venir se plaindre de vols ou d'exactions remontant à la domination allemande, parfois. Et ces palabres pour lesquels il est difficile sinon impossible de faire admettre la notion de prescription seront représentés inlassablement à chaque chef de la subdivision de Bongor.

* * *

Le fondement du droit ? la sanction indemnitaire sans aucun doute. Pour les Massa, la seule raison de vivre est la propriété du bétail, des vaches plutôt. Elles font l'objet de la base des contrats, formant l'unique propriété mobilière, distinguant le riche du pauvre, le chef du meskine. Pour elles, les soins les plus intensifs et les cases les plus confortables : ce sont les objets de mesure, d'échange inter-familial, tribal ou commercial, la cause essentielle du lieu de fixation des marchés, les instruments des palabres, les épices des juges vénaux. Pendant des siècles et aujourd'hui encore, la vache a été et reste la raison du droit à Bongor, et la supplique *ioïo commandant ioïo louaïma* (Oh ! commandant, oh ! mes vaches) n'est pas près de s'éteindre.

Le Massa a coutume de dire *Que ma case brûle et que je gagne la maladie, mais que je ne perde pas de vaches*. On comprend dans ces conditions que la privation de ce précieux bétail soit pour lui la pire des punitions et qu'elle ait été, dès l'origine, choisie comme sanction principale des crimes ou délits. Et c'est ainsi que le président du tribunal indigène devra toujours veiller scrupuleusement à l'application et à l'exécution de la sanction coutumière indemnitaire, la seule qui touche vraiment l'homme du pays Massa car depuis un temps immémorial, si chez lui une femme vaut dix vaches, la propriété de celles-ci est seule source de bonheur et de richesse.

GIUNTINI

Liste des sous-tribus de race Massa

de la subdivision de Bongor

Nom	Habitat	Dialogue en usage
Massa Mousgoum	Katoa Mogroum Gouaye	Moudabo
Massa Ouallia dits Banana	Télémé	Dangalabo
Massa Goumaye dits Banana	Koumi Toura Magao	Dangalabo
Massa Hara dits Banana	Bongor Tougoudé	Dangalabo
Massa Boudougour	Mitau	Karagouna
Massa Gabré	Kim	Kossop
Massa Kouan	N'Gam	Kooung

Remarque – Il est bien entendu que dans le cours des développements qui vont suivre, le mot famille sera pris dans le sens de famille étendue.

Commentaire

Le chef de subdivision de Bongor Antoine Giuntini, qui était également adjoint au chef de département du Mayo Kebbi (de janvier 1937 à mars 1938), est l'un de ceux qui ont le plus insisté sur l'importance de la sanction indemnitaire et ce qu'il dit sur l'importance du bétail "seule raison de vivre" des Massa est valable pour l'ensemble des populations vivant au dessus du 10° parallèle.

Quand il indique que les vaches font l'objet de la base des contrats, il fait surtout allusion au fameux golla ou golda dont il reparle un peu plus loin à propos de l'abus de confiance. Il est de tradition en pays massa qu'un propriétaire de vaches confie une partie de son cheptel à des personnes habitant dans des villages éloignés du sien et reçoive de son côté du bétail d'autres éleveurs en nombre parfois équivalent. Ces prêts affectent environ le quart du bétail. Cette pratique consistant à fractionner les troupeaux d'un même éleveur permettait d'échapper en partie aux épizooties et aux razzias baguirmiennnes et fulbé et aussi de tirer le meilleur parti des pâturages sans avoir à se déplacer avec ses bêtes. Comme la coutume autorisait celui qui avait reçu du bétail en dépôt à le confier à son tour à un autre éleveur, on imagine l'importance du contentieux engendré par ces prêts.

Dans la liste des "sous-tribus de race massa de la subdivision de Bongor" Giuntini classe les Mousgoum parmi les Massa comme on le faisait à l'époque. En fait les Mousgoum s'en distinguent, bien qu'ils soient apparentés sur le plan culturel. Population charnière entre les Massa et les Kotoko, leur langue, le vouloum, est différente. Ils ont en outre subi une certaine influence de l'islam. Les Massa les appellent d'ailleurs "Mouloui" "un sobriquet péjoratif qu'ils n'apprécient pas" (Lanne). Le chef de subdivision utilise aussi le mot "banana" pour désigner les Massa Ouallia, Massa Goumaye et Massa Hara. Ce terme qui signifie "ami" ou "camarade" n'a aucune signification ethnique.

Giuntini avait joint un croquis précisant l'emplacement des groupes ethniques.

SUBDIVISION DE BONGOR

Réponse au questionnaire

1. - ABUS DE CONFIANCE OU DÉTOURNEMENT

Dans la coutume Massa l'abus de confiance le plus caractéristique est la violation du *golda*. Le golda pourrait se définir comme une sorte de contrat de cheptel : un éleveur massa donne à un autre éleveur le plus souvent plus fortuné, un chef de canton par exemple, un certain nombre de vaches à garder et à soigner [1] sous la condition que le preneur profitera du laitage et du croît des bêtes. C'est le cheptel simple du droit français.

- **Le détournement du bétail** loué dans ces conditions est très sévèrement jugé par la coutume massa. C'est en effet la principale richesse du pays, ce à quoi un Banana travaille toute sa vie.
Aussi la sanction d'un tel délit doit-elle compter non seulement la restitution du bétail détourné mais aussi un châtiment exemplaire.

Peines proposées : emprisonnement de 1 à 5 ans, amende, réparations pécuniaires.

Détournements d'effets, de deniers et de marchandises.

Peines proposées : emprisonnement de 3 mois à 5 ans, amende et réparations pécuniaires.

- **Détournement d'impôt**. Le détournement d'impôt commis par un chef de canton, de village ou de quartier devrait être un abus de confiance qualifié et puni de 2 à 5 ans de prison et de l'interdiction de séjour obligatoire, sans préjudice de l'amende et des réparations pécuniaires vis-à-vis de la collectivité frustrée.

2. ADULTÈRE

1. L'adultère de la femme en pays massa est puni en raison de la personne du complice.

A) Si celui-ci appartient à la même famille, au même clan plutôt, il devra renvoyer la femme chez elle et envoyer au mari quelques menus cadeaux : poulets, chèvres, daba, etc.

B) S'il n'appartient pas au même clan, mais à un clan ou une tribu amie, il devra renvoyer la femme et payer au mari une indemnité de 3 vaches.

C) Enfin, s'il appartient à une famille, un clan ou une tribu éloignés ou hostiles, il y a bataille et le séducteur conserve la femme mais il doit rembourser au mari le montant intégral de la dot. De toute façon, la femme adultère n'échappe pas à son châtiment qui consiste en

---

[1] - Seules les vaches font l'objet du *golda*.

immersions répétées dans une mare, la tête plongée sous l'eau, mais elle n'est pas mise à mort.

Quand, malgré l'entremise d'un chef de canton, des anciens de la famille, la femme refuse de rentrer au domicile conjugal, le complice doit verser la dot immédiatement entre les mains du mari.

2. L'adultère du mari n'est pas puni. Il devrait l'être. On éviterait ainsi, notamment dans les centres urbains, la désorganisation rapide de la famille et l'accroissement de la prostitution.

3. Une amende de 100 à 1000 F (suivant la situation sociale des coupables) et des réparations pécuniaires strictement payées par le complice auraient beaucoup plus d'effet en pays massa qu'un emprisonnement. Cette sanction serait plus conforme à la coutume et son caractère répressif serait mieux compris qu'une incarcération, fut-elle de courte durée.

3. ALIÉNATION MENTALE, IVRESSE

1°) Aliénation mentale.
La coutume massa est formelle : il n'y a crime ni délit quand le coupable était en état de démence au moment de l'action. Cependant, sa famille est toujours obligée de payer une indemnité à la victime ou à la famille de celle-ci.

2°) Ivresse.
Elle est considérée comme une cause d'atténuation de la responsabilité pénale en cas de crime et même de délit ; les réparations pécuniaires sont toujours dues.

Dans les centres urbains, la grande majorité des individus rencontrés en état d'ivresse manifeste sur la voie publique, provient des maisons de tolérance où se débitent les boissons. Il semble que dans ce cas, la responsabilité pénale du cabaretier doive faire l'objet de sanctions plus sévères que celles que nous possédons actuellement.

4. ATTENTAT À LA PUDEUR SUR MINEURE IMPUBÈRE
Ce crime se remarque très rarement chez les Massa. Cependant la coutume en parle et les distinctions qu'elle établit suivant la personne qui en a été victime ou la qualité de l'agent sont intéressantes à définir.

1°) **Attentat à la pudeur sans violence commis sur un mineur impubère par un mineur impubère**.

La coutume exige alors que les anciens du village se réunissent et entendent les explications des parents des enfants, celles du coupable et celles de la victime. Les matrones sont consultées sur le point de savoir s'il y a eu communication de la maladie vénérienne. Puis l'indemnité est fixée et payée sur le champ par les parents du coupable : elle consiste en dix poulets, deux moutons, ou un veau. Si la victime a été contaminée, l'indemnité est alors doublée. Il arrive souvent d'ailleurs qu'un attentat à la pudeur commis dans ces conditions soit le prélude d'un futur mariage, que des engagements soient pris solennellement et que l'on commence à verser la dot. C'est pourquoi le Tribunal jugeant au 1er degré devrait se montrer très indulgent en pareil cas.

2° **Attentat à la pudeur sans violence commis sur un mineur impubère par un adulte**.

L'indemnité est toujours fixée par le conseil des anciens, elle est doublée en cas de communication de maladie vénérienne. Le coupable commence à payer la dot qui souvent se confond avec l'indemnité, surtout lorsqu'il n'a pas les moyens de payer.

Il y aurait alors, dans la coutume Massa, une sorte de mariage fictif, en ce sens que les parents de l'enfant, la dot étant même versée intégralement, auraient le droit de marier la fille à une autre personne, et de recevoir une nouvelle dot, et le coupable ne serait pas admis à présenter une réclamation quelconque. C'est un cas intéressant à signaler dans cette coutume où les règlements en paiement de dot donnent lieu à d'interminables palabres.

3° **Attentat à la pudeur avec violence**.

L'indemnité est alors plus élevée : cinq chevaux, dix vaches. Parfois le coupable est chassé du village ; cela arrive notamment quand il s'agit d'un sorcier ou d'un guérisseur quelconque – gens craints et détestés par les Massa – qui profite de la visite d'une femme ou d'une fille venue le consulter pour se livrer sur elles à des attouchements obscènes. Dans le cas d'attentat à la pudeur avec violence, on parle aussi de mariage et de versement de la dot. Mais très souvent aussi les parents de la victime exigent le paiement immédiat de l'indemnité – doublée en cas de communication de maladie vénérienne – et restent libres de choisir un prétendant pour leur fille.

4° **Attentat à la pudeur commis par un ascendant** ou une personne ayant autorité sur un enfant.

A) Par ascendant la coutume massa entend seulement le père. Ce crime est très sévèrement jugé par la coutume. On cite l'exemple de pères mis à mort par les membres de la famille à la suite de tels attentats. En pareil cas, le tribunal devra se montrer très sévère et prononcer le maximum de la peine.

B) Les personnes ayant autorité sur l'enfant sont : l'oncle, souvent marié avec la mère à la suite du décès du père – et la famille de celui-ci. En pareils cas l'indemnité est très forte : dix vaches et cinq chevaux, et le coupable est chassé du village.

Sauf le cas exposé ci-dessus (n°1) l'attentat à la pudeur, tenté ou commis, doit être déféré au 2ème degré et les juges veilleront strictement à l'application des règles coutumières de paiement d'indemnité.

5. AVORTEMENT

La coutume distingue selon le sexe du fœtus.

a) Si c'est un garçon, l'indemnité payée au mari par "le donneur de médicament" est fixée à cinq vaches.

b) Si c'est une fille, l'indemnité est de 10 vaches car en pays massa la fille est un capital précieux qui procure à certains parents peu scrupuleux un revenu appréciable, notamment en cas d'escroquerie à la dot.

Si la femme s'est fait avorter à l'insu du mari, notamment quand elle a eu des relations coupables avec un autre individu, son mari la chasse et "le donneur de médicament", le plus souvent un foulbé ou un baguirmien, doit quitter le village.

L'avortement est heureusement très rare en pays massa. Il n'en est pas de même dans les centres urbains où les avorteurs jouissent d'une démoralisante impunité. Aussi le tribunal du 1er degré devra-t-il se montrer très sévère et, dans les cas de récidive notoire, appliquer l'interdiction de séjour.

6. BLESSURES VOLONTAIRES, VIOLENCES ET VOIES DE FAIT

1° Blessures faites ou violences exercées volontairement sans intention de donner la mort mais qui l'ont pourtant occasionnée.

Les Massa ne circulent que porteurs d'un lourd bâton qui leur sert à scander leur marche, à attaquer et à se défendre. Ils se font ainsi, surtout à la tête, de graves blessures mais ils sont d'une grande adresse dans le traitement des fractures du crâne. Aussi la coutume ne connaît pratiquement qu'un seul cas de blessure volontaire ayant entraîné la mort, c'est lorsque la victime est morte à la suite des complications d'une fracture du crâne : l'indemnité à payer aux parents de la victime est de 10 vaches.

2° Blessures faites ou violences exercées volontairement, suivies de mutilation, amputation, perte d'un œil ou de l'usage d'un membre.

Le dernier cas seulement est à retenir : bras ou jambe brisés d'un coup de bâton et mal réduits. L'indemnité à payer au blessé est fixée à 2 vaches pour un bras et à 5 vaches pour une jambe.

3° Violences, coups et blessures volontaires simples.

La coutume massa ne connaissait pas la distinction à faire suivant la durée de l'incapacité de travail. En général le chef de village ou le chef de famille arbitrait le différend et accordait à celui qui portait les traces trop visibles de coups de bâton une petite indemnité de deux poulets ou d'un cabri.

Peines proposées :

a) Avec incapacité de travail de plus de 20 jours : emprisonnement de 6 mois à 2 ans. Amende de 15 à 100 fr. Indemnité au blessé.

b) Avec incapacité de travail de moins de 20 jours : emprisonnement de 1 mois à 1 an. Amende de 1 à 15 fr., indemnité facultative.

8. BLESSURES INVOLONTAIRES

La coutume massa ne sanctionne pas en principe les blessures involontaires. On admet toujours l'intervention d'une puissance occulte, génie de l'eau ou des arbres, qui excuse ou absout l'auteur de blessures par imprudence, inattention ou négligence. Un cas d'attribution d'indemnité a pu être constaté à la suite d'un incendie involontaire causé par un feu mal allumé dans une case et qui a entraîné de graves brûlures aux occupants de la case voisine. Il y a en effet un proverbe massa qui dit que *"l'on ne doit pas jouer avec l'eau ni avec le feu."* En dehors de ce cas exceptionnel il n'a pu être constaté autre chose.

Les chauffeurs indigènes ayant causé par leur faute des accidents non mortels devraient être déférés devant le tribunal du 1er degré jugeant en matière de flagrant délit et non devant le tribunal civil par suite d'une interprétation un peu trop large des articles 1384 du code civil et 74 du code pénal. Cela restreindrait singulièrement le champ d'expérience de nos chauffards indigènes, terreur des mères de famille sur certaines routes à grand trafic.

Dans ce cas il y aurait lieu de prévoir des pénalités plus élevées : 1 à 6 mois de prison, amende facultative, indemnité obligatoire.

L'étude des blessures involontaires résultant d'accidents de chasse sera faite au n° 24 (homicide involontaire). Car leurs suites sont le plus souvent mortelles.

9. COMPLICITÉ

La complicité active est prévue différemment par la coutume massa suivant qu'il s'agit d'un crime ou d'un délit.

1) **Complicité criminelle**. La coutume prévoit la complicité par provocation directe. Un individu en pousse un autre à commettre un crime ; au cours d'une fête il lui fait boire du mérissé et pendant ce temps les amis du complice dansent un tam-tam d'insulte contre la future victime. Ils ne sont pas considérés comme complices de l'auteur principal. La coutume punit seulement celui *"qui a parlé en donnant le mérissé"*; il est condamné à verser à la famille de la victime la même indemnité que celle infligée au coupable : 10 vaches.

La coutume punirait au même titre celui qui aurait donné le bâton ou la sagaie ou encore le *médicament*.

2) **Complicité délictuelle**. Ses règles sont très compliquées car elles varient suivant la situation personnelle de l'auteur principal, du complice, suivant leurs relations de famille avec la victime du vol... etc. et les développements de chaque cas particulier dépasseraient le cadre de cette note.

D'une façon générale la coutume massa punit le ou les complices d'un délit en les condamnant au paiement de la moitié de l'indemnité infligée à l'auteur principal, ou au paiement solidaire quand elle doit être acquittée immédiatement.

La complicité passive est ignorée de la coutume. Celui qui a laissé se commettre un crime ou un délit par inaction ou abstention même inexcusable ne risque aucune sanction coutumière car en pays massa *"on ne veut pas connaître ceux qui ont des affaires de bataille ou de vol"* (Lilaoudi ! Pas d'histoires !).

10. CONCUSSION

Cette infraction n'est pas connue de la coutume massa.

Peines proposées : 2 à 5 ans d'emprisonnement, indemnité envers la collectivité lésée, amende, interdiction de séjour obligatoire.

Le crime ou le délit de concussion devra être distingué du fait de corruption. La tentative de concussion devra être toujours punissable même si un remboursement a été opéré par le coupable avant l'ouverture de l'instance, ce fait ne pouvant donner lieu qu'à attribution de circonstances atténuantes.

11. CORRUPTION

Les exemples de corruption active ou passive sont souvent constatés chez les chefs de cantons et le personnel auxiliaire indigène, en raison de la modicité des traitements de ces derniers. Il est difficile à un interprète débutant, payé à raison de 75 fr. par mois, de ne pas se laisser aller à demander ou à recevoir des cadeaux offerts par de puissants chefs de cantons.

La coutume locale est muette, mais il semble que pour l'administration et une saine justice il y ait lieu de distinguer les deux infractions et de punir plus sévèrement la corruption active que la corruption passive.

Peines proposées :

a) corruption active : 2 à 5 ans d'emprisonnement. Amende égale au double de la valeur des choses données. Interdiction de séjour facultative.

b) corruption passive : 1 à 3 ans d'emprisonnement. Amende égale au double de la valeur des choses reçues. Dans les deux cas la tentative serait punissable.

12. DÉFENSE LÉGITIME

La coutume reconnaît la légitime défense quand l'homicide a été commis ou que les blessures ont été faites pour repousser l'escalade, l'effraction de murs, clôtures d'enceinte ou de la porte d'entrée d'une maison ou pour résister à des voleurs de bétail. Un proverbe massa dit que *"celui qui vient la nuit chercher des histoires dans une case a le sang mauvais"*. Il y a alors disparition de la responsabilité pénale.

Mais il semble que dans de nombreux cas d'homicide il ne faille pas envisager la notion de légitime défense mais plutôt celle de provocation. Très souvent en effet, à la suite d'un tam-tam, d'une cérémonie funéraire ou d'un mariage, des jeunes gens et des hommes se répandent dans un village voisin et provoquent les gens à la lutte, insultent leurs femmes et jettent du sable sur la tête des vieillards. Dans ce cas, si un intrus reste mort sur le terrain et que l'on connaisse le meurtrier, deux situations peuvent se présenter suivant qu'ils appartiennent tous les deux à la même famille ou à des familles étrangères ou hostiles.

1° Dans la première, les vieillards de la famille du coupable vont trouver ceux de l'autre famille et de longues négociations s'engagent pour arranger l'affaire à l'amiable par le paiement aux parents de la victime d'une indemnité de 5 à 10 vaches. Puis les vieillards conseillent au meurtrier de s'éloigner de son village pendant deux ou trois ans.

2° Dans la seconde, les représailles sont immédiates.

La coutume massa reconnaît donc la provocation, mais comme une cause d'atténuation et non de justification du meurtre.

13. DÉNONCIATION CALOMNIEUSE

Ce délit était pratiquement inconnu dans la coutume massa.
Les anciens disent bien que lorsqu'un meskine allait se plaindre à tort à un puissant chef de famille contre un petit chef vassal, le juge cherchait la vérité et emprisonnait le dénonciateur pendant quatre à six mois mais ceci est spécial à la domination baguirmienne en pays massa et ne saurait être considéré comme inhérent à la coutume elle-même.
Les exemples de dénonciation calomnieuse sont aujourd'hui beaucoup plus nombreux et ils fournissent à certains individus peu scrupuleux le moyen d'arracher à des chefs de village ou de cantons les subsides nécessaires à leur existence. En pareil cas le tribunal devrait se montrer d'une sévérité exemplaire.

Peines proposées : 1 mois à 2 ans. Amende facultative. Indemnité à la victime. En cas de récidive, interdiction de séjour.

14. DIFFAMATION ET INJURE

Les peines prévues pour la répression de la diffamation et de l'injure paraissent pouvoir s'appliquer au pays massa. Cependant les juges feront bien de tenir compte de l'intention de diffamer ou d'injurier. Il est souvent donné de voir deux plaideurs se lancer à la tête des injures effrayantes et continuer calmement leurs explications sans que l'un ou l'autre en paraisse ému.

Par contre l'outrage à un chef de canton, de village (anciens grands chefs de famille) est puni sévèrement par la coutume qui prévoit le paiement d'une forte indemnité : un cheval ou cinq vaches. L'outrage à un chef de terre entraîne la confiscation des biens du coupable et son exil.

Peines proposées : 6 mois à 2 ans d'emprisonnement. Amende facultative. Indemnité à la victime.

15. EMPOISONNEMENT

L'empoisonnement est rare chez les Massa. Il a lieu à la suite de questions de femme, de dot, de rivalité de chefs. Le plus souvent les gens s'adressent à un Massa Boudougour connaissant bien les plantes vénéneuses (les Massa Boudougour sont très métissés de Baguirmiens). Avant notre arrivée, quand le coupable était découvert, il y avait bataille et il était souvent mis à mort ou obligé de s'enfuir. Si le complice était retrouvé, il était mis à mort, sa case brûlée, ses biens pillés. Depuis notre arrivée les Massa ont recours à la sanction indemnitaire. Le coupable doit payer dix vaches ; le complice en paye autant.

L'empoisonnement des sources, puits, citernes était puni de mort, la case du coupable brûlée et ses biens, femmes et bétail, étaient pris par la famille des victimes.

Peines proposées : maximum : mort. Minimum : 15 ans. Indemnité.

16. ESCROQUERIE

L'escroquerie est inconnue dans la coutume massa. Il ne viendrait pas à l'idée de ces gens simples d'escroquer leurs semblables par des pratiques plus ou moins frauduleuses. Les seuls exemples dont aient à s'occuper les tribunaux sont le fait de Foulbé, Baguirmiens, marchands ambulants étrangers au pays, qui profitent de l'innocence des indigènes pour vivre à leurs dépens.

Le seul cas intéressant à étudier est l'escroquerie dite *"à la dot"*.

Peines proposées : 1 à 5 ans d'emprisonnement. Indemnité. Amende et interdiction de séjour facultatives.

17. ESCROQUERIE DITE AU MARIAGE OU A LA DOT

En pays massa les exemples d'escroquerie dite à la dot sont nombreux. Les jeunes filles ont souvent servi d'article d'échange fournissant des subsides importants à des parents peu scrupuleux. En pareil cas on se soumettait à l'arbitrage du chef de terre. Le père devait rendre tout ce qu'il avait indûment perçu à titre de dot et s'il n'avait pas de quoi indemniser tous les plaignants, c'était celui qui se mariait définitivement avec sa fille qui devait concourir avec lui pour désintéresser les prétendants malheureux.

Le tribunal devra appliquer très fermement les sanctions soit : 1 à 5 ans d'emprisonnement. Remboursement de la dot ou des dots reçues.

18. ÉVASION

Sur ce point on ne peut que constater le silence de la coutume. Les vieillards citent des cas d'emprisonnement en matière d'outrage à un chef, mais ceci semble bien spécial à la domination baguirmienne dans certaines parties de la subdivision (Gabré, Kouan, Boudougour) et ne saurait être envisagé dans l'étude de la coutume massa.
Il est certainement nécessaire de réprimer l'évasion et les *Peines proposées* sont justes et mesurées.

19. EXACTIONS

Ce délit n'est pas connu dans la coutume massa et il ne semble pas utile de lui appliquer des peines différentes de celles prévues en matière de concussion. A un fait de concussion s'ajoutent le plus souvent des exactions et la sanction pourrait être la même peine (voir n°10).

20. FAUX

Ce crime est absolument inconnu dans la coutume massa. Peut-on parier de *"faux intellectuel"* lorsqu'un faki ou un autre indigène lettré aura frauduleusement falsifié la rédaction d'une convention écrite? Cela arrive parfois, notamment dans les actes, engagements, promesses de toutes sortes écrites en caractères arabes. Mais dans ce cas il semble bien que les sanctions appliquées devraient être proportionnées au dommage subi, lequel est le plus souvent minime : quelque sacs de sel, des *godon* (étoffes de *gabak*), un troupeau de vaches.

Peines proposées : 1 à 6 mois de prison. Amende, indemnité facultatives.
Applicables également à celui qui fait fabriquer l'écrit faux, et en tous cas par le tribunal de 2ème degré.

21. FAUSSE MONNAIE

Comme le crime de faux celui de fausse monnaie est inconnu dans la coutume massa.

22. FAUX TÉMOIGNAGE

Ce délit est souvent constaté par les présidents des juridictions du 1er et 2e degré. L'indigène doit "prêter serment selon la coutume" et chez les Massa le serment est bien connu. Il consiste à boire quelques gorgées d'une bourma remplie d'eau, de terre ou de sable frais auxquels un vieillard, le plus souvent chef de terre, a ajouté un morceau du crâne d'un homme, des feuilles de tabac, une branche d'épine, des feuilles de "*doumada*" (herbe aquatique des bords du Logone) et des tiges de "*kogéta de Tchinda*" (arbrisseau de brousse), et enfin des grains de mil rouge. Celui qui va prêter serment prononce d'abord les paroles suivantes : *"Que toutes ces choses que Foulla et Laouna (dieux du mal et du bien) ont faites, et que je bois me fassent mourir si je dis le mensonge, sinon que Foulla et Laouna me protègent."* Puis il prend une sagaie et trace sur le sol les limites d'une sépulture qui doit être la sienne s'il se parjure ; il boit enfin, le regard fixé sur le juge et les assistants.

Ce serment rituel se perd de plus en plus. Ce n'était pas un poison d'épreuve car aucune des herbes mentionnées ci-dessus n'est vénéneuse, mais un geste d'une haute moralité associant à la fois le culte de la terre et celui des Ancêtres et devant lequel tremblaient les coupables. Aujourd'hui il en est autrement et lors des audiences les témoins boivent à la hâte une gorgée d'eau d'une bourma contenant du sable et du tabac et se parjurent jusqu'à la gorge. Aussi le faux serment entraînant le faux témoignage avec l'intention d'égarer la justice et de porter préjudice au prévenu ou à l'accusé doit être sévèrement puni.

Peines proposées : 2 à 5 ans de prison, 50 à 500 fr. d'amende.

De même devront être rigoureusement sanctionnés :

1° le fait pour un interprète de ne pas traduire fidèlement les réponses d'un accusé ou la déposition d'un témoin.
2° la subornation de témoin, fréquente lorsqu'un chef ou un homme fortuné occupe le banc des prévenus.

23. HOMICIDE VOLONTAIRE

D'après la coutume massa l'homicide volontaire était en principe puni de mort mais il fallait distinguer selon la personne du meurtrier et celle de la victime :

1°) Ils étaient de la même famille ou d'une famille amie : il semble alors que le chef de famille faisait tout son possible pour obliger le meurtrier à quitter le pays, parfois pour ne plus y revenir. Le conseil des anciens se réunissait et fixait l'indemnité à payer aux parents de la victime : dix, vingt, trente vaches, un ou plusieurs silos de mil.

2°) Ils étaient de familles différentes ou hostiles : il y avait réaction immédiate et bataille entre les familles. Très souvent cependant et par l'entremise des chefs de terre respectifs, l'affaire se terminait par des règlements indemnitaires : silos à mil, femmes.

3° On est surpris de constater que dans la coutume massa le parricide et l'infanticide n'étaient punis que de peines légères.

Parricide.

a) Sur la personne du père : le meurtrier était remis au Chef de terre qui l'attachait dans sa case pendant un an puis lui rendait sa liberté en lui ordonnant de quitter le pays.

b) Sur la personne de la mère : le meurtrier était condamné à payer une indemnité de dix vaches aux parents de la victime.

Infanticide.

a) Accompli par le père : si l'enfant nouveau-né était un garçon, la coutume ne prononçait aucune sanction. Par contre si c'était une fille, la femme était en droit de quitter le domicile conjugal et de retourner chez ses parents qui devaient réclamer une indemnité de deux vaches au père et n'étaient plus tenus au remboursement de la dot.

b) Accompli par la mère : si le nouveau-né était un garçon, le père se contentait de chasser sa femme pendant quelque temps hors de sa case. Si c'était une fille, la femme devait retourner chez ses parents et ceux-ci rembourser la dot de leur fille et payer une indemnité de deux vaches au père.

c) Accompli par toute autre personne : le chef de terre condamnait alors le meurtrier à verser entre les mains du père une indemnité de cinq vaches pour un garçon et de dix vaches pour une fille.

Peines proposées :

1° Meurtre : emprisonnement maximum : perpétuité, minimum : 15 ans.

2° Assassinat : maximum : mort, minimum : 15 ans d'emprisonnement.

3° Parricide : maximum : perpétuité. Minimum : 15 ans.

4° Infanticide. Maximum : perpétuité. Minimum : 15 ans.

Pour tous ces crimes il faut ajouter à l'emprisonnement : indemnité conformément à la coutume, très strictement accordée et payée par les parents du meurtrier, interdiction de séjour facultative.

24. **HOMICIDE INVOLONTAIRE**

L'homicide involontaire a lieu souvent en pays massa à la suite d'expéditions de chasse ou de pêche. Un chasseur ou un pêcheur, trompé par les hautes herbes ou la violence du courant, lance sa sagaie ou son trident et blesse mortellement un de ses compagnons. En cas de mort dans ces circonstances, la coutume massa prévoit le paiement d'un bœuf à la famille de la victime. Mais ce n'est pas une sanction indemnitaire car cet accident n'est pas le fait de l'homme mais a été voulu par les génies de l'eau ou des arbres que la victime avait offensés en n'observant pas un des interdits voulus par eux, et la coutume admet même que les parents du coupable sont libres de payer ou non ce bœuf. Il est curieux de constater l'opposition que manifestent les membres des commissions cantonales ou villageoises contre l'arrestation et l'emprisonnement des auteurs d'homicides involontaires. Les vieillards et les chefs de terre précisent cette attitude en expliquant que les génies irrités ont choisi un indigène quelconque pour punir celui qui les avait offensés et que par conséquent il ne saurait être question de sanctions. Que d'autre part l'emprisonnement du coupable entraînerait des représailles des génies sur la famille de la victime.

En présence de tels faits il convient de se montrer très circonspect et d'accorder les plus larges circonstances sinon l'acquittement pur et simple, la collectivité massa ne comprenant pas une condamnation, fut-elle de principe.

25. INCENDIE VOLONTAIRE

C'est un des crimes les plus graves, le plus grave peut-être que connaisse la coutume. *"Avec le feu et l'eau on ne joue pas"* dit un proverbe massa.

Les cases étant très rapprochées les unes des autres, entourées de *zériba* ou de *séko*, l'incendie cause souvent des dommages considérables et anéantit le bétail et la récolte de mil. L'incendiaire était-il pris sur le fait, il était jeté dans le brasier et sa famille condamnée à rembourser le double de la valeur du dommage causé. S'il avait le temps de s'enfuir, sa famille devait payer vingt vaches en plus des dommages causés.

Si l'incendie avait causé la mort d'une ou plusieurs personnes se trouvant dans le lieu incendié au moment où il avait éclaté, les représailles étaient souvent terribles : razzias de femmes et de bétail, meurtres, et la famille entière du criminel devait quitter le pays, ruinée par les énormes indemnités qu'elle avait été contrainte de payer.

Peines proposées : Maximum : perpétuité. Minimum : quinze ans.

Avec mort d'homme : maximum : mort. Minimum : quinze ans.

Indemnité pécuniaire. Amende et interdiction de séjour facultatives.

26. INJURE A TÉMOIN

Les peines prévues par l'art. 54 du décret du 29 mai 1936 pourraient sans inconvénient être élevées à un emprisonnement de 15 jours à 6 mois et une amende de 16 à 500 fr.

27. MENACES

La menace sans condition est inconnue dans la coutume massa. Seule était punie d'une indemnité de deux vaches une menace faite au chef de terre en public et avec l'intention formelle d'atteter à son prestige. De même il n'a pu être relevé dans la coutume aucune trace de sanction concernant la menace avec ordre ou sous condition.

Il semble que la menace verbale ne devrait être punissable que si elle a été faite avec ordre et sous condition. Les menaces de mort, de destruction, d'incendie devraient être punies de pénalités plus élevées.

Peines proposées :

1° Menaces avec ordre et sous condition : 15 jours à 6 mois.
Amende facultative.

2° Menaces de mort, d'incendie ou de destruction :
2 à 5 ans d'emprisonnement. Amende, interdiction de séjour facultatives.

28. OUTRAGE AU TRIBUNAL

L'outrage fait au tribunal et notamment aux membres assesseurs à l'occasion de l'exercice de leurs fonctions devrait être sévèrement réprimé.

Peines proposées : emprisonnement de 1 à 6 mois. Amende de 16 à 500 fr.

29. PILLAGE EN BANDE ET A MAIN ARMÉE

Le pillage en bande ou en réunion avait souvent lieu chez les Massa à l'occasion d'expéditions de représailles à la suite d'un assassinat ou d'un incendie volontaire. Il était alors considéré par la coutume comme parfaitement légitime. Ce crime n'est presque jamais constaté aujourd'hui dans les populations massa. Il serait plutôt le fait de Baguirmiens ou de Foulbé venus du Cameroun piller des troupeaux.
Les *Peines proposées* seraient alors parfaitement applicables.

30. RAPT

D'après la coutume massa il conviendrait de distinguer suivant qu'il s'agit d'un enfant ou d'un adulte :

1° Enfant. Le ravisseur d'un petit garçon ou d'une petite fille était mis à mort quand il appartenait à une race étrangère. Il faut voir là un fruit de la résistance opiniâtre des Massa envers les trafiquants d'esclaves, Baguirmiens et Foulbé notamment. Quand le ravisseur appartenait à la même race, il devait rendre l'enfant et était condamné par le chef de terre à payer aux parents une indemnité de cinq vaches.

2° Adulte. Il ne peut s'agir alors que du rapt d'une jeune fille ou d'une femme mariée. Toujours par l'entremise du chef de terre, le coupable devait rendre la femme ou se marier avec elle et rembourser la dot. S'il s'agissait d'une jeune fille il devait en outre payer une indemnité de cinq vaches aux parents.

Les peines prévues sont justes et doivent toujours être accompagnées de la sanction indemnitaire.

31. RÉBELLION

La coutume massa ne connaît pas le délit de rébellion. Aujourd'hui les actes de rébellion commis contre un chef de canton, un chef de village ou un garde indigène, notamment à l'occasion de l'arrestation d'un délinquant, se constatent parfois en pays massa. Si la rébellion sans arme peut être justiciable du premier degré, la rébellion avec armes ostensibles ou cachées devrait être déférée au second degré d'autant plus que des insultes ou des coups sont souvent faits aux agents de l'administration et que l'on ne saisit pas exactement la raison pour laquelle, à l'occasion de ce délit particulier, la compétence est uniquement réservée au tribunal du premier degré. Et que décider en cas de meurtre commis au cours de la rébellion ? Il semble difficile, par le jeu de la confusion, d'en laisser la compétence exclusive au premier degré.

Il serait infiniment désirable que cette infraction soit strictement réglementée dans le code pénal indigène.

32. RECEL

La coutume massa connaît le recel. Celui-ci porte principalement sur les vaches et parfois sur les chevaux. Lorsque le bétail volé était retrouvé dans les mains d'un receleur, le chef de terre lui demandait d'indiquer le nom du voleur ; s'il refusait, on lui plongeait la tête sous l'eau ou on le maintenait lié à un arbre jusqu'à ce qu'il ait avoué. Il était ensuite condamné à payer au chef de terre une amende proportionnelle à la valeur du bétail recelé. Si le bétail recelé provenait d'un crime, meurtre ou pillage, le receleur devait payer solidairement avec l'auteur du fait principal l'indemnité aux victimes ou à leurs parents.

Peines proposées :

1° Au cas de délit : 1 à 5 ans d'emprisonnement.

2° Au cas de crime : 5 à 10 ans d'emprisonnement.

Dans les deux cas restitution ou remboursement. Amende de 16 à 500 fr. Interdiction de séjour facultative.

33. RECEL DE MALFAITEURS

La coutume massa distingue suivant la qualité de celui qui a recelé ou fait recelé une personne qu'il savait avoir commis un crime :

1° Si le délinquant a trouvé asile ou refuge chez ses ascendants ou ses descendants, époux ou épouse, frère ou sœur, ceux-ci n'encourent aucune sanction.

2° Mais si asile et refuge ont été fournis par toute autre personne, la coutume massa considère alors le receleur comme un complice et, s'il se refuse à indiquer l'endroit où le criminel est caché, il subit les peines infligées au receleur de choses et parfois sa case est brûlée et son mil confisqué par le chef de terre

Le fait de receler une personne auteur d'un délit n'est pas puni par la coutume.

Peines proposées en cas de recel de criminels seulement et dans le cas n°2 ci-dessus : emprisonnement de 3 mois à 2 ans. Amende. Interdiction de séjour facultative.

34. SÉQUESTRATION, ARRESTATION ARBITRAIRE

Dans la coutume massa le fait de séquestration est très rarement constaté. Les vieillards citent des exemples de séquestration survenus à la suite de rapts ou de détournements d'enfants mineurs, mais il semble que la sanction se confondait avec le paiement de l'indemnité infligée par le chef de terre au ravisseur.

Quand des exemples de séquestration ou d'arrestation arbitraire seront constatés, le tribunal devra se montrer très prudent car il arrive souvent que la personne d'un chef de terre soit impliquée dans l'affaire.
Il y a eu un règlement suivant la coutume, un plaideur mécontent est venu se plaindre d'avoir été attaché quelques heures à un arbre, et cet incident risque parfois d'entraîner des conséquences désastreuses, notamment au point de vue politique, par la condamnation d'un brave homme qui a voulu simplement appliquer une sanction coutumière.

Par contre une séquestration ou une arrestation arbitraire du fait d'un chef de canton devrait être sévèrement réprimée et une enquête menée sur place pour faire détruire la prison clandestine.

Peines proposées :

1) Séquestration ou arrestation arbitraire : 6 mois à 2 ans de prison. Amende, indemnité et interdiction de séjour facultatives.

2) Séquestration avec circonstances aggravantes :

a/ Quand elle a duré plus d'un mois : 2 à 5 ans d'emprisonnement. Amende, indemnité, interdiction de séjour facultative.
b/ Quand elle a été commise par un agent de l'autorité : 5 à 10 ans d'emprisonnement. Amende, indemnité et interdiction de séjour obligatoires.
c/ Quand la personne séquestrée a été soumise des tortures corporelles : peines de l'assassinat.

35. TENTATIVE

La coutume massa ne prévoit pas la tentative. Tous admettent que l'acte n'a pas eu lieu par suite de la volonté d'un génie favorable, *Laouka* notamment, et qu'il ne saurait être question alors d'aller contre les desseins d'une puissance occulte.

Si en principe la tentative de tout crime doit être punissable des mêmes peines que le crime lui-même, la tentative de délit ne devrait être punie qu'à l'occasion de certaines infractions : escroquerie, recel, vol.

36. VIOL

Le viol est rarement constaté chez les Massa. Mais il est connu de la coutume qui, pour la répression, établit les distinctions suivant la personne qui en a été victime ou la qualité de l'agent.

1° Viol commis sur une femme nubile. Si elle est mariée, le coupable doit payer au mari une indemnité de cinq chevaux ou de dix vaches, doublée en cas de communication de maladie vénérienne. Si c'est une jeune fille, il doit payer la dot aux parents et se marier avec elle.

2° Viol commis sans violence sur une impubère. On relève dans la coutume les mêmes indemnités que celles constatées en cas d'attentat à la pudeur mais à cette différence que le coupable est toujours contraint par la force à s'exécuter immédiatement alors qu'on lui laisse une certaine latitude pour le paiement de la dot et des indemnités en cas d'attentat à la pudeur.

3° Viol commis avec violences sur une impubère : même remarque que ci-dessus mais indemnité plus élevée allant jusqu'à vingt vaches, toujours doublée en cas de communication de maladie vénérienne.

4° Viol commis par un ascendant ou une personne ayant autorité. Crime sans excuse chez les Massa où les pères indignes étaient mis à mort ou chassés du village et leur case rasée par les autres parents de l'enfant.
Il serait de bonne justice chez les Massa de déférer le viol au deuxième degré et de punir très sévèrement ce dernier cas.

Peines proposées (la communication de maladie vénérienne étant considérée comme circonstance aggravante) : 1er cas : 6 mois à 1 an de prison ; 2° cas : 6 mois à 2 ans de prison ; 3° cas : 2 ans à 5 ans de prison ; 4ème cas : peine du meurtre.

Et dans les quatre autres cas : indemnité à la famille, amende et interdiction de séjour facultatives.

37. VOL

Les différents vols et leurs sanctions font l'objet de distinctions minutieuses dans la coutume massa. Une étude particulière de chaque cas entraînerait trop loin ; on se bornera ici à étudier trois vols classiques : le vol de vache, de cheval, de mil ou d'arachides.

1) **Vol de vache**. Un indigène vole une vache et on la retrouve chez lui.

a/ Si le voleur appartient à la même famille que le volé, il devra rendre la vache et payer une indemnité de deux vaches.

b/ Si le voleur n'est pas de la même famille mais appartient à un village ou à un clan ami de celui du volé, il devra rendre la vache et payer une indemnité de trois vaches.

c/ Si le voleur est d'un village ou d'un clan étranger ou hostile, il devra rendre la vache volée et payer une indemnité de 10 vaches.

d/ Si la vache a été mangée ou vendue et que le voleur soit arrêté et ait avoué, il paiera comme il est indiqué sous *a*, *b*, *c*, et une vache en plus pour remplacer celle qui a été mangée ou vendue, soit 3, 4, ou 11 vaches.

e/ Au cas où plusieurs vaches ont été volées la coutume applique les mêmes règles en multipliant simplement par le nombre de vaches. Ainsi un individu d'un clan étranger à celui de la victime a volé cinq vaches, il en vend deux ; arrêté, il devra rendre trois vaches et payer une indemnité de 3 x 10=30 et 2 x 11 = 22 soit au total 52 vaches.

f/ Si le voleur est insolvable la famille doit concourir tout entière au paiement de l'indemnité.

g/ Si une vache volée est pleine ou à trois mois de mettre bas, la coutume la compte pour deux vaches.

Les règles applicables aux vaches le sont aussi aux moutons et aux chèvres, mais dans certaines sous-tribus seulement : Massa Aara et Goumaye notamment.

2) **Vol d'un cheval**. Un indigène vole un cheval et on le retrouve chez lui :

a/ si le voleur appartient à la même famille que le volé, il devra rendre le cheval et payer un bœuf à titre d'indemnité.

b/ Si le voleur n'est pas de la même famille mais appartient à un village ou à un clan ami de celui du volé, il devra rendre le cheval et payer trois bœufs à titre d'indemnité.

c/ Si le voleur est d'un village ou d'un clan étranger ou hostile, il devra rendre le cheval et payer 10 bœufs à titre d'indemnité.

d/ Au cas où plusieurs chevaux ont été volés, application des mêmes règles en multipliant par le nombre de chevaux.

f/ Responsabilité collective de la famille en cas d'insolvabilité du voleur.

g/ Si la jument volée est pleine, elle est comptée pour deux chevaux.

3) **Vol de mil ou d'arachides**. La coutume distingue suivant que le vol a été commis dans la plantation ou dans le silo.

a) Dans la plantation. Le voleur doit rendre ce qu'il a volé et le propriétaire fixe l'indemnité suivant le montant du vol, d'un à cinq moutons au maximum.

b) Dans le silo. Le voleur doit rendre le double de ce qu'il a volé et payer ensuite une indemnité d'un à cinq moutons. Ces exemples concernent un vol commis par un membre de la même famille que le volé ; s'il en est autrement, l'amende est multipliée par trois, par dix, comme pour le bétail.

L'examen des vols qualifiés (col. 1 p. 17 du questionnaire) entraîne les remarques suivantes :

a/ Vol au préjudice d'un chef : la coutume considérait comme très grave le vol contre le chef de terre. On pourrait ajouter aujourd'hui le vol commis chez un chef de canton ou de village.

b/ Vol avec armes : la coutume le considère comme très grave car elle dit : *"celui qui vient voler avec une sagaie peut tuer aussi le gardien du troupeau"*. Le mot arme doit aussi comprendre le bâton dont les Banana font grand usage.

c/ Vol de bétail. Il est assez sévèrement prévu et puni par la coutume pour prendre rang parmi les vols qualifiés du code pénal indigène.

d/ Vol avec effraction ou escalade de maison habitée ou servant d'habitation. La coutume massa connaissait en ce cas la légitime défense.

e/ Vol avec violence. Même remarque que ci-dessus.

f/ Vol en réunion ou en bande. Le proverbe massa dit que *"celui qui arrive avec ses compagnons pour chercher des histoires peut voler et tuer"*. Les représailles étaient immédiates et les voleurs souvent mis à mort.

g/ Vol avec tortures et actes de barbarie. La coutume massa prévoyait la mort dans tous les cas ; des représailles étaient organisées et les cases des criminels étaient rasées, leurs silos brûlés ; leurs femmes et enfants servaient d'otages.

Les *Peines proposées* répondent parfaitement à la répression des vols simples et qualifiés en pays massa.

GIUNTINI

SUBDIVISION DE BONGOR

Commentaire.

Le chef de subdivision nous décrit une coutume massa contemporaine devenue essentiellement indemnitaire. Dans les temps anciens, les réactions de vengeance, favorisées par l'inorganisation de la société et l'absence de chefferie, étaient beaucoup plus fréquentes et les peines plus exemplaires.

Pour l'abus de confiance, Giuntini nous dit que le détournement de bétail était "très sévèrement puni". Dans la réponse donnée l'année suivante pour les indemnités coutumières on verra que son successeur indique une réparation de "10 vaches ou (d'une) jeune fille", ce qui est considérable. On sait en effet que le don d'une jeune fille n'était généralement prévu que dans les affaires d'homicide. Dix têtes de bétail correspondaient aussi au montant moyen d'une dot ou à une diya pour meurtre. C'est dire l'importance donnée à cette infraction.

Pour l'adultère, il semble que la coutume ait évolué. L'ancienne coutume prévoyait fréquemment la mort du coupable qu'on livrait au mari à cette fin.

La distinction en fonction de l'appartenance familiale ou ethnique pour fixer le montant de la réparation (famille ou clan identique - clan ou tribu amie - clan ou tribu éloignée ou hostile) est classique et se retrouve pratiquement à chaque fois qu'il s'agit de fixer une peine ou le montant des indemnités.

Les coups et blessures mortelles semblent bien distingués ici de l'homicide puisqu'on paie 10 vaches en moyenne dans le premier cas et 10 à 30 vaches dans le second.

La position de la coutume massa en cas de blessures ou d'homicide involontaire est typique. Dans toute la zone animiste on considère en principe que l'accident (survenu dans le cadre d'une activité traditionnelle) n'a pas à être réparé car il été voulu par les génies. On procédera à un sacrifice s'il y a eu mort, mais il n'a pas à proprement parler de réparation.

La coutume ne réprime pas la complicité passive, ce qui s'explique sans doute par le fait que les Massa vivent généralement dans des groupes de cases disséminées dans les champs, isolés les uns des autres. On vit entouré de ses femmes, de ses enfants (et jadis de ses captifs) sans se mêler des affaires de ses voisins.

L'absence d'une véritable chefferie traditionnelle explique le silence de la coutume en ce qui concerne la corruption, la dénonciation calomnieuse, les exactions, la rébellion, l'évasion. Une étude plus poussée aurait peut-être montré qu'on prenait ce genres d'infractions en compte là où la domination baguirmienne s'était exercée, comme chez les Massa Boudougour (canton de Mito) mais ici la coutume massa a été influencée par la coutume baguirmienne.

Pour le faux témoignage le chef de subdivision reproduit un serment-type en disant qu'il a perdu toute valeur pour la plupart des gens, mais l'exemple qu'il donne semble être celui d'un serment prêté devant le tribunal de premier degré. Or on sait que les formules sacramentales de serment, toujours associées à un rituel imprécatoire précis, doivent être normalement prononcées devant des autorités coutumières qualifiées pour les recevoir comme les chefs de terre, ce qui fait perdre un peu de pertinence à la remarque.

La tentative ne serait pas réprimée car le non-aboutissement de l'action entreprise serait mis au compte de la volonté divine, un point qui aurait mérité d'être examiné d'une manière plus approfondie, notamment pour la tentative de meurtre.

Pour le vol la coutume massa prévoit des réparations selon un barème précis qui tient compte de l'appartenance clanique du voleur. Les cas d'aggravation (vol au préjudice du chef de terre, avec armes, en bande..) seraient connus de la coutume qui s'efforce toujours d'adapter la sanction pécuniaire à chaque cas particulier. La sanction ne résulte donc pas d'un simple calcul arithmétique. On sait aussi que les Massa faisaient la distinction entre le vol exercé par force le vol exercé par ruse et le vol furtif et crapuleux. (cf. De Garine : Les Massa du Cameroun. Vie économique et sociale, *Paris, PUF, 1964).*

Afrique Equatoriale
Française.
Territoire du Tchad
Département du
Mayo–Kebbi
Subdivision de Bongor
Justice indigène.

Liste des infractions pour lesquelles la coutume massa faisant loi dans l'ensemble de la subdivision de Bongor, prévoit des réparations civiles et quantum de ces dernières

Remarques générales.

1. Dans la coutume massa un grand nombre de sanctions pénales, la peine de prison n'existant pas en tant que peine, étaient des sanctions indemnitaires. Il a été très difficile de faire saisir aux informateurs la distinction entre sanction répressive et réparation civile, les deux notions, dont la discrimination est très simple pour nous, se confondant dans leur esprit.

2. Comme dans bien des coutumes indigènes la coutume massa fait très peu ou pas de nuances, et n'a cure de la notion, si capitale dans les droits *occidentaux* modernes, de proportion des délits et des peines. Pour rester sincère et fournir à Messieurs les magistrats de la Chambre spéciale des données non fantaisistes, nous nous sommes fait un devoir de respecter les renseignements de nos informateurs.

Il reste bien entendu que dans tous les cas (voir notamment la rubrique vol) les juridictions indigènes s'efforcent toujours de tempérer les règles trop rigides de la coutume par des considérations tirées de notre sens de l'équité, mais il importe de ne pas ignorer que la coutume pure ne s'en souciait presque jamais.

Infraction, Réparation civile coutumière. Equivalent en argent :

Infraction	Réparation
1. Abus de confiance.	Dix vaches ou une jeune fille. 2000 fr.
2. Adultère.	Cinq vaches si le délinquant est un homme du village, 1000 fr. Si c'est un étranger tout ce qu'il possède.

3. Blessures volontaires	a) Ayant entraîné la mort : 10 vaches, 2000 fr.
	b) Pas de mort, néant.
	c) Perte d'un œil : une jeune fille, 1000 à 200 fr.
	d) Amputation : 5 moutons, 100 fr.
4. Avortement	Néant.
5. Blessures volontaires	Néant.
6 Complicité	Comme pour le coupable principal.
7. Corruption	Non prévu par la coutume.
8. Dénonciation calomnieuse	Néant.
9. Diffamation, Injure	Néant.
10. Empoisonnement	Néant.
11 Escroquerie	L'indemnité est égale au montant de l'escroquerie.
12. Faux	Inconnu.
13. Fausse monnaie	Inconnu.
14. Faux témoignage	Indemnité très variable selon les cas d'espèces, en général 3, 4, 5 à 7 vaches, à calculer à raison de 200 fr. par vache.
15. Homicide volontaire	10 vaches (aucune distinction), 2000 fr.
16. Incendie volontaire	Rien. On ne dit rien, on ne se plaint pas, sinon tous les biens de la famille (étendue) brûleraient aussi (croyance banana).
17. Pillage en bande et à main armée	Indemnité égale au montant des biens pillés. cf. escroquerie.
18. Rapt	De quelques cabris à 10 à 20 vaches, ceci dépend de la richesse du ravisseur. Un cabri, 20 à 25 fr. Une vache, 200 fr.
19. Recel	Une vache, 200 fr.

20. Viol	Tous les bœufs du coupable. Aucune distinction entre femmes pubères et impubères, les Banana se souciant fort peu de cette question dans leurs rapports sexuels.
21. Vol	Tous les bœufs du coupable (que le voleur ait pris une boîte d'allumettes ou vingt bœufs).

Bongor, le 16 novembre 1938.

L'adjoint du chef de département
A. Berry.

Commentaire.

L'adjoint du chef de département en 1938, André Berry, n'est pas le seul à relever cette difficulté à faire distinguer par les informateurs sanction répressive et réparation civile. Elle tient précisément à ce que, dans la plupart des coutumes, la sanction pénale était précisément indemnitaire.

On notera quelques divergences avec le rapport précédent, qui s'expliquent par le fait que les deux administrateurs ne parlent pas de la coutume de la même époque. Berry dont on trouvera plus loin une étude sur la coutume sara semble s'être toujours plus intéressé à la coutume ancienne, qu'il appelle "la coutume pure", laquelle était plus répressive. On s'en rend compte quand il parle de l'indemnité prévue pour perte d'un œil ou pour abus de confiance : on donne une jeune fille dans le premier cas et "10 vaches ou une jeune fille" dans le second, ce qui n'est plus le cas dans la coutume contemporaine.

Le fait que la réparation pour homicide volontaire ou simples coups mortels (qui est une distinction du droit français) soit la même, est aussi l'indication qu'on nous parle ici de l'ancienne coutume.

Pour l'empoisonnement, Berry a marqué "néant" pour les réparations car la coutume ancienne prévoyait la mise à mort systématique de l'empoisonneur.

2
Subdivision de Fianga.

Afrique Equatoriale
Française.
Territoire du Tchad
Département du
Mayo–Kebbi
Subdivision de Fianga
Justice indigène.

Réponse au questionnaire concernant les coutumes pénales indigènes en vue de la préparation d'un code pénal indigène

Liste des tribus et sous-tribus

Toubouri - Kéra.

Banana – Moussaye, Banana – Gamé, Banana-Hollom.

Note sur la façon dont la justice était rendue

Avant notre arrivée dans le pays les différentes tribus étaient divisées en clans où régnait l'autorité du chef de terre. Il n'y avait de grands chefs que chez les Toubouri. Ces derniers reconnaissaient tous l'autorité du "Ouankoulou" ou Chef religieux.

Tous les délits étaient justiciables du chef de terre, assisté des notables, avec faculté d'appel devant le Ouankoulou. Les assassinats, meurtres, homicides volontaires étaient justiciables du Chef religieux.

Chez les Banana (Moussaye, Gamé et Hollom) tous les crimes religieux et délits étaient justiciables du chef de terre assisté des notables.

Lorsqu'un crime ou un délit avait été commis par un ressortissant étranger à la terre, les notables de la terre du coupable étaient conviés à assister au jugement. Ils avaient voix consultative.

De l'enquête à laquelle je me suis livré il semble ressortir qu'une certaine morale devait être observée. Toubouri et Banana punissaient parce qu'on ne doit pas "faire mauvais". On ne doit ni tuer ni voler. "Celui qui a volé un œuf peut voler un bœuf" (réponse faite par les notables interrogés).

La privation de la liberté existait peu, les indigènes redoutant davantage la sanction indemnitaire qui les appauvrissait.

J. Marin

Commentaire.

Dans la liste des "tribus et sous tribus", le chef de subdivision parle des "Toubouri-Kéra". En fait les Kera, bien que très proches des Toupouri par leur genre de vie et leurs coutumes, doivent être classés à part. Leur langue est totalement différente. La classification Banana-Moussaye, Banana-Gamé et Banana-Hollom n'a pas non plus de raison d'être. Dans l'ensemble Massa-Moussaye-Marba, les Moussaye englobent les Gamé et les Hollom.

Le terme "banana" (mon ami) qui est une invention des Français et n'a aucune signification ethnique, doit être proscrit.

L'originalité des Toupouri par rapport aux Moussaye tient surtout à l'existence chez eux d'un grand chef religieux, le Wân-Külüu, coopté par les anciens dans une famille du village de Illi, lequel a compétence pour juger les crimes et, fait assez exceptionnel au sud du Chari, juger en appel. Malheureusement le chef de subdivision ne donne guère d'indications à ce sujet.

On sait aussi qu'ils pratiquent les ordalies comme la plupart des autres groupes ethniques de la région. Ils ont également recours à des serments de type ordaliques prêtés devant le wăn soo, le chef religieux, avec des formules originales, notamment en cas d'homicide : on "mord la bouche de la Terre" (S. Ruelland, note personnelle).

Réponse au questionnaire pénal

1. ABUS DE CONFIANCE OU DETOURNEMENT.

Banana et Toubouri : la coutume ne fait pas de différence entre les divers attentats aux biens. Elle prévoit la restitution, plus une indemnité égale à la chose détournée.

Le détournement d'impôt doit être puni plus sévèrement.

Les peines proposées répondent aux nécessités locales de la répression. Réparation pécuniaire obligatoire. Pour le détournement d'impôt emprisonnement de 5 à 10 ans, plus restitution et réparation pécuniaire obligatoires.

2. ADULTÈRE.

Banana : Le complice devait payer une indemnité égale à un cheval, un bœuf, 100 daba, 200 boules de fer. Deux à trois mois de délai lui étaient accordés. S'il ne payait pas ou ne pouvait payer, il était condamné à travailler pour le mari pendant deux ans, les pieds attachés à un tronc d'arbre. L'indemnité était touchée par le frère ou, à défaut, par la famille du mari.

(a) Violation du devoir de cohabitation : restitution de la dot.
Pas de sanction pénale.

(b) Adultère du mari : non puni ; les femmes amènent au contraire des courtisanes ou des petites amies à leurs maris.

(c) Oui, des sanctions pénales doivent être appliquées même quand la coutume ne prévoit qu'une sanction indemnitaire.

Toubouri : même coutume. Indemnité de 5 vaches.

Les peines proposées répondent aux nécessités locales de la répression.

3. ALIÉNATION MENTALE.

Banana et Toubouri : la coutume considère la démence comme une cause de disparition de la responsabilité pénale et supprime la sanction indemnitaire.

L'ivresse est considérée comme une cause d'atténuation de la responsabilité pénale et la sanction indemnitaire est moins élevée.

Accord avec *les peines proposées*.

4. ATTENTAT A LA PUDEUR SUR IMPUBÈRE.

Banana : la coutume ne prévoit aucune sanction si l'impubère n'est pas déflorée avec la main ou un objet. Si elle est déflorée sans coït : indemnité de 3 chevaux. Toubouri : rien.

(1) Avec violences : même indemnité que sans violence. Toubouri : indemnité de 5 cabris.

(2) Par ascendant : aucune sanction. Toubouri : *idem*.

Par personne ayant autorité. Banana : indemnité normale. Toubouri : un bœuf.

(3) Communication de maladie vénérienne : Banana, indemnité de 5 chevaux. Toubouri : 5 vaches.

Oui, l'ordre public est intéressé à la répression (à déférer au 1er degré).
Les peines proposées répondent aux nécessités locales.

5. AVORTEMENT.

Banana et Toubouri : aucune sanction pénale ou indemnitaire n'est prévue par la coutume.
La femme coupable est rendue au père après avoir reçu une correction.

6. BLESSURES VOLONTAIRES, VIOLENCES ET VOIES DE FAIT.

I. CRIME. a) Coups mortels. Banana : un bœuf, 200 daba, 100 boules de fer. Toubouri : indemnité d'une fille et un bœuf pour le sacrifice.

b) Mutilation, amputation, perte d'un membre. Banana : indemnité supérieure en raison du préjudice esthétique : un cheval, 200 daba, 100 boules de fer. Toubouri : 5 vaches.

II. Délit. a) plus de 20 jours d'incapacité. Banana : un bœuf, 200 daba, 100 boules de fer. Toubouri : deux vaches.
c) pas d'incapacité ou inférieure à 20 jours. Banana : 3 cabris. Toubouri : un cabri.

8. BLESSURES INVOLONTAIRES.

Banana et Toubouri. La coutume prévoit des sanctions indemnitaires sauf pour les accidents de chasse. Si la blessure est causée par un cavalier, indemnité : un cheval.

Peines proposées : emprisonnement de 15 jours à 3 mois. Amende facultative. Indemnité obligatoire.

9. COMPLICITÉ.

Banana et Toubouri. La complicité active est prévue et punie des mêmes sanctions que celles du crime ou du délit.
La complicité passive est prévue et punie de la moitié des sanctions.

Les peines proposées répondent aux nécessités locales de la répression.

10. CONCUSSION.

Banana et Toubouri : néant.
J'estime que le minimum devrait être de deux ans. Indemnité et restitution obligatoires. Amende et interdiction de séjour facultatives.

11. CORRUPTION.

Banana et Toubouri : corrompu et corrupteur doivent chacun payer une indemnité égale à l'objet du litige. S'il s'agit d'un cheval par exemple, chacun donnera un cheval au plaideur sincère. Si le corrompu a cédé à la contrainte, le corrupteur est seul puni.

Les peines proposées répondent aux nécessités locales.

12. DÉFENSE LÉGITIME.

Banana et Toubouri. La coutume reconnaît la légitime défense qui entraîne la disparition de la responsabilité pénale.
Aucune indemnité n'est prévue.

13. DÉNONCIATION CALOMNIEUSE.

Banana. La dénonciation calomnieuse était prévue et punie par la coutume. Quatre mois les pieds passés dans un tronc d'arbre, plus une indemnité proportionnelle à la gravité de la dénonciation.
Toubouri : deux ans les pieds passés dans un tronc d'arbre ou paiement d'une indemnité.

14. DIFFAMATION ET INJURE.

DIFFAMATION. Banana : la coutume prévoit une indemnité d'un cheval ou d'un bœuf suivant la gravité de la diffamation. Toubouri : pas prévue.

INJURE. Banana : indemnité d'un cheval. Toubouri : indemnité d'une ou 2 vaches.

OUTRAGE. Banana : indemnité d'un cheval. Toubouri : confiscation de tous les biens. Dans le temps, pour s'être entendu dire : "tu n'es pas capable d'allumer ta pipe", le chef religieux fit raser tout un village. Oui, je suis d'avis de prévoir les pénalités proposées et une peine aggravée en cas d'injure publique à un chef.

15. EMPOISONNEMENT.
Banana : la coutume prévoit la mort si la victime meurt. Si elle ne meurt pas, indemnité d'un cheval.

Toubouri : l'empoisonneur doit administrer un contrepoison et donner une fille à titre d'indemnité.

Empoisonnement de puits, sources etc.

Banana : peine prévue : la mort, car l'empoisonneur peut renouveler son acte.

Toubouri : prisonnier du chef pendant deux ans.

Les peines répondent aux nécessités locales.

16. ESCROQUERIE.
Banana : 3 mois de prison, plus un bœuf et 200 daba, 200 boules de fer à titre d'indemnité.

Toubouri : confiscation de tous les biens et case rasée.

17. ESCROQUERIE DITE AU MARIAGE OU A LA DOT.

Banana : un an de servitude chez chacune des victimes et le remboursement des dots.

Toubouri : remboursement des dots et confiscation des biens au profit du chef village.

18. ÉVASION.

Banana : triple indemnité si détenu ou arrêté pour règlement de palabre, ou double de la peine encourue.

Toubouri : double indemnité si détenu ou arrêté pour règlement de palabre. Double peine de privation de liberté dans le cas où l'homme était déjà détenu.

Aggravation : Banana et Toubouri : indemnité plus forte ou privation de liberté de plus longue durée.

Avec violences. Banana : Si blessures graves au gardien, la mort. Dans tous les cas indemnité plus forte ou privation de liberté de plus longue durée.

Toubouri : mêmes peines que pour l'aggravation sans violences.

Gardien de connivence : Banana et Toubouri, confiscation de tous les biens, femmes y comprises. Tiers de connivence : Banana et Toubouri, confiscation de tous les biens.

Les peines proposées correspondent aux nécessités locales.

19. EXACTIONS.

Banana et Toubouri : la coutume distingue la concussion de l'exaction. J'estime que le minimum devrait être un emprisonnement de 3 ans.

20. FAUX.
Néant. *Les peines proposées* ne sont pas trop élevées parce que dans un pays riche comme celui-ci le dommage peut être important. Oui, il faut laisser la compétence au tribunal du 2ème degré.

22. FAUX TÉMOIGNAGE.
Banana et Toubouri. La coutume prévoit la confiscation de tous les biens, case rasée. Les *Peines proposées* sont insuffisantes car le faux témoignage peut faire innocenter un coupable ou condamner un innocent. Devraient être proportionnées à la peine encourue par le bénéficiaire ou la victime de faux témoignage.

23. HOMICIDE VOLONTAIRE.

Meurtre. Banana : la peine du talion. Le meurtrier était mis à mort. Toubouri : deux ans d'emprisonnement chez le chef, plus une indemnité d'une fille et deux bœufs.

Assassinat. Banana et Toubouri : la peine du talion. La mort demande la mort. Pas d'indemnité Quand l'assassin n'était pas arrêté, c'était la guerre entre les clans.

Parricide. a) Sur la personne de la mère. Banana : un cheval. Toubouri : 5 bœufs. b) Sur la personne du père. Banana : aucune indemnité. Le parricide était chassé de la terre. Toubouri : confiscation des biens au profit du chef.

Infanticide. Banana et Toubouri. Si l'auteur est le père : aucune sanction. l'auteur est la mère : chassée de la terre. *Les peines proposées* répondent aux nécessités locales.

24. HOMICIDE INVOLONTAIRE.

Banana et Toubouri. Comme indiqué au n° 8, la coutume ne prévoit aucune indemnité dans le cas d'accidents mortels dus à l'imprudence des chasseurs indigènes.

25. INCENDIE VOLONTAIRE.

Banana et Toubouri. La coutume prévoit une indemnité représentative des biens, avec ou sans privation de liberté. Emprisonnement de 2 ans lorsque l'indemnité n'était pas payée.

Avec mort d'homme : mêmes sanctions que ci-dessus, plus, chez les Banana, une indemnité d'un cheval, un bœuf, 100 daba, 200 boules de fer. Emprisonnement jusqu'à paiement. Toubouri : indemnité de 5 bœufs. Emprisonnement pendant 2 ans.

26. INJURE A TÉMOIN.

(une partie de la réponse fait défaut). *Les peines prévues* par l'art. 54 du décret de 1936 sont suffisantes.

27. MENACES.

Banana et Toubouri. Pour les menaces sans condition, aucune sanction. Pour les menaces sous condition, les Banana ne prévoient aucune sanction. Chez les Toubouri le coupable était puni comme un voleur.

Menaces de mort etc. Chez les Banana : aucune sanction, qu'elles soient faites sans ou sous condition. Chez les Toubouri, cinq vaches ou privation de liberté jusqu'au paiement. Celui qui a menacé peut mettre ses menaces à exécution et doit donc être puni.

Les peines proposées sont trop légères.

28. OUTRAGE.

(une partie de la réponse fait défaut).

Les peines prévues sont insuffisantes. L'outrage au tribunal ou à l'un de ses membres devrait être puni des mêmes peines que l'outrage à un chef : 6 mois à 2 ans de prison. Amende obligatoire.

29. PILLAGE EN BANDE ET A MAIN ARMÉE.

Banana et Toubouri : les coupables étaient mis à mort ou réduits en esclavage.

Les peines proposées répondent aux nécessités locales.

30. RAPT.

Banana : si la victime n'était pas retrouvée, l'auteur du rapt était vendu comme esclave. Dans le cas contraire l'indemnité était supérieure à la dot normale.

Toubouri : si la victime était retrouvée, l'indemnité était : une fille ou huit vaches. Dans le cas contraire : deux filles.

Aggravation. Mêmes sanctions que ci-dessus plus, pour les Banana, indemnité d'un cheval et, pour les Toubouri, d'un bœuf.

La sanction indemnitaire doit être obligatoire.

31. RÉBELLION.

Rien de prévu chez les Banana. D'après les notables interrogés l'autorité du chef n'était pas discutée. Chez les Toubouri le ou les rebelles payaient une indemnité très variable. Dans certains cas le village était brûlé.

Les peines proposées répondent aux nécessités locales.

32. RECEL.

Banana et Toubouri : le receleur était puni moins sévèrement que le voleur. Indemnité égale au double de la chose volée.

33. RECEL DE MALFAITEURS.

Banana : indemnité : une fille et un cheval pour recel de meurtrier, un cheval pour recel de voleur. Toubouri : confiscation des biens.

Les parents du criminel ou du délinquant étaient punis des mêmes peines. Oui, il devrait y avoir atténuation de la peine.
La sanction indemnitaire devrait être obligatoire.

35. SÉQUESTRATION, ARRESTATION ARBITRAIRE.

Banana et Toubouri : la sanction est indemnitaire. Banana : pour le séquestré : une fille ; pour le chef de terre : un cheval.

Toubouri : pour le séquestré : 5 vaches. Pour le chef de terre : un bœuf.

36. TENTATIVE.

Banana et Toubouri. La coutume applique les mêmes peines qu'au délit ou au crime.

36. VIOL.

1° D'une femme nubile. Banana : aucune sanction. Toubouri : indemnité d'un cabri.
D'une femme mariée. Banana : indemnité de 2 chevaux, 2 bœufs, 200 houes et 200 boules de fer. Toubouri : 5 vaches.

2° D'une femme impubère (sans violence). Banana : aucune sanction. Toubouri : 2 cabris.

3° D'une femme impubère (avec violence). Banana : indemnité au père d'un cheval, un bœuf, 100 houes et 200 boules de fer. Toubouri : indemnité : deux fois la dot.

4° Par ascendant ou personne ayant autorité. Banana : la mort. Toubouri : aucune sanction.

5° Avec communication de maladie vénérienne. Banana : indemnité d'un cheval, un bœuf, 100 houes et 200 boules de fer. Toubouri : deux fois la dot.

Non, il ne faut pas maintenir le caractère de crime du viol.
Oui, il faut prévoir des peines plus graves pour le viol commis par un ascendant ou une personne ayant autorité.

Les peines proposées répondent aux nécessités locales.

37. VOL.

Pour le vol simple Banana et Toubouri ne prévoient qu'une sanction indemnitaire.

Avec circonstances aggravantes. Banana : la mort. Toubouri : confiscation des biens et quelquefois servitude.

Avec tortures corporelles et actes de barbarie ayant entraîné la mort. Banana : mort. Toubouri : indemnité d'une fille.

Les distinctions et les *Peines proposées* correspondent aux nécessités locales.

Commentaire.

Pour l'adultère l'indemnité semble être plus élevée que chez les Massa de Bongor. On doit se trouver dans le cas d'un adultère commis avec un homme d'un autre clan ou d'une autre tribu.

L'aliénation mentale supprimerait la sanction indemnitaire, ce qui n'était pas le cas chez les Massa de Bongor, une différence peu explicable.

L'avortement ne serait sanctionné ni chez les Moussaye ni chez les Toupouri, ce qui serait à vérifier (surtout si le fœtus est de sexe féminin.)

Les coups et blessures mortels donnent lieu au versement d'une indemnité (d'un cheval), beaucoup plus faible chez les Moussaye que chez les Massa (où l'on paie 10 vaches en moyenne). On notera que la coutume toupouri avait recours au don d'une jeune fille.

Pour les blessures involontaires et l'homicide involontaire la disposition coutumière est proche de celle des Massa de Bongor : pas d'indemnité dans le cas d'accidents de chasse – il s'agit de chasses collectives traditionnelles – mais elle est un peu plus restrictive puisqu'on fait quand même payer une indemnité dans le cas d'accident causé par un cavalier.

La légitime défense entraîne également la disparition de l'indemnité compensatrice, ce qui est classique dans les coutumes animistes.

La grande sévérité chez les Toupouri pour la dénonciation calomnieuse est signe de l'existence d'une chefferie religieuse puissante.

La diffamation ne serait pas réprimée chez les Toupouri, ce qui est douteux. Toutes les coutumes répriment par exemple la fausse accusation de sorcellerie (une fois surmontée l'ordalie du poison d'épreuve), qui est une forme de diffamation.

A noter la confiscation de la totalité des biens en cas d'escroquerie, une peine assez typique des pays de grande chefferie.

Les Moussaye semblent être plus portés vers la peine du talion en cas d'homicide volontaire que les Toupouri qui, eux, privilégient la réparation, mais leur coutume doit également la prévoir.

D'une manière générale la coutume Moussaye apparaît beaucoup plus fruste pour toute une série d'infractions : menaces de mort, rapt, rébellion, vol.

Pour la tentative, la répression serait identique, que le crime ait été simplement tenté ou commis, ce qui est douteux (cf. 15 : dans le cas de tentative

SUBDIVISION DE FIANGA

d'empoisonnement, quand la victime ne meurt pas, l'indemnité prévue, un cheval, est moins élevée que l'indemnité habituelle pour homicide volontaire mais elle existe).

Pour le vol les renseignements sont imprécis. On sait par exemple que les Toupouri font la distinction entre les vols commis de jour, qui entraînent une réparation du double de la valeur des objets ou des animaux volés, et les vols de nuit qui emportent paiement du quadruple.

Toutes ces réponses, beaucoup trop succinctes, auraient gagné à être plus détaillées sur des points essentiels.

3
Subdivision de Léré

Afrique Equatoriale
Française.
Territoire du Tchad
Département du
Mayo–Kebbi
Subdivision de Léré
Justice indigène.

Coutumier pénal des Foulbé de la subdivision de Léré

1. **ABUS DE CONFIANCE.** L'abus de confiance est réprimé moins sévèrement que le vol simple en vertu de cette idée que la victime a une part de responsabilité dans le dommage qu'elle subit par suite de sa confiance excessive ou de sa naïveté. Sanction pénale : 80 coups de fouet. Sanction civile : remboursement simple des valeurs ainsi détournées.

Le détournement de l'impôt prélevé sur les populations kirdi du lamidat de Binder ou de la *zakka* prélevée sur le mil, les arachides, les cabris et les vaches des Foulbé était puni comme l'abus de confiance commis au préjudice d'un particulier, avec une peine supplémentaire de 12 mois de fers.

2. **ADULTÈRE.**

A/ Adultère de la femme.

a) Si quatre témoins mâles, libres, musulmans et de bonne réputation ont vu "avec leurs yeux" l'acte matériel du coït adultère, la femme adultère est enterrée jusqu'aux aisselles et piétinée par des chevaux lancés au galop.

b) L'aveu de l'adultère par les deux complices entraînait la même peine.

c) Si la preuve a pu être faite par d'autres moyens, l'adultère était puni de 100 coups de fouet. En outre la femme adultère payait au lamido sur sa *dora*, une indemnité égale au montant de celle-ci (on appelle *dora* chez les Foulbé cette donation faite au moment du mariage par le mari au profit de la femme et qui constitue, avec le versement de la dot, une des conditions de validité du mariage. Le mari trompé n'a droit à aucune indemnité.

B/ **Adultère du mari.** Les mêmes distinctions dans le mode de preuve et dans le système de répression étaient appliquées.

a) La coutume foulbé ne punit pas pénalement le refus de cohabitation de la femme. La femme est ramenée trois fois au domicile conjugal. Si elle le quitte à nouveau le mari reprend sa dot et la *dora* qu'il avait constituée au profit de la femme. Ceci sous réserve que le mari puisse prouver qu'il traitait sa femme suivant son rang social ; faute de quoi c'est la femme qui reprend sa liberté sans être tenue à rembourser la dot.

b) L'adultère du mari doit être puni au même titre que l'adultère de la femme car il constitue aux yeux des populations soumises à des coutumes dérivées de la loi islamique le crime de débauche quel que soit le sexe de celui qui s'y livre.

c) L'adultère doit être puni de sanction pénale car ce pays foulbé souffre d'une crise de démoralisation des femmes dont les effets sur la natalité paraissent bien probables.

3. ALIÉNATION MENTALE

La folie est une cause de disparition de la responsabilité pénale. L'ivresse n'est une cause ni d'atténuation ni de disparition de la responsabilité pénale. C'est même en elle-même un délit spécial (en principe tout au moins).

4. ATTENTAT A LA PUDEUR

Les sanctions coutumières semblent bien vagues. Le fait d'introduire le doigt dans le vagin de l'enfant est assimilé au viol. Il parait toutefois que la peine de 100 coups de fouet infligée aux impudiques soit applicable.

L'indemnité était de deux ou une vache suivant que ces attouchements avaient eu lieu avec ou sans violence. Les marabouts sont d'accord pour dire que de pareilles manœuvres du père sur sa fille méritaient la mort et qu'elles n'excluaient pas le paiement d'une indemnité à l'enfant.

Je propose qu'une forte aggravation soit faite pour le cas du délit commis par le père au sens indigène du mot, c'est-à-dire toute personne ayant autorité sur l'enfant.

Il ne semble pas d'ailleurs que ce genre d'infractions se soient produites fréquemment, ou du moins que les tribunaux aient eu souvent à en connaître, faute de plaignant sans doute. L'intervention du tribunal du 2ème degré me parait inutile.

5. AVORTEMENT

En principe l'avortement était assimilé au crime, c'est-à-dire que celui qui faisait avorter devait être tué, ou, pratiquement, payer la *dia* au père de l'enfant, ou lui donner un captif.

En fait il semble, car ce genre d'affaires ne paraissent pas avoir été évoquées devant les tribunaux, que celui qui avait fait avorter payait 10 vaches au père de l'enfant.

Si le mari a fait avorter sa femme en entretenant avec elle des rapports sexuels au moment où sa grossesse était trop avancée, il n'est pas puni.

Donc pas de sanctions pénales mais paiement d'une indemnité.

6. **BLESSURES VOLONTAIRES**

A. CRIME.

1. Blessures ayant entraîné la mort.

Le délinquant paie la *dia*, c'est-à-dire en principe 100 chameaux ; en fait la pratique évaluait la valeur de la vie humaine à 20 vaches ou même à 10 vaches après transaction avec la famille, qui renonçait à exercer le droit de vengeance que lui donnait la loi coranique du talion. La *dia* de la femme est de la moitié. Celle des infidèles est du tiers.

2. Blessures volontaires suivies de mutilations etc.

La vieille coutume du talion qui laissait la famille rendre "œil pour œil et dent pour dent" était tombée en désuétude. L'évaluation du dommage est laissée au juge. On estimait que la perte d'un œil, d'un bras ou d'une jambe entraînait le paiement de la moitié de la *dia*. Au point de vue pénal la sanction était de 6 mois de fers.

B. DÉLIT. Violences, coups et blessures simples.

(1) la coutume foulbé distingue suivant qu'il y a eu ou non effusion de sang (étant admis que l'enflure consécutive à un coup et que l'on résorbait avec des ventouses scarifiées était assimilée à ce point de vue à l'effusion de sang). S'il y a eu effusion de sang le coupable paie une indemnité d'une vache à la victime.

(2) S'il n'y a pas eu effusion de sang, le coupable ne paie rien mais subit 17 coups de fouet.

7. **CIRCONSTANCES ATTÉNUANTES**

(pas de réponse).

8. **BLESSURES INVOLONTAIRES**

Elle n'entraîne qu'une réparation civile correspondant au dommage causé, à l'exclusion de sanction proprement pénale. Je propose de porter à 6 mois le maximum des *Peines proposées*.

9. **COMPLICITÉ**

La complicité active entraîne pour celui qui s'y livre des sanctions correspondant à la moitié de celles appliquées à l'auteur principal (paiement de la moitié de la *dia* incombant au criminel).

La complicité passive est punie de coups de fouet pouvant se chiffrer jusqu'à 50, suivant l'importance de l'infraction que la passivité du complice a permis de perpétrer ; il n'a rien à payer car il n'a vraisemblablement pas profité de l'infraction.

10. CONCUSSION

Ce délit ainsi que celui de corruption et ceux qui constituent en quelque sorte des délits contre la fonction publique semblent avoir été peu approfondis par les docteurs foulbé pour qui les intérêts du trésor ou les nécessités d'une honnête administration se confondent avec les intérêts du lamido. D'autant que le chef était libre de faire ce qui bon lui semblait. On ne parle que du remboursement des objets et de la mise à pied de l'agent infidèle.

11. CORRUPTION

Voir plus haut pour concussion. Il ne parait pas que le corrupteur encoure une peine quelconque.

12. LÉGITIME DÉFENSE

La légitime défense entraîne la disparition de la responsabilité pénale et de la responsabilité civile.

La charge de la preuve incombe évidemment à celui qui prétend avoir agi étant en état de légitime défense, sauf le cas du voleur qui entre dans la case de nuit sans appeler et sans adresser les saluts ordinaires, ce qui constitue une présomption qui renverse le fardeau de la preuve.

13. DÉNONCIATION CALOMNIEUSE

Outre une peine de 80 coups de chicotte le calomniateur devait rembourser à la victime, peut-être déjà condamnée, ce à quoi elle avait été condamnée et, en cas de perte de la liberté, une indemnité calculée sur la base de 1 franc par jour de détention.

14. DIFFAMATION

Le diffamateur est invité à fournir des témoignages de ce qu'il avance : s'il peut en fournir la preuve, pas de sanction. S'il ne peut en fournir la preuve, il subit les peines de la dénonciation calomnieuse.

A rappeler la vieille prescription coranique concernant l'adultère et prescrivant que l'adultère d'une femme vertueuse ne pourra être établi que par 4 témoins. Ceux qui accuseront une femme vertueuse sans pouvoir produire quatre témoins seront punis de 80 coups de fouet. Déclarés infâmes ils ne pourront plus être reçus en témoignage.

Je pense qu'il faut maintenir des pénalités contre la diffamation et la dénonciation calomnieuse.

La coutume distingue en matière d'injure : si le plus jeune injurie le plus âgé, c'est le plus jeune qui subira une peine de 22 coups de fouet. Si le plus âgé injurie plus jeune que lui, il subira un coup de fouet seulement.

L'injure au chef était réprimée de 50 coups de chicotte. Cette pénalité aggravée pour l'injure à l'égard du chef est à maintenir.

15. EMPOISONNEMENT

La seule peine est la peine de mort sans que l'empoisonneur puisse, semble-t-il, se racheter par le paiement d'une *dia*.

Le même sort était réservé à ceux qui ou à celui qui empoisonnait les puits, citernes ou sources.

16. ESCROQUERIE

50 à 80 coups de fouet. Remboursement simple des objets escroqués. En outre, pour celui qui avait pris la peine d'escroquer les gens, il semble que Sé Ousmanou dans son code ait prévu une peine de 6 mois de fers à l'expiration de laquelle on enduisait l'escroc de terre rouge, noire et blanche ; on l'asseyait sur un âne à l'envers et on le promenait sur le marché pour donner une publicité solennelle à cette condamnation et appeler l'attention des éventuelles victimes.

17. ESCROQUERIE AU MARIAGE

La coutume ne prévoit aucune sanction autre que le remboursement de la dot prélevée sur les prétendants excessifs. Les dots sont chez les Foulbé d'assez maigre importance et il ne parait pas urgent de réprimer cette manœuvre.

18. ÉVASION

La coutume ne prévoit pas de répression spéciale pour ce délit. Il est indispensable de le réprimer. Le fait de s'échapper de la prison ou d'une escorte semble pouvoir être puni de la même façon dans les deux cas.

Il faut prévoir une aggravation pour le cas de bris de porte et pour le cas d'évasion avec violence.

19. EXACTIONS

La doctrine parait mieux fixée en cette matière qu'en matière de concussion et de corruption. Sanction pénale : 100 coups de fouet. Sanction civile : remboursement simple du produit des exactions.

20. FAUX

Parait s'être produit plutôt sous la forme de l'emprunt du cachet que sous la forme de contrefaçon d'écriture, les chefs n'écrivant que rarement eux-mêmes d'une part, et les particuliers d'autre part ne sachant que rarement écrire, en dehors des faki.

Sanction pénale : 12 mois de fers. Remboursement simple. Sanction civile : remboursement simple des objets procurés par le faux.

21. FAUSSE MONNAIE

Les forgerons qui copient les pièces d'argent sont punis de 6 mois de fers et doivent rembourser la valeur de la fausse monnaie mise en circulation.

22. FAUX TÉMOIGNAGE

Le témoignage simple qui s'avère avoir été faux était puni de 12 mois de fers.

Le faux témoin remboursait celui qui avait été injustement condamné avec celui qui avait profité du faux témoignage. Le témoignage appuyé du serment sur le Coran est inattaquable et si le témoin s'est parjuré c'est une affaire entre Dieu et lui.

23. HOMICIDE VOLONTAIRE

Qu'il s'agisse d'un meurtre ou d'un assassinat la peine est la même : la famille a le droit de demander l'application du talion. L'adoucissement des mœurs leur fait préférer à cette vengeance le paiement par le coupable de la *dia*. La mort avait lieu par décollation.

Le meurtre commis par un membre de la famille sur un autre membre rapproché de la famille (père, frère) donnait lieu à la même sanction avec cette particularité que le coupable ne pouvait prétendre à hériter du de cujus qu'il avait tué.

24. HOMICIDE INVOLONTAIRE

Simple paiement de la *dia*. La maladresse, l'imprudence, l'inobservation des règlements ne suffisent pas à faire encourir une sanction pénale même si la mort est résultée de cette imprudence ou de ces négligences.

Il faut incontestablement maintenir une répression pénale se superposant à la réparation civile.

25. INCENDIE VOLONTAIRE

Si l'incendie a entraîné mort d'homme, pas de *dia*, la mort seule. Si l'incendie n'a pas entraîné la mort, le coupable rembourse la valeur des objets volés et fait 12 mois de fers.

26. INJURE A TÉMOINS

Sé Ousmanou, législateur de Sokoto, a prévu, en l'absence de dispositions coraniques une peine de 40 coups de fouet.

27. MENACES SIMPLES OU SOUS CONDITION

La coutume ne punit pas la menace simple mais elle constitue pendant un an présomption de culpabilité si quelque événement malheureux survient pendant ce délai à celui qui a été l'objet de menaces.

La menace sous condition est punie de 6 mois de fers. Il ne me parait pas très utile de sanctionner la menace simple.

28. OUTRAGE AU TRIBUNAL
Sé Ousmanou dans son code distingue suivant qu'il s'agit de l'*alkali*, président, auquel l'outrage est puni de 70 coups de fouet, ou les assesseurs, pour lesquels on ne prévoit qu'une peine de 39 coups de fouet.

29. PILLAGE EN BANDE
Voir : vol à main armée et en bande.

30. RAPT
Ne se comprenait guère que pour ramener un captif fugitif ou pour enlever une femme de chez ses parents. Dans aucun cas ce n'était sanctionné.
Il est indispensable de maintenir les *Peines proposées* pour éviter les rapts de captifs évadés du Cameroun et réfugiés au Tchad.

31. RÉBELLION
Les sanctions sont vagues. A peine peut-on indiquer que celui qui a jeté des armes sera puni de 12 mois de fers.

32. RECEL
Le receleur paie une amende égale à la valeur des objets recelés.

33. RECEL DE MALFAITEURS
Celui qui aura recelé un voleur sera puni de 100 coups de fouet et de 3 mois de fers. Celui qui aura recelé un homme coupable d'un crime de sang sera puni de 6 mois de fers sans que, par suite d'une caractéristique que je m'explique mal, il soit condamné au fouet. La coutume ne prévoit pas que les parents subissent un sort plus favorable.

34. SÉQUESTRATION ARBITRAIRE
Si celui qui a usé de la séquestration a obtenu de cette manière la remise de choses de celui qui était séquestré, le délinquant est condamné à 2 mois de fers et au remboursement des choses obtenues. Si la séquestration n'a pas eu pour but et pour effet la remise de choses ou valeurs diverses mais n'est dictée que par la vengeance, on applique au délinquant la peine du talion et on lui fait subir le même nombre de jours de séquestration qu'il a lui-même fait endurer à sa victime.

35. TENTATIVE
La tentative de vol est punie de 80 coups de fouet en public à condition qu'il s'agisse d'un vol entraînant la perte du poignet, c'est-à-dire d'un vol qualifié au sens indigène du mot, c'est-à-dire dans une case, une zériba, un silo.

La coutume exige aussi que le commencement d'exécution soit bien net. La tentative de meurtre ou d'assassinat est punie de 100 coups de fouet et d'un an de fers.

36. VIOL

1° **Femme nubile.** Le viol constaté par quatre témoins était puni par la mort. En l'absence de témoins le délinquant était condamné à verser une somme égale à celle que la victime avait reçu comme *dora*.

2° **Femme impubère.** La même sanction était appliquée au cas ou quatre témoins pouvaient venir affirmer avoir vu l'acte matériel du viol.

Si les quatre témoignages ne pouvaient être réunis, le délinquant payait à la femme une indemnité d'une vache à laquelle s'ajoutait une indemnité variable en cas de violences exercées sur elle sur la base de 1 franc par doigt pour les gifles, de 10 francs pour un coup de bâton.

3° **Viol par ascendant.** Même sanction.

4° **Avec transmission de maladie vénérienne.** A la sanction du viol on ajoute une indemnité de 60 à 100 fr.

37. VOL

Le vol simple, c'est-à-dire l'appréhension frauduleuse de la chose d'autrui dehors et loin de toute enceinte est puni de 25 à 50 coups de fouet. Le délinquant rembourse le double.

Le vol qualifié au sens indigène du mot, c'est le vol commis dans la case, dans le parc à bétail (zériba) et dans le silo. Il entraîne l'application des sanctions coraniques c'est-à-dire l'ablation du poignet droit, du pied gauche, de la main gauche et du pied droit. La coutume n'exige pas d'effraction mais le simple fait d'entrer dans la case d'autrui sans permission et d'y voler (les cases sont d'ailleurs démunies de portes).

Le fait d'être ou non porteur d'armes ne modifie pas la sanction du vol (probablement parce que les indigènes sont toujours normalement armés).

Le vol en bande est puni : par la mort pour le chef de bande, par l'application des peines correspondant aux délits commis par chacun des membres de la bande, sans que le fait d'avoir volé en bande entraîne pour chacun des exécutants une aggravation spéciale de peine.

Le vol en réunion est puni comme le vol, chacun étant puni individuellement. Les valeurs à rembourser au double sont réparties entre chacun des voleurs sans aucune solidarité entre eux pour le paiement.

Le vol avec tortures est puni des peines du vol auxquelles s'ajoutent les peines correspondant aux blessures volontaires.

NOTA. Ces renseignements ont été fournis par Malloum Takar, goni Naserou, malloum Mamadou, malloum Aboubakar, malloum Djingui de Binder, s'appuyant sur les versets du Coran et surtout sur le code de Sé Ousmanou, lamido de Sokoto, et les commentaires du Coran d'origine égyptienne et tripolitaine : la Risâla et la Tohfa.

Léré, le 25 septembre 1938

Le Chef de subdivision

MAILLARD

Commentaire.

Pour la subdivision de Léré nous n'avons retrouvé que cette étude de Pierre Maillard (chef de la subdivision du 16 décembre 1936 au 2 septembre 1939), qui porte sur la coutume pénale des Foulbé. Il manque donc celle concernant les Moundang qui peuplent les cantons de Léré, Guégou, Lagon (et ceux de Torrock et Gouin sur Pala.)

Les Foulbé suivent une coutume musulmane inspirée de la Risâla et surtout du code de Sé Ousmanou, lamido de Sokoto. La marque du droit musulman est particulièrement nette dans la façon de prouver l'adultère. A noter l'indemnité - en fait une amende payée au lamido par la femme, d'une valeur égale à la dora, *cette donation faite au moment du mariage par le mari à l'épouse, qu'on ne doit pas confondre avec la dot payée aux parents.*

On retrouve également cette influence du droit musulman en matière de coups et blessures volontaires mortels, assimilés au meurtre pour la fixation du montant de la réparation, pour la légitime défense, qui supprime la responsabilité pénale et civile, pour l'empoisonnement, non susceptible de diya, *pour l'homicide involontaire qui entraîne paiement de la* diya *totale, pour la tentative, qui est toujours réprimée, pour le vol où la coutume fait bien la distinction entre le vol simple et le vol qualifié (au sens coranique).*

Le barème des indemnités pour blessures est nettement moins précis que celui de Khalîl et les diya *réellement payées se situent entre 10 et 20 vaches.*

Sur bien des points la coutume apparaît assez incertaine (concussion, corruption).

Le chef de subdivision a indiqué le nom de ses informateurs, ce que peu d'officiers ou d'administrateurs ont songé à faire.

4
Subdivision de Pala.

A.E.F. - Territoire du Tchad
Département du Mayo-Kebbi
    Subdivision de Pala

Liste des infractions pour lesquelles les coutumes Moundang et Ngambaye prévoient des réparations civiles et quantum de ces dernières.

1. Abus de confiance. Indemnité de 5 cabris à un cheval.
2. Adultère. Moundang : indemnité d'un bœuf à un cheval. Ngambaye : indemnité de 500 à 2.500 boules de fer.
3. Blessures volontaires. Indemnité d'un cabri à cinq vaches, ou de 100 à 2.500 boules de fer.
4. Complicité active. Indemnité de 5 à 2 cabris ou un bœuf.
5. Dénonciation calomnieuse. Indemnité de 1 à 2 vaches.
6. Faux témoignage. Indemnité de 5 cabris.
7. Homicide volontaire. Indemnité égale à la dot d'une jeune fille pubère : de 4 à 7 vaches chez les Moundang, de 1.500 à 3.500 boules de fer chez les Ngambaye, plus un certain nombre de cabris, de 5 à 20, et un certain nombre de houes, de 10 à 60.
8. Homicide involontaire. Indemnité d'un bœuf à un cheval, de 150 à 1.500 boules de fer.
9. Incendie volontaire. Indemnité de 2 cabris à 7 vaches.
10. Pillage en bande et à main armée. Indemnité de 5 cabris à 7 vaches.
11. Recel. Indemnité égale à 2 fois et demie la valeur de l'objet recelé.
12. Viol. Indemnité d'un cheval à sept vaches.
13. Vol. Indemnité égale à 5 fois ou 10 fois la valeur de l'objet volé.

Pour tous autres détails, se reporter au questionnaire sur les coutumes pénales Moundang, que nous avons jugé inutile de reproduire ici.

                      Pour copie conforme, Pala le 5 novembre 1938
                Bongor, le 17 novembre 1938. Le chef de subdivision
                           Le chef du département
                                      signé : LAMI

Commentaire.

Pour la subdivision de Pala nous n'avons retrouvé que cette liste des infractions pour lesquelles les coutumes Moundang et Ngambaye prévoyaient des réparations civiles, établie par Pierre Lami, chef de subdivision du 27 avril 1938 au 2 septembre 1939.

La réponse au questionnaire pénal a dû être adressée puisqu'il y est fait allusion en fin de lettre.

Pour les réparations, Moundang et Toupouri semblent avoir adopté des règles sensiblement identiques.

Une remarque intéressante concerne la réparation pour meurtre, égale à la dot d'une jeune fille pubère, soit 4 à 7 vaches chez les Moundang, et payable essentiellement en boules de fer chez les Ngambaye.

On notera que l'homicide involontaire est réparé chez les Moundang et les Ngambaye, mais à un taux inférieur à celui de l'homicide volontaire.

Tout cela est un peu succinct et on regrettera de ne pas avoir plus de renseignements notamment pour les Moundang.

Une étude plus approfondie aurait montré qu'il y avait des différences plus nettes entre ces deux coutumes. Les Moundang ont en effet subi l'influence foulbé et se sont dotés d'une chefferie dont le souverain, le Gon, *est entouré d'une cour de dignitaires qui portent des titres empruntés aux Foulbé et aux Bornouans. Une telle organisation a toujours des conséquences sur le plan judiciaire.*

Chapitre VI

DÉPARTEMENT DU MOYEN CHARI

1. Lettre d'envoi du chef du département.
2. Subdivision de Fort-Archambault, réponse au questionnaire pénal.
3. Lettre du chef du département concernant les réparations civiles.

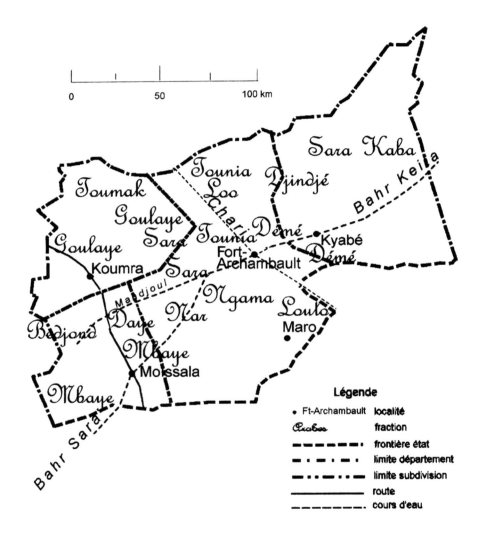

6. Département du Moyen-Chari en 1937

1
Lettre d'envoi du chef du département

Région du Tchad
Département du
Moyen-Chari
n°790

Fort-Archambault le 11 décembre 1937

L'Administrateur de 1ᵉ classe des Colonies
Chef du Département du Moyen-Chari

à Monsieur le Commandant de la Région du Tchad à Fort-Lamy.

Pièces jointes : Lettre n°326.

Rapport no 2434 (16 folios numérotés de 1 à 16).

J'ai l'honneur de vous adresser ci-joint le rapport de monsieur l'administrateur-adjoint Berry concernant une étude très intéressante sur la coutume sara (exécution de la circulaire n°25 du 21 février 1937).

L'ensemble du département étant formé de tribus et sous-tribus sara et les chefs de subdivision de Koumra, Moissala, Kyabé, étant tous occupés aux marchés arachides et coton et à l'évacuation par le Bahr Sara, cette étude très soignée de monsieur Berry peut servir de base à l'exécution de cette circulaire pour le département.

J'ai l'honneur de vous la transmettre par l'avion de ce jour pour permettre à ce travail de vous donner satisfaction dans le délai demandé.

signé : CHAUMEL

2
Subdivision de Fort-Archambault

Réponse au questionnaire pénal

Subdivision de Fort-
Archambault
n°326

Fort-Archambault le 11 décembre 1937

L'administrateur adjoint A. Berry
Chef de subdivision de Fort-Archambault

à Monsieur le Chef de Département du Moyen-Chari

J'ai l'honneur de vous faire parvenir sous ce pli une étude sur la coutume sara, constituant le travail demandé par Monsieur le Gouverneur général dans sa circulaire n° 25 du 21 février 1937.

Ces seize folios sont le résultat, je me permets de le dire, d'un très long et important travail, ce qui est la cause qui m'a contraint à le produire un peu tardivement, ce dont je m'excuse. Mais j'ai préféré cette solution plutôt que de présenter un travail hâtif ou fantaisiste, ce qui m'eût été facile. J'ai au contraire beaucoup soigné cette étude, qui est basée sur des recherches sérieuses et que j'ai rédigée de mon mieux.

La principale coutume en usage dans la subdivision que j'ai l'honneur de commander est la coutume madjingaye. La coutume des Kaba est très voisine, mais elle en diffère légèrement sur quelques points. Ayant également porté mes investigations sur les Kaba, j'ai indiqué à propos de chaque infraction étudiée en quoi les deux coutumes diffèrent, ou si elles sont identiques. Ceci permettra à MM. les magistrats qui me feraient l'honneur de jeter les yeux sur mon travail de se faire une idée précise de la coutume en usage dans le territoire du poste de contrôle de Kyabé, uniquement peuplé de Kaba, et dont le chef n'a pas eu, autant que je sache, la possibilité d'effectuer cette recherche.

Je reste à l'entière disposition de monsieur le Chef du service judiciaire pour lui fournir éventuellement tous renseignements complémentaires qu'il croirait utiles.

signé : BERRY

SUBDIVISION DE FORT-ARCHAMBAULT

Questionnaire pénal concernant les coutumes pénales indigènes

I. ABUS DE CONFIANCE OU DÉTOURNEMENT

Coutume sara madjingaye et sara kaba. L'abus de confiance est assimilé au vol. On choisit parmi la famille de la personne lésée un ou plusieurs hommes robustes pour rechercher l'individu auteur de l'abus de confiance et l'appréhender. Puis celui-ci, si on a pu le prendre, est vendu comme esclave ; le prix de la vente (un cheval, un bœuf, etc.) est remis à la personne lésée. La peine ne varie pas quelle que soit l'importance du préjudice ; pour une arachide détournée le coupable est vendu comme esclave.

Si l'individu poursuivi se défend et tue un de ses poursuivants, les autres se retirent, reviennent avec des renforts, attaquent le village du coupable ; on s'empare de lui ainsi que des femmes, enfants, etc., et tous sont vendus.

Observations (1),(2),(3) approuvées. La (1) notamment est très importante : en règle générale la coutume fait très peu de distinction, tant dans les diverses infractions que dans la gravité des infractions.

L'adaptation des peines aux infractions, dont la préoccupation n'est apparue d'ailleurs qu'assez tard dans les droits européens, est, en principe, ignorée de la coutume sara. Celle-ci ne dispose que d'un petit nombre de sanctions pénales, généralement non susceptibles de gradation (mort, mise en captivité par ex.). Cette observation générale est faite ici une fois pour toutes.

Peines proposées approuvées.

II. ADULTÈRE

Coutume sara madjingaye et sara kaba :

A/ Cas du flagrant délit.

Le mari surprenant sa femme adultère en flagrant délit tue l'amant. Si c'est le frère du mari qui découvre le flagrant délit, il tue de même l'amant. La femme qui s'est enfuie ne subit aucune sanction ; son mari lui administrera, s'il le veut, une solide correction pour qu'à l'avenir elle ne recommence plus. Si elle n'a pu s'enfuir assez vite, le mari la tue aussi.

B/ Il n'y a pas de flagrant délit.

Le mari a appris qu'un tel a couché avec sa femme. Il en rend compte au chef. Celui-ci, assisté d'anciens, convoque le présumé coupable et lui demande s'il est vrai qu'il a détourné de ses devoirs une femme mariée.

S'il avoue, sa famille doit donner en indemnité certains biens, suivant sa richesse (le conseil des anciens fixe cette indemnité à 10, 15, 20 cabris, un ou plusieurs chevaux, un ou deux captifs, etc.).

Si l'individu n'avoue pas, on procède comme suit : on choisit un grand arbre, l'homme accusé y grimpe. A proximité se groupent pour assister à l'épreuve, d'une part les parents du mari, de l'autre les parents du prétendu amant. Quand celui-ci a atteint le sommet de l'arbre, il affirme de nouveau qu'il n'est pas coupable, puis il lâche tout et se laisse tomber. S'il a menti, il s'écrase au sol et a tous les membres rompus (dans ce cas sa famille paye l'indemnité d'adultère).
S'il a dit vrai, il ne se fait aucun mal. Dans ce cas le mari accusateur doit payer une forte indemnité (20 cabris, etc.).
S'il refuse de payer il y a guerre entre les deux familles.

Autres épreuves parfois employées :

1/ On fait bouillir de l'eau dans une grande bourma, on dépose au fond une hache. L'individu accusé s'enduit le bras de beurre de karité et le plonge dans l'eau bouillante pour prendre la hache. S'il a dit vrai, il n'a pas de mal. S'il a menti, il est brûlé. Dans le premier cas le mari paye l'indemnité comme ci-dessus.

2/ Traversée à la nage du Chari et retour. L'homme se noie ou ne se noie pas. S'il se noie, sa famille paye. S'il ne se noie pas, le mari paye.

Questions posées :

1° Pas de sanction pénale contre la femme qui a abandonné le domicile conjugal. On envoie demander à l'homme chez qui elle est de payer la dot. S'il la paye l'affaire est terminée. S'il ne peut ou ne veut la payer, le mari abandonné va avec tous les siens attaquer le village de son rival et on incendie tout.

On n'envisage pas le cas d'une femme jeune quittant son mari pour vivre seule. *"Une femme encore jeune est toujours avec un homme"*. Dans le cas d'une femme vieille qui quitte son mari pour vivre seule, on la laisse en repos. Il n'y a pas de "palabre".

2° L'adultère du mari n'est pas puni. Le mari est libre de faire ce qu'il veut. Sa femme n'a aucun recours contre lui et ne peut rien car *"une femme ne peut commander un homme"*.
L'adultère du mari ne doit pas être puni. Cela serait en effet incompréhensible pour les Sara. Ils ne pourraient l'admettre.

3° La coutume sara, comme on l'a expliqué, ne prévoit en aucun cas une sanction pénale contre la femme adultère. Même dans le cas d'adultères répétés et d'inconduite continuelle, la femme n'est pas punie. Le mari n'a dans ce cas que la faculté de la répudier et de se faire rembourser la dot. Seulement, en cas de flagrant délit, le mari peut tuer sa femme infidèle en même temps que l'amant : cela semble équivaloir à l'excuse admise en pareil cas en droit français.

Mais si pendant que le mari réglait l'affaire de son rival, la femme a pu s'enfuir, le mari, ultérieurement, ne peut plus la tuer et on procède alors comme il a été dit ci-dessus.

Nous estimons qu'une sanction pénale modérée peut être appliquée à l'adultère de la femme, en cas de plainte du mari, car trop de femmes sara ont la vertu fragile, ce qui apporte des troubles graves et continuels dans la vie indigène, même dans la famille étendue, cellule sociale fondamentale de ce pays.

Peines proposées approuvées.

III. ALIÉNATION MENTALE

(1) *Coutume sara madjingaye*

a) Démence. Le fou meurtrier ne peut être puni. Seulement on lui met au pied un grand morceau de bois percé d'un trou (c'est par ce trou que passe le pied), pour l'empêcher de nuire. Mais on doit le nourrir et le soigner sans le molester. Du reste, si quelqu'un, pour venger le meurtrier, tuait le fou, il deviendrait fou lui-même ou périrait.

Nul n'ignore au surplus que le fou, s'il va seul en brousse, ne sera jamais mangé par le lion. S'il tombe dans le Chari, il ne peut se noyer, etc.

b) Ivresse. L'ivrogne meurtrier est appréhendé et remis entre les mains du *mbang* qui le garde comme captif ou le vend.

NOTA : Le *mbang* n'est pas, ne peut être un chef. C'est un vieillard respecté de tous qui connaît bien la coutume et qui est une sorte de juge. Son influence est d'ordre religieux. Il dit ce qu'on doit faire pour que les récoltes soient productives. Si on trouve une sagaie en brousse, on doit la remettre au *mbang*. Si on trouve un animal mort, on fait de même. De même pour une pointe d'ivoire, une peau de panthère, etc. Si on tue une panthère, on doit la manger dans la case du *mbang*, non ailleurs.

(2) *Coutume sara kaba.*

a) Démence. La coutume sara kaba est identique à celle des madjingaye.

b) Ivresse. Il n'y a pas de *mbang* chez les Kaba. Le meurtrier ayant agi sous l'empire de l'alcool est tué sur place, tout comme s'il n'avait pas été ivre. S'il s'est enfui, on le poursuit et quand on le trouve, même longtemps après, on le tue.

De l'exposé ci-contre de la coutume sara, il résulte que la démence est une cause de disparition de la responsabilité pénale (et pas seulement d'atténuation).

Cette immunité du fou a sa source, non pas dans une idée d'équité - le dément n'a pas conscience de ce qu'il a fait, il ne peut être puni - mais dans un concept d'ordre religieux ou magique : le fou est spécialement protégé par les puissances occultes. La folie est d'origine divine et est dans un certain sens un bien puisqu'elle immunise le dément contre toutes sortes de dangers.

Quant à l'ivresse ce n'est nullement une cause d'atténuation pénale. Le meurtrier encourt exactement les mêmes peines, qu'il ait ou non agi sous l'empire de l'ivresse.

Chez les Kaba il en est de même en ce qui touche la démence. Pour l'ivresse, ce serait plutôt ici une cause d'aggravation de la responsabilité. Le meurtrier ivre n'est jamais pardonnable, ce qui arrive parfois pour le meurtre simple.

IV. ATTENTAT À LA PUDEUR SUR MINEUR IMPUBÈRE

Coutume sara madjingaye et sara kaba.

a) Cas du flagrant délit : le père ou le frère de l'enfant tue sur place le coupable.

b) L'enfant a raconté la chose : le coupable ou sa famille doivent payer une grosse indemnité (deux chevaux par exemple).

Aggravations :

1° avec violence. La coutume ne fait pas cette distinction.

2° par un ascendant : très grave. L'individu qui a appris ce crime alerte aussitôt le village. On frappe sur les tam-tams, tout le monde se réunit. L'ascendant coupable est saisi, traîné sur le lieu même de son crime et tué sur place.

3° avec communication d'une maladie vénérienne. Le coupable est tué en tous les cas, même s'il n'y a pas flagrant délit. Le chef de village coupable de ce crime est tué par les "meskines" (les simples habitants du village).

Le crime d'attentat à la pudeur sur mineur impubère est extrêmement grave chez les Sara. Leur coutume ne prévoit guère d'autre sanction que la mort.

Les *Peines proposées* à la colonne 2 nous paraissent à maintenir et plutôt à aggraver, notamment dans le cas de communication de maladie vénérienne. L'indemnité devra être plus forte. Le tribunal du 2e degré doit juger ce crime.

V. AVORTEMENT

(1) *Coutume sara madjingaye*

Pas de sanction pénale contre l'avortée ; seulement, son mari la jette à la porte. Pour l'avorteuse les Madjingaye la tuent parfois, parfois la vendent comme esclave.

(2) Coutume sara kaba.

Coutume identique mais les Kaba mettent l'avorteuse à mort dans tous les cas (tendance déjà notée à une sévérité plus grande chez les Kaba).

L'avortement est très fréquent chez les Sara. Il convient de réprimer sévèrement la pratique de l'avortement dont les Sara abusent quelque peu.

VI. **BLESSURES VOLONTAIRES**

Coutume sara madjingaye

A/ CRIME

1. Un homme sans vouloir donner la mort a frappé volontairement et tué un autre homme. La blessure ne peut se guérir. Alors on recueille tous les effets et meubles du mort et on donne le tout au *mbang*. Personne ne doit toucher aux effets du mort, sinon tout le village mourrait. Le *mbang* garde ou vend le coupable (cf. 3, ivresse). Aucune indemnité à la famille.

2. Mutilation, perte d'un œil etc. Si le frère du blessé est présent au moment du crime, il tue le coupable. S'il n'était pas présent, on soigne le blessé. Quand il est guéri (mais borgne ou infirme), il n'y a pas de palabre mais le blessé garde en son cœur une rancune contre son rival et attend une occasion de se venger. Si plus tard, même deux ou trois ans après, il trouve son ennemi seul dans la brousse, l'attaque et le blesse, on ne peut rien lui reprocher pour cette vendetta.
Si le blessé est mort de ses blessures, on prend tous ses biens et tous ceux du coupable et on donne le tout au *mbang*.

B/ DÉLIT (coups et blessures simples).

Coups et blessures à la suite de discussion. Pas de "palabre", pas d'indemnité.
Les européens ont introduit la notion d'indemnité et beaucoup d'indigènes cherchent actuellement à en profiter en toute occasion mais ce n'est pas conforme à la coutume. La coutume sara ne fait aucune distinction en ce qui concerne la durée de l'incapacité de travail provoquée par les coups reçus. Dans tous ces cas ce ne sont que négligeables broutilles.

OBSERVATIONS. Dans le cas de crime, (§ 1.) comme dans le second (§ 2), il ne peut y avoir d'indemnité pour le blessé ni pour la famille. En effet chaque fois que le sang a coulé, si la victime s'empare des biens du coupable à titre d'indemnité, elle doit mourir. Seul le *mbang* peut les recevoir et c'est à lui qu'il faut les remettre. Il y a là une sorte d'interdit religieux qui est trop avantageux pour les *mbang* pour qu'on ne soit amené à penser que ces sortes de prêtres-juges n'en aient été les inspirateurs directs. C'est là d'ailleurs un fait historique, constaté dans tous les droits primitifs, encore mal dégagés des règles édictées par les castes de prêtres, lesquels ont partout et toujours solidement assis leur domination temporelle sur des croyances religieuses elles-mêmes constituées essentiellement de perpétuelles terreurs de l'au-delà et des puissances invisibles.

Le délit de coups et blessures est extrêmement fréquent chez les Sara, qui généralement sous l'influence du "mérissé", se livrent à tout instant à de furieux combats singuliers. Il est donc nécessaire, malgré l'étonnante indulgence de la coutume, de réprimer cet excessif penchant pour la bagarre, qui aboutit à un usage immodéré de la sagaie et du "coupe-coupe". Les peines proposée à la colonne 2 nous paraissent à maintenir.

Coutume sara kaba.

A/ CRIME.

1. Si la famille du coupable est riche, elle paye l'indemnité, sinon on le tue.

2. Coutume analogue. Il n'y a pas de *mbang*. Le *gabénanga* joue le même rôle parfois. C'est un personnage qui correspond au *gorgue* des madjingaye (chez ceux-ci le *gorgue* est une sorte de suppléant du *mbang*, inférieur à lui). Il y a peu de *gabénanga* actuellement ; les vieux meurent et cette coutume se perd peu à peu car ils ne sont pas remplacés.

B/ DÉLIT. Coutume en tous points identique.

VII. CIRCONSTANCES ATTÉNUANTES

Coutume sara madjingaye et sara kaba.

La coutume sara, qui fait très peu de distinction, qui manque de souplesse et ne proportionne guère les sanctions aux infractions, ne tient pas compte des circonstances atténuantes telles que nous les concevons. Mais elle admet beaucoup d'excuses (au sens juridique du mot). Nous en avons vu un exemple à la question II (adultère. Cas du flagrant délit) et un autre à la question VI (blessures volontaires. A. § 2).

REMARQUE. Le cas de la démence qui est très particulier chez les Sara a été étudié plus haut. On peut dire qu'il ne constitue pas à proprement parler une circonstance atténuante. Nous estimons avec l'éminent magistrat auteur du questionnaire que le juge devra toujours tenir compte de ce que nous appelons "circonstances atténuantes", ce qui est indispensable à notre sens de l'équité.

VIII. BLESSURES INVOLONTAIRES

Coutume sara madjingaye et sara kaba.

En cas de blessures involontaires par inattention, négligence etc. pas de "palabre". Jamais d'indemnité dans la pure coutume sara. Mais là encore, l'influence des blancs se fait sentir, et souvent, même entre indigènes, on décide qu'il y aura lieu à indemnité.

Les voies de fait volontaires sans complications étant, comme nous l'avons vu, considérées comme négligeables par les Sara, il en est de même à fortiori des blessures involontaires. Toutefois celles-ci étant très fréquentes chez les Sara nous pensons qu'il convient de les sanctionner sérieusement.

Les *Peines proposées* nous paraissent insuffisantes : il conviendrait de relever le maximum de l'emprison-nement jusqu'à un an au moins pour sanctionner en particulier les imprudences extraordinaires de trop de chauffeurs indigènes.

IX. COMPLICITÉ

A. **Complicité active**.

Prévue par les coutumes madjingaye et kaba (entre lesquelles, ici encore, nous n'avons pu relever aucune différence) : mêmes peines pour l'auteur principal et le complice. Exemple, cas du vol nocturne exécuté sur les indications et renseignements d'un serviteur qui connaît bien la maison visitée. On se saisit du voleur et de son complice et on les vend au loin. On peut aussi, dans les cas graves, lier le coupable et son complice à une pièce de bois et les jeter à l'eau. Dans tous les cas les deux subissent la même peine.

REMARQUE. Cette analogie avec notre droit n'est qu'apparente. Elle provient uniquement d'un défaut d'analyse de l'infraction. Dans la coutume des Sara, le complice est considéré comme voleur lui-même et on ne cherche pas plus loin.

B. **Complicité passive**.

Également prévue. Le complice par passivité est même considéré souvent comme plus coupable que l'auteur principal. On lui applique généralement la même peine.

Exemples : un homme assiste à un viol, commis par un autre homme qui ne se croit pas observé, sur la personne d'une fillette. S'il n'intervient pas et laisse s'accomplir le crime, il est plus coupable que l'auteur du viol. Un homme caché en brousse en voit un autre qui s'efforce de précipiter son ennemi dans le Chari. S'il s'abstient, sa faute est plus grave que celle du meurtrier.

REMARQUE. Cela nous a quelque peu surpris au cours de notre enquête mais nous l'avons vérifié par deux interrogatoires minutieux qui nous ont conduit à admettre comme établi ce point de droit coutumier. Les deux exemples cités nous ont été fournis par un des anciens que nous consultons, vieillard très respecté, et sa conviction était très arrêtée. Nous notons donc le fait qui, pensons-nous, ne doit pas être très général.

Peines proposées approuvées.

X. CONCUSSION

Coutumes sara madjingaye et sara kaba identiques.

La coutume assimile la concussion au vol ; mais elle est plus grave que le vol ordinaire. En cas de concussion, les *meskines* se révoltent, expulsent le chef concussionnaire (le cas du chef est à peu près le seul prévu dans l'ancienne coutume) et il ne peut plus jamais être chef. Mais en aucun cas on ne le met à mort et il ne paie pas d'indemnité. Si c'est un chef un peu plus important, les *meskines* s'en saisissent, le conduisent au grand sultan de la région et celui-ci destitue son lieutenant (sans autre sanction).

Cas du *padjia* concussionnaire : il est vendu comme esclave.

REMARQUE. Le *padjia* est un agent du chef, chargé d'exécuter toutes sortes de besognes : il porte les ordres, s'assure de leur exécution, lève l'impôt, fait la police etc.

Nous approuvons les *Peines proposées* quant à leur nature mais nous émettrions volontiers l'avis de porter le maximum de l'emprisonnement à 10 ans, certains cas de grands chefs concussionnaires étant très graves.

XI. CORRUPTION

Coutume madjingaye et kaba identiques

La coutume sara distingue mal la corruption de la concussion. Elle assimile tout cela au vol. Le corrompu et le corrupteur sont également coupables. Le chef qui constate une corruption peut, s'il le veut, tuer les deux coupables. S'il n'est pas sanguinaire, il se contentera de les vendre comme esclaves. Ici, encore, comme presque toujours, pas de nuances. Les peines appliquées ne comportent d'ailleurs aucune gradation possible, comme cela peut se faire avec l'emprisonnement et l'amende.

Ce système trop rigide choque violemment notre sens de l'équité, imprégné de la notion d'adaptation aussi étroite que possible de la sanction à la gravité réelle de l'infraction. Mais la coutume n'en connaissait pas d'autre et ne s'embarrassait guère de nuances.

Peines proposées approuvées.

XII. DÉFENSE LÉGITIME

Coutumes madjingaye et kaba identiques

La défense légitime est reconnue par les Sara. La défense légitime, quand elle est établie, fait disparaître toute responsabilité pénale. Aucune indemnité n'est due par le meurtrier ou l'auteur de blessures qui était en état de légitime défense.

XIII. DÉNONCIATION CALOMNIEUSE

Premier cas. L'homme auteur de la dénonciation calomnieuse n'a pas ou pas beaucoup de parents pour le défendre : on s'empare de lui et on le vend au profit de la victime.

Deuxième cas. L'homme a beaucoup de parents : la victime de la dénonciation réunira ses parents et, avec leur aide, attaquera son adversaire. Il y aura une grande bataille.

REMARQUE : nous sommes ici en présence d'un cas caractéristique de justice purement privée, le chef ne s'occupe pas de cela.

Comme on le voit, la coutume prévoit parfaitement la dénonciation calomnieuse. Il est donc nécessaire de maintenir les pénalités proposées d'autant que l'ordre public est souvent intéressé.

XIV. DIFFAMATION ET INJURE

Aucune différence à relever entre les coutumes sara madjingaye et kaba.

La coutume sara ne réprime pas la diffamation et l'injure. Mais le diffamé et l'injurié ont une excuse si, rencontrant le diffamateur seul en brousse, ils le blessent de leur sagaie ou même le tuent (c'est là un autre cas d'excuse au sens juridique du terme).

Cas de l'injure à un chef : ceci est très grave. Le chef outragé entrave le coupable qui reste exposé ainsi jusqu'à ce que ses parents aient offert suffisamment d'objets divers en indemnité pour apaiser le chef. Si les parents ne paient pas assez, le chef peut vendre le coupable.

Nous n'estimons pas qu'il soit indispensable de maintenir les pénalités proposées pour la diffamation et l'injure. Si on croit devoir les maintenir, on pourrait se contenter de l'amende, ou du moins ramener à un mois ou deux le maximum de l'emprisonnement.

Pour l'outrage à un chef, beaucoup plus grave, nous approuvons les *Peines proposées*.

XV. EMPOISONNEMENT

La coutume sara (madjingaye et kaba) assimile l'empoisonnement à l'assassinat (meurtre prémédité).

Peine coutumière : la mort.

Quant au crime d'empoisonnement de puits, il est encore plus grave et ne peut être sanctionné que par la mort.

La coutume du poison d'épreuve est très employée par les Kaba. Les Madjingaye l'emploient beaucoup moins et se servent pour cet effet de sel ou de cendres. Les Kaba utilisent au contraire des végétaux vénéneux très toxiques.

XVI. ESCROQUERIE

Les coutumes madjingaye et kaba assimilent l'escroquerie au vol. Peines coutumières : le coupable est-il jeune ? On le vend comme esclave. Est-il vieux ? La mort. Parfois, dans ce dernier cas, on vend ses enfants.

Les Sara sont assez souvent d'habiles escrocs. Leur industrie s'exerce parfois sur des bases larges. Pour ces raisons nous serions volontiers portés à élever à 10 ans le maximum de la peine d'emprisonnement proposée.

XVII. ESCROQUERIE À LA DOT

L'escroquerie à la dot est un des délits qui amènent le plus souvent les Sara devant le tribunal indigène. Autrefois ce délit était grave pour la raison suivante : les deux prétendants qui avaient payé une dot pour la même fille se rencontraient sur le terrain et se battaient à mort. Dès lors le coupable (généralement le père ou l'oncle de la fille) devait payer une forte indemnité. Aujourd'hui il n'y a plus guère de bataille pour ce motif et c'est moins grave. Il n'y a plus lieu qu'au remboursement de la dot.

Ce délit est extrêmement fréquent chez les Sara, et beaucoup font de lui un de leurs principaux moyens d'existence. Il est donc indispensable de le réprimer. Les *Peines proposées* nous paraissent à maintenir mais nous ajouterions au remboursement de la dot des dommages et intérêts (réparation civile).

XVIII. ÉVASION

Coutume commune aux Madjingaye et Kaba.

L'évasion telle que nous la concevons n'existait pas dans l'ancienne coutume sara puisqu'il n'y avait rien d'équivalent à l'emprisonnement.
La coutume prévoyait seulement l'évasion des esclaves : l'esclave, généralement entravé, s'est enfui. Si on ne le retrouve pas, tout est fini. Si on le retrouve, pas de sanction pénale, seulement, on s'empresse de le vendre pour éviter de le perdre définitivement s'il réitérait avec succès.

Il est évidemment nécessaire de réprimer l'évasion qui d'ailleurs est relativement peu fréquente, eu égard à l'insuffisance de la surveillance dans presque tous les cas, ainsi qu'à la fragilité remarquable de la plupart des prisons de ce pays.

Nous approuvons entièrement les distinctions et les *Peines proposées*. Mais l'aggravation (b - violence sur un gardien) pourrait justifier une peine plus forte (2 à 5 ans). Par ailleurs la connivence du gardien est à notre avis insuffisamment réprimée.

XIX. EXACTIONS

La coutume sara ne fait évidemment pas la distinction, au surplus assez subtile, entre la concussion et les exactions. Elle assimile le tout, comme beaucoup d'autres infractions, au vol.

La distinction entre concussion et exactions nous semble totalement inutile dans ce pays. A tout le moins, les peines à appliquer à ces deux délits ne nous paraissent pas devoir être différentes.

Il y aurait lieu d'ajouter aux peines de l'exaction l'amende et l'interdiction de séjour (cette dernière est très utile car les chefs coupables d'exactions sont nombreux et il est de première importance de ne pas les laisser revenir de longtemps dans leur village).

XX. FAUX

La coutume sara, telle qu'elle existait avant l'arrivée des Blancs, ignorait le faux (pas d'écriture). Actuellement elle assimile le faux au vol : donc la sanction est la vente comme captif (aucune différence entre Madjingaye et Kaba).

La *Peines proposées* est à maintenir. Il faut tenir compte de deux choses :

1° - Pour la conscience de l'indigène le faux n'a pas la gravité que nous lui attribuons.

2° - Mais par ailleurs la tendance au faux devient de plus en plus grande et il faut de toute nécessité la combattre. Il faut donc laisser grande latitude au juge. Le tribunal du second degré doit être compétent.

XXI. FAUSSE MONNAIE

Non prévu par la coutume sara et à peu près inconcevable d'ailleurs dans ce pays (nous en avons pourtant connu une tentative très grossière).

Les anciens estiment qu'un tel crime devrait être puni de la mort immédiate devant tout le monde assemblé (ce serait pour eux une forme très haïssable de vol).

XXII. FAUX TÉMOIGNAGE

Sanction du faux témoignage dans la coutume sara : importante indemnité. Le faux témoignage est un crime grave pour les Sara et ils ne le commettent d'ailleurs pas aussi souvent qu'on pourrait le penser, du moins dans les affaires importantes.

Les sanctions de l'art. 54 sont très insuffisantes à notre avis. Nous proposerions plutôt un minimum modéré d'un mois, un maximum assez important de deux ans, car il nous semble que la gravité de ce délit est très variable suivant les circonstances de fait. L'amende est à maintenir.

XXIII. HOMICIDE VOLONTAIRE

La coutume sara, extrêmement sévère pour l'homicide, ne distingue pas, quant à la répression pénale, entre meurtre, assassinat, parricide et infanticide : ces quatre crimes sont punis de la mort immédiate, en présence de tout le village ; s'il a eu lieu par noyade, on noie aussi la mère coupable.

Les distinctions de la colonne 1 sont classiques et nous paraissent indispensables. Les *Peines proposées* sont à maintenir.

XXIV. HOMICIDE INVOLONTAIRE

La coutume sara, ordinairement draconienne, excuse totalement l'homicide par imprudence (à la chasse par exemple, ou commis par un cavalier passant au galop dans le village). Dès l'instant où il n'y a pas eu intention de tuer, il n'y a pas culpabilité. Il y a seulement accident.

Il faut évidemment une répression, mais pour ne pas trop heurter la coutume, nous estimons que la peine de trois mois à deux ans est suffisante. L'amende ne nous parait pas opportune dans ce cas.

L'indemnité peut être maintenue mais doit être modérée car dans la coutume, ou bien elle n'est pas exigée, ou bien elle est faible (2 cabris par exemple) et remise non à la famille mais au *mbang* (madjingaye) ou au *gabénanga* (kaba).

XXV. INCENDIE VOLONTAIRE

Ce crime est puni chez les Sara par le système du talion : si un homme a incendié le grenier de son ennemi, on brûle aussi son propre grenier. L'incendie a-t-il fait des victimes? L'incendiaire verse une indemnité au *mbang* ; mais la famille ne peut rien réclamer : si elle acceptait de recevoir la moindre chose, tout le village mourrait (cf. 6. "Blessures volontaires").

Nous acceptons pour notre part les peines portées à la col. 2.

XXVI. INJURE A TÉMOIN

Ce délit n'est pas très grave pour les Sara (cf. 14 Diffamation et injure). Les peines de l'art. 54 nous paraissent suffisantes.

XXVII. MENACES OU MENACES AVEC ORDRE OU SOUS CONDITION

Ce délit est sanctionné par la coutume sara : le coupable est amené devant le chef qui fixe une indemnité. Cette indemnité est assez forte en général. Comme toujours la coutume n'analyse pas l'infraction et ne distingue pas entre les diverses menaces. Les *Peines proposées* nous paraissent à maintenir.

XXVIII. OUTRAGE AU TRIBUNAL

Aucune distinction entre les coutumes madjingaye et kaba.

L'outrage au chef qui juge une affaire ou à un *mbang* est sévèrement réprimé : si la famille du coupable ne paye pas une forte indemnité, le coupable est réduit en captivité au profit du chef outragé.

Pour les raisons exposées nous estimons que les peines de l'art. 54, que nous avions jugées suffisantes pour l'injure à témoin, ne le sont pas pour l'outrage au tribunal, d'ailleurs certainement plus grave, nous semble-t-il. L'amende peut être maintenue dans les limites fixées mais le maximum de l'emprisonnement devrait être portée à six mois.

XXIX. PILLAGE EN BANDE ET A MAIN ARMÉE

Si le pillage a lieu au détriment des Baguirmiens, Arabes ou Bornouans, ce n'est pas une infraction, mais l'exercice de justes représailles contre ces étrangers qui razzient les Sara. S'il a lieu contre d'autres Sara, c'est tout différent. Deux cas sont à considérer dans cette hypothèse :

a) Il y a eu mort d'homme. Sanction : la mort.

b) Pas de mort d'homme. Sanction : la vente comme captif (sanction pénale du vol). Le chef seul est mis à mort, car on ne peut vendre un chef.

Nous nous rangeons entièrement aux distinctions faites et aux *Peines proposées* à la col. 2

XXX. RAPT

Le rapt est un crime très grave chez les Sara.

1°. *Coutume sara madjingaye.*

Un rapt provoque presque fatalement une grande bataille mais cette bataille a seulement pour but de reconquérir la personne enlevée et cesse dès qu'on a pu la reprendre. Si le ravisseur la rend spontanément, il n'y a pas de querelle et tout est fini.

2°. *Coutume sara kaba.*

Coutume identique avec toutefois, comme toujours chez les Kaba, une tendance marquée à plus de sévérité pour le coupable.

REMARQUE. Ici comme bien souvent, la notion de sanction, telle que nous la concevons est ignorée des Sara. Il y a seulement lieu à réparation du préjudice. C'est ainsi que si le rapt a été accompagné de violences physiques, le ravisseur doit payer une indemnité même s'il a évité la bataille en restituant spontanément la personne enlevée.

Les peines et distinctions de la col. 2 sont à maintenir. Toutefois il nous semble qu'il y aurait intérêt à augmenter le maximum de l'emprisonnement pour le cas de violences physiques graves (cinq ou six ans).

XXXI. RÉBELLION

Pas de distinction à faire entre les coutumes madjingaye et kaba.

Le délit de rébellion est très grave pour les Sara. "Celui qui se bat avec un *padjia*, c'est comme s'il s'était battu avec le chef". Sanction coutumière : le *padjia* vient déclarer au chef qu'un homme de tel village a refusé de lui obéir et l'a frappé. Le chef se met en route et attaque le village par les armes.

OBSERVATIONS. La distinction (1) n'est en effet pas faite par la coutume. Il nous apparaît cependant qu'elle doit être maintenue ; elle est indispensable à une bonne administration de la justice, et il n'est pas impossible de la faire comprendre, à l'occasion d'un cas d'espèce, aux assesseurs indigènes.

Peines proposées approuvées.

XXXII. RECEL

La coutume sara prévoit et punit le recel : le receleur est en tous points assimilé au voleur lui même. Le recel est d'ailleurs fréquent dans ce pays et il est indispensable de le réprimer.

Les *Peines proposées* à la col. 2 nous paraissent exactement conformes à l'esprit de la coutume puisqu'elle sont celles du vol. Comme par ailleurs elles ne choquent pas notre conscience "européenne", nous proposons de les maintenir.

XXXIII. RECEL DE MALFAITEUR

Très grave pour les Sara. Celui qui a recelé un malfaiteur subit les mêmes peines qu'a encourues le malfaiteur. Si celui-ci est un meurtrier, le receleur est mis à mort, et, en outre, toute sa famille (qui est supposée avoir collaboré au recel, ou en avoir été complice) est vendue comme esclaves.

La coutume sara n'apporte aucune atténuation de peine aux ascendants, époux, épouse, frères ou sœur du délinquant qui l'ont recelé. Cependant il nous semble qu'on peut dans ces cas accorder l'atténuation conforme à nos principes d'humanité.

XXXIV. SÉQUESTRATION - ARRESTATION ARBITRAIRE

Infraction inconnue de l'ancienne coutume sara. Actuellement la séquestration n'est concevable dans ce pays que de la part d'un chef : celui-ci ne peut garder un homme plus de vingt-quatre heures sans en référer au "commandant". La séquestration opérée par un "meskine" (un particulier) est inconnue.

Nous approuvons l'écart considérable entre le minimum et le maximum des *Peines proposées*. Nous dirons même que tout en maintenant le maximum il serait bon de réduire le minimum (à trois mois par exemple), car souvent un chef garde un homme "prisonnier" assez longtemps en toute bonne foi et convaincu de bien agir. Il n'en rend compte qu'après ou un peu tard ; un tel acte, en bien des cas, est à peine répréhensible.

XXXV. **TENTATIVE**

La coutume sara punit la tentative des mêmes peines que l'infraction. Ce système conforme au nôtre doit donc être maintenu.

XXXVI. **VIOL**

1° Femme nubile : indemnité modérée.

2° Sans violence, femme impubère : mêmes sanctions que ci-dessous.

3° Avec violence, femme impubère. Le père de l'enfant, s'il surprend le coupable, le tue. Si le coupable s'enfuit, le père porte plainte au chef et le coupable paiera une très forte indemnité (3 chevaux ou 4 ou 5 captifs etc..).

4° Viol par un ascendant : la seule sanction est la mort.

5° Communication d'une maladie vénérienne : le père de la victime tue le coupable.

REMARQUE : La coutume kaba est analogue mais encore plus sévère.

Réponse aux questions.

1/ Le viol doit être maintenu comme crime.
2/ Il importe de maintenir des peines plus graves pour le cas (4°) puisque la coutume considère le viol comme bien plus grave dans ce cas, la mort seule pouvant sanctionner ce crime. On ne peut dire qu'il n'existe ici aucune indication coutumière.

Observations sur les *Peines proposées*.

1° Bien (les femmes nubiles sont remarquablement faciles et cherchent souvent une indemnité alors qu'elles étaient consentantes, sinon flattées).
2° Bien.
3° L'emprisonnement maximum serait avantageusement porté à 5 ans ;
4 et 5° Le maximum devrait être porté à 10 ans.

XXXVII. **VOL**

Les distinctions de la col 1 sont complètement négligées par la coutume sara. Le voleur dans tous les cas est vendu comme esclave.

A noter ici une sorte d'ordalie : si un homme accusé de vol, mais sans qu'on puisse le prouver, n'avoue pas, on lui enveloppe le bras de paille qu'on allume. Quand la paille est brûlée, si l'homme n'est pas blessé, il est considéré comme innocent, comme coupable dans le cas contraire.

Autre coutume curieuse : si le voleur est fils de chef, on ne le vend pas, on lui coupe l'oreille droite ou bien on lui écrase à coups de marteau l'extrémité des doigts.

Distinctions et peines de la col. 3 approuvées sans réserve.

Fort-Archambault, le 10 Décembre 1937.

Le Chef de Subdivision.

signé : A. BERRY

Commentaire.

Cette réponse de l'administrateur Berry est intéressante car elle donne des renseignements précis sur l'ancienne coutume sara. En 1937 les choses ont évidemment beaucoup changé.

L'ancienne coutume sara se caractérisait par sa sévérité. La vente comme esclave, qui sanctionnait un nombre important de délits, semble avoir été une pratique courante, sans doute liée au "protectorat" imposé par le Mbang de Massénya sur les pays de la rive gauche du Chari. Elle devait alimenter en partie le commerce d'esclaves organisé par des chefs comme le Ngar de Koumra.

On remarquera que le droit de vengeance était admis pour toute une série d'infractions. En cas d'adultère le mari bafoué pouvait tuer les coupables pris sur le fait. (A noter cependant qu'on ne peut assimiler sur ce point le droit pénal français de l'époque et la coutume sara comme le fait le chef de subdivision, car cette excuse de provocation était absolutoire chez les Sara et seulement atténuante en droit français).

En cas de flagrant délit d'outrage à la pudeur sur mineure, le père ou le frère de l'enfant pouvait tuer sur place le coupable. Celui qui avait été injurié ou diffamé était "excusé" s'il blessait ou tuait l'auteur de l'injure ou de la diffamation. Tuer un meurtrier pris qui venait de commettre son forfait était également admis.

On relèvera le fréquent recours aux ordalies quand les faits étaient niés par les présumés coupables. Celle du "saut de l'arbre" (on choisissait toujours un arbre très élevé comme le ficus), celle de l'eau bouillante et celle de la traversée du Chari dans des endroits infestés de crocodiles étaient généralement pratiquées en cas d'accusation d'adultère mais la première l'était aussi chez les Mbaye en cas de viol d'une fillette. Il en existait d'autres, d'usage courant, comme par exemple celle du scorpion chez les Ngama de Maro, qui consistait à saisir un scorpion avec la main sans se faire piquer pour prouver son innocence.

On notera, dans la partie de la réponse concernant le projet de code pénal, le désir nettement exprimé par le chef de subdivision, de ne pas voir réprimer l'adultère du mari, une opinion pratiquement unanime, conséquence logique du régime de la polygamie.

L'aliénation mentale était une cause de disparition de la responsabilité pénale. Les Sara, comme d'ailleurs la plupart des groupes ethniques animistes, considèrent que la folie est d'origine divine, ce qui explique l'exceptionnelle liberté dont bénéficie le fou dans la société sara. Il est d'autant moins surveillé qu'on le croit protégé par les dieux.

Pour les coups et blessures ayant entraîné la mort, on trouve exprimée ici l'idée que le crime souille l'ensemble des biens, y compris ceux du défunt, qui étaient alors remis au mbang. Pour la même raison aucune indemnité n'était versée à la famille de la victime par celle du meurtrier. La sanction était la mise en esclavage, suivie parfois de vente, lorsque l'auteur du crime avait échappé à la vengeance. A la différence des Sara madjingaye les Sara Kaba admettaient l'indemnité compensatrice en cas de coups mortels.

Pour les coups et blessures simples, pas de réparation chez les Sara madjingaye.

Aucune réparation non plus en cas d'homicide involontaire dans la coutume ancienne, qui aurait évolué sur ce point "sous l'influence des Blancs".

Pour la complicité, le complice passif aurait été considéré par les Sara madjingaye comme plus coupable que l'auteur principal, ce qui est tout à fait exceptionnel si le fait est exact. On sait qu'il n'en est pas du tout ainsi dans la plupart des autres coutumes.

La légitime défense exclut toute responsabilité pénale et toute indemnité.

A noter, à propos de l'empoisonnement, l'indication que les Sara kaba utilisent des végétaux très toxiques pour l'épreuve du poison. Pour être plus précis, il s'agit d'un tubercule de gloriosa superba *(une liliaceae)* dénommé gol kaa en sar et gulé kaha dans la langue kaba na parlée à Kyabé, mot qui signifie "bâton recourbé de corbeau" (lexique des plantes du pays sar. P. Palayer). Ce tubercule est aussi employé pour se suicider. Mangé cru, il provoque notamment un gonflement du ventre et un œdème des membres inférieurs. D'après le père Palayer il pourrait exister en réalité deux tubercules dont l'un serait plus actif que l'autre (communication personnelle). L'interprète d'arabe du tribunal de Fort-Archambault (Sahr) nous avait assuré dans les années 1960 que cette plante avait des effets nettement moins nocifs lorsqu'elle était dans un état de dessiccation avancée, ce qui, d'après lui, permettait "d'orienter" les résultats de l'épreuve.

On relèvera, pour l'escroquerie à la dot, l'évolution de la coutume, qui ne prévoit plus en 1937 qu'un remboursement de la dot, alors que dans les temps anciens ce délit entraînait un combat singulier à mort entre les deux concurrents.

On regrettera que le chef de subdivision n'ait pas donné plus de détails pour l'homicide volontaire. La mort était appliquée, nous dit-il, dans tous les cas. En fait il semble que lorsque le droit de vengeance n'avait pas pu être exercé, ou qu'on y avait renoncé, et que le meurtrier était conduit devant le chef de terre ou le mbang, la mort n'était pas forcément décidée. L'usage d'une forte amende *payée au* mbang *en* kembe-mosa, *une monnaie de fer en forme de couteau de jet (le "couteau de jet du sang") semble être assez ancien. Une partie de celle-ci finira même par être versée à la famille de la victime (à partir d'une date qu'il est difficile de fixer mais qui pourrait être antérieure au début de la colonisation).*

On nous dit que la réponse donnée pour la coutume sara madjingaye et sara kaba est valable pour toute la région mais une étude plus poussée aurait fait apparaître certaines différences, peu importantes il est vrai, entre ces coutumes et la coutume mbaye de la région de Moïssala. Ainsi chez les Mbaye la complicité passive n'était pas prise en compte. Pour les coups et blessures ayant entraîné une infirmité les Sara madjingaye avaient tendance à appliquer le talion alors que les Mbaye punissaient le coupable de mise en esclavage chez sa victime (Degoul. Étude sur les coutumes civiles et pénales du groupe sara mbaye et sara madjingaye. 5.2.1955). *En revanche les Mbaye auraient, contrairement aux Sara madjingaye, puni l'adultère plus sévèrement que le viol. Le coupable et même plusieurs membres de sa famille étaient vendus comme esclaves et le produit de la vente partagé entre le chef de terre et le mari* (Degoul, ibidem). *Pour l'inceste* (ko), *un crime qui n'est pas abordé dans ce questionnaire, les Mbaye auraient été particulièrement sévères puisqu'ils mettaient à mort tous les coupables, parent et enfant, quelque soit le sexe, alors que les sara madjingaye ne punissaient que les auteurs de sexe masculin (le père et le fils).*

Le questionnaire ne portait que sur les infractions principales du droit français. Nous n'avons donc aucune réponse sur certaines atteintes à la sacralité comme la violation des interdits ou des objets sacrés, ou sur les infractions liées à la sorcellerie, un délit pourtant extrêmement important qui aurait mérité d'être étudié.

3
Lettre du chef du département concernant les réparations civiles

TCHAD
Département du
Moyen Chari

Fort-Archambault le 28 septembre 1938

L'administrateur de 1ère classe des colonies
Chef du département du Moyen-Chari

à Monsieur le Commandant du territoire du Tchad

à Fort-Lamy.

En réponse à votre TO 1 507/AG j'ai l'honneur de vous adresser les renseignements demandés dans la circulaire 113/AP du 29.6.1938 de monsieur le Gouverneur général concernant les réparations civiles en matière de diverses infractions.

Le Département du Moyen-Chari dans les subdivisions de Koumra, Moissala, Archambault rural et Kyabe est composé de Sara. Tous les Sara sont divisés en sous-tribus : les Sara Daye madjingaye, les Mbaye de Moissala, les Mbaye Khan, les Mbaye, les Goulaye, les Toumak-Goulaye, les Madjingaye, les Goula, les Sara-Kaba, les Sara-Kaba Déme et les Ngama. Mais en réalité ils forment une seule race importante : les Sara.

La ville de Fort-Archambault, divisée en 14 quartiers, comprend 4 quartiers musulman, baguirmien, haoussa, bornouan et Yalnas, et 10 autres quartiers soit sara, soit de races diverses ayant les mêmes coutumes que les Sara : ce sont les Maye, les Tounia, les Daï, les Goulaye-Madjingaye, les Banda, les Sara-Kaba, les Boa, les Nielim, les Bouna et un quartier d'anciens tirailleurs groupés appartenant à ces différentes sous-tribus comme race. La race de loin dominante est donc la sara dont les tribunaux indigènes ont le plus souvent l'occasion de consulter la coutume, et un groupe de musulmans bien moins important. Cependant il faut constater que les Sara, peuple agriculteur ayant été autrefois constamment dominé par la conquête musulmane, ont le plus souvent adopté la coutume du vainqueur, avec cette seule différence que, moins riches que les Musulmans, les Sara, le plus souvent, sans avoir recours à la compensation, se contentent de la peine du talion.

Voici, dans les principaux cas que peuvent arriver à juger les tribunaux indigènes du Moyen-Chari la coutume prévue par les Sara et les Musulmans.

1° *Abus de confiance.*

En dehors de la sanction, la coutume commune aux Sara et aux Musulmans est de faire verser à titre de compensation un dixième de la somme détournée.

2° *Adultère.*

Si le mari conserve la femme, il est versé au mari une indemnité allant, suivant la dot, de 50 à 200 fr. (coutume musulmane), et de 50 à 100 fr. chez les Sara, ce qui s'explique par les dots moins élevées.
Au cas où le mari ne conserve pas la femme, remboursement de la dot.

3° *Animaux tués.*

Cas d'animaux tués non par accident mais par vengeance ou dans le désir de nuire : le taux de l'indemnité est fixé suivant la richesse du coupable. Chez les Sara, si le fait se porte sur un cheval, la sanction allait jusqu'à la peine de mort, et à ce moment-là, pas d'indemnité.

4° *Attentat aux mœurs.*

Si c'est sur une jeune fille, l'indemnité versée à la famille est le maximum perçu pour une femme mariée (voir § 2), soit 200 fr.

5° *Coups et blessures.*

Avant tout, la sanction étant la loi du talion, même blessure faite au coupable. L'indemnité chez les Musulmans est fixée suivant la richesse du coupable. Chez les Sara la loi du talion punit parfois jusqu'à la mort. S'il n'y a pas de peine prononcée, l'indemnité, selon la richesse, allait au Chef et non à la famille.

6° *Vol.*

Pas d'indemnité. L'objet est rendu simplement en plus de la sanction (poignet coupé).

7° *Assassinat.*

Si le coupable était pauvre, peine de mort.
Si le coupable était riche, une indemnité allant jusqu'à 100 vaches ou 100 chameaux était imposée chez les Musulmans. Comme les Sara étaient pauvres c'était toujours la loi du talion.

Le Chef du département
A. CHAUMEL

DÉPARTEMENT DU MOYEN-CHARI

Commentaire

Le chef de département Chaumel établit une liste assez critiquable de ce qu'il appelle "les sous-tribus sara". Tout d'abord, les Daye (cantons Bangoul, Bégara, Bangoro, Ngalo, Takaoua, Yomi) et les Toumak (canton Goundi) ne sont pas des Sara.

Pour les Mbaye il faut distinguer les Mbaye Bat (cantons Békourou, Dobadéné, Gon), les Mbaye Bédégué (cantons Békamba, Dembo, Nadili), les Mbaye Bedjou (cantons Bégara, Bessara, Délingala, Dobadéné, Moïssala, Takaoua), les Mbaye Kan (canton Koldaga), les Mbaye Mougo (canton Gon) et les Mbaye Ngoka (canton Békourou).

Il parle de "Toumak Goulaye" et de "Goulaye" alors qu'il faut distinguer les Goulaye (cantons Dobo, Derguigui, Gangara, Mahim-Toki, Mouroun Goulaye, Péni) des Toumak du canton Goundi.

Les Sar (ou Sara ou Sara "madjingaye") se trouvent essentiellement dans les cantons Balimba, Bédaya, Bessada, Djoli, Kokaga, Koumogo, Koumara, Matékaga, Niellim et Sahr).

Pour les Sara Kaba il faut distinguer les Sara Kaba Banga (cantons Djoko, Koskobo), les Sara Kaba Démé (cantons Baltoubaye, Banda, Bohobé, Kokaga, Kotongoro, Marabé, Moussafoyo, Simé Gotobé) les Sara Kaba Djindjé (cantons Balé, Kyabé), les Sara Kaba Na (cantons Balé et Kyabé), les Sara Kaba So et Kouroumi (cantons Alako et Mouffa) et les Sara Kaba Tié (Cantons Koskobo et Singako).

Une liste complète des ethnies du Moyen-Chari serait la suivante : les Bédiondo (Mbaye de Bédiondo ou Bedjond), les Boua, les Daye, les Gor, les Gori (canton de Korbol), les Goula, les Goulaye, les Horman, les Loo (ou "Noy"), les Louto, les Mbaye, les Miltou, les Nar, les Naw, les Ngama, les Niellim, les Sar, les Sarakaba, les Toumak, les Tounia.

L'observation du chef de département selon lequel les Sara, "constamment dominés par la conquête musulmane" (auraient) le plus souvent adopté les coutumes du vainqueur avec cette seule différence que, moins riches que les musulmans, sans avoir recours à la réparation, ils se contentaient du talion", est totalement erronée. L'absence de réparation, qui est un des points caractéristiques de la coutume sara ancienne, tient à la conception que les Sara se faisaient des crimes de sang et non de leur absence de richesse. Le chef de département semble aussi avoir mélangé coutume ancienne (pour les indemnités versées par exemple pour abattage d'un cheval par vengeance) et coutume de l'époque (pour les indemnités d'adultère).

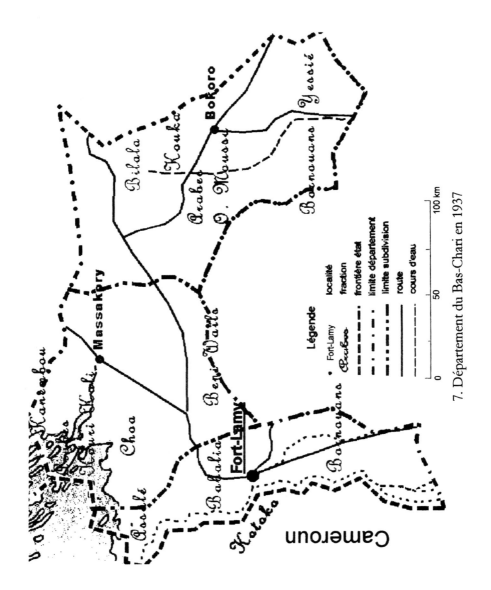

7. Département du Bas-Chari en 1937

Chapitre VII

DÉPARTEMENT DU BAS-CHARI

1. Fort-Lamy ville, réponse au questionnaire pénal par le président du tribunal du premier degré ;
2. Fort-Lamy subdivision, réponse au questionnaire pénal.
3. Subdivision de Massakory, note sur la justice ancienne au Dagana, réponse sur les coutumes pénales au Dagana, réparations civiles prévues par la coutume des Arabes Dagana et Béni Ouaïl, des Kanembou et des Kourî Kale.
4. Subdivision de Bokoro, note sur la justice ancienne, réponse au questionnaire pénal, rapport sur les réparations civiles coutumières.

1
Fort-Lamy ville

Réponse au questionnaire pénal

ABUS DE CONFIANCE

Caractère coutumier de l'infraction :

En principe l'abus de confiance n'est pas distingué du vol comme attentat aux biens. Le fait que l'on ait accordé confiance et que son auteur ait eu de plus grandes facilités pour commettre le délit constitue pour lui une circonstance atténuante. Jamais la sanction pénale ne doit atteindre la peine du vol, soit l'ablation du poignet.

Sanction pénale :

1° S'il y a restitution immédiate soit de l'objet détourné lui-même, soit d'une somme équivalente : blâme public.

2° Si le délinquant est notoirement solvable mais ne peut restituer sur le champ : châtiment corporel de 15 ou 20 coups de chicotte.

3° Si le délinquant est insolvable ou refuse de restituer : chicottages répétés et gradués. Le premier jour : 10 à 15 coups, le deuxième jour : 15 à 20 coups. La progression peut aller jusqu'à 50 coups, et emprisonnement de 15 jours à 4 mois.

Réparation civile :

L'attribution d'une réparation civile à la victime est considérée comme primordiale dans la sanction du délit d'abus de confiance : restitution ou remboursement intégral. Au cas où le délinquant n'est pas solvable, l'action civile est imprescriptible jusqu'à la mort du condamné.

Observations :

Dans la sanction coutumière du délit de vol au contraire, le châtiment pénal est considéré comme le plus important : l'action civile ouverte dans certains cas à la victime est prescrite immédiatement après le prononcé de la sentence.

Circonstances aggravantes : Le détournement d'un secret d'Etat est sanctionné par un emprisonnement à vie ou la peine de mort.

ADULTÈRE

"Le crime d'adultère est puni de mort" (formule enseignée dans les écoles coraniques de la région).

En principe :

1° Les personnes convaincues d'adultère qui ont été ou sont mariées sont passibles de la peine de mort par lapidation.

2° Si le coupable n'a jamais été marié : cent coups de chicotte.
Cependant ces châtiments ne sont plus appliqués depuis fort longtemps. Il s'est produit une édulcoration des préceptes coraniques. Chez les Bornouans, Kotoko, Baguirmiens et Ouaddaïens, la sanction pénale s'est réduite à une amende : 200 pièces d'argent pour l'homme, 100 pièces d'argent pour la femme.
Chez les Baguirmiens les coupables surpris doivent être immédiatement emprisonnés et l'homme ne reçoit l'autorisation de se présenter au tribunal qu'après avoir versé au sultan une première amende d'un cheval.

"*Le mari ne doit jamais profiter de l'adultère de sa femme*"(formule enseignée dans les écoles coraniques de la région). En aucun cas l'adultère n'ouvre droit à des réparations civiles pour le conjoint lésé.

ALIÉNATION MENTALE

La démence est considérée comme une circonstance atténuante. L'ivresse comme une circonstance aggravante.

L'action civile est ouverte aux victimes contre la famille du dément dans l'ordre suivant : 1° contre les descendants, 2° contre les ascendants 3° contre les alliés.

ATTENTAT A LA PUDEUR

Pas de distinction concernant la violence. La coutume considère que le délit présente toujours un caractère de violence. Dans le cas où le délit est commis par des jeunes gens de moins de 15 ans, les indemnités sont dues par les ascendants du garçon et restent les mêmes.

Pas de sanction pénale.

Le versement d'une indemnité à la famille est obligatoire :

1° Si l'enfant est déflorée : 20 pièces d'argent.

2° Si l'enfant n'est pas déflorée : 10 pièces d'argent.

3° Pour les enfants de sexe masculin : 10 pièces d'argent

COUPS ET BLESSURES

A. Volontaires.

En principe le talion. La gravité de cette sanction coranique a entraîné depuis très longtemps sa disparition au Bornou, dont le département du Bas-Chari faisait partie. On ne connaît pas d'exemple d'application de cette peine depuis le XIVe siècle.

En fait la sanction se borne à l'attribution à la victime de réparations civiles.

On distingue :

I. *Les blessures laissant des traces*.

1° catégorie : les cinq blessures pour lesquelles la loi coranique a prévu la valeur de la réparation civile : (a) blessures pénétrantes du tronc, (b) blessures atteignant un os, (c) blessures brisantes d'un os, (d) blessures amenant sans bris l'altération d'un os, (e) blessures du crâne ayant brisé la voûte crânienne.

Le calcul des réparations civiles à accorder dans ce cas se fait en prenant pour base la "*dia*", prix du sang à verser en cas d'homicide.
La dia est fixée dans la région à 100 vaches, et dans la ville de Fort-Lamy où le citadin ne possède généralement pas de bétail, à 100 pièces d'argent.

1/ Pour les blessures de type (a) et (e), un tiers du tarif pour homicide, soit 33 pièces d'argent.

2/ Pour les blessures du type (b), le vingtième de la *dia*, soit 5 pièces d'argent.

3/ Pour les blessures de type (c) et (d) les trois-vingtièmes de la *dia*, soit quinze pièces d'argent.

2° catégorie : Perte d'un membre : la moitié de la *dia*, soit cinquante pièces d'argent.

3° catégorie : Perte des facultés sensorielles : la *dia* entière.

Observations : la *dia* des femmes étant la moitié de la *dia* de l'homme, le tarif pour blessures se calcule sur cette nouvelle base.

Ces indemnités peuvent être cumulées et l'ensemble peut dépasser la valeur de la *dia*.

II. *Les blessures superficielles* ne laissant pas d'incapacité fonctionnelle ou de déformation.

L'application de la réparation civile est laissée au juge en tenant compte :

1° de l'importance et de l'aspect de la cicatrice.

2° de la durée de l'incapacité de travail (les frais de nourriture de la victime pendant cette période doivent être remboursés).

3° des frais médicaux.

B. INVOLONTAIRES.

Pas de sanction pénale.

La valeur des réparations civiles est identique à celle prévue dans le cas de blessures volontaires. Mais il appartient à la victime d'engager devant le tribunal l'action civile dont l'initiative n'appartient pas au juge.

LÉGITIME DÉFENSE

Lorsqu'une enquête complète, pertinente et formelle a prouvé qu'il y avait réellement légitime défense, pas de sanction pénale, pas de responsabilité civile.

La coutume locale insiste particulièrement sur le soin avec lequel doit être menée l'enquête concernant un cas de légitime défense.

DÉNONCIATION CALOMNIEUSE

Il semble qu'à l'origine le dénonciateur devait se voir appliquer les peines encourues à propos des délits ou crimes dont il avait faussement accusé la victime. Cette coutume est abolie depuis fort longtemps.

Sanction pénale : 1° 20 coups de fouet, 2° une amende, à l'origine de 20 chameaux au maximum. Dans la région du Bas-Chari ce maximum a été apprécié à 20 bovidés puis, à Fort-Lamy ville, à 20 pièces d'argent.

Aucune réparation civile n'est prévue par la coutume.

Il semble que la coutume ne considère pas la dénonciation calomnieuse comme portant préjudice à la victime de la dénonciation, mais simplement comme un délit d'outrage vis à vis du tribunal ou de l'agent de l'autorité qui reçoit la dénonciation.

DIFFAMATION

La coutume n'a pas défini le caractère de cette infraction. Pas de sanction pénale. Pas de réparation civile.

HOMICIDE

A. Volontaire

1 / Meurtre (pas de préméditation). La sanction est la peine de mort.

En principe la sanction de l'homicide volontaire est uniquement pénale. Cependant, dans le cas de meurtre sans préméditation, et exclusivement à la demande de la famille, le coupable peut se racheter en versant le prix du sang, la *dia*. Le prix du sang, fixé à 100 chameaux dans les textes coraniques, s'est transformé en 100 bovidés dans la région du Chari, et en 100 pièces d'argent à Fort-Lamy ville.

2/ Assassinat (meurtre avec préméditation). A noter que la coutume range d'office dans cette catégorie le meurtre commis par le voleur surpris. La sanction est la peine de mort. La transaction tolérée dans le cas de meurtre n'est pas admise par la coutume.

3/ Parricide. Peine de mort. Pas de *dia*.

4/ **Infanticide**. La coutume définit l'infanticide comme le meurtre d'une personne par l'un de ses ascendants directs quel que soit l'âge de la victime. Pas de sanction pénale.

Paiement du prix du sang, en suivant les règles successorales ordinaires,

1. aux descendants de la victime,
2. à l'ascendant non coupable,
3. aux collatéraux de l'ascendant non coupable,
4. au trésor.

La *dia*, même versée au trésor, garde son caractère de réparation civile, celui-ci n'intervenant que comme le dernier héritier dans la ligne des héritiers.

B. INVOLONTAIRE.

Jamais de sanction pénale. Paiement du prix du sang à la famille de la victime ; généralement, pour bien marquer le caractère involontaire de cet homicide, le délinquant paye ce que l'on appelle le *linceul*, c'est-à-dire les frais des funérailles auxquelles il participe.

VIOL

La coutume insiste sur le fait que la preuve de viol est très difficile à administrer. Aveu ou preuve par quatre témoins. La sanction pénale est la flagellation : 100 coups de fouet, et bannissement pour un an.

Versement à titre de réparation d'une somme équivalente au *sidaq*, principal de la dot, qui varie dans la région de 25 à 500 francs. On se sert généralement pour l'apprécier du précédent ayant eu lieu dans la famille (dot versée au moment du mariage des sœurs ou cousines).

Ce paiement du *sidaq* n'est considéré que comme le paiement d'une réparation civile et n'a aucun caractère dotal. En effet, si le délinquant veut épouser sa victime (il n'y est autorisé qu'après l'expiration du délai de viduité), il doit de nouveau verser intégralement la dot.

VOL

A. *Vol d'objets ayant une valeur inférieure au quart d'un dinar d'or.*

En principe la sanction pénale est laissée à l'appréciation du juge ; cependant la coutume précise qu'elle ne doit pas influer sur la santé du condamné ni laisser de traces durables. La peine généralement adoptée est de trente coups de trique.

Pour la réparation on distingue :

1° cas. Les objets volés sont retrouvés. La sentence doit prévoir la restitution.

2° cas. Les objets ne sont pas retrouvés :

a/ le voleur est notoirement et immédiatement solvable au moment du prononcé de la sentence. Le juge peut prévoir une réparation civile proportionnée au dommage subi par la victime.

b/ le voleur est insolvable au moment du prononcé de la sentence. Dans ce cas la sentence ne doit pas comporter de réparation civile et l'action civile est définitivement éteinte ; elle ne peut être de nouveau ouverte s'il devenait solvable.

Cette disposition coutumière s'explique par le fait que l'attribution d'une réparation civile aboutissait souvent à une édulcoration de la sanction pénale. C'est pour éviter que sur la promesse d'un remboursement problématique le coupable n'échappe au châtiment mérité.

B. *Vol d'objets ayant une valeur supérieure au quart d'un dinar d'or.* Ablation du poignet droit et

      1° récidive : ablation du pied gauche.
      2° récidive : ablation du poignet gauche.
      3° récidive : ablation du pied droit.
      4° récidive : 100 coups de chicotte et un emprisonnement à vie dans une cellule murée.

Pour les réparations civiles, mêmes modalités que pour les vols de catégorie A.

C. *Vol avec circonstances aggravantes.*

1/ Vol commis par un agent du sultan, ne présentant pas un caractère d'exaction : mêmes peines, aggravées d'un emprisonnement dont la durée est laissée au bon plaisir du chef.

2/ Vol au préjudice d'un chef : mêmes peines plus la confiscation des biens

3/ Vol en bande et à main armée, à condition qu'il n'y ait pas eu mort d'homme, sans cela la peine à subir est celle de l'assassinat, soit ablation de la main droite et du pied gauche soit bannissement après flagellation.

4/Vol avec tortures n'entraînant pas la mort : mêmes peines que pour le vol en bande et à main armée.

Pour les réparations civiles mêmes modalités que pour les vols de catégorie A.

D. *Vol avec circonstances atténuantes.*

Vol par domestique ou employé : quelle que soit la valeur de l'objet volé la peine de l'ablation du poignet n'est jamais prévue.

1ᵉʳ cas : l'objet volé est retrouvé ou le domestique est solvable : restitution ou réparations civiles.

2ᵉᵐᵉ cas : l'objet n'est pas retrouvé ou le domestique est insolvable : application de la torture pour savoir où il a caché l'objet et emprisonnement à temps (laissé à l'appréciation du juge).

E. *Tentative de vol.* La coutume distingue la tentative du vol.

1/ Si l'inculpé n'a jamais été condamné : 10 à 15 coups de chicotte.

2/ Si c'est un voleur notoire : 20 à 30 coups de chicotte.

Le Président du tribunal de 1ᵉʳ degré
de la commune de Fort-Lamy.

Commentaire.

Le document sans date ni signature établi par le président du tribunal de premier degré de Fort-Lamy est incomplet. Les réponses à certaines questions font défaut. Nous n'avons pas non plus retrouvé la note qui devait être établie sur la manière dont la justice était rendue avant l'arrivée des Français. On y aurait appris que les Kotoko avaient conservé longtemps de vieilles institutions coutumières malgré une islamisation ancienne alors que d'autres groupes comme les Babalia s'étaient islamisés en rejetant tout ce qui avait précédé l'Islam, ce qui avait des incidences sur le système judiciaire.

Comme cela est fréquent dans les grandes villes où les renseignements sont recueillis auprès de faki, *les réponses sont livresques, c'est-à-dire tirées du Khalîl ou de la Risâla. Il aurait pourtant été intéressant de savoir par exemple si on pratiquait réellement l'ablation des membres des voleurs, et d'avoir une idée de la valeur d'un vol qualifié "sariqa" au sens coranique, c'est-à-dire de plus d'un quart de dinar d'or.*

Pour l'adultère, après l'énonciation de la peine de principe, on apprend que la lapidation n'est plus pratiquée depuis fort longtemps.

Un renseignement plus précis est donné en ce qui concerne le talion pour blessures, qui ne serait plus pratiqué depuis le 14ᵉᵐᵉ siècle après sa disparition du Bornou dont le Bas-Chari faisait partie.

On relèvera que les catégories de blessures correspondent, en plus simplifié, à celles de Khalîl, lequel ne distingue pas moins de neuf types de blessures (chap. XLVIII, § 290. Abrégé de la loi musulmane selon le rite de l'imam Malek).

La diya *dans la coutume musulmane de Fort-Lamy est celle de Khalîl. Les 100 chameaux sont devenus 100 bœufs et les 1000 dinars ou 12.000 dirhems 100 pièces d'argent, un montant rarement respecté dans la pratique.*

Pour la légitime défense la coutume locale suit les règles du droit musulman : ni sanction pénale ni réparation.

Le président du tribunal cite le trésor public dans la liste des créanciers éventuels de la diya *quand il n'y a pas d'héritiers connus. Il aurait pu en outre préciser que le Trésor est également débiteur de la* diya *lorsque le coupable est insolvable et sans* aseb *(Khalîl XLVII § 297. ibid.), situation plus courante que la première, dans laquelle l'Etat se trouve sanctionné pour son inefficacité dans la recherche des débiteurs responsables. Mais il est fort douteux que ces règles du droit musulman aient été appliquées dans le Bas Chari.*

On relèvera une indication intéressante à propos du viol : le versement à titre de réparation civile d'une somme équivalant au sidaq, le principal de la dot (laquelle varie de 25 à 500 fr. en 1937), qui n'aurait aucun caractère dotal puisque le délinquant, s'il veut épouser sa victime (dans le cas où il y serait autorisé par la famille), doit payer la dot en sus.

2
Subdivision de Fort-Lamy

Afrique Équatoriale française
   Région du Tchad
   Département du Bas-Chari

Questionnaire concernant les coutumes pénale indigènes

1. **ABUS DE CONFIANCE**.

(Réponse sautée par le copiste)

2. **ADULTÈRE**

1° La femme abandonnant le mari sans raison valable et refusant de rentrer au domicile conjugal est mise en demeure de regagner ce domicile au besoin par la force. Aucune sanction n'est prévue.

2° Cas d'adultère du mari. Sur plainte de l'épouse, un avertissement est donné au mari et sa prestation de serment de bien se conduire à l'avenir est obligatoire. En cas de récidive il est frappé d'une amende dont la moitié est remise à l'épouse offensée.

Si la conduite du mari ne s'est pas amendée, l'épouse peut le quitter, l'union étant rompue et le remboursement de la dot n'étant plus exigible.

3° Avant l'occupation des Français, l'adultère était frappé, en cas de récidive, par des amendes très lourdes pouvant aller jusqu'à 500 fr. En cas de non paiement, il était infligé un châtiment corporel au délinquant (50 coups de bâton ; sa maison était détruite en cas de récidive).

Etant donné le montant peu élevé des amendes infligées actuellement en pareil cas et l'avis des assesseurs consultés, la sanction pénale doit être appliquée en matière d'adultère en cas de récidive.

3. **ALIÉNATION MENTALE**

La coutume considère la démence en cas de meurtre comme une cause de disparition de la responsabilité pénale mais rend les membres de la famille du dément responsables de ses actes et oblige ceux-ci à l'enchaîner.

En cas d'ivresse la responsabilité reste entière pour le meurtrier qui n'est même pas interrogé, son acte étant puni suivant la coutume ordinaire par le talion. S'il est prouvé qu'on a poussé à boire le meurtrier, il n'est astreint qu'au versement de l'indemnité prévue, ou "prix du sang", aux parents de la victime.

4. ATTENTAT A LA PUDEUR SUR MINEUR IMPUBÈRE

Les coutumes musulmanes de la région de Fort-Lamy punissent ces faits de 40 coups de fouet et d'une amende. Quand il y a eu viol constaté et prouvé, celui qui l'a provoqué est mis en demeure de payer la dot à la famille sans pour cela que la victime devienne son épouse, à moins qu'elle soit consentante. Au cas où le délinquant refuse de payer la dot fixée par les parents à titre d'indemnité, il est passible de 100 coups de corde et d'une peine d'emprisonnement de 6 mois à un an de prison.

L'attentat à la pudeur doit être déféré au 2ème degré étant qualifié crime par la coutume.

5. AVORTEMENT

La femme convaincue d'avortement est passible d'une peine s'il y a plainte du mari et avortement prouvé. Peine corporelle et amende.

6. BLESSURES VOLONTAIRES

En plus des peines prévues par la coutume suivant la gravité des cas et la responsabilité des coupables, il est toujours alloué à la victime une réparation civile basée sur l'incapacité qui découle de la blessure reçue et ayant pour base le montant prévu pour le prix du sang ou *dia* ; ainsi la perte de l'usage d'un membre ou de l'œil correspond au versement de la moitié de la *dia* coutumière.

7 CIRCONSTANCES ATTÉNUANTES (omis)

8. BLESSURES INVOLONTAIRES

En cas de blessures légères causée involontairement la coutume prévoit toujours une indemnité proportionnée au dommage causé. Ces indemnités sont tarifées en prenant comme base l'indemnité payée pour la mort donnée involontairement ou prix du sang, en arabe *dia*, fixée à Fort-Lamy à 100 bœufs, prix de base, qui, suivant la fortune du meurtrier, peut être diminuée et proportionnée à sa fortune ou ses revenus.

Il y a lieu de prévoir une peine de prison de 15 jours à 3 mois avec amende facultative.

9. COMPLICITÉ

(1) La complicité active est prévue et punie des mêmes peines que celles du crime ou délit si le complice avoue et si sa complicité est formellement prouvée.

(2) La coutume locale prévoit la complicité passive et applique toutefois des peines moins graves que celle du crime ou délit.

La coutume excuse l'abstention ou l'inaction devant le crime ou le délit quand elles se sont manifestées sous l'influence de la peur.

10. **CONCUSSION** (omis)

11. **CORRUPTION**

La coutume locale ne fait pas de distinction entre la concussion et la corruption. Elle confond souvent ce délit avec celui de rébellion et lui donne le caractère de résistance ouverte envers l'autorité ou ses représentants.

Le corrupteur et le corrompu sont répréhensibles au même degré.

12. **LÉGITIME DÉFENSE**

(1) La coutume reconnaît la légitime défense et elle entraîne la disparition de la responsabilité pénale pour celui qui se trouve dans cet état.

(2) La coutume ne prévoit aucune indemnité pécuniaire s'il est prouvé que le meurtrier était en état de légitime défense et a averti l'agresseur dans les formes habituelles, c'est-à-dire plusieurs fois, en prenant Dieu à témoin à haute voix, avant de se défendre.

13. **DÉNONCIATION CALOMNIEUSE** (une partie de la réponse fait défaut)

Oui, c'est l'avis des assesseurs auprès du tribunal de Fort-Lamy. [La question était : êtes-vous d'avis de prévoir les pénalités proposées dans toutes les régions, même lorsque la coutume est muette].

14. **DIFFFAMATION ET INJURE** (une partie de la réponse fait défaut)

(1) Oui. [La question était : faut-il prévoir ces pénalités (15 jours à 6 mois) même si la coutume est muette].

(2) Oui et la coutume musulmane prévoit une peine. (la question concernait l'injure publique muette à un chef).

15. **EMPOISONNEMENT**

La coutume musulmane de Fort-Lamy punit le crime d'empoisonnement d'une peine d'emprisonnement à temps et du paiement d'une indemnité à la famille de la victime. En cas de refus de paiement, le talion est appliqué.

16 **ESCROQUERIE** (réponse sautée par le copiste)

17. **ESCROQUERIE A LA DOT**

Cette escroquerie est sévèrement jugée mais non punie par la coutume. Le délinquant est mis en demeure de rembourser la dot ainsi qu'à verser une indemnité et, s'il ne s'acquitte du montant fixé, il est emprisonné, mais pour ce seul fait seulement.

Il est proposé un an de prison.

18. ÉVASION

La coutume locale ne distingue pas les différents cas prévus. Le condamné qui s'évade et est repris effectue sa peine de prison. D'après la coutume il n'y a pas lieu d'adopter les distinctions et les *Peines proposées* ; toutefois, en cas de récidive d'évasion, le détenu pourrait, à l'expiration de sa peine, être frappé d'interdiction de séjour ; et les complices de l'évasion, s'il y en a, traduits devant le tribunal du 1er degré et condamnés de 2 mois à 2 ans de prison suivant les circonstance aggravantes (préméditation, corruption de fonctionnaire, menaces, attaque à main armée...).

19. EXACTIONS

La coutume distingue la concussion de l'exaction et réprime sévèrement le second délit. Il apparaît utile de maintenir cette distinction et d'appliquer des peines différentes en fixant la peine maximum à 2 ans pour le délit de concussion. La *Peines proposées* pour le délit d'exaction parait suffisante.

20. FAUX

Les *Peines proposées* sont insuffisantes vu la tendance des indigènes de langue arabe et française, nombreux dans la subdivision de Fort-Lamy, à la falsification habile et dangereuse. La compétence du crime de faux doit être laissée au tribunal du 1er degré.

21. FAUSSE MONNAIE (sauté par le copiste)

22. FAUX TÉMOIGNAGE

Le témoignage, dans la coutume musulmane de Fort-Lamy, s'accompagne du serment coranique, et à cette cérémonie s'attache un caractère religieux, ce qui augmente la gravité du délit du faux témoin, passible de peines correctionnelles.

La peine maximum d'emprisonnement pourrait être portée à un an de prison et l'amende à 1200 fr., ce qui serait plus en rapport avec l'application de la coutume locale.

23. HOMICIDE VOLONTAIRE (sauté)

24. HOMICIDE INVOLONTAIRE (sauté)

25. INCENDIE VOLONTAIRE

La coutume locale qualifie de crime l'incendie volontaire. Au cas où il a fait des victimes le criminel est tenu de payer l'indemnité coutumière prévue pour le prix du sang. S'il ne peut s'acquitter de cette indemnité et que sa famille ne réponde pas pour lui, la loi du talion est appliquée.

26. INJURE A TÉMOIN (une partie de la réponse manque)

Aucune modification n'est à envisager pour ce délit d'audience.

27. MENACES

Menace simple : la coutume ne prévoit pas ce délit et il n'est pas utile de le sanctionner, sauf en matière de récidive où la peine sera l'amende.

Menace sous condition : la coutume prévoit ce délit et le sanctionne par l'emprisonnement ou l'amende suivant sa gravité. Les *Peines proposées* paraissent suffisantes.

28. OUTRAGES

La coutume locale de Fort-Lamy réprime ainsi le délit d'audience : le défendeur qui refuse de répondre sera mis en prison et battu de verges. S'il persiste, jugement sera donné contre lui sans délation du serment au demandeur. Les peines prévues sont suffisantes.

29. PILLAGE (réponse sautée)

30. RAPT

La coutume locale de Fort-Lamy prévoit ce délit qui est qualifié de vol et puni comme tel. Elle sanctionne ce crime par l'emprisonnement et une amende égale au taux coutumier de la *dia*.
Les distinctions faites à la colonne 2 doivent être maintenues avec augmentation du maximum de la peine d'emprisonnement qui pourra être fixée à 5 ans dans le premier cas et à 10 ans si le rapt a été accompagné de violences physiques graves.

31. RÉBELLION

Sans arme. Oui, il y a lieu de maintenir la distinction avec armes et sans arme et les peines prévues sont suffisantes. La coutume fait cette distinction et toute résistance ouverte au représentant de l'autorité est qualifiée de rébellion.

32. RECEL

La coutume locale punit le recel des mêmes peines que le vol, avec lequel elle le confond.

Les *Peines proposées* demeureront donc celles prévues pour le délit de vol par la coutume ancienne de Fort-Lamy : mutilation d'un membre.

33. RECEL DE MALFAITEUR

La coutume locale de Fort-Lamy prévoit des poursuites contre les ascendants du criminel coupable mais les sanctions se bornent à l'amende.

34. SÉQUESTRATION (sauté)

35. TENTATIVE

La coutume du lieu ne prévoit pas la tentative mais la sûreté des biens et des personnes en impose et en justifie la répression et il y a lieu d'appliquer à la tentative les mêmes peines qu'au délit ou au crime.

36. VIOL

La coutume locale ne donne pas au viol le caractère de crime et l'assimile, si le décès s'ensuit, à l'homicide involontaire. L'emprisonnement n'est pas prévu mais seulement la réparation civile, et la contrainte par corps quand l'indemnité fixée n'est pas versée à la famille.

Elle est fixée selon le tarif de la composition sans tenir compte de l'affaiblissement naturel de l'organe avant l'offense ni d'une lésion partielle déjà soufferte, à moins que l'offensée n'en ait déjà reçu réparation. Le montant de cette indemnité se confond avec le montant de la dot lorsque la rupture de l'hymen est constaté, à moins qu'elle n'ait été causée par l'introduction du doigt.

Le viol revêt un caractère de gravité particulière quand il est incestueux et, dans ce seul cas, l'emprisonnement est prévu par la coutume locale.

Vu le degré d'évolution des races islamisées de la subdivision de Fort-Lamy, il faut maintenir le caractère de crime du viol tout en admettant la compensation légale pour blessures s'il y a mutilation ou perte de facultés comme réparation civile. La coutume l'admettant, il faut donc prévoir des peines plus fortes pour le viol commis par ascendant ou une personne ayant autorité sur la mineure violée.

37. VOL

Les *Peines proposées* sont en rapport avec les coutumes de la subdivision.

Le Chef de Subdivision
signé : HARDY de PÉRINI

Pour copie conforme...
Le chef du bureau de l'administration générale.
(illisible)

Commentaire.

Cette réponse comporte de nombreuses omissions qui sont sans doute le fait du copiste.

On constatera certaines différences avec la coutume musulmane de Fort-Lamy ville, qui tiennent sans doute à ce que le président du tribunal du premier degré de Fort-Lamy avait plutôt donné la position de la coutume ancienne alors que le chef de la subdivision nous parle ici de la coutume actuelle.

Pour l'adultère on notera que les amendes, très lourdes avant l'arrivée des Français, pouvaient aller jusqu'à 500 fr. et, en cas de récidive, la peine de 50 coups de bâton et destruction de la maison du délinquant, se sont beaucoup affaiblies, mais on ne nous indique pas leur montant moyen.

Pour l'attentat à la pudeur sur mineure impubère on relève que la coutume musulmane prévoit une peine de 40 coups de fouet et une amende alors que pour celle de Fort-Lamy il n'était pas question de sanction pénale (ce qui était sans doute une erreur).

On notera la remarque au sujet de la multiplication des petits faux de la part des lettrés de Fort-Lamy, et aussi l'absence de sanction pénale pour le viol, sauf s'il est incestueux.

3
Subdivision de Massakory

Région du Tchad
Département du Bas-Chari
Subdivision de Massakory

Note sur la justice ancienne au Dagana

a) *Situation politique au Dagana avant notre arrivée.*

Le territoire qui forme aujourd'hui la subdivision de Massakory était sous la dépendance du sultan du Ouaddaï. Deux tribus dominantes se partageaient le pays : les Dagana, éleveurs nomades, à l'intérieur, les Kouri Kalé sur les rives et dans les îles de la partie ouest du lac. Les Kanembou et les Haddad, originaires de N'gouri, ont fait leur apparition au Dagana quelque vingt ans avant notre venue ; ce sont des sédentaires : les premiers, éleveurs et agriculteurs, les seconds, artisans ; ils ont été autorisés à demeurer au Dagana après accord avec le cheikh Ali des Dagana.

Toutes ces tribus sont de mœurs identiques et de religion musulmane. Les Kanembou et les Haddad sont divisés en une infinité de sous-tribus qui ne se différencient les unes des autres que par leur nom.

b) *La justice avant notre arrivée.*

Lorsque la justice était rendue, elle l'était par un faki de l'entourage du chef de tribu ; souvent, la victime (ou ses parents) se faisait justice elle-même.

La justice était plus ou moins bien rendue suivant que l'autorité du chef de tribu était plus ou moins bien assise ; ses ressortissants s'en remettaient à lui ou à son faki s'ils espéraient en obtenir justice et s'ils n'avaient pu se faire eux-mêmes justice.

Ainsi qu'il ressort du tableau ci-joint, l'indemnisation était à la base du système répressif bien que le châtiment n'en fût pas banni (la mort ou la flagellation).

Ce qui frappe surtout c'est l'uniformité du système répressif pour toutes les tribus. Cela s'explique du fait qu'elles étaient toutes plus ou moins nomades, de même religion, et que la justice était rendue par des faki de même éducation, formés souvent à la même école coranique ; de plus, l'indigène a toujours été ici très voyageur et très hospitalier ; ainsi la tribu ne vivait pas renfermée et repliée sur elle-même et ses coutumes étaient celles du pays plutôt que les siennes propres.

c) *Tribus actuelles du Dagana.*

Elles sont très nombreuses et répandues dans le pays au hasard des sympathies personnelles ; elles sont mélangées et ne peuplent nullement chacune une partie déterminée du territoire. Elles comprennent, pour les nomades : les Béni Ouail, les Dagana, les Fellata. Pour les sédentaires : les Kanembou, divisés en une infinité de sous-tribus, les Haddad, divisés eux aussi en une infinité de sous-tribus dont la plupart portent le même nom que des sous-tribus Kanembou ; les Kouri Kalé, les Bouloua, les Bilalas, les Toundjour, les Toubou.

Les plus importantes en nombre sont les Kanembou, les Haddad, les Kouri Kalé, les Béni-Ouaïl et les Dagana. La carte ci-jointe donne un aperçu des régions habitées par ces différentes tribus, mais il serait faux de leur attribuer ce seul emplacement. Les Haddad et Kanembou ont des villages dans tout le pays, les Dagana et les Béni-Ouaïl nomadisent au sud, à l'est et à l'ouest du territoire. Seuls les Kouri Kalé demeurent près du lac et pourtant certains de leurs villages en sont éloignés de 20 kilomètres.

A Massakory le 7 juin 1937

Le chef de Subdivision

Commentaire.

[D'après le *Répertoire* de Lanne ont commandé la Subdivision de Massakory du 17.09. 1935 l'adjoint des Services Civils BALAZARD, du 29.09. 1937 l'adjoint principal des Services Cicils CALIPPE, du 27.04.1938 l'adjoint principal des Services Civils Pierre CAROL]

Les Dagana sont ici classés parmi les nomades. On sait qu'ils sont devenus des semi-sédentaires établis autour de Massakory.

Les fractions Béni Waïl qui montent après les pluies de juillet en direction de Moussoro reviennent en octobre vers leur point de départ pour la récolte. Un second mouvement de transhumance s'effectue d'est en ouest à la fin des pluies le long des limites de la subdivision (et même un peu plus au sud).

Les Fellata dont parle le chef de subdivision sont des pasteurs nomades peuls fixés au Dagana (ainsi qu'au Kanem). Sans doute peut-on encore les classer à l'époque où est établi ce document parmi les nomades. Ils transhument à cette époque jusqu'à Mao et ont des accrochages fréquents avec les Dagana quand ils reviennent sur leurs terrains de culture.

Les Kouri qui habitaient jadis dans les îles sont alors installés en partie sur les bords du lac, au contact des Haddad et des Kanembou. Ils en sont très proches coutumièrement, ainsi d'ailleurs que des Boudouma, alors qu'ils le sont beaucoup moins des Dagana avec lesquels ils ne se mêlent pas, bien qu'ils soient islamisés.

SUBDIVISION DE MASSAKORY

Les Haddad installés au nord et au nord-ouest de Massakory forment l'un des groupes Haddad les plus importants du Tchad. Ils sont constitués d'une multitude de fractions empruntant souvent leur dénomination aux groupes avec lesquels ils vivent. Au Dagana ils sont non seulement artisans comme c'est le cas habituellement, mais aussi cultivateurs et parfois pêcheurs.

Région du Tchad
Département du Bas-Chari
Subdivision de Massakory

Réponses aux questions posées concernant les coutumes pénales indigènes au Dagana

1. **ABUS DE CONFIANCE**.
La coutume ne prévoit que l'indemnisation du préjudice causé à la victime.

2. **ADULTÈRE**
(1) et (2). Aucune sanction pénale n'est prévue par la coutume tant pour l'adultère du mari que pour celui de la femme.

Dans le cas d'abandon du domicile conjugal par la femme et refus de rentrer au domicile conjugal, le mari obtient le remboursement de la dot, à moins évidemment que la fuite de la femme ait été provoquée par les mauvais traitements que lui faisait subir son mari.

Dans le cas d'abandon du domicile conjugal par le mari, la femme a droit au divorce à son avantage au bout de trois mois et dix jours d'absence du mari.

(3). Des sanctions pénales peuvent être envisagées évidemment pour protéger la famille et enrayer la prostitution dans les grands centres. Toutefois, il faut reconnaître que dans un pays où la polygamie est légale, l'adultère n'a pas l'importance sociale qu'il prend dans les sociétés civilisées, surtout si on considère que dans la société indigène l'enfant n'est jamais abandonné, son entretien n'étant pas une charge appréciable pour les parents ; enfin l'enfant représente un capital pour les parents.

3. **ALIÉNATION MENTALE**
L'aliénation mentale était excusée par la coutume.
Quant à l'ivresse il semble qu'on l'ignorait ici avant notre arrivée (la consommation d'alcool étant interdite par la religion musulmane).

4. **ATTENTAT A LA PUDEUR**
Ce délit n'est pas prévu par la coutume. L'indigène ici n'attache pas d'importance à ce délit qui ne fait l'objet d'aucune plainte ; évidemment, l'ordre public est intéressé à la répression de ce délit. Seul le flagrant délit peut amener sa répression.

Etant donné l'indifférence de l'indigène pour ce fait, le tribunal du 1er degré parait suffisant pour connaître de ce délit.

Quant aux maladies vénériennes elles semblent avoir été très rares autrefois dans le pays et la coutume est muette sur ce point.

5. **AVORTEMENT** (sauté)

6. **BLESSURES VOLONTAIRES, VIOLENCES, VOIES DE FAIT**

a) ayant entraîné la mort. Le coupable est mis à mort sur le champ par la famille de la victime (voir homicide).

b) n'ayant pas entraîné la mort. Indemnisation à la victime, proportionnée à la durée de l'incapacité de travail ou à l'importance de la mutilation (perte d'un œil ou d'un membre, par exemple : 50 bovidés).

7. **CIRCONSTANCES ATTÉNUANTES** (sauté)

8. **BLESSURES INVOLONTAIRES** (une partie de la réponse fait défaut) Les *Peines proposées* paraissent suffisantes.

9. **COMPLICITÉ**

a) active. Dans le cas d'un délit qui a profité autant au complice qu'à son auteur, la coutume prévoit la même peine pour le complice que pour l'auteur.

b) passive. La coutume ne prévoit aucune sanction.

10. **CONCUSSION**

Délit non prévu par la coutume.

11. **CORRUPTION**

Délit non prévu par la coutume.

(1) et (2). Les distinctions peuvent être maintenues entre la concussion et la corruption. Il parait juste de distinguer le cas du corrompu consentant de celui du corrompu qui a cédé à la contrainte.

12. **LÉGITIME DÉFENSE**

La légitime défense n'est pas admise par la coutume. La seule loi du talion est appliquée : qui a donné la mort doit être tué (voir homicide).

13. **DÉNONCIATION CALOMNIEUSE**

Délit non prévu par la coutume. Il est nécessaire de l'endiguer en prévoyant des pénalités. Celles qui ont été proposées paraissent suffisantes.

14. **DIFFAMATION ET INJURE**

Délit non prévu par la coutume. Il est indispensable de prévoir ces délits et une aggravation de la peine dans le cas d'injure publique à un chef. Les *Peines proposées* sont suffisantes.

15. **EMPOISONNEMENT**

Seule l'indemnisation est prévue par la coutume. La *dia* est payée à la famille de la victime. Alors que l'homicide, quel qu'il soit, est sanctionné de la peine de mort par la coutume, il est bizarre que l'empoisonnement ne soit pas puni de la même peine ; peut-être faut-il en trouver la raison dans le fait que les empoisonneurs n'avouent jamais et qu'il peut de ce fait, y avoir doute sur la culpabilité de l'accusé.

16. ESCROQUERIE
Délit non prévu par la coutume.

17. ESCROQUERIE AU MARIAGE
Délit non prévu par la coutume, qu'il est nécessaire de réprimer. Les sanctions proposées sont à adopter.

18. ÉVASION
La coutume ne prévoyait pas la peine de l'emprisonnement pour la répression des crimes ou délits. Il est indispensable de prévoir la répression de ce délit. Les *Peines proposées* sont à adopter.

19. EXACTIONS
Délit prévu par la coutume qui prévoit la bastonnade ou la flagellation légère.

20. FAUX
Non prévu par la coutume.

Les *Peines proposées* paraissent susceptibles d'être adoptées. La compétence pourrait être laissée au tribunal du 1er degré étant donné le préjudice peu important qu'occasionne ce délit dans l'état actuel de la société indigène.

21. FAUSSE MONNAIE
(sauté)

22. FAUX TÉMOIGNAGE
Délit non prévu par la coutume, très fréquent au Dagana, mais dont la répression est rendue impossible par les difficultés qu'entraînent de telles enquêtes auprès des indigènes où la mauvaise foi est monnaie courante. Si par hasard le délit peut être prouvé il importe qu'il soit puni très sévèrement.

Peines proposées : un mois à un an de prison et 100 fr. à 1000 fr. d'amende.

23. HOMICIDE VOLONTAIRE
La coutume prévoit la peine de mort quelle que soit la nature de l'homicide. La légitime défense n'est pas admise non plus.

L'auteur est tué sur le champ par les parents de la victime. En cas de fuite du meurtrier, sa famille paie la *dia* (100 bovidés) à la famille de la victime. Après le paiement de la *dia* et au bout d'un certain temps la famille de la victime admet le retour du meurtrier moyennant la remise d'un esclave, de sexe indifférent, ou, à défaut, d'une femme. Cette dernière est autorisée à retourner dans sa propre famille après avoir donné deux enfants du sexe masculin à la famille de la victime. Dans le cas où la *dia* ne peut être réglée en raison de la pauvreté de la famille du meurtrier (ne possédant pas de bétail), un *moud* sera prélevé chaque année sur la récolte de tous les membres de la famille du meurtrier au profit de la famille de la victime.

24. HOMICIDE INVOLONTAIRE

Non admis par la coutume. Le coupable est tué tout de suite par les parents de la victime (voir homicide volontaire).

25. INCENDIE VOLONTAIRE

Le coupable est tué sur le champ, même si l'incendie n'a pas fait de victime.

26. INJURE A TÉMOIN

Les peines paraissent suffisantes.

27. MENACES

Délit non prévu par la coutume. Il semble nécessaire de prévoir des sanctions. Les *Peines proposées* paraissent efficaces et suffisantes.

28. OUTRAGES

Les peines prévues paraissent suffisantes.

29. PILLAGE (sauté)

30. RAPT

La coutume ne prévoit que l'indemnisation à la famille de la victime (paiement de la *dia*).

31. RÉBELLION

Il parait souhaitable de maintenir la distinction de la rébellion avec armes ou sans arme.

32. RECEL

Ce délit n'est pas prévu par la coutume. Il est absolument nécessaire de la prévoir, surtout au Dagana où les vols sont journaliers et les receleurs très nombreux. Les *Peines proposées* paraissent suffisantes étant donné la marge laissée à la décision du tribunal.

33. RECEL DE MALFAITEUR

Délit non prévu par la coutume. Il est humain de prévoir une atténuation de la peine lorsqu'un receleur est un parent du malfaiteur.

34. SÉQUESTRATION ET ARRESTATION DE MALFAITEURS

Délits non prévus par la coutume.

35. TENTATIVE

Délit non prévu par la coutume.

36. VIOL

Aucune distinction n'est faite par la coutume, qu'il s'agisse d'une femme nubile ou d'une impubère. Seule l'indemnisation sanctionne ce crime.

(1) C'est assez dire que l'indigène est loin d'attacher au viol l'importance que lui donne la société civilisée. Toutefois il parait souhaitable de lui conserver son caractère de crime en raison des suites graves tant physiques que morales que peut avoir le viol pour la personne qui en est victime.

(3) Il est préférable de prévoir des peines plus graves lorsque le viol est commis par un ascendant ou une personne ayant autorité sur la victime. La coutume semble ignorer ce cas.

37. VOL

Pour ce délit la coutume prévoit la saisie de tout ou partie des biens du délinquant, la restitution des objets volés ou l'indemnisation correspondant à la valeur des objets volés.

Parfois la bastonnade ou la flagellation légère était infligée au voleur qui était attaché jusqu'à ce que la saisie de ses biens soit opérée. Les distinctions et *Peines proposées* paraissent suffisamment efficaces pour protéger la société indigène contre le vol.

à Massakory, le 7 juin 1937

Le Chef de Subdivision

Commentaire

Cette réponse, [datée mais non signée] trop globale, n'aurait pas dû être présentée comme valant pour l'ensemble des ethnies de la subdivision mais seulement pour les Boudouma et les Kouri Kalé.

On notera que la légitime défense n'est pas admise par la coutume et qu'elle n'empêche pas le paiement de la diya *; qu'en cas d'homicide volontaire le paiement de la* diya *était suivi, pour que le meurtrier puisse rentrer au pays sans avoir à craindre des réactions de vengeance, de la remise d'un esclave ou d'une femme, point important qui serait à vérifier. On sait que cette dernière disposition était assez courante dans les anciennes sociétés animistes.*

A noter aussi que la diya*, quand elle ne pouvait pas être payée en bétail, était acquittée en mil par versement d'un* moud *(environ 2,5 kg) prélevé chaque année sur la récolte de chacun des membres de la famille du meurtrier.*

La coutume ne fait ici aucune distinction entre homicide volontaire et involontaire quant au montant de la diya.

SUBDIVISION DE MASSAKORY

Réparations civiles

AEF - Territoire du Tchad
Département du Bas Chari
Subdivision de Massakory

Exécution des prescriptions de la lettre n° 113 en date du 20 Juin 1938

Application des réparations civiles
par la coutume arabe Dagana et Béni Ouaïl.

Meurtre hors de toute circonstance atténuante : *dia* ou impôt du sang, soit 100 vaches, valeur actuelle 15.000 fr. environ. Le paiement de cette réparation libère le meurtrier de toute peine corporelle.

Meurtre avec circonstances atténuantes :

    a) Homicide d'une personne qui a provoqué : aucune indemnité.
    b) Homicide accidentel : de 10 à 20 vaches ou acquittement.
    c) Légitime défense : acquittement.
    d) Blessures réciproques : en cas de blessures graves causées sur une personne par une autre : paiement d'un mouton (valeur actuelle 20 fr.) et un pot de beurre.
    e) Homicide par imprudence : paiement d'un bœuf (valeur 150 fr.), un linceul (valeur 50 fr.), et 100 fr. pour payer les prières.

Meurtre d'un enfant :

    1) sexe masculin : *dia* de 100 vaches comme pour un adulte.
    2) sexe féminin : moitié de la *dia*, soit 50 vaches.

Rapt de personnes. Peines corporelles : 1ère fois, amputation du poignet droit. 2ème fois, amputation du pied gauche.

Séquestration : paiement de 250 fr. à la partie lésée.

Incendie volontaire : paiement des dommages causés et indemnité en sus.

Blessures volontaires :

    1°) Incapacité passagère : 100 fr.
    2°) Infirmité totale ou définitive d'un bras : 50 vaches (7.500 fr.)
    3°) Infirmité définitive et totale des 2 bras : 100 vaches (15.000 fr.). *Id.* pour les membres inférieurs.
    4°) Perte d'un œil : 50 vaches (7.500 fr.).

Vol.

1) Commis la nuit avec effraction. Peines corporelles très sévères plus restitution et paiement d'une indemnité égale à la valeur du ou des objets volés. Remboursement des frais s'il y en a.

2) Commis le jour. Pas de peines corporelles, mais restitution du bien dérobé, et, en sus, paiement de la valeur de l'objet. Remboursement des frais s'il y en a. Rémunération des indicateurs, aides, pisteurs etc.

Vol d'animaux.
   a) Vache pleine : restitution, base minimum 200 fr.
   b) Bœuf : restitution, base minimum 150 fr.
   c) Bœuf porteur : restitution, base variable de 250 à 500 fr.
   d) Chevaux : restitution, base minimum 1.000 fr.
   e) Juments : restitution, base variable de 250 à 500 fr.

Vol de récoltes dans les champs : remboursement du double du dommage.

Dégâts causés aux récoltes par des animaux domestiques : paiement du dommage estimé par 3 experts.

Rupture de contrat sans préavis et contre le gré d'une des parties (loyers). Remboursement de la moitié du loyer.

Rupture de contrat sans préavis et contre le gré d'une des parties (terres). Cas non admis par la coutume jusqu'à l'enlèvement des récoltes ; après l'enlèvement, remboursement de la moitié du loyer.

Abus de confiance : restitution de l'objet du litige et la moitié en sus.

Massakory le 6 août 1938
Le chef de Subdivision : Carol

Observations du Chef de Subdivision :

La coutume des Kanembou diffère sensiblement de celle des Arabes.

Les premiers n'ont jamais eu de règles coutumières bien définies ; c'est le régime patriarcal, et chaque chef de famille appliquait les usages comme il l'entendait. Il en est de même chez les Kouri-Kalé des bords du lac.

Par contre les Arabes Dagana, Beni Ouaïl ont une coutume inspirée de la loi musulmane et des usages locaux ; elle est beaucoup plus souple, plus complète ; la répression des crimes mieux graduée.

En ce qui concerne les Haddad, ils sont régis par la coutume de la race dans laquelle ils vivent.

Massakory, le 7 août 1938
Le Chef de Subdivision : P. Carol

AEF - Territoire du Tchad
Département du Bas-Chari
Subdivision de Massakory

Réparations civiles chez les kanembou et kouri-kale

1° Meurtre sans circonstances atténuantes.
dia de 100 vaches pour un homme, 50 pour une femme. Valeur actuelle d'une vache : 150 fr. (variable avec les cours). Le paiement de cette *dia* exclut la peine corporelle, la privation de liberté, la peine de mort.

2° Meurtre avec circonstances atténuantes (provocation, accident, légitime défense). Mêmes dispositions : *dia* de 100 vaches.

Les circonstances atténuantes ne sont pas admises en cas de meurtre. "Le sang paye le sang" si la *dia* n'est pas payée.

3° Meurtre d'un enfant.
Même *dia* (100 vaches pour un garçon, 50 pour une fille).

4° Manœuvres criminelles contre une collectivité, empoisonnement de puits. Paiement d'une indemnité égale à 100 vaches par personne empoisonnée ou, à défaut, peine de mort.

5° Rapt et séquestration de personne. Non prévu.

6° Blessures volontaires. Si incapacité passagère seulement, indemnité mensuelle d'un korio de beurre (valeur 5 fr.), plus un mouton (valeur 20 fr.), 100 kg de mil, soit en moyenne 125 fr. Si infirmité définitive d'un bras ou d'une jambe, perte d'un œil : 50 vaches, soit 7.500 fr. environ. Infirmité définitive des deux bras ou deux jambes ou cécité totale : 50 vaches (7.500 fr.).

7° Vol. Avec effraction, commis de nuit ou de jour, aucune distinction. Restitution plus le double.
Complicité ou connivence ou recel : restitution et double en sus solidairement avec l'auteur principal.

Vol simple d'animaux : restitution. Voleur et complices solidaires. Remboursement sur la base suivante : une vache : 150 fr., une vache pleine : 200 fr., un veau 65 fr., une génisse : 80 fr., un âne : 75 fr., un bœuf porteur : 250 à 500 fr., un chameau ou une chamelle : 500 à 800 fr., un mouton : 150 à 35 fr., une brebis : 20 à 30 fr., un poulet : 4 fr. Plus les frais de recherche s'il y en a.

8° Dégâts causés aux récoltes. Indemnité estimée par trois experts. Par les animaux domestiques : variable suivant l'état des récoltes et leur nature.

9° Dédit de location de case : non prévu.
Dédit de location de terres (principalement les terres riches des bords du lac) : la location dure du semis à la récolte et peut être renouvelée 2 ou 3 fois par an, aucune indemnité de dédit n'est prévue.

10° Abus de confiance : indemnité non prévue.

Massakory, le 7 août 1938
Le Chef de Subdivision :
P. CAROL.

Commentaire.

Cette réponse permet de mieux distinguer les coutumes des Kanembou et des Kouri Kalé de celle des Arabes Béni Waïl et Dagana.

Différence très nette pour la légitime défense, admise chez les Arabes comme excluant responsabilité pénale et diya, *et pour l'homicide involontaire, pour lequel leur coutume ne prévoit à titre d'indemnité que le paiement d'un bœuf, du linceul et la rétribution des prières, alors que les Kanembou et les Kouri Kalé ne feraient pas de distinction avec l'homicide volontaire pour le paiement de la réparation.*

En cas de rapt il semble que Beni Waïl et Dagana appliquent la peine prévue pour le vol, c'est-à-dire l'amputation, alors que dans la réponse du précédent chef de subdivision il n'était question que d'indemnité.

Nous avons ici une liste des prix de l'époque : une vache, entre 100 et 150 fr., 100 à 200 fr. si elle est pleine ; un bœuf porteur, entre 250 et 500 fr. ; une génisse, entre 40 et 80 fr. ; un chameau, entre 500 et 800 fr. ; un cheval, 1.000 fr. ; une jument entre 250 et 500 fr. ; un âne entre 30 et 75 fr. ; un poulet, 4 fr.

On relève que les Arabes Beni Waïl et Dagana distinguent le vol de nuit et le vol de jour, ce dernier moins sévèrement réprimé.

4
Subdivision de Bokoro.

Note sur la façon dont la justice était rendue dans la région de Bokoro avant l'occupation française.

Observation : tenir compte que la région de Bokoro dépendait du Baguirmi où régnait un sultan.

La justice était rendue par un sultan ayant un plusieurs *faki* comme conseillers. Le sultan avait des représentants créés pour rendre la justice, appelés *ouakil*, qui le remplaçaient dans la plupart des cas. Dans les régions éloignées comme Moito, il avait des lieutenants (*kalifa* ou *alifa*) qui exerçaient ses pouvoirs sous réserve d'en rendre compte.

Exemple : une affaire litigieuse, délit ou crime, était portée à la connaissance du sultan ; celui-ci envoyait les parties en cause aux *faki*, qui examinaient l'affaire avec un Ouakil ; l'instruction terminée, les *faki* énonçaient les sanctions prévues par le Coran ou la coutume ; le *ouakil* prononçait la sentence et informait le sultan qui approuvait ou non. Le *alifa* jouait le rôle du sultan et lui rendait compte. Les affaires de peu d'importance étaient réglées par les chefs de terre (*khachimbet*) sous réserve d'appel devant le sultan, qui renvoyait aux *faki*.

Le montant des amendes était le plus souvent fixé par le sultan lui-même. Les peines de prison étaient généralement réservées aux auxiliaires du sultan qui s'étaient rendus coupables d'actes de brigandage. Les prisons existaient, cases rondes avec fossé intérieur, ou grandes cases rectangulaires aux murs très épais ayant pour seules ouvertures des lucarnes placées à deux mètres et plus de hauteur, et très petites. En outre une ouverture ronde (guichet) par où passait la nourriture. Une seule porte en bois très épais, bardée de fer.

Autre peine dont l'exécution dépendait directement du sultan : l'ablation des parties, au cas où il avait à se plaindre de ses serviteurs, d'où les eunuques.

Cette étude porte sur les tribus ci-après : Arabes Ouled Moussa, Yessié, Imar. Sous tribus : Bornouans, Ouaddaïens, Médogo, Sara. Et captifs de races diverses disséminés un peu partout. Autres races : Kouka, Bilala et quelques Baguirmiens.

OBSERVATIONS : les Arabes ont une préférence très nette pour l'indemnité en tout état de cause. Les Kouka et Bilala appliqueraient la loi du talion dans toute sa rigueur s'ils étaient livrés à eux-mêmes.

Commentaire

[cette « note » n'est ni datée ni signée]

Le Kalifa (ou Alifa) dont il est question est celui de Moïto. Il est l'un des notables de la cour du Baguirmi qui portent ce titre avec l'Alifa Ba ou chef du fleuve, l'Alifa des Miltou et l'Alifa de Korbol, chef des Boua. Il représente localement le sultan et lui rend compte de toutes les affaires importantes.

On notera que le sultan se décharge fréquemment de l'exercice de la justice sur les ouakil, *personnages spécialisés dans l'exercice de la justice, comme cela est fréquent dans les grands sultanats. Les faqi sont chargés de dire le droit, c'est-à-dire d'instruire l'affaire et d'énoncer la sanction prévue par le Coran mais la sentence est prononcée par le* ouakil. *Dans les affaires graves celle-ci est soumise à l'approbation du sultan avant son exécution. A noter aussi que les affaires de faible importance qui ont été examinées par les chefs des* kashimbiout *peuvent être ensuite portées devant le sultan. Il existe donc un système d'appel.*

Les Kouka du nord de la subdivision, mélangés aux Bilala, constituent l'un des deux blocs Kouka, le second, à l'est du lac Fitri, étant beaucoup plus important en nombre.

Les Arabes appelés ici Ouled Moussa sont l'une des sous-fractions de la fraction Hamida, laquelle forme avec les Zébada et les Zioud la tribu Ouled Rachid, une composante des Arabes Salamat. Plus au nord, les Arabes Yéssié (Yéssiyé) sont également une fraction des Arabes Salamat. Les Arabes "Imar" semblent être ceux qui sont appelés Ouled Oumar dans la subdivision voisine de Melfi. Il s'agit d'une tribu Diaatné, faisant partie, avec les Rizégat et les Chéttiyé, des Hémat.

Réponse au questionnaire pénal

1. ABUS DE CONFIANCE

La coutume locale (Arabes Ouled Moussa, Yessié, Zubalat et Bilala) ne considère pas l'abus de confiance comme un vol. Sanctions : restitution ou remboursement et amende au profit du sultan. La contrainte par corps chez le sultan était exercée jusqu'au paiement. Si le condamné était indigent, il était inscrit sur les registres du sultan et relâché mais restait débiteur.

2. ADULTÈRE

A. Adultère avec un célibataire : 100 coups de chicotte ou paiement de 20 boubous au sultan. Le mari ne reçoit rien. Ce n'est que depuis notre arrivée qu'il reçoit une indemnité. Contrainte par corps jusqu'au paiement ; le mari reprend sa femme ou demande le remboursement de la dot.

Mêmes peines pour la femme ; c'est la famille de celle-ci qui paie ; si elle est indigente, le sultan garde la femme autant qu'il lui plaît ; le mari peut la reprendre en payant l'amende qui est alors ajoutée à la dot.

B. Adultère avec un homme marié. La femme du coupable est rendue à sa famille et celui-ci ne peut prétendre au remboursement de la dot. Il paie une grosse amende au sultan. En réalité il était dépouillé de tous ses biens. Le Coran prévoit l'enterrement du coupable, la tête seule sortant, et l'on fait passer dessus une troupe de cavaliers jusqu'à ce que le supplicié ait la tête fracassée.

Si la complice est mariée également, elle subit les mêmes peines (enterrée près de son amant). Le sultan pouvait la garder à son gré et son mari la reprendre contre rançon.

C. Adultère avec une femme mariée et enceinte. Même peine pour les deux complices. Si la femme allaite, on retarde l'exécution. Si l'enfant est presqu'à terme et s'il y a fausse couche des suites de l'adultère, les familles des coupables doivent la *dia* au père de l'enfant qui a ainsi perdu sa progéniture. *dia* de 66 vaches si c'est un garçon, la moitié pour une fille. Dans le cas de paiement d'une *dia*, le mari trompé est payé d'abord, le sultan ensuite.

La *dia* n'est due en entier que si l'enfant est expulsé vivant et meurt après ; s'il est expulsé mort, la *dia* est réduite après discussion des dignitaires et faki qui en fixent le montant.

D. Adultère d'un homme marié avec une femme célibataire. Grosse amende au mari infidèle et contrainte par corps.

3. DÉMENCE ET IVRESSE

La démence atténue la culpabilité. La famille paie le dommage.
L'ivresse n'est pas considérée comme une cause d'atténuation de culpabilité.

4. ATTENTAT A LA PUDEUR

La coutume locale ne prévoit pas de sanctions s'il n'y a pas violence ; dans ce cas, il est considéré comme un viol. Paiement d'une génisse à la famille de la victime.

Si le coupable est un ascendant : sans violence, 2 vaches au sultan ; avec violences : 4 vaches au sultan.

S'il y a transmission de maladie vénérienne, en plus des peines ci-dessus, paiement de 2 boubous ou 8 moutons à la famille de la victime. Tribunal 1er degré.

5. AVORTEMENT

Pendant l'occupation baguirmienne et ouaddaïenne l'avortement était puni d'une forte amende au profit du sultan.

6. BLESSURES VOLONTAIRES

Indemnité à la victime et amende au sultan.

Ayant entraîné la mort sans intention de la donner : la famille a droit de recourir à la loi du talion exercée sur le meurtrier ou quelqu'un de sa famille. Ou paiement du prix du sang : 33 bovidés.

Même peine s'il y a eu intention de donner la mort. Pour les musulmans l'intention est négligeable, le dommage est tout.

Pour les peines proposées : (1) 2 à 10 ans de prison et indemnité. (2) 3 mois à 2 ans et indemnité.

Violences simples : a) 2 mois à 2 ans, indemnité. b) 1 mois à 6 mois, indemnité.

7. CIRCONSTANCES ATTÉNUANTES

Prévues dans trois cas :

1° Un individu qui n'a commis aucun délit, qui est poursuivi et menacé tue l'un des agresseurs : la *dia* est diminuée de moitié.

2° Un individu ainsi poursuivi ou menacé peut faire appel à la *mourat*. Il lève par trois fois les bras en criant : "*Si tu as peur de Dieu, laisse-moi tranquille !* ". Si après cela, étant toujours menacé ou poursuivi, il tue, la *dia* n'est pas due. Un voleur ou un assassin ne peut employer la *mourat*.

3° Deux hommes se battent, un troisième intervient pour les séparer, il est tué, la *dia* est diminuée de moitié.

Certaines races ou tribus pauvres diminuaient d'un commun accord le montant de la *dia*. Cette convention n'était valable qu'entre les parties contractantes.

8. BLESSURES INVOLONTAIRES

La coutume prévoit une indemnité correspondante au dommage, sans plus.

Les peines proposées nous semblent convenir mais nous pensons qu'elles doivent être demandées par la victime, sauf en cas de délit causé par inobservation des règlements. Dans les autres cas, s'il y a transaction entre les parties, nous ne voyons pas la nécessité d'une intervention de la justice.

9. COMPLICITÉ

Prévue : amende. Complicité passive prévue également : amende au sultan.

Pour les peines proposées :

a) Devraient être réduites. Si le complice a été entraîné, sa culpabilité est moins forte que celle du coupable principal.

SUBDIVISION DE BOKORO

b) [complicité passive] Comme il est généralement admis chez les indigènes que l'on ne gagne jamais rien à s'occuper d'affaires autres que les siennes, nous proposons une réduction : 1 mois à 1 an.

10. CONCUSSION

Prévue par la coutume. Peines : confiscation des biens par le sultan.

Expulsion facultative (interdiction de séjour) ou, dans les cas peu graves, sérieux avertissement.

11. CORRUPTION

Prévue. Mêmes peines que pour la concussion mais plus souvent appliquées rigoureusement.

Peines proposées : de 6 mois à 5 ans. Amende au double du présent reçu. Si le corrompu, quoiqu'ayant cédé à la contrainte, a accepté un présent il doit le restituer sous forme d'amende.

12. DÉFENSE LÉGITIME

La coutume reconnaît la légitime défense mais la *dia* est due s'il y a mort d'homme. Indemnité en cas de blessure grave. Il n'est dû ni *dia* ni indemnité s'il y a eu attaque avec intention de voler, la nuit.

13. DÉNONCIATION CALOMNIEUSE

Prévue par la coutume. Indemnité.

Peines proposées : 1 mois à 1 an de prison, amende facultative, indemnité à la victime si réellement il y a eu dommage causé. Le préjudice moral ne semble plus devoir exister si le coupable est condamné à l'emprisonnement.

14. DIFFAMATION ET INJURE

La coutume prévoit une indemnité à la victime.

A) A notre avis, sauf s'il y a eu réellement préjudice, ce genre de délit devrait être prévu et réprimé par le code de l'indigénat. A ajouter au paragraphe 12 dudit code. Le nombre de présidents de tribunaux du premier degré devrait être au moins doublé s'il fallait sanctionner par un jugement tous les délits d'injure ; cet état de choses n'est d'ailleurs pas spécial au Tchad ni à l'AEF.

B) Oui, peine aggravée s'il s'agit d'un chef, mais pas d'indemnité ; la diffamation étant lavée par la condamnation, le chef ne doit pas retirer de cette affaire un avantage pécuniaire. Vu la cupidité indiscutable des indigènes cela l'encouragerait à provoquer les outrages pour se les faire payer ; il y a des exceptions bien entendu.

Peines proposées : 1 mois à 6 mois.

15. EMPOISONNEMENT

S'il y a mort, talion facultatif, alors *dia* ; très forte amende au sultan, expulsion facultative. S'il n'y a pas mort, indemnité à la ou aux victimes, très forte amende au sultan, expulsion facultative.

OBSERVATIONS.

1°) Depuis que dure notre administration en AEF les indigènes ne peuvent plus ignorer que l'administration du poison d'épreuve est absolument interdite. Si le patient accepte le risque, ce qui n'est pas toujours le cas, c'est qu'il se croit immunisé ; on peut déduire de là qu'il est innocent, la faute n'en serait que plus grave pour le ou les coupables. Nous en revenons à l'empoisonnement déguisé qui devrait être la qualification générale de ce genre de délit ou plutôt crime.

2°) Dans le cas où un individu, persuadé qu'il est lésé personnellement, ou dans sa famille et ses biens, par les maléfices d'un autre individu et qui, ne pouvant arriver à se faire rendre justice par les voies normales, en arrive à la tentative d'empoisonnement, on pourrait envisager une atténuation de peine, et pour cela abaisser le minimum.

16. ESCROQUERIE

Prévue par la coutume : restitution, amende au sultan.

Peines proposées : a) 6 mois à 3 ans, indemnité, amende et interdiction de séjour facultatives. b) 1 an à 5 ans, indemnité, amende et interdiction de séjour en cas de récidive.

17. ESCROQUERIE AU MARIAGE

La coutume prévoit : mariage avec le premier fiancé, restitution pour les autres, amende au sultan.

Peines proposées : comme pour l'escroquerie simple.

18. ÉVASION

Seule était prévue l'évasion au cas de contrainte par corps dans le carré du sultan en attendant le paiement d'une *dia*, d'une indemnité ou d'une amende ; dans ce cas l'indemnité au sultan était majorée, sans préjudice de la bastonnade, selon le gré du maître.

L'évasion doit être réprimée. Distinctions et *Peines proposées* à adapter. Pour le délit de connivence également.

19. EXACTIONS

La coutume ne distingue pas entre exactions et concussion, tout au moins dans les peines encourues, qui sont les mêmes. La distinction ne nous semble utile que pour la qualification du délit. Peines : 6 mois à 5 ans.

20. FAUX

Proposons d'abaisser le minimum à 6 mois. Avis conforme pour le maximum. Compétence peut être attribuée au tribunal du 1er degré ; le 2e degré exercera son droit d'appel quand il le jugera convenable.

21. FAUSSE MONNAIE Non prévu.

22. FAUX TÉMOIGNAGE

1er ou 2ème degré selon que le délit a été commis devant un tribunal de 1er ou 2ème degré.

Les peines prévues paraissent insuffisantes : proposons 1 mois à 1 an et 100 à 1.000 fr. d'amende.

23. HOMICIDE VOLONTAIRE

Avis conforme pour les peines, sauf que le minimum nous parait trop élevé : proposons 10 ans.

24. HOMICIDE INVOLONTAIRE

Avis conforme pour 3 mois à 2 ans, indemnité obligatoire. Contrainte par corps si elle n'est pas payée.

25. INCENDIE VOLONTAIRE

La coutume prévoit une indemnité si l'incendie est involontaire ; s'il est volontaire, indemnité et forte amende au sultan, mort quelquefois. Avis conforme pour les peines prévues.

26. INJURES A TÉMOIN

Peines prévues suffisantes. Pas de modification

27. MENACES SIMPLES OU AVEC ORDRE OU SOUS CONDITIONS DE VOIES DE FAIT, INCENDIE, DESTRUCTION, MORT

La coutume prévoit : sérieux avertissement du sultan pour la première fois, amende en cas de récidive.

Il serait bon de laisser au juge une très large faculté d'appréciation, la plupart des menaces pourraient très bien être sanctionnées par le code de l'indigénat. Si les menaces sont vraiment sérieuses et de nature à influencer, le juge pourra transformer en délit de 1er degré.

28. OUTRAGE AU TRIBUNAL OU A L'UN DE SES MEMBRES

Peines prévues insuffisantes. Nous proposons 1 mois à 1 an. Pour outrage à un chef, pourquoi ne pas appliquer les mêmes peines, ou des peines plus fortes pour outrage au tribunal?

29. PILLAGE EN BANDE ET A MAIN ARMÉE

La coutume prévoit les peines du vol et des blessures volontaires. Avis conforme pour les *peines proposées*.

30. RAPT

Prévu par la coutume : les peines sont celles du vol s'il s'agit d'une jeune fille, et, s'il y a eu viol, les peines sont celles du meurtre. Peines prévues suffisantes.

31. RÉBELLION

La distinction avec ou sans arme est à maintenir. Peines prévues convenables.

32. RECEL

La coutume prévoit l'amende au sultan.
Le recel doit être réprimé. 3 mois à 2 ans.

33. RECEL DE MALFAITEURS

La coutume admet une atténuation de peine pour les membres de la famille des receleurs. Dans ce cas l'amende est faible.

34. SÉQUESTRATION, ARRESTATION ARBITRAIRE

Proposons 3 mois à 6 ans. L'attentat à la liberté d'autrui n'est pas considéré ici comme un crime très grave dans tous les cas.

35. TENTATIVE (manque).

36. VIOL

La coutume prévoyait la peine de mort ; les mœurs ont évolué et, la plupart du temps, les parents de la victime sont plus heureux de recevoir une indemnité convenable. Peut être attribué au 1er degré.
Inutile de prévoir une peine plus forte pour les ascendants ; le tribunal a toute latitude entre le minimum et le maximum.
Pour le reste, peines prévues convenables.

37. VOL

Nous proposons d'abaisser le minimum du vol simple à 3 mois de prison. Les volés sont dans la plupart des cas trop négligents, et les voleurs sont souvent dans le besoin et subissent trop de tentations.

Pour le reste *peines proposées* convenables.

Commentaire

Le chef de subdivision parle d'une coutume pénale unique alors qu'en fait il existe des différences entre la coutume des Arabes Salamat et celle des Bilala, notamment en ce qui concerne les affaires de sang. Kouka et Bilala ont des réactions plus frustes et préfèrent le talion à la diya. Chez eux les réactions de vengeance sont beaucoup plus fréquentes.

SUBDIVISION DE BOKORO

Pour l'adultère le chef de subdivision donne les peines prévues par la coutume ancienne, qui ne sont plus appliquées depuis longtemps. Il est aussi question d'une diya *de 66 bovidés (quand l'adultère a provoqué une fausse couche et le décès d'en enfant de sexe masculin) alors que plus loin, à propos des coups mortels, il est dit que le prix du sang est de 33 bovidés. En fait la* diya *a été abaissée dans la région à 33 bœufs, de même qu'au Wadday, et cela depuis une vingtaine d'années, au moment où cette étude est faite. Son successeur à la tête de la subdivision l'explique dans le rapport suivant.*

*Il y a une certaine contradiction entre l'indication donnée dans la réponse concernant les circonstances atténuantes où il est dit que celui qui tue son agresseur en se défendant paie une demi-*diya *et pas de* diya *du tout s'il a mis par trois fois en garde son agresseur en invoquant Dieu, et celle sur la légitime défense où il est écrit que "la coutume reconnaît la légitime défense mais (que) la diya est due s'il y a mort d'homme".*

On remarquera que le seul cas d'évasion prévu par la coutume est celui du contraint par corps qui s'échappe du "carré du sultan" où il attendait le paiement de la diya *par sa famille, ce qui était sans doute le cas d'emprisonnement le plus fréquent.*

Aucune indication n'est donnée sur les amendes perçues par le sultan.

[N.B. Ces réponses ne sont ni datées ni signées, tout comme comme la « Note » qui précède. Peut-être leurs auteurs sont-ils différents. Avant Mérot, dont le « Rapport » suit, le *Répertoire* de Lanne cite l'Administrateur DURIF, qui a pris ses fonctions de chef de subdivision à Bokoro le 19 mars 1937 et l'Adjoint des Services Civils Luc TURCHINI, dont les dates de prise de fonction (en 1938) et le départ sont inconnues de Lanne.]

Rapport au sujet des réparations civiles coutumières.

Il y a de nombreuses races dans la subdivision de Bokoro. Elles sont toutes islamisées, généralement depuis très longtemps ; aussi ont-elles toutes adopté la coutume musulmane. Ce terme me paraît préférable à celui de coutume coranique car, si cette coutume est issue du Coran, elle peut avoir évolué de telle sorte qu'elle s'en écarte beaucoup et qu'elle est même parfois devenue contraire au Coran. La coutume musulmane évolue maintenant dans le cadre de la subdivision. On peut donc dire qu'il n'existe qu'une seule coutume qu'il est commode d'appeler coutume musulmane de la subdivision de Bokoro. Cette règle ne souffre qu'une seule exception dans un cas bien déterminé indiqué ci-dessous.

La coutume accorde des réparations civiles dans les cas suivants :

A) *Réparations en cas de mort ou blessures.*

La *dia* est le prix du sang. C'est une compensation pécuniaire due à la famille qui a perdu un de ses membres. Elle est due par toute la famille du meurtrier. A l'origine, la *dia* était de 100 chameaux. Comme les Arabes de Bokoro n'ont plus de cheptel camelin depuis longtemps, elle a été remplacée par 66 bovidés. Ce chiffre est tombé à 33 depuis l'occupation française. Ce troupeau de 33 bovidés est un troupeau normal composé de bêtes adultes et de veaux suivant la proportion naturelle. Le prix des bovidés est très variable. Pour le moment je crois qu'on peut admettre une moyenne de 100 fr. par tête. La *dia* entière n'est due qu'en cas de meurtre ou de blessures très graves. Dans les autres cas on doit verser la moitié ou $1/10^e$ de la *dia*.

a - Il y a lieu de verser la *dia* entière :

1) pour le meurtre, sauf en cas d'homicide involontaire et de légitime défense. Si, au cours d'une bataille, il y a eu plusieurs morts de part et d'autre, les morts de chaque camp se compensent.

2) pour une blessure très grave : castration, ablation des deux seins chez une femme qui est encore en âge d'enfanter, blessure entraînant la perte des deux mains, des deux pieds, des deux yeux, des deux oreilles (surdité complète), du nez, de la langue avec perte de la parole.

b – Il y a lieu de verser la moitié de la *dia* : en cas de blessure entraînant la perte d'une main, d'un pied, d'un œil, d'une oreille, d'un sein, et si les coups ont déterminé une grosse hernie.

c - Il y a lieu de verser le $1/10^e$ de la *dia* : pour la perte d'un doigt, d'un orteil, d'une dent, d'une oreille (le pavillon seulement), pour les petites hernies, pour les blessures de la tête, mais seulement si l'os du crâne apparaît.

d - Pour toutes les autres blessures de moindre importance le taux de la réparation est fixé par le Sultan.

PREMIÈRE REMARQUE : Autrefois le quantum de la réparation n'était fixé qu'après complète guérison, quand le dommage subi par la victime pouvait être définitivement apprécié. Maintenant l'affaire est réglée immédiatement, mais si la victime guérit complètement par la suite, elle doit rendre une partie de ce qu'elle avait reçu comme dommages-intérêts.

DEUXIÈME REMARQUE : Toute convention entre les parties peut modifier la coutume. La *dia* peut être réduite ou même supprimée. C'est ce qui a lieu notamment quand le meurtrier et sa famille sont sans ressources.

TROISIÈME REMARQUE : Coutume particulière des Bilala : il n'y a pas de *dia* entre les Bilala d'une part et les Kouka, Médogo, Bornou et Arabes Salamat d'autre part, et réciproquement. Les Arabes Salamat sont représentés dans la subdivision de Bokoro par les fractions Ouled Moussa et Yéssié. C'est un Sultan des Bilala qui a décidé cela autrefois car ces différentes races vivaient dans son État.

Pour les Bilala, la *dia*, en cas de meurtre est remplacée par la *sadaga*, c'est-à-dire la fourniture de tout ce qui est nécessaire pour la cérémonie et le repas funéraire à savoir : un bœuf, 12 yébé (mesures) de mil et 10 gabak (bandes de coton).

Actuellement 3 gabak valent 5 fr. et un yébé avant la récolte 20 fr.

B) *Réparations en cas de vol.*

Si la chose volée n'a pas été retrouvée, la victime a droit à une réparation pécuniaire égale à la valeur de la chose volée.

C) *Réparations en cas d'insulte.*

La victime n'a droit à une réparation pécuniaire que si l'insulte est très grave, par exemple si elle a été traitée de "forgeron", " d'esclave", de "bâtard" ou de "païen". Le montant de la réparation est fixé par le Sultan à 20 fr. en moyenne. En plus, pour toute insulte, le Sultan peut percevoir une amende à son profit. Il n'y a pas de réparation civile en cas d'adultère, mais une amende au profit du Sultan.

D) *Responsabilité du fait des choses que l'on a sous sa garde.*

On n'est responsable que si on a commis une imprudence. Par exemple celui qui a allumé un feu pour brûler sa plantation est responsable des dégâts faits par le feu chez autrui s'il n'a pas pris les précautions d'usage. Le propriétaire d'un animal réputé méchant est toujours responsable si l'animal blesse ou tue quelqu'un. Mais s'il s'agit d'un animal habituellement paisible qui entre subitement en fureur et blesse quelqu'un, le propriétaire n'est pas responsable même si, à ce moment, il ne surveillait pas son animal.

Quand le propriétaire est déclaré responsable il doit une réparation pécuniaire égale à la valeur de la chose détruite et, le cas échéant, payer la *dia* ou la fraction de *dia*.

E) *Responsabilité du fait d'autrui.* Elle n'existe pas, sauf évidemment la responsabilité des parents pour leurs enfants. Un domestique est responsable d'un animal méchant que lui a confié son maître.

Bokoro le 9 septembre 1938
Le Chef de Subdivision : MÉROT

Commentaire.

L'administrateur Jacques Mérot qui commanda la subdivision de Bokoro d'avril 1938 à décembre 1939 s'est signalé, là où il a exercé ses fonctions, par l'excellence de ses rapports. Il nous donne ici des renseignements sur la diya, *qui serait de 66 bovidés sur Bokoro, en précisant que ce chiffre est tombé à 33 depuis l'occupation française. Les premières décisions judiciaires fixant la* diya *à ce chiffre remontent en effet à 1912, et semblent liées à la grande famine de 1912-1913. Il est certain que les* diya *de 100 chameaux ou 100 bœufs n'ont jamais été respectées dans cette région. En revanche les Arabes de Bokoro suivent en gros les barèmes, c'est-à-dire les pourcentages de* diya *fixés par Khalîl (Khalîl ben Ishaq. Abrégé de la loi musulmane selon le rite de l'Imam Malek. Chap. XLVIII § 288 à 299).*

Mérot fait une observation intéressante sur l'évolution de la coutume qui prévoit maintenant le dédommagement dès que la blessure a été faite, alors qu'autrefois aucune blessure n'entraînait paiement de la diya *avant guérison.*

Lorsque Mérot écrit que les parties peuvent s'entendre sur le principe d'une diya *moindre, il se place dans l'hypothèse où la* diya *est conventionnelle, c'est-à-dire acceptée à la place du talion (cas de l'homicide volontaire ou des coups mortels). Il aurait été intéressant de savoir si, dans le cas de* diya *légale, c'est-à-dire de* diya *imposée (homicide involontaire, blessures involontaires, certaines blessures volontaires peu graves, ou quand la peine du talion ne peut être exécutée en raison de l'état de santé du coupable), on pouvait également modifier le taux légal, ce qui semble être le cas.*

L'absence de diya *entre Bilala d'une part, Kouka, Médogo, Bornou et Arabes Salamat (les Ouled Moussa et les Yéssiyé sur Bokoro) d'autre part, imposée par un sultan Bilala (Abd el Djalil ?) mériterait une étude historique. Il est curieux que le chef de subdivision précédent n'en ait pas parlé. Mérot ne nous dit pas si, à défaut de* diya, *des sanctions de remplacement telles que des amendes au profit du sultan étaient prévues, ce qui est probable.*

Jacques Mérot a également écrit dix ans plus tard une note au sujet de la diya *(n° 5/IAA-M du 21.3.1958) dont la fin mérite d'être citée car elle révèle une évolution de la situation. Il écrit :*

SUBDIVISION DE BOKORO

« Ce système (de la *diya*) a fonctionné sans difficultés jusqu'à une époque récente, mais depuis quelques années on sent très bien que nos administrés trouvent ce fardeau trop lourd. Ce sentiment s'explique fort bien. Dans toute société primitive, faute d'un gouvernement assez fort et par conséquent capable d'assurer la tranquillité de la société, la répression doit être très dure. C'est pourquoi on coupait la main à un simple voleur par exemple. La crainte, la terreur étaient le seul moyen à la disposition de la société pour mettre un frein à la délinquance. Remarquons tout de suite que très rapidement, après l'implantation de notre administration au Tchad, les châtiments corporels infligés pour les délits disparurent. Partout des tribunaux furent créés. L'autorité administrative fit exécuter sans difficultés les peines prononcées : amende, prison, réparation civile etc. La nécessité d'amputer les voleurs disparut. Or rien de semblable ne s'est passé pour la *dia* bien que la répression judiciaire ne soit pas différente en ce qui concerne les meurtres (...). Le taux de la *dia* n'a pas changé alors qu'il aurait dû suivre l'évolution générale du pays. A ce titre, nous trouvons qu'il est trop lourd. La population elle-même partage cette opinion, mais pour d'autres raisons. Il est certain que, surtout dans les régions où le taux est élevé (100 ou 66 animaux), il devient par-là même insupportable non seulement de par son poids mais aussi parce que le système ne cadre plus avec la société actuelle(...). Le paiement de la *dia* en effet n'est pas une affaire individuelle, mais un règlement collectif. Une famille ou clan a perdu un de ses membres. Pour compenser la perte subie, on s'adresse collectivement à la famille ou au clan du meurtrier. Or la famille (entendons-nous bien : la famille étendue) et les clans se désagrègent très rapidement. La paix générale, la facilité de se déplacer qui en découlent ont déterminé un éclatement d'autant plus naturel que la cohésion de la cellule (...) a perdu presque totalement de son intérêt. Conséquence : la notion de solidarité collective s'affaiblit de plus en plus (...). La collecte de la *dia* devient de plus en plus difficile car le sens de la responsabilité qu'elle implique est foncièrement contraire à une société de plus en plus individualiste. Sur le plan matériel, la dispersion des "familles" sur de grandes étendues, parfois en dehors de la région, rend très difficile le rassemblement des animaux. Il parait donc nécessaire de s'acheminer vers une notion plus moderne, celle de réparation civile de notre droit. Cela pose différents problèmes. Le premier sera sans doute de diminuer le taux des *dia*, surtout de celles dont le chiffre est manifestement trop élevé. Ensuite nous pourrons peut-être songer à individualiser cette réparation mais sans doute dans un avenir qui n'est pas très proche... ».

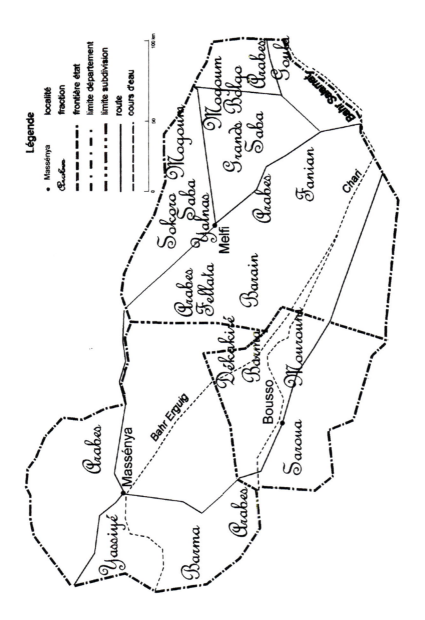

8. Département du Baguirmi en 1937

Chapitre VIII

DÉPARTEMENT DU BAGUIRMI

1. Subdivision de Massénya et de Bousso :
- note sur l'organisation judiciaire avant l'occupation française,
- réponse au questionnaire pénal,
- réparations civiles.

1
Subdivision de Massénya et de Bousso

Note sur l'organisation judiciaire avant l'occupation française dans le Département du Baguirmi

Le territoire constituant le Département du Baguirmi est habité par deux groupes ethniques différents en contact depuis des siècles :

1° - Les islamisés appliquant la loi coranique (Baguirmiens, Fellata, Arabes Rachid, Arabes Salamat, Arabes Dékakiré, Bornou, Yalnas).

2° - La population fétichiste (Sokoro, Saba, Bolgo, Barain, Mogoum, Goula, Fanian, Koké, Boua) dans les subdivisions de Melfi et Bousso, dont les croyances sont communes et les coutumes voisines.

Dans la réponse au questionnaire nous avons groupé ce dernier élément sous le terme "Sokoro" pour Melfi, "Boua" pour Bousso, groupements les plus importants.

La distinction qui précède entraîne une double organisation judiciaire. Ces deux systèmes répressifs ont subi une mutuelle influence. Au contact des fétichistes la coutume coranique s'est assouplie ; cependant l'influence islamique fut prépondérante.

La différence entre ces deux organisations porte autant sur son administration (juges, compétence) que sur les modalités répressives admises. Pour l'élément islamisé la sanction est subordonnée aux prescriptions coraniques (châtiments et surtout indemnisation)... [ici plusieurs mots sautés]... elle reste individuelle à l'encontre des fétichistes qui conçoivent la sanction collective si un inculpé est inconnu.

Le système pénal fétichiste est dominé par le souci de dédommagement et surtout la protection contre les forces surnaturelles, par la crainte de représailles des divinités qu'entraînerait un crime ou un délit insuffisamment sanctionné. La peine prononcée répond au double besoin de satisfaire le plaignant ou la victime et de protéger les habitants de la colère possible des Dieux en proportionnant la rigueur de la sanction à la gravité des conséquences sociales que l'acte réprimé pourrait entraîner. C'est surtout en ce qui concerne la sauvegarde du principe de vie et de fécondité que cette rigueur se manifeste.

Dans l'une et l'autre de ces deux organisations l'unité de personne est rigoureusement respectée. C'est celui qui dispose du pouvoir politique qui détient le pouvoir judiciaire. Il est confié au Chef de tribu pour les fétichistes, au Sultan pour les islamisés. Tous deux puisent leurs principes dans l'esprit religieux, Coran pour les islamisés, et *Margaï* pour les fétichistes, qui est leur symbole des forces divines.

SUBDIVISION DE MASSÉNYA ET DE BOUSSO

ORGANISATION ET ADMINISTRATION

Coutume coranique. A la base, un magistrat conciliateur qui est compétent pour juger les affaires répressives sans gravité : le chef de village. Il tenait les audiences publiques, entouré de 4 *faqih* pour donner lecture du Coran ou de ses commentaires. Les condamnés de cette juridiction de premier ressort avaient la faculté d'en interjeter appel devant le tribunal du Sultan ou de ses dignitaires qualifiés.

En principe seul le Sultan rendait la justice ; toutefois il déléguait ses pouvoirs dans bien des cas à des dignitaires spéciaux à titre permanent ou temporaire. Il présidait le tribunal où siégeaient quatre assesseurs ayant voix consultative. Ces dignitaires étaient le *Galadima*, le *Milma*, le *N'gar Maïmana* et le *N'gar Berkédé*. Les jugements étaient rendus devant toute la cour du Sultan. Plusieurs *faqih* assistaient aux débats pour traduire le Coran et faire prêter serment. La compétence du Sultan était totale, depuis les conciliations jusqu'aux plus grands crimes. Il prononçait les peines les plus faibles jusqu'à la condamnation à mort.

En matière civile et commerciale il était assisté d'un cadi. Ce dernier avait délégation du Sultan pour instruire et juger les affaires de moindre importance. Il devait, pour chacune, en rendre compte. Pour les affaires criminelles, le cadi, sur l'ordre du Sultan, procédait à l'enquête surtout lorsque ces affaires étaient obscures.

Délégation était donnée à d'autres dignitaires, soit pour rendre la justice à l'extérieur du palais, soit pour effectuer les enquêtes, procéder aux arrestations, etc. Le *Patia* et le *Barma* jugeaient en audience foraine. Le *Kiroma* était chargé des enquêtes mais ne jugeait pas.

Pour le Dékakiré (fief du 7e fils du Sultan) le pouvoir judiciaire était confié à titre permanent à un dignitaire : le *Manka*.

Certains chefs vassaux rendaient la justice. Ils avaient une compétence étendue et pouvaient prononcer des peines les plus légères jusqu'à celle de mort. Ils étaient divisés en deux groupes : les vassaux islamisés, l'*Alifa* de Korbol et celui de Moïto, qui exerçaient librement la justice mais devaient rendre compte des jugements prononcés dans les cas très graves ; les vassaux fétichistes dont l'indépendance était totale : *Bang* Maffaling, *Bang* Bousso, *Bang* Fang (Niellim), le *Guidik* (Laï), le *Bang* Koumra.

Les condamnés par jugements rendus par les dignitaires pouvaient se pourvoir en appel devant le Sultan qui jugeait en dernier ressort.

Il existait un droit de protection. Si le coupable venait spontanément chercher refuge chez certains dignitaires ou membres de la cour, de la famille du Sultan, celui-ci lui faisait grâce, mais il restait alors volontairement en esclavage chez son protecteur. Si le criminel était récidiviste, cette forme de recours ne pouvait pas s'exercer. Le châtiment était fatal.

Les personnalités qui exerçaient cette protection étaient la *Maguéra* (mère du Sultan), le *Tchiroma* (prince héritier), la *Tchikotma* (sœur), le *N'Gar Minima* (son mari), *lel Badangoul*, *lel Mourba* et *lel Daba* (ses premières femmes), le *Galadima* (conseiller), le *Patia* et le *Barma* (chefs de guerre), les *N'gar Mourba*, *N'gar Daba*, *Ngar Kélou*, *N'gar Maïmang*, *N'gar Berkété*, *N'gar Mané*, *Goumsou*. On dit même que le cheval de gala du Sultan avait un droit de protection.

Dans certains jugements le Sultan faisait parfois preuve d'indulgence, soit par bienveillance, soit par intérêt politique, en cherchant ainsi à se concilier l'opinion publique.

La taxe de justice existait ; elle était fixée à 10 % du montant des réparations civiles. Elle était remise au juge, à son bénéfice. Le plaignant devait en outre lui offrir un cadeau au début de l'instruction.

Pour les affaires criminelles la sanction sous forme d'amende était prévue, payée au juge et proportionnée à la richesse du coupable.

Coutume fétichiste. Comme dans le cas précédent, à la base nous trouvons un tribunal tenu par le chef de village, assisté de notables ayant voix consultative.

Chez les Sokoro, le chef était toujours chef religieux. Chez les Boua le prêtre féticheur était appelé à siéger avec voix délibérative. La compétence de ce tribunal était plus étendue que celle des tribunaux islamisés correspondants.

Il pouvait être appelé de ces jugements auprès des juges spéciaux à compétence étendue déjà cités, qui jugeaient en dernier ressort en toute indépendance du Sultan du Baguirmi, chacun dans leurs tribus.

Ces notes sont établies grâce aux renseignements puisés dans les rapports du Chef de Subdivision de Melfi, M. Clupot (n°31 du 12 septembre 1937), de celui de Bousso, M. Rosier (n°36 du 30 Août), aux notes versées au dossier par Monsieur Boujol et aux déclarations recueillies au cours des interrogatoires effectués lors de mon passage à Massénya.

SUBDIVISION DE MASSÉNYA ET DE BOUSSO

Réponses au questionnaire concernant les coutumes pénales en AEF en vue de la préparation d'un code pénal indigène

1. ABUS DE CONFIANCE

a) Les coutumes arabe, baguirmienne, sokoro ou boua répriment toutes l'abus de confiance par les mêmes peines que le vol : réparation pécuniaire, amende proportionnée à l'importance du délit, variant de la moitié de la valeur au prix d'un captif.

b) *Peines proposées* admises.

2. ADULTÈRE

a) L'adultère est puni très sévèrement par toutes les coutumes pratiquées dans le Département. Sur déposition de quatre témoins, le Coran envisage même la peine de mort. Baguirmiens, Boua, Sokoro punissent de 80 à 100 coups de chicotte toute femme qui abandonne le domicile conjugal. Les Sokoro font une différence entre abandon du domicile conjugal pour aller vivre chez ses parents et abandon pour cohabiter avec un autre homme. Dans le premier cas il y a simple remboursement de dot au mari. Dans le second, l'amant doit verser une amende d'un captif au chef de race qui est juge. Aucune de ces coutumes n'admet d'indemnité au mari, celui-ci ne devant pas profiter pécuniairement de sa femme. Divorce et remboursement de dot sont le plus généralement prononcés mais ce n'est pas obligatoire si le mari accepte de reprendre sa femme.

b) L'adultère du mari n'est puni par aucune des coutumes locales. Il est d'ailleurs assez rare, du moins dans le pays même de la femme ; il est tout naturellement accepté par la femme s'il se produit en cours de "voyage en célibataire". Une punition ne serait pas encore comprise par les indigènes.

Une distinction existe s'il y a adultère avec une femme mariée. Les deux complices sont punis généralement de 80 coups de chicotte et d'une amende au chef de race d'un à quatre captifs.

c) Il y aurait donc lieu dans ce dernier cas de prévoir une sanction (prison de 3 mois à un an.)

L'adultère de la femme parait devoir être réprimé pour éviter la désagrégation de la famille. Toutefois, la réconciliation entre époux se produisant parfois, il y aurait lieu d'en prévoir le cas, qui pourrait alors n'être sanctionné que par une amende.

3. ALIÉNATION MENTALE. IVRESSE

a) Chacune des coutumes du Département accorde l'irresponsabilité pénale au dément qui pourtant, dans des cas graves, est mis à la barre ou étroitement surveillé par le chef de famille. Chez les Sokoro, les conséquences (réparation ou amendes) d'un délit commis par un dément sont supportées par l'un des parents qui se substitue au responsable.

b) L'ivresse est considérée comme une circonstance aggravante sauf chez les Arabes, qui, sobres par religion, sont indulgents à un vice qu'ils connaissent mal. L'ivresse, cause de la majorité des crimes chez les kirdi, parait devoir être sanctionnée. Les Baguirmiens la considèrent comme un délit, punissable généralement de plusieurs coups de chicotte (50 parfois).

4. ATTENTAT A LA PUDEUR

a) L'attentat à la pudeur chez les enfants entre eux n'est réprimé que de peines très légères et sans importance.

Par des adultes étrangers il ne donne généralement lieu à distribution de 40 à 80 coups de fouet que s'il y a récidive, après reproches et interdiction des parents. Il est également sanctionné par une amende légère, sans aucune indemnité à la victime, sauf en cas de viol.

b) La violence aggrave la peine (50 à 80 coups de chicotte et amende de 1 à 3 captifs ou de 1 à 3 vêtements en coton filé local).

c) Dans le cas d'attentat à la pudeur par un ascendant ou un membre de la famille, la faute est plus sévèrement réprimée (coups de chicotte, amende, prison, généralement un mois).

d) Lorsque la maladie s'ensuit, il y a sanction normale, plus les frais de maladie au marabout (assez élevés), et indemnité (en vêtements) aux parents de la victime.

e) Le minimum de la peine pourrait être de 2 mois seulement, étant donné le peu de rigueur de la sanction coutumière. Il pourra également relever du premier degré.

5. AVORTEMENT

a) L'avortement pratiqué par une femme mariée est sanctionné chez les Arabes par le paiement à son mari d'une *dia* de la moitié de la valeur de celle due pour meurtre ; chez les Baguirmiens, par un an de prison pour la femme et une indemnité payée par la belle-mère du $1/10^e$ de la *dia*. La coutume sokoro, et plus généralement kirdi, prévoit l'amende d'un captif au chef de race.

b) Si la femme est célibataire, l'amende au prince ou chef de race est infligée, sans préjudice de la prison pour les Baguirmiens.

c) Si l'avortement est consécutif aux manœuvres du mari, la valeur de l'amende est doublée, sauf chez les Arabes où il n'est pas sanctionné. En aucun cas les complices ne sont inquiétés. Chez les Arabes, si l'avortement se produit à une époque où l'enfant est viable, la *dia* est égale à celle payée en cas de meurtre.

6. COUPS ET BLESSURES VOLONTAIRES

a) Dans chacune des coutumes locales le crime donne toujours lieu au paiement d'une *dia* variable suivant les races : têtes de gros bétail, 50 à 100 chez les Arabes ; chevaux ou une femme ou 4 captifs chez les Sokoro. Outre cette *dia*, une taxe est payée au juge ou chef de race : le *kham ed dam* (l'enlèvement du sang). C'est la seule sanction infligée hors de la *dia* ; le *kham ed dam* est le plus souvent évalué en captifs, dont le nombre est proportionné à la fortune du meurtrier. Lorsque la *dia* ne pouvait être réglée, elle donnait lieu à bataille entre les deux familles intéressées et cessait définitivement lorsque plusieurs cadavres gisaient sur le champ de bataille.

b) La blessure simple donne lieu chez les Baguirmiens à indemnité variant avec le degré de gravité de la blessure. Chez les Boua, toute blessure faite avec une arme tranchante, même bénigne, implique la peine de mort si la blessure est nettement faite volontairement.

c) Les mutilations étaient sanctionnées par le paiement d'une *dia* équivalente environ à la moitié de la *dia* du meurtre, et par l'emprisonnement (12 à 18 mois) chez les Baguirmiens. S'il s'agissait de la perte d'un œil, l'indemnité se rapprochait de la *dia* complète.

Les Arabes estimaient à environ 10 bœufs l'amputation d'un doigt, 50 celle d'un membre, ou, plus encore, de l'œil. Toutefois, le total ne pouvait excéder 66 bœufs.

Chez les Sokoro l'indemnité se réglait en captifs ainsi que le *kham ed dam* remis au chef de race.

7. CIRCONSTANCES ATTÉNUANTES

Aucune circonstances atténuantes ne sont, à ma connaissance, prévues dans le cas de crime.

8. BLESSURES INVOLONTAIRES

Généralement aucune sanction réelle n'est prévue ; pourtant, lorsque la blessure est causée par une arme tranchante, elle donne lieu chez les Sokoro au paiement de la moitié de l'indemnité prévue pour la blessure volontaire, à la seule condition que la maladresse ait été commise par un étranger au clan.

Les accidents provoqués par l'insouciance du danger des feux de brousse ainsi que par la chasse sont assez fréquents ; bien que la coutume ne prévoie pas ces faits, il y aurait lieu de prévoir une peine assez sévère, surtout en ce qui concerne les feux de brousse dont les dégâts peuvent être très importants tant pour les villages, les postes, que pour les plantations à l'époque des moissons. Une sanction d'un mois à un an de prison ne serait pas excessive.

9. COMPLICITÉ

a) Arabes, Baguirmiens, Sokoro, Boua, sanctionnent la complicité active avec la même rigueur que le délit lui-même.

b) La complicité passive n'est punie que d'une amende au chef de race ou au Sultan selon les tribus. Il serait souhaitable pourtant de la sanctionner assez sévèrement car le cas est très fréquent et favorise dangereusement les auteurs de crimes ou délits.

10. CONCUSSION

Les coutumes arabe, sokoro, boua prévoient toutes le paiement d'une amende au chef de race ou au Sultan ; pourtant, les Baguirmiens ne font payer cette amende qu'en qualité de "rachat de la langue", car le "vol" ayant été commis grâce aux "bonnes paroles" prononcées par le coupable, celui-ci doit subir l'ablation de la langue ou la racheter par une somme proportionnée à sa richesse. Chez les Boua l'amende était généralement de trois captifs ou trois vêtements de coton filé ; chez les Sokoro, de la valeur d'un demi-captif environ. Seuls les Arabes prévoient le remboursement aux victimes, les autres coutumes du Département n'admettant que la saisie au profit du chef des sommes ou objets injustement perçus.

Bien que les sanctions coutumières soient assez peu rigoureuses, ce délit trop fréquent chez les auxiliaires indigènes demande à être réprimé sévèrement.

11. CORRUPTION

Seuls les Boua prévoient une peine égale pour le corrupteur et le corrompu. Toutes les autres coutumes ne punissent que le corrompu, sauf les Baguirmiens qui font payer au corrupteur une amende proportionnée à sa richesse. Pour être accessible à la mentalité indigène actuelle, il y aurait lieu de prévoir une peine plus faible pour le corrupteur que pour le corrompu.

12. LÉGITIME DÉFENSE

La légitime défense est formellement reconnue dans toutes les coutumes du lieu et entraîne l'irresponsabilité pénale totale. Toutefois, Arabes et Sokoro font une restriction en cas d'attaque de jour et dans un village. Ils n'admettent la légitime défense que s'il s'agit d'un malfaiteur connu ou si l'agresseur n'a pas obtempéré à l'injonction qui doit lui être faite de se retirer. Hors ces deux cas il est prévu le paiement d'une demi-*dia* à la famille du mort, et chez les Sokoro le *kham ed dam* d'un captif au chef de race.

13. DÉNONCIATION CALOMNIEUSE

Chacune des coutumes locales prévoient la sanction de ce délit (amende au chef de race). Baguirmiens et Boua le châtient en outre de 80 coups de chicotte. Sauf chez les Sokoro, une indemnité doit être versée à la victime si cette dernière était un chef. Ce délit était sanctionné dès que chef de race ou Sultan en avaient connaissance, la plainte étant inutile. La dénonciation calomnieuse étant fréquente, il y aura lieu de pouvoir la réprimer sérieusement.

14. DIFFAMATION ET INJURE

a) Diffamation et injures sont réprimées par une amende au chef et une indemnité à la victime tant chez les Baguirmiens et Arabes que chez les Sokoro et les Boua (40 fr. ou un captif). En outre, les Baguirmiens et les Boua châtient ce délit de 40 à 80 coups de chicotte.

b) L'outrage entraîne une forte amende (200 à 300 fr., ou captifs et bœufs) et la mise aux fers de longues années pour les Baguirmiens ou les Arabes si l'outrage était fait au Sultan ou à ses hauts dignitaires.

c) Il y aurait lieu de prévoir une sanction très sévère dans le cas d'outrage (deux mois à deux ans, amende, réparations civiles).

15. EMPOISONNEMENT

a) L'empoisonnement est puni comme un crime par le paiement de la *dia* (66 têtes de bétail chez les Arabes. Femme enceinte, captif ou chevaux chez les Sokoro).

La coutume sokoro prévoit la mise à mort du coupable et la mise en esclavage de ses femmes et enfants, la confiscation de ses biens par le chef.

b) L'empoisonnement de l'eau est sévèrement réprimé par les Arabes : paiement de la *dia*, amende chez les Baguirmiens, exécution du coupable au bâton chez les Sokoro, mise à mort, confiscation des biens si l'empoisonnement du puits a occasionné mort d'homme. S'il n'y a pas eu d'accident, sanctionné par le paiement d'une amende.

c) Le poison d'épreuve n'existe pas ici à notre connaissance.

16. ESCROQUERIE

a) L'escroquerie est sanctionnée chez tous par le remboursement à la victime. De plus, les Sokoro condamnent l'escroc au paiement d'une amende d'un captif au chef de race.

b) Si le procédé employé par l'escroc a revêtu une allure religieuse, Arabes et Baguirmiens le sanctionnent en outre par la mise aux fers (minimum un an).

Il y a aggravation si le coupable, pour parvenir à ses fins, s'est vanté d'un pouvoir imaginaire auprès de ses chefs.

17. ESCROQUERIE AU MARIAGE

Le remboursement des dots est toujours exigé par le juge indigène. Considéré comme un cas de "vol par la bouche", la coutume condamne à une amende (la moitié de la valeur d'un captif chez les Sokoro, deux vêtements de gabak chez les Boua, quelques têtes de bétail chez les Baguirmiens ou Arabes).

Pour répondre à l'esprit des indigènes la peine minima pourrait être abaissée à 3 mois.

18. ÉVASION

Les indigènes ne font aucune différence. L'évasion était sanctionnée par des coups de chicotte et une augmentation de peine. De plus, chez les Baguirmiens et Arabes, si l'évasion s'était produite dans la prison du Sultan, l'indigène était abattu. Les Sokoro exigeaient le paiement d'une forte amende (généralement deux captifs).

La coutume baguirmienne exigeait de plus la révocation du gardien et la confiscation de ses biens.

Les distinctions proposées sont judicieuses, mais une peine plus forte pourrait être prévue en cas de récidive.

19. EXACTIONS

Les coutumes locales ne prévoient aucune pénalité en plus de la concussion ; ils ne les différencient pas. Il parait inutile d'établir une distinction.

Le maximum prévu pour la concussion pourrait être élevé à 6 ou 7 ans dans les cas d'exactions avec violences.

20. FAUX

Cas très rare auparavant vu le petit nombre de lettrés ; sanctionné par la confiscation des biens et l'emprisonnement, d'une durée proportionnée à la gravité du faux, allant jusqu'à la mise aux fers ; aggravation prévue dans le cas d'imitation de signature d'une autorité supérieure ; paiement d'une amende dont une partie est versée à la victime du faux.

Néanmoins considéré comme un délit, il relèverait logiquement du tribunal du 1er degré.

21. FAUSSE MONNAIE

Non envisagé par la coutume.

22. FAUX TÉMOIGNAGE

Arabes et Baguirmiens sanctionnaient le faux témoignage d'une peine égale à celle infligée au prévenu, plus une année en moyenne de mise aux fers.

Chez les Sokoro le faux témoignage n'est réprimé qu'à l'occasion d'un meurtre et s'il a eu pour conséquence la condamnation d'un innocent. Le coupable doit alors payer une *dia* de quatre captifs à la famille de sa victime ou entraîne la bataille entre les deux familles s'il ne peut la solder. De plus il devait payer le "kham ed dam" comme s'il avait été lui-même l'assassin.

En raison de sa gravité et de l'excessive facilité de mensonge des indigènes il y a lieu de sanctionner sévèrement ce délit trop fréquent, et que la coutume punit à juste titre énergiquement. Propose de 6 mois à 2 ans et l'amende.

23. HOMICIDE VOLONTAIRE

a) Le meurtre entraîne le paiement de la *dia* chez les Arabes et les Kirdi ; les Baguirmiens mettent au choix de la famille de la victime la mort du meurtrier ou la *dia*. Le *kham ed dam* est toujours dû, selon les tribus, au Sultan ou au chef. En outre les Arabes prévoient la mise aux fers ou à la barre plusieurs mois ou plusieurs années, et les Baguirmiens l'emprisonnement chez le Sultan pendant un minimum d'un an.

b) Seuls les Baguirmiens font une distinction entre le meurtre et l'assassinat. L'assassin était mis à mort par le Sultan sans le recours au paiement de la *dia*.

c) Le parricide était condamné à mort par le Sultan chez les Baguirmiens ; mis aux fers jusqu'à sa mort et confiscation des biens chez les Arabes. Les Sokoro par contre ne le sanctionnent que par paiement du *kham ed dam* de deux captifs au chef de race, les vieillards étant considérés chez eux comme des parasites désignés de ce fait à servir de victimes dans les meurtres rituels.

d) L'infanticide subit la même peine que le parricide chez les Baguirmiens. La coutume prévoit le paiement d'une *dia* à son mari si la femme seule est coupable, ou le paiement de la *dia* entière au Sultan si le mari est responsable. Les Sokoro ne le sanctionnent que par le paiement du *kham ed dam* (de deux captifs) au chef.

24. HOMICIDE INVOLONTAIRE

Il est puni par le paiement d'une demi-*dia*. De plus les Baguirmiens prévoient le paiement des frais d'inhumation et de *sadaka*. Les Sokoro imposent en outre le paiement d'un demi *kham ed dam*. Les Arabes sanctionnent par le paiement d'une *dia* entière si l'accident est dû à un cavalier dont le cheval s'est emballé.
La peine d'un à trois ans parait judicieuse.

25. INCENDIE VOLONTAIRE

Chacune des tribus locales prévoit le paiement d'une très forte amende au chef de tribu ou au Sultan, le remboursement des dégâts et, s'il y a une ou des victimes, paiement de la *dia* normale par victime.

26. INJURE A TÉMOIN

Délit assez rare, seulement connu des Baguirmiens et des Arabes, sanctionné par les premiers d'un châtiment de 40 coups de chicotte, et les derniers d'une amende, à moins que le témoin soit nettement de moralité douteuse ; dans ce cas, aucune sanction n'était envisagée. Les peines prévues pourraient envisager le cas d'injure aggravée de voies de fait ; le maximum pourrait dans ce cas être porté à trois mois.

27. MENACES SIMPLES AVEC ORDRE OU SOUS CONDITION

Seules les menaces armes en main sont sanctionnées par les Arabes et Sokoro d'une amende au chef. Les Arabes punissent également de la même façon les menaces d'empoisonnement. Les Baguirmiens ne sanctionnent ce délit qu'en cas de récidive, les premières menaces ne donnant lieu qu'à avertissement d'avoir à rester tranquille et l'attribution de la responsabilité de ce qui pourrait se produire. Si les menaces sont renouvelées malgré cette mise en garde, une peine d'emprisonnement et de coups de chicotte est prévue, proportionnée à la gravité des menaces.
Les *Peines proposées* sont suffisantes.

28. OUTRAGE

Outrage au tribunal, délit sanctionné sévèrement : 80 coups de chicotte, forte amende, assimilé à l'outrage aux chefs, ceux-ci étant généralement juges.
Les *Peines proposées* paraissent suffisantes ; ce cas est rare mais doit pouvoir être sanctionné sévèrement, puisque assimilé dans l'esprit des indigènes, à l'outrage aux chefs. Propose sensiblement les mêmes peines : 1 mois à 2 ans.

29. PILLAGE EN BANDE ET A MAIN ARMÉE

Très durement réprimé chez les Arabes et les Baguirmiens. La mise aux fers des chefs de bande chez les premiers était également appliquée par la coutume des seconds ou, chez ceux-ci, elle entraînait l'ablation de la main et du pied droit des meneurs. Chez tous, amende et restitution sont prévues.

Si le pillage s'est trouvé compliqué de blessures, les indemnités prévues spécialement dans les cas de blessures volontaires (§ C) sont appliquées.

S'il y a mort d'homme, paiement de la *dia* en plus des autres sanctions et paiement du *kham ed dam*.

Les tortures éventuelles ne modifient pas les peines prévues.

30. RAPT

Le rapt est puni d'une amende à verser au Sultan ou au chef de race suivant les cas. Aucune indemnité n'est prévue pour la victime qui y *gagne sa tête*, sa "liberté" ; on l'estime suffisamment indemnisée pour cela.

Les Baguirmiens condamnaient de plus le coupable d'un emprisonnement d'un an environ. Les Sokoro ne considéraient le rapt que lorsqu'il s'agissait d'un individu du même groupement.

Les *Peines proposées* sont suffisantes.

31. RÉBELLION

Délit considéré comme très grave et durement châtié, sans distinction de rébellion armée ou sans arme. Toutes les coutumes la sanctionnent par la confiscation des biens et la mise aux fers à temps ou à perpétuité, ou la mise à mort des meneurs chez les Arabes et Baguirmiens ; les Sokoro prévoyant la destruction des cases et la mise en esclavage des familles entières.

Eu égard à l'esprit de la coutume, dans le cas de rébellion armée il y aurait lieu de prévoir une peine maxima plus élevée.

32. RECEL

Recel et vol sont également sanctionnés par des réparations coutumières et des amendes. La case du receleur est dénommée ici : *trou de la hyène*.

Les Sokoro confisquent en outre tous les biens du receleur. Les *Peines proposées* peuvent être maintenues.

33. RECEL DE MALFAITEURS

Le receleur de malfaiteur est responsable du coupable et subit les mêmes peines que lui. Si, grâce à lui, il demeure introuvable, il est substitué en personne au responsable réel. Ses biens sont confisqués.

S'il est parent du criminel ou du délinquant, et que celui-ci se présente ou est trouvé, le receleur parent n'est pas inquiété. Si le délinquant demeure introuvable il ne doit que la restitution des choses volées ou le paiement de la *dia* suivant les cas, sans être puni d'amende ou de prison. Seuls les Sokoro ne considèrent pas la parenté comme une atténuation au délit.

34. SÉQUESTRATION ARBITRAIRE

Le Sultan chez les Baguirmiens, seul qualifié pour punir de prison, ou ses propres délégués, sanctionnait la séquestration arbitraire par l'emprisonnement du coupable, la paiement d'une indemnité à la victime, et la confiscation de tous ses biens. Les Arabes condamnaient au paiement d'une amende dont le tiers était versé à la victime. Les Sokoro mettaient à l'amende d'un captif au profit du chef ; la victime étant à leur avis suffisamment indemnisée par le fait d'avoir retrouvé sa liberté.

35. TENTATIVE

Seuls Arabes et Baguirmiens prévoient la tentative mais la punition était assez légère (amende). Les Baguirmiens toutefois réprimaient la tentative de meurtre par un châtiment de 40 coups de chicotte. Pour répondre à l'esprit de la coutume les peines prévues devraient être sensiblement moindres que celles prévues pour le crime ou délit correspondant.

36. VIOL

a) Le viol de la femme nubile est puni d'une amende dont une partie est remise à la victime (amende plus forte si la victime est encore vierge), et 100 coups de chicotte en plus par la coutume baguirmienne.

b) Le viol sur femme impubère est puni de 100 coups de chicotte et d'une amende, dont une partie va à la victime (un tiers chez les Arabes).

c) S'il y a eu blessures, les peines encourues pour ces dernières s'ajoutent. S'il y a décès, *dia* et *kham ed dam* s'ajoutent. La coutume baguirmienne fait en outre une distinction entre le viol commis par un homme marié ou qui l'a été, dans ce cas le coupable est condamné à mort. S'il est commis par un jeune homme célibataire, il est puni de 100 coups et de l'amende, avec indemnité à la victime, de la valeur d'une dot.

d) En cas de viol commis par un ascendant il est puni sévèrement : condamnation à mort par la coutume baguirmienne ; forte amende et mise aux fers plusieurs années chez les Arabes. Les Sokoro prévoient en plus de l'amende la remise au chef de tous les biens du coupable et la destruction de sa case.

c) S'il y a eu communication de maladies vénériennes, les coutumes locales ne prévoient que les frais de soins et de médicament en plus des peines encourues pour le viol lui même.

Le viol de femme impubère, sévèrement réprimé par les indigènes, surtout lorsque le coupable est un ascendant direct, relèverait naturellement du tribunal du second degré tandis que le viol sur femme nubile pourrait être du ressort du premier degré.

La *Peines proposées* dans le cas de viol sur impubère par ascendant pourrait être augmentée pour rester conforme à l'esprit de la coutume.

37. VOL

a) Le vol d'aliments n'est presque pas puni et la coutume est dans ce cas très indulgente à moins qu'il ne s'agisse d'un récidiviste obstiné.

Le vol de choses vivantes est plus sérieusement réprimé. Le vol de bétail entraîne restitution ou remboursement correspondant, paiement d'une amende au chef, proportionnée à la gravité du vol.

Si le vol a été commis à la faveur de la nuit, il est châtié par l'ablation de la main droite.

b) Si le délit a été commis au préjudice d'un chef, il est sanctionné d'une très forte amende et de châtiments corporels.

c) Le port d'arme aggrave le délit.

d) S'il y a blessures, les peines normales prévues dans ce cas (§ 8) s'ajoutent à la punition encourue pour le vol.

S'il y a mort d'homme, le paiement de la *dia* et du *kham ed dam* augmentent la sanction du vol.

En outre la coutume baguirmienne réprime l'affût de nuit, sur route, avec assassinat pour vol sur la victime, d'une condamnation à mort après paiement de l'amende.

e) Effraction ni tortures ne sont prises en compte.

Il pourrait être prévu une peine moindre dans la répression du vol d'aliments, sans aucune importance pour eux, sauf dans le cas de récidive. Propose un mois à un an d'emprisonnement, la *Peines proposées* étant maintenue dans le cas de vol de choses vivantes (bétail).

Le vol de nuit est une aggravation du délit qui pourrait remplacer l'effraction, non prise en compte par la coutume.

Les réparations pécuniaires sont toujours prévues, sauf dans le cas de vol d'aliments (non récidivé).

Infractions non mentionnées au questionnaire, prévues par les coutumes locales

Le crime passionnel ne représentait pas une circonstance atténuante pour la coutume, l'individu n'ayant pas le droit de se faire justice. L'assassinat de son rival, même pris en flagrant délit, entraînait pour l'auteur du crime le même châtiment que pour l'assassinat (§ 23). Il y aurait lieu d'en maintenir le principe.

La justice rendue par les Baguirmiens et les Arabes étant basée sur le principe religieux, entraînait une sanction pour les individus qui ne se pliaient pas au règles du ramadan. La désobéissance était sanctionnée par la confiscation des biens du coupable et donnait lieu à une réprobation publique.

La prostitution entraînait pour la coupable un dur châtiment corporel : elle était lynchée sur la place publique. Il serait souhaitable de pouvoir punir ce délit d'un à 3 mois de prison, avec circonstances aggravantes en cas de communication de maladies vénériennes. Il faudrait également prévoir le cas où le mari se serait rendu complice, cas qui doit être sanctionné, la coutume n'admettant pas, dans le cas d'adultère, que l'homme vive de sa femme.

La pédérastie et le tribadisme étaient très strictement réprimés. Pédérastes ou tribades étaient obligatoirement condamnés à mort quel que soit le rôle des sujets. L'exécution était généralement pratiquée à coups de bâton. Les Boua procédaient à l'exécution des coupables par la noyade en présence de toute la population, la terre, principe de fécondité, ne pouvant accepter des sujets dont les pratiques étaient stériles.

Ces deux vices, à la demande des indigènes, devraient être sévèrement sanctionnés car ils s'étendent à la faveur de notre indulgence et entraînent une désagrégation de la famille et une dénatalité dangereuse. Punissant ce genre de commerce charnel plus sévèrement que l'avortement et l'infanticide, il y aurait lieu d'envisager la condamnation des coupables à une forte amende : 200 à 300 fr. et à une peine d'emprisonnement de 1 à 3 ans.

Le crime rituel, inconnu chez les islamisés mais encore fréquent chez les fétichistes de la subdivision de Melfi, bien qu'évidemment non sanctionné par eux, doit l'être par nous ; pourtant, en tenant compte que ces crimes représentent pour eux un devoir rendu aux défunts qu'ils vengent, la sanction doit être assez extensible pour en permettre l'adaptation aux divers cas qui se présentent.

Malgré le caractère barbare que ces crimes représentent pour nous, il parait difficile de les sanctionner avec la rigueur que nous serions tentés de leur appliquer ; dès maintenant, le fait que nous les réprimons est connu, mais pour permettre une évolution progressive de la conception qu'ils se font de cet acte religieux, il serait bon de le réprimer d'abord assez légèrement et d'augmenter la rigueur des sanctions au fur et à mesure qu'ils comprendront la sauvagerie de ce rite. Ce sera le fait de bien des années certes, mais les indigènes ne comprendraient pas des sanctions très sévères, et un plus grand nombre d'entre eux nous seraient encore mieux cachés.

Ce crime procède du fait que pour eux la mort n'est pas une chose naturelle ; il y a donc un responsable. Un vieillard, généralement sans proches parents, est le plus souvent accusé d'avoir jeté un sort ; il doit alors jurer sur la *margaï* (symbole local de la divinité) et s'il ment, il sera puni par l'esprit divin. En fait il est assommé et son cadavre jeté en brousse aux rapaces. S'ils n'y touchent pas, il était innocent et une bataille s'ensuit entre les familles intéressées pour vengeance de mort d'homme. Si les rapaces dévorent le cadavre il n'est plus question de rien.

"Parfois, l'accusé sorcier doit sauter d'un ficus élevé. S'il sort indemne de sa chute, il est innocent, sinon il est assommé et son corps jeté aux rapaces.
Une autre épreuve consiste à faire monter l'indigène accusé, nu, une calebasse entre les dents, sur un arbre où se trouve une ruche. Il doit remplir sa calebasse de miel. S'il n'est pas (ou une fois seulement) piqué, il a droit à réparations de la part de ses accusateurs ; s'il est piqué plusieurs fois, il est assommé et son corps donné en pâture aux rapaces."

Citations de M. Clupot, chef de la subdivision de Melfi, qui propose par ailleurs l'application d'une peine variant de 2 à 12 ans.

Massénya, le 31 janvier 1938
L'administrateur adjoint, chargé des Affaires
courantes du Département du Baguirmi

Commentaire

Là encore, nous avons une réponse globale faite par le chef du département à partir de renseignements fournis par ses chefs de subdivision. On regrettera de ne pas avoir celle de Clupot, chef de la subdivision de Melfi, qui s'est intéressé aux coutumes des populations qu'il administrait.

Notons l'existence d'une taxe dite "d'enlèvement du sang", le kham ed-dam, *évaluée en captifs et proportionnelle à la fortune du meurtrier, versée, nous dit le chef de subdivision, au juge ou chef de race, plus exactement au chef sur le territoire duquel le sang a coulé, celui-ci étant en effet chargé "d'ôter le sang", "de laver la terre" souillée par le crime. Il s'agit d'une survivance préislamique dont nous avons relevé la présence également au Wadday. Employer ce terme arabe de* kham ed dam *pour les Sokoro est évidemment impropre.*

Il faut relever chez ces derniers la fréquence des amendes payées en captifs.

LES ANCIENNES COUTUMES PÉNALES DU TCHAD

La diya *aurait nécessité une étude plus détaillée. Dire qu'elle est de 50 à 100 têtes de gros bétail chez les Arabes et qu'elle est payée en chevaux ou par remise d'une femme enceinte ou de quatre captifs chez les Sokoro est un peu sommaire. Il aurait fallu notamment distinguer la* diya *des Barma, théoriquement de 100 têtes (toujours inférieure dans la pratique), de celle des Yalnas, d'une trentaine de bovidés en moyenne sur Massénya. D'après Ch. Edwige qui fut chef de la subdivision de Melfi en 1922, la* diya *des islamisés s'élevait à 66 vaches, payées "à la famille de la victime non seulement par le criminel mais par toute la tribu rendue solidairement responsable, à l'exclusion des parents du tué". Si le crime avait été accompli en dehors de toute intention criminelle et était dû à un accident involontairement provoqué, la compensation était ramenée à 33 vaches, et même aucune sanction n'était rendue si l'accusé, à l'aide de preuves et de témoignages, était parvenu à dégager totalement sa responsabilité". Il ajoutait : en cas de récidive de meurtre perpétré volontairement, et si le criminel était aux yeux de sa tribu un sujet indésirable, il était livré par son village aux héritiers de la victime qui avaient sur lui droit de vie et de mort et qui le gardaient ou le vendaient comme esclave.."*

Chez les "fétichistes" les Barain fixaient l'indemnité à une jeune fille vierge, un grand vêtement de gabak et un bouc, les Saba à quatre jeunes filles, les Bolgo à deux chevaux et deux captifs ou une femme enceinte dont l'enfant à naître était destiné à remplacer la victime, ou, à défaut, une plantation ou une part de pêche dans une mare ; les Fanian à 20 ou 30 objets ou animaux, du moins quand le meurtrier était un étranger, car entre Fanian la diya avait tendance à disparaître (Hersé).

La réponse donnée pour l'homicide involontaire montre que la réparation n'est exigée chez les animistes que si l'accident, dû à la maladresse, est le fait d'un étranger au clan. Les Baguirmiens ne réclamaient, tout comme les islamisés de Melfi, qu'une demi-diya, adoptant ainsi une position médiane entre le droit musulman et le droit coutumier.

Pour le vol il aurait, là encore, fallu distinguer les coutumes islamisées et les coutumes "fétichistes". Ce qui est dit n'est valable que pour la coutume baguirmienne. Chez les animistes de Melfi, s'il est vrai que le vol de denrées alimentaires est peu réprimé, il existe cependant une exception : le vol de miel dans un paillon est, lui, très sévèrement sanctionné, notamment chez les Bolgo, qui font verser à titre de sanction 6 objets ou animaux. Pour les vols importants les coutumes des animistes prévoient la vente du voleur comme esclave, en particulier chez les Mogoum et les Barain, ou la confiscation partielle ou totale des biens du voleur.

Parmi les infractions non mentionnées dans le questionnaire que le chef de subdivision souhaiterait voir punir il y aurait la pédérastie et le "tribadisme" qui sont réprimés aussi strictement chez les islamisés que chez les animistes boua, lesquels procèdent à la mise à mort des coupables par noyade. On sait que ce genre de mort est aussi utilisé chez d'autres populations animistes pour sanctionner la sorcellerie ou le vol.

Le chef de département parle des crimes rituels qui sont ici, comme d'ailleurs dans l'ensemble du Tchad, liés à la sorcellerie. Dans la région de Melfi, on pratiquerait le serment sur la margaï ; mais dans la pratique, selon Cobert, on n'attendrait pas la sanction de "l'esprit divin" puisqu'on assommerait dans tous les cas le présumé sorcier, et qu'on jetterait son corps en brousse en laissant aux rapaces le soin de décider si la personne était innocente ou pas, selon qu'ils la dépècent, ce qui doit être le cas le plus fréquent, ou non. L'ordalie de la ruche est assez typique de cette région et doit également laisser peu de chances à la personne accusée d'échapper à son sort.

L'ordalie présente ainsi l'avantage de satisfaire l'opinion publique à qui l'on offre un coupable, même si c'est au détriment de la vérité. Le Chef de département estime que ce genre de crime devrait être réprimé "d'abord assez légèrement" – "avant d'envisager d'augmenter la rigueur des sanctions" au fur et à mesure que les esprits évolueront, ce qu'il ne semble pas prévoir à brève échéance. La gravité de l'atteinte à l'ordre public devrait être appréciée selon lui au regard des règles coutumières, le fait coutumier apparaissant ainsi comme une cause d'atténuation de responsabilité, une idée extrêmement intéressante, qu'il aurait été bon de reprendre dans les codes ultérieurs.

Parmi les ordalies de cette région du Baguirmi il faut aussi citer celle du poulet, très courante chez les Boua, qui consiste à égorger un poulet et à déduire de la manière dont il s'écroule, soit la culpabilité lorsqu'il tombe sur le ventre, soit l'innocence si c'est sur le dos. On trouve aussi celle de la paille et de l'eau chez les Bolgo, qui consiste à déposer dans une calebasse remplie d'eau un brin de paille qui "désignerait le coupable en flottant vertical" (Hersé).

Il faut relever que l'administration coloniale a, en général, obtenu plus de renseignements sur ces formes d'ordalies atténuées ou sur les "ordalies-oracles" que sur les ordalies-sanctions, qui provoquaient parfois la mort, presque toujours présentées par les informateurs comme très anciennes ou tombées en désuétude, ce qui était loin d'être le cas.

A propos des ordalies Hersé a fait en 1940 une remarque intéressante. Il a dit que les demandeurs d'ordalies ne trouvaient plus facilement le concours du prêtre et des assistants nécessaires au déroulement du rituel, et qu'en conséquence, faute de pouvoir recourir à l'ordalie, on notait désormais" une certaine fréquence des assassinats" de personnes suspectées de sorcellerie.

Réparations civiles.

NOTE. Le chef du département a établi le 28 septembre 1938 un « *tableau des indemnités et réparations civiles prévues chez les différentes races des subdivisions de Massénya et de Bousso* » qui ne fait que reprendre, pour l'essentiel, les indications données par son prédécesseur dans sa réponse au questionnaire pénal. Il donne cependant un renseignement différent pour l'homicide volontaire en ce qui concerne les coutumes Miltou, Niellim et Boua. Le sultan (le chef) aurait, nous dit-il, le choix entre la mort et la confiscation des biens du coupable. Aucune indemnité ne serait versée à la famille de la victime. Ce qui signifie que la chefferie locale appliquerait la solution animiste. Mais il est possible qu'il s'agisse de la position de la coutume ancienne. En 1938 la *diya* est sans doute réclamée.

Autre différence, en ce qui concerne l'homicide involontaire : Il écrit que dans la coutume Bousso-Baguirmienne cette infraction n'entraîne que le paiement d'une *amende légère équivalent au paiement d'un suaire et du sacrifice, environ 100 fr.*, alors que dans la réponse au questionnaire pénal il était question du paiement d'une demi-*diya* en plus des frais d'inhumation ainsi que d'une sadaka. Là encore on ne doit pas nous parler de la même coutume. En 1938 les Miltou, Niellim et Boua réclament une réparation. Celle-ci est devenue la règle sous l'influence du droit musulman.

Pour Melfi le tableau fourni le 3 octobre 1938, est trop succinct pour présenter un réel intérêt. Nous ne l'avons pas reproduit.

CHAPITRE IX

DÉPARTEMENT DU KANEM

1. Lettre du Chef du Département sur la justice avant l'occupation française.
2. Réponse au questionnaire pénal.

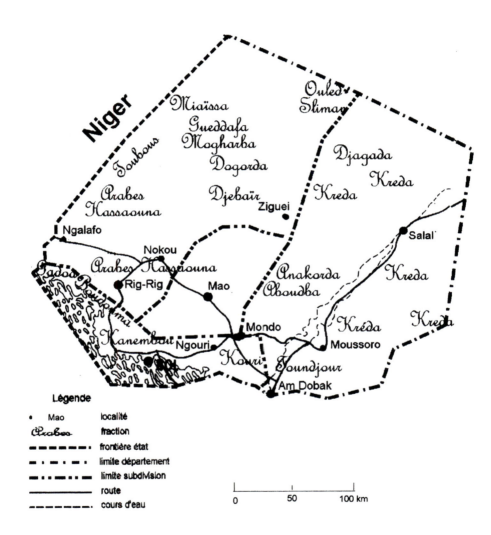

9. Département du Kanem en 1937

1

Région du Tchad
Département du Kanem

Conditions dans lesquelles était rendue la justice avant notre occupation

I/ Le département du Kanem comprend les groupements ethniques ci-après :

Kanembou : Boudouma. Kouri.

Goranes : a) Goranes du Bahr. b) Téda (Diagada et Dagourda). c) Toubou.

Hassaouna.

Ouled Sliman et réfugiés libyens. (Les Ouled Sliman sont dans le nord-Kanem depuis 1843 et les réfugiés libyens depuis 1930.)

II/ Le présent travail expose :

1° Les conditions dans lesquelles la justice était rendue avant notre occupation.
2° Les coutumes de chacun des groupements ethniques.
3° L'avis sur les sanctions proposées dans le questionnaire joint à la circulaire n° 25 en date du 21 février 1937 de Monsieur le Gouverneur général de l'AEF.

LA JUSTICE ANCIENNE.

1/ *Kanembou.*

La justice était rendue par l'Alifa de Mao, chef des Kanembou. Il était assisté d'un conseil composé du *Maala*, son successeur désigné, du *Zagbada*, son proche parent, du *Djerma*, chargé du service de la justice, du *Faki* et d'un *Imam*.

La procédure était la suivante. Le plaignant déposait une plainte verbale au *Djerma* qui l'exposait à l'*Alifa*. L'*Alifa* la transmettait au *Zagbada*. L'affaire venait en séance publique à la mosquée devant un conseil présidé par l'*Alifa* et composé, outre des autorités ci-dessus, des notables de la tribu. Après avoir entendu le plaignant et les témoins, l'affaire était étudiée en séance du conseil. Ensuite, en séance publique, après avis exprimé par le *Faki*, le *Djerma*, le *Zagbada* et le *Maala*, l'*Alifa* rendait la sentence définitive. Un cadeau était donné au *Faki* par le plaideur qui avait obtenu gain de cause. L'*Alifa* percevait les amendes.

2/ *Boudouma* et *Kouri*.

La justice était rendue par le Chef des Boudouma. Celui-ci était saisi de la plainte. Il rendait la justice assisté d'un conseil composé du chef désigné pour lui succéder, de trois chefs importants, d'un *Faki*, d'un *Imam* et des notables.

Après avoir entendu le plaignant et les témoins, l'affaire était discutée en chambre du conseil. Le Chef prenait l'avis des notables, de l'*Imam*, du *Faki*, des chefs, de son successeur, puis rendait le jugement en séance publique dans la mosquée. Des cadeaux étaient faits par la partie qui avait eu gain de cause au *Faki* qui les partageait avec l'*Imam*. Les Chefs percevaient les amendes.

3/ *Goranes*.

Les petits incidents étaient jugés par la *djemaa* de la fraction. Les affaires plus importantes par la *djemaa* de la tribu. Celles que les *djemaa* de la tribu ne pouvaient régler étaient pour les Goranes du Bahr soumises à l'aguid du Sultan du Ouaddaï lors de ses tournées d'impôt, ou directement au Sultan d'Abéché par les chefs goranes et, pour les Téda, au chef des Ouled Sliman.

4/ *Ouled Sliman*.

Les plaintes étaient soumises au Cadi qui les jugeait à la mosquée en séance publique avec l'assistance des chefs et des notables. La sentence était rendue par le Cadi ; les cadeaux remis au Cadi.

Commentaire

Ce rapport que lui-même qualifie de « sommaire » du Chef de département du Kanem manque de précision en ce qui concerne les groupes ethniques étudiés. Les qualifications employées laissent à désirer, notamment pour les "Goranes".

Les informations sur la manière dont la justice était rendue sont intéressantes quoiqu'un peu brèves. Les Kanembou sont une société très hiérarchisée avec, à sa tête un Khalifa (ou Alifa*) qui, jusqu'en 1820 environ, exerçait le pouvoir pour le compte du sultan du Bornou. Le Maala, désigné comme le successeur de l'*Alifa*, est l'un des chefs d'une des grandes familles appartenant au clan des Dalatoa qui administrent le canton de Mao. Il est aussi conseiller de l'*Alifa *et chef de guerre. Le Zegbada est l'adjoint de l'*Alifa*. Le Djerma qui rend la justice est un des principaux dignitaires (les* kogana, *dont certains sont d'origine servile). On nous dit qu'il ne fait que recevoir les plaintes et qu'il expose ensuite l'affaire au Zegbada mais cela ne doit concerner que les* *affaires graves. Celles de peu d'importance ne doivent pas remonter au delà de son niveau.*

Les Boudouma et les Kouri, moins bien organisés, n'ont pas de juges spécialisés. Chez eux le chef rend la justice assisté d'un conseil comprenant des notables et des personnages religieux.

On ne s'étonnera pas que les "Goranes", c'est-à-dire les Kréda et les Daza, aient recours à la djemaa *de la fraction pour régler les affaires minimes et à celle de la tribu pour les affaires graves (ou celles mettant en cause des parties appartenant à des fractions différentes). C'est en effet le système habituel de l'arbitrage volontaire en usage dans les pays sans grande chefferie. Le recours au sultan du Wadday ou, pour les Téda, au chef des Ouled Sliman, ne se produit qu'à l'occasion de certaines affaires criminelles lorsqu'un accord n'a pu se réaliser entre les familles.*

Les Ouled Sliman venus de Tripolitaine, installés au Kanem (et au Wadday) vers 1850 (au Fitri un peu plus tard, vers 1900-1905), devaient, eux aussi, porter devant le sultan auquel ils versaient tribut les affaires qui n'avaient pu être réglées par le Cadi.

2
Réponse au questionnaire pénal

I. Coutume kanembou

1. ABUS DE CONFIANCE (ou détournement)

Délit connu de la coutume, qui prévoit le remboursement ou la restitution, la réparation du dommage et une amende. L'amende est variable. Elle est fonction de la qualité du coupable ou de la valeur du préjudice. Elle était généralement d'une génisse de quatre ans, d'un mouton, et de cinq moutons dans le cas de détournement d'animaux.

Celui qui commet un abus de confiance contracte une dette à vie. Si le débiteur meurt sans avoir pu éteindre sa dette, les héritiers ne sont tenus de la payer que jusqu'à concurrence de l'actif de la succession.

2. ADULTÈRE

a) de la femme : le mari outragé tuait son rival ou paraissait ignorer le délit. La coutume ne prévoit pas de sanction pénale mais une amende au chef (une génisse), une indemnité au mari (une génisse). S'il s'agit d'une femme de chef, l'indemnité à payer par le complice est d'un captif ou du prix courant d'achat d'un captif. Si la femme abandonne le mari : remboursement de la dot et paiement d'une indemnité égale à la moitié de la dot.

b) du mari. L'épouse peut prétendre à une indemnité.

3. ALIÉNATION MENTALE

La démence est considérée par la coutume comme une cause de disparition de la responsabilité pénale, et l'ivresse comme une cause d'atténuation. La responsabilité civile subsiste dans tous les cas. La *dia* est toujours exigée.

4. ATTENTAT A LA PUDEUR SUR MINEURE IMPUBÈRE

La coutume est muette sauf s'il y a dépucelage ; dans ce cas elle l'assimile au viol. Les sanctions prévues par la coutume sont : l'amende au chef (une vache), l'indemnité au père (une vache).

Si le coupable est un ascendant, il y a seulement amende au chef. Si une maladie vénérienne est communiquée, une indemnité de 10 vaches est versée au père.

5. AVORTEMENT

L'avortement n'est puni d'une sanction indemnitaire que s'il est provoqué par la faute d'une tierce personne (coups, violences, relations sexuelles d'un tiers avec une femme mariée enceinte). L'indemnité coutumière varie suivant la période de la grossesse (fœtus ou corps déjà formé) et le sexe de l'enfant. Elle correspond à la *dia* ou prix du sang. Pour un fœtus sa valeur est de 50 bovidés. Pour un corps 100 bovidés pour un garçon, 50 pour une fille.

6. BLESSURES VOLONTAIRES

La coutume prévoit : en cas de mutilation, le paiement d'une indemnité. Pour un bras, une jambe, une oreille, un œil, l'indemnité est fixée à 50 bovidés. Dans le cas de mort, une *dia* de 100 bovidés et un bannissement de 2 à 5 ans. Dans le cas de violences, coups et blessures simples, l'indemnité est proportionnelle au préjudice. En outre, l'incapacité de travail est sanctionnée par une indemnité d'une vache si elle est supérieure à 20 jours. Elle ne donne droit à aucune indemnité si elle est inférieure à ce chiffre.

7. CIRCONSTANCES ATTÉNUANTES

Elles sont inconnues de la coutume.

8. BLESSURES INVOLONTAIRES

L'indemnité est due seulement dans le cas où la blessure a entraîné la mort ou une incapacité permanente.

9. COMPLICITÉ

a) de crime : complicité active. Lorsque le complice a prêté aide et assistance au coupable, il paie la *dia* à parts égales avec ce dernier. Lorsque le complice a provoqué au meurtre, il est passible d'une amende.
La complicité passive est inconnue de la coutume qui la met sur le compte de l'inconscience. Elle ne cherche pas si l'inaction ou l'abstention étaient intéressées.
b) de vol. Le complice actif est assimilé au voleur et frappé comme tel.

10. CONCUSSION

La coutume ne prévoit pas spécialement ce délit qu'elle assimile à l'abus de confiance en ce qui concerne le remboursement des sommes perçues frauduleusement. Elle ne connaît pas ce délit contre le chef de tribu.
Lorsqu'il s'agit d'un sous-ordre, elle prévoit le remboursement et, en cas de récidive, la destitution. Contre l'auxiliaire d'un chef elle envisage, outre la réparation, le licenciement.

11. CORRUPTION

La coutume est muette. Elle parait confondre corruption et concussion.

12. LÉGITIME DÉFENSE

Elle fait disparaître la responsabilité civile du meurtrier. En principe aucune *dia* n'est due. Mais pour apaiser les esprits et prévenir les vengeances il n'était pas rare de voir la famille du meurtrier proposer un dédommagement (de 25 bovidés environ).

13. DÉNONCIATION CALOMNIEUSE

La coutume prévoit une amende.

14. DIFFAMATION ET INJURE

La coutume sanctionnait par une amende (20 thalers au chef) ou des coups de chicotte (100) la diffamation, et par une amende (10 thalers au chef) les invectives et insultes.

15. EMPOISONNEMENT

Le crime d'empoisonnement direct des personnes est rare au Kanem. Si l'empoisonneur est un individu quelconque, la *dia* est de 100 bovidés. Si l'empoisonneur est un faki, la sanction est de 100 coups de chicotte, une amende de 20 thalers à verser au chef et une *dia* de 10 vaches. L'empoisonnement des puits est réprimé par une sanction indemnitaire. L'administration du poison d'épreuve ne se pratique pas.

16. ESCROQUERIE

La coutume assimile l'escroquerie au vol et la sanctionne de même.

17. ESCROQUERIE DITE AU MARIAGE OU A LA DOT

La coutume ne prévoit que le remboursement de la dot (ou des dots) reçue(s).

18. ÉVASION

Non envisagée par la coutume.

19. EXACTIONS

La coutume considère l'exaction comme une forme aggravée de la concussion. Elle prévoit le remboursement et 20 coups de chicotte.

20. FAUX

La coutume prévoit une amende (40 thalers au chef). Si le faussaire est investi de fonctions publiques, il est suspendu.

21. FAUSSE MONNAIE

La coutume est muette.

22. FAUX TÉMOIGNAGE

La coutume le punit d'une amende et de 100 coups de chicotte. Si le faux témoignage a été fait avec serment sur le Coran, le chef saisit tous les biens du parjure.

23. HOMICIDE VOLONTAIRE

1) Aucune différence entre l'assassinat et le meurtre. Le meurtrier ou l'assassin s'exilait pour sauver sa vie aussi longtemps qu'un arrangement amiable n'était pas intervenu entre les deux familles. L'arrangement intervenait sur la base de 100 bovidés comme prix du sang.
Dans le cas de préméditation, la famille de la victime refusait tout arrangement pendant de nombreuses années. Le coupable subissait de ce fait un long exil qui atteignait parfois 10 à 15 ans.

2) Le parricide était mis à mort ou subissait 100 coups de chicotte. Il devait payer une amende de 100 thalers et en plus, s'il s'agit de la mère, une *dia* de 25 bovidés à la famille de celle-ci.

3) Infanticide : amende au chef de 30 thalers. Pas de *dia*.

24. HOMICIDE INVOLONTAIRE

Le paiement de la *dia* est toujours exigé (se reporter à blessures involontaires).

25. INCENDIE VOLONTAIRE

La coutume prévoit la réparation du dommage. La seule déclaration du plaignant fait foi. Paiement de la *dia* si l'incendie a fait des victimes (mort ou blessures).

26. INJURES À TÉMOIN

La coutume ne prévoit pas ce délit spécial.

27. MENACES

La coutume retient seulement la menace de mort faite avec ou sans condition. Elle la sanctionne de l'enchaînement et d'une amende. Le coupable ne recouvre la liberté qu'après serment de ne pas mettre son projet à exécution.

28. OUTRAGE AU TRIBUNAL

La coutume sanctionne le délit par une amende (10 thalers).

29. PILLAGE EN BANDE OU À MAIN ARMÉE

Assimilé par la coutume au vol ou au meurtre s'il y a des victimes. Aucune aggravation n'est prévue pour le chef de bande.

30. RAPT

Le ravisseur, s'il est pris, est gardé comme prisonnier jusqu'à ce que la personne ravie soit libérée. Il doit payer au chef une amende de 10 à 20 vaches suivant l'état de sa fortune.

31. RÉBELLION

Amende de 20 thalers au chef. Si la rébellion est avec armes et si le révolté est blessé ou tué, aucune *dia* n'est due.

32. RECEL

La coutume punit le recel des mêmes peines que le vol.

33. RECEL DE MALFAITEUR

Le recel de criminel est interdit. Le receleur quel qu'il soit s'expose à des représailles de la famille de la victime.
Si, du fait du recel, le malfaiteur ne peut être arrêté, le receleur endosse la responsabilité civile.

34. SÉQUESTRATION, ARRESTATION ARBITRAIRE

Amende au chef de 20 thalers.

35. TENTATIVE

De crime : la coutume prévoit l'enchaînement et une amende. L'enchaînement ne cesse que lorsqu'il y a promesse de ne pas récidiver.
De vol : amende de 5 à 10 vaches partagée entre le chef et celui qui a arrêté la tentative.

36. VIOL

a) Sur femme nubile non mariée : pas de sanction.

b) Sur femme mariée : amende au chef : une vache ; indemnité au mari : une vache.

c) Sur femme de chef : amende d'un captif ou prix d'achat d'un captif.

d) Sur impubère : amende de 10 thalers au chef, indemnité de 20 thalers au père.

e) Si le viol est commis par un ascendant, le chef saisit tous les biens du coupable.

f) Si une maladie vénérienne est communiquée, en plus des sanctions précédentes, amende au chef de 10 thalers ; indemnité à la femme de 20 thalers.

37. VOL

La coutume prévoit l'ablation de deux doigts (index et majeur de la main droite). Remboursement ou restitution de la chose volée, emprisonnement de 2 à 3 ans, saisie de tous les biens du voleur. En cas de récidive, peine de mort (enterré vivant).

DÉPARTEMENT DU KANEM

Commentaire

Le Chef de département s'exprime tantôt à l'imparfait, tantôt au présent sans qu'on soit sûr pour autant qu'il veuille parler de la coutume ancienne ou de la coutume actuelle.

Pour la diya les Kanembou suivent les règles coraniques. A noter la peine de bannissement de 2 à 5 ans.

Le Chef de département se laisse influencer par le droit français quand il écrit, à propos des blessures volontaires, que l'indemnité varie selon que l'incapacité de travail est "inférieure ou supérieure à 20 jours." Les coutumes distinguent les blessures selon leur gravité mais jamais sur la base de ce critère de plus ou moins de 20 jours.

On remarquera que pour la légitime défense la coutume kanembou exclut toute sanction et toute réparation civile mais que dans la pratique la famille du meurtrier propose fréquemment un dédommagement de 25 têtes de bétail, soit le quart de la diya, ce qui montre que la règle coranique est mal acceptée.

Pour le rapt la réponse est un peu sommaire. La coutume fait sûrement la distinction entre les genres de rapt : celui de la jeune fille (la fiancée qu'on enlève), celui de la femme célibataire, relativement peu important, et celui de la femme mariée (le plus grave de tous).

Le renseignement le plus intéressant a trait à la répression du vol, inspirée des sanctions coraniques (ablation, non d'un membre, mais de l'index et du majeur de la main droite), la coutume revenant à une sanction qu'on trouve assez fréquemment en zone animiste pour les récidivistes : l'enterrement vivant du coupable.

II. Coutume Boudouma
(les Kouri sont rattachés à la coutume Boudouma).

1. ABUS DE CONFIANCE

Celui qui commet un abus de confiance contracte une dette. En cas d'insolvabilité du débiteur elle doit être éteinte par la famille.

2. ADULTÈRE

a) de la femme : la coutume se rapproche de celle des Kanembou. La seule différence consiste, en cas d'adultère d'une femme de chef, en la saisie des biens du complice.
b) du mari : aucune sanction.

3. ALIÉNATION MENTALE

La responsabilité pénale disparaît mais la responsabilité civile subsiste.

4. ATTENTAT A LA PUDEUR SUR MINEUR IMPUBÈRE

La coutume prévoit une amende de 10 thalers au chef et une amende de même valeur au profit du père. S'il y a eu viol, saisie de tous les biens du coupable, lesquels sont partagés entre le père de l'impubère et le chef.

5. AVORTEMENT

La coutume est identique à celle des Kanembou. Seul le prix du sang varie. Il est pour un fœtus de 7 vaches et, pour un corps constitué, de 14 vaches pour un garçon et de 7 vaches pour une fille.

6. BLESSURES VOLONTAIRES

Elles ont pour conséquence le paiement d'une *dia*. S'il y a perte d'un œil ou de l'usage d'un membre : 7 vaches pour un homme, 3 vaches et demie pour une femme. S'il y a mort : 14 vaches pour un homme, 7 vaches pour une femme. Une incapacité de travail supérieure à 20 jours entraîne le paiement d'une indemnité de 1 vache, une demi-vache si elle est inférieure.

7. CIRCONSTANCES ATTÉNUANTES

Elles sont inconnues de la coutume.

8. BLESSURES INVOLONTAIRES

Mêmes sanctions pour les blessures volontaires.

9. COMPLICITÉ

La coutume est identique à celle des Kanembou.

10. CONCUSSION

La coutume ne prévoit pas spécialement ce délit qu'elle assimile à l'abus de confiance.

11. CORRUPTION

La coutume est muette. Elle parait confondre concussion et corruption.

12. LÉGITIME DÉFENSE

Coutume identique à celle des Kanembou.

13. DÉNONCIATION CALOMNIEUSE

La coutume prévoit la saisie par le chef de tous les biens du calomniateur.

14. DIFFAMATION, INJURE

Amende au chef (une vache).

15. EMPOISONNEMENT

L'empoisonneur, ligoté et amarré par le cou à un sac, est jeté à l'eau. L'administration du poison d'épreuve n'est pas pratiquée.

16. ESCROQUERIE

La coutume prévoit le remboursement des sommes escroquées. S'il s'agit d'un *faki* qui, moyennant telle somme, promet à un tiers de provoquer la réalisation d'un désir, le remboursement ne pourra être imposé au *faki*, en cas d'échec, que si cette condition a été prévue expressément lors du contrat.

17. ESCROQUERIE DITE AU MARIAGE

La coutume ne prévoit que le remboursement de la dot.

18. ÉVASION

Non envisagée par la coutume.

19. EXACTIONS

La coutume prévoit le remboursement et l'expulsion de la tribu.

20. FAUX

Saisie de tous les biens du faussaire par le chef et réparation du préjudice.

21. FAUSSE MONNAIE

La coutume est muette.

22. FAUX TÉMOIGNAGE

Coutume identique à celle des Kanembou.

23. HOMICIDE VOLONTAIRE

1) Aucune différence entre le meurtrier et l'assassin, comme la coutume kanembou, sauf en ce qui concerne les taux de la *dia* qui sont de 14 bovidés pour un homme et 7 pour une femme. La part du chef est d'une vache. Une vache est également donnée au chef pour l'annonce publique (*nangara* « tambour »).
2) Parricide : comme dans la coutume kanembou, avec *dia* de 3 vaches et demie s'il y a meurtre de la mère.
3) Infanticide : amende au chef de 40 thalers. Si l'infanticide est commis par la mère, la famille de celle-ci doit payer au père une *dia* de 10 vaches pour un garçon et de 5 vaches pour une fille.

24. HOMICIDE INVOLONTAIRE

Se reporter à blessures involontaires.

25. INCENDIE VOLONTAIRE

Coutume identique à celle des Kanembou.

26. INJURE À TÉMOIN

La coutume ne prévoit pas ce délit spécial.

27. MENACES
La coutume est muette.

28. OUTRAGE AU TRIBUNAL
La coutume sanctionne le délit par une amende d'une vache et un nombre de coups de chicotte au gré du chef.

29. PILLAGE EN BANDE ET À MAIN ARMÉE
Coutume identique à celle des Toubou (?) avec, dans le premier cas, une amende au chef d'une vache.

30. RAPT
Coutume identique à celle des Kanembou.

31. RÉBELLION
idem.

32. RECEL
La coutume punit le recel des mêmes peines que le vol.

33. RECEL DE MALFAITEUR
idem.

34. SÉQUESTRATION, ARRESTATION ARBITRAIRE
Amende au chef d'une vache.

35. TENTATIVE
Amende de 10 à 20 vaches partagée entre le chef et celui qui a arrêté la tentative.

36. VIOL
Sur femme nubile non mariée, aucune sanction.

Sur femme mariée, amende au chef d'une vache, indemnité au mari de deux vaches.

Sur femme de chef, mise à mort du coupable ou saisie de tous ses biens.

Sur impubère, saisie de tous les biens du coupable, lesquels sont partagés entre le père et le chef.

Viol commis par ascendant, saisie de tous les biens du coupable et expulsion de la tribu.

Si une maladie vénérienne est communiquée, en plus des indemnités précédentes, amende au chef d'une vache, indemnité d'une vache à la famille. Si le viol a été commis sur une femme ou une fille de chef avec communication de maladie vénérienne, mise à mort du coupable.

37. VOL
Remboursement ou restitution de la chose volée, saisie de tous les biens du voleur.

DÉPARTEMENT DU KANEM

Commentaire

Les termes Boudouma *(« hommes des herbes ») et* Kouri *« grosses têtes » sont des sobriquets donnés par les Kanembou à des populations qui s'appellent entre elles Yédina. Islamisés de fraîche date (début du XX*^{ème} *siècle), on sait qu'ils restent attachés à leurs traditions ancestrales, ce qui n'apparaît guère dans cette réponse qui révèle néanmoins chez eux une observance moins stricte des règles coraniques, notamment en matière de vol, puisqu'ils ne pratiquent pas les amputations des membres ni celle des doigts.*

On notera le procédé de mise à mort de l'empoisonneur, mis en sac et noyé dans les eaux du lac et sans doute abandonné à la vengeance du Grand Serpent.

Les diya *sont ici moins élevées : 14 bovidés pour un homme. L'amende de 10 à 20 vaches, prévue en cas de tentative, doit concerner la tentative de meurtre pour être d'une telle importance.*

1 / Goranes du Bahr el ghazal.

1. ABUS DE CONFIANCE

Délit sanctionné plus sévèrement que le vol simple, le coupable ayant trahi la confiance qui lui était accordée. La sanction comprenait la restitution du bien volé ou la réparation du dommage causé, une amende proportionnelle à la solvabilité du coupable, et des châtiments corporels, dont la mise aux fers ; en cas de récidive, l'ablation du poignet.

2. ADULTÈRE

Du mari : selon la coutume encore en vigueur, sur plainte de la femme légitime, le mari est condamné à lui payer une indemnité de deux bovidés. En outre le divorce peut être prononcé, mais dans ce cas la dot doit être restituée.

De la femme : celle-ci peut être répudiée par le mari qui récupère tous les biens, dot et cadeaux, qu'il a apportés à l'occasion ou depuis le mariage. Si le mari ne désire pas divorcer, la femme infidèle peut recevoir 50 coups de chicotte en public. Le rival doit payer au mari une indemnité de 4 bovidés ou un cheval, ce qui détermine leur réconciliation.

Si, dans un moment d'emportement, le mari tue les deux coupables, il doit payer le prix du sang à la famille du rival, mais rien à la famille de sa femme. Aucune amende ni sanction pénale pour ce double meurtre.

3. ALIÉNATION MENTALE

La coutume considère que l'aliénation mentale supprime la responsabilité pénale en cas de meurtre. Le meurtrier aliéné n'a pas à payer le prix du sang, mais s'il est tué, sa famille ne peut prétendre à la *dia* coutumière.

4. ATTENTAT À LA PUDEUR

La coutume ne prévoit pas ce crime mais seulement le viol.

5. AVORTEMENT

D'une femme mariée : sur plainte du mari la femme qui se fait avorter doit payer le prix du sang, soit 50 bovidés si l'enfant est sur le point de naître, 25 si le fœtus est à peine formé. En outre le mari peut obtenir le divorce avec restitution de la dot. La coupable peut être condamnée à recevoir publiquement 100 coups de chicotte.

D'une jeune fille : la coutume veut qu'une jeune fille séduite épouse son séducteur. S'il y a eu plusieurs galants et que la paternité ne peut être établie, la coupable est obligée de quitter sa tribu sous la réprobation publique. Qu'elle ait son enfant ou qu'elle se fasse avorter, il n'y a d'autre sanction que l'exil.

D'une veuve ou femme divorcée : l'avortement est sanctionné d'une forte amende qui peut aller jusqu'à la confiscation complète des biens.

6. BLESSURES VOLONTAIRES

Ayant entraîné la mort : le coupable doit payer le prix du sang (100 bovidés).

Ayant entraîné mutilation : pour la perte d'un membre ou d'un organe la coutume prévoit le paiement de 50 bovidés ; pour la perte d'un doigt, 10 bovidés.

Ayant entraîné une longue incapacité de travail : le coupable est tenu d'assurer l'entretien du blessé jusqu'à sa guérison. Un an après que la blessure a été portée, si la guérison est complète, la victime ne peut prétendre à aucune indemnité. S'il subsiste quelque incapacité dans l'usage d'un membre ou d'un organe, la coutume accorde une indemnité proportionnelle au coefficient d'incapacité.

7. CIRCONSTANCES ATTÉNUANTES

Elles sont ignorées de la coutume.

8. BLESSURES INVOLONTAIRES

La coutume prévoit les mêmes réparations civiles que celles accordées pour les blessures volontaires.

9. COMPLICITÉ

La complicité active est prévue par la coutume. Le complice actif est châtié avec la même rigueur que le coupable ; tous deux sont rendus solidaires du paiement à parts égales des amendes et indemnités infligées. La complicité passive par inaction ou abstention n'est pas réprimée.

10. CONCUSSION

La coutume l'assimile au vol.

11. CORRUPTION

Ignorée de la coutume qui admet le *matabiche* ou « cadeau ».

12. LÉGITIME DÉFENSE

La coutume reconnaît la légitime défense qui supprime toute responsabilité pénale mais maintient comme intangible le principe du paiement du prix du sang à payer à la famille de la victime, même lorsque cette victime avait l'intention évidente de donner la mort. Il n'y a d'exception à cette règle que pour les bandits notoires, déjà condamnés et à nouveau recherchés pour leurs crimes ou leurs vols. Lorsque l'un de ces individus est mis à mort au cours de l'un de ses forfaits, son vainqueur n'est pas inquiété et n'a pas à payer la *dia*.

13. DÉNONCIATION CALOMNIEUSE.

La coutume les réprime par une amende qui peut aller jusqu'à un cheval ou quatre bovidés.

14. DIFFAMATION ET INJURE

Les délits peuvent entraîner le paiement d'une amende et d'une indemnité, le plus souvent un bovidé au chef et un autre à la victime.

15. EMPOISONNEMENT

Ce crime est inconnu chez les Goranes. Empoisonnement des puits : des conflits éclatent autour des puits qui, le plus souvent, sont bouchés ou souillés par des détritus, charognes etc. S'il en résulte une épidémie mortelle, les coupables sont assimilés à des assassins. Dans tous les cas ils sont l'objet d'une forte amende en bovidés.

16. ESCROQUERIE

La coutume l'assimile au vol.

17. ESCROQUERIE À LA DOT

Ce genre d'escroquerie n'est pas pratiqué chez les Goranes. Il est d'usage que le candidat à la main d'une jeune fille dédommage ses concurrents évincés de tous les cadeaux qu'ils ont pu faire à la famille de la jeune fille.

18. ÉVASION

Inconnue de la coutume.

19. EXACTIONS

La coutume les assimile au vol et ne les distingue pas de la concussion.

20. FAUX

Délit inconnu de la coutume.

21. FAUSSE MONNAIE

Délit inconnu de la coutume.

22. FAUX TÉMOIGNAGE

Le faux témoignage commis devant la *djemaa* et malgré le serment sur le Coran était puni d'une amende d'un cheval ou quatre bovidés. Celui qui s'en était rendu coupable perdait en outre toute considération.

Le faux témoignage commis devant la *djemaa* et qui tendait à faire condamner un innocent pouvait entraîner son auteur à subir la peine qu'aurait encourue sa victime si elle avait été reconnue coupable.

23. HOMICIDE VOLONTAIRE

La coutume exigeait l'exil immédiat du meurtrier aussitôt après le crime, faute de quoi il s'exposait aux représailles des membres de la famille de sa victime.

La famille du meurtrier profitait de cet exil pour payer la *dia* coutumière de 100 bovidés à la famille de la victime.

24. HOMICIDE INVOLONTAIRE

La coutume exigeait le paiement du prix du sang (100 bovidés) à la famille de la victime.

25. INCENDIE VOLONTAIRE

L'incendie volontaire provoquant des victimes était assimilé à l'assassinat. Si l'incendie ne provoquait que des dégâts matériels, la coutume exigeait la réparation intégrale du dommage commis ainsi que le paiement d'une amende au chef, généralement fixée à deux bovidés.

26. INJURES À TÉMOIN

Assimilé aux injures.

27. MENACES SIMPLES OU AVEC CONDITION

Lorsque des menaces précises sont proférées, la coutume encore en usage de nos jours prévoit que les chefs ou notables soient alertés et qu'il soit procédé par leur soin à une tentative de conciliation sur le Coran. Celui qui, ayant proféré des menaces, répare en conciliation, peut se voir infliger une amende ; il est en outre confié à la surveillance de ses parents qui doivent l'empêcher de réaliser ses menaces.

28. OUTRAGES

Délit inconnu de la coutume.

29. PILLAGE EN BANDE ET À MAIN ARMÉE

La coutume prévoyait, comme pour le vol simple, la réparation du dommage ou la restitution des objets ou animaux volés. Elle infligeait en outre une amende de trois à quatre bovidés à chacun des membres de l'expédition.

Si les voleurs arrêtés étaient des professionnels du vol à main armée, réputés et connus comme tels, ils pouvaient être passés par les armes. Aucune poursuite n'était intentée contre leurs justiciers et aucune *dia* ne leur était réclamée.

30. RAPT

Ce genre de crime n'a jamais été pratiqué chez les Goranes. Il était ignoré de la coutume.

31. RÉBELLION

Délit inconnu de la coutume.

32. RECEL

La coutume l'assimile au vol mais le sanctionne avec une rigueur atténuée. Le receleur se voit confisquer le produit du recel ; à lui de se retourner vers le voleur, s'il y a lieu.

33. RECEL DE MALFAITEUR

La coutume l'assimile à la complicité quel que soit le degré de parenté du malfaiteur avec ceux qui l'hébergent.

34. SÉQUESTRATION ARBITRAIRE

Délit non prévu par la coutume qui au contraire admet l'esclavage.

35. TENTATIVE

Inconnue de la coutume.

36. VIOL

La coutume prescrivait le paiement d'une indemnité à la victime : 5 bovidés pour une impubère ou une jeune fille, 3 pour une femme adulte.

37. VOL

La coutume prévoyait : pour le premier vol la restitution ou la réparation du dommage commis ; pour le second, la restitution ou réparation du dommage et une amende proportionnelle à la gravité du délit et à la qualité du coupable ; pour le troisième, mêmes peines que ci-dessus et l'ablation du poignet.

Les voleurs professionnels finissaient par être mis à mort soit au cours de leurs exploits soit sur condamnation de la *djemaa* lorsqu'ils étaient arrêtés.

Commentaire

Il s'agit ici essentiellement des Kréda *(qui refusent la dénomination de "Goranes"), lesquels occupent effectivement une place un peu à part dans l'ensemble "toubou".*

Ce sont de grands éleveurs de zébus, qui pratiquent souvent la mise en cheptel avec des contrats très complexes ; on ne s'étonnera donc pas de voir chez eux l'abus de confiance réprimé plus sévèrement que le vol, ce qui est très rare.

Pour l'adultère on notera que celui du mari est sanctionné par une indemnité de deux bovidés. On sait que les femmes kréda supportent mal une seconde épouse que les maris prennent généralement bien soin d'installer dans un autre férik. Chez les Kréda peu d'adultères et peu de répudiations, du moins en milieu rural. Pas de lapidation non plus de la femme adultère. A noter que le mari qui tue son rival (surpris en flagrant délit?) doit quand même payer la diya, *mais pas celle pour sa femme s'il l'a également tuée.*

Le prix du sang est de 100 bovidés. C'est sans doute chez ces grands éleveurs que les diya *réellement versées sont les plus élevées en raison de l'importance de leur fortune en bétail.*

La légitime défense n'exclut le paiement de la diya *que si la victime est un bandit notoire condamné et recherché. On est loin du droit musulman.*

Quand le Chef de département dit que le rapt n'est pas pratiqué, il veut bien sûr parler du rapt des femmes de la région, car on sait que les Kréda effectuaient jusque dans le Logone des razzias estimées légitimes par leur coutume.

On notera que pour le vol l'amputation du poignet n'intervenait qu'à la troisième récidive.

2/ TÉDA DIAGADA
(les Goranes Ankorda sont rattachés à cette coutume)

1. ABUS DE CONFIANCE

Il n'est pas considéré comme un vol. Entraîne la restitution pure et simple à la valeur du moment. Il y a lieu de signaler les manquements à la coutume "de cheptel" : garde d'animaux (chevaux, chamelles, vaches, bœufs) avec jouissance des produits (lait), à l'exception du croît mais non du travail.

Les règles coutumières sont les suivantes : le détenteur n'est responsable que de la perte ; il ne l'est ni du vol ni de la mort naturelle. Les infirmités, le mauvais état, la mort, résultat du travail au profit du détenteur, entraînent le paiement de l'animal au propriétaire avec indemnisation correspondant à la valeur du travail effectué. Aucun droit de cheptel n'est dû par le propriétaire. Les litiges de cheptel se règlent entre le propriétaire et le détenteur. Ils n'entraînent pas la responsabilité des familles.

2. ADULTÈRE

Il constitue un affront qui peut conduire à une vengeance par les armes. La coutume prévoit le paiement par le coupable d'une indemnité au mari (une chamelle). Lorsque la femme quitte le domicile conjugal, la dot et les cadeaux reçus par le père doivent être rendus.

3. ALIÉNATION MENTALE

Elle apporte une atténuation sensible de la responsabilité (d'un quart environ) ; l'ivresse par contre ne l'atténue pas (cas très rare chez les Téda Diagada).

4. ATTENTAT A LA PUDEUR SUR MINEUR IMPUBÈRE

Non envisagé par la coutume. Pas d'indemnisation. Le Téda estime engagée la responsabilité de la mineure et ne désire aucune poursuite.

5. AVORTEMENT

Femme mariée, non assentiment du mari : indemnité de la moitié du prix du sang par la famille de la femme au mari. En cas d'assentiment du mari aucune sanction n'est prévue.

Femme non mariée : la famille tue la coupable. Dans tous les cas des peines très fortes correspondant à la mentalité téda et à la pratique des avortements qui a pour cause la fréquence des divorces.

6. BLESSURES VOLONTAIRES

1) *Ayant entraîné une infirmité quelconque* : dès la constatation de la blessure, paiement par le coupable d'une indemnité d'un chameau. Par la suite le règlement se fait sur la base suivante : 1/2 prix du sang pour un œil, un bras, une jambe.

2) *Ayant entraîné la mort* : paiement de la *dia* complète (100 chameaux). Si le coupable s'est enfui, il est autorisé à retourner au férik après la première indemnisation.

3) *Incapacité de travail* : chez les Téda l'indemnité est fonction du moment où elle est sollicitée. Pour une blessure grave et durable sans incapacité fonctionnelle l'indemnité est d'un chameau. Pour une blessure peu grave la coutume prévoit seulement le remboursement des frais occasionnés par les soins.

En principe l'indemnisation est réduite de la moitié après guérison.

7. CIRCONSTANCES ATTÉNUANTES

Ne sont pas envisagées par la coutume. Mais un enfant (de moins de 12 ans) n'acquitte que le quart de sa dette.

8. BLESSURES INVOLONTAIRES

La coutume ne fait aucune distinction entre les blessures volontaires et involontaires.

9. COMPLICITÉ

a) *de crime* : tous les individus ayant porté un coup à la victime sont responsables par parts égales. Le meurtre du complice supprime tout droit à l'indemnisation pour la famille du premier mort.
Celui qui a prêté les armes ayant servi au crime est responsable pour moitié. Toute autre complicité active telle que préparation de guet-apens, guet, alerte, n'entraîne aucune indemnité de la part du complice.
b) *de vol* : le voleur seul est soumis au remboursement. Si le voleur fait défaut, la charge du remboursement incombe au complice. L'asile donné avant ou après le vol est considéré comme complicité et soumis à la règle ci-dessus.

10. CONCUSSION

Avant notre occupation aucun impôt ou redevance n'était payé par les Téda Diagada à leurs chefs.

11. CORRUPTION

Avant notre occupation il n'y avait ni agent de l'autorité, ni juges permanents. La corruption était donc impossible. Toutefois le cadeau, avec ou sans motif, était, comme chez tous les musulmans du monde, de coutume à l'égard des chefs. Lors du règlement d'un litige les deux parties devaient obligatoirement faire l'avance d'un présent au juge choisi. Il variait d'une patte de chamelle (pour un litige dont la valeur maximum était d'une chamelle) à deux chamelles (pour un crime). Le plaideur vaincu récupérait ensuite son présent.

12. LÉGITIME DÉFENSE

La coutume n'envisage pas la légitime défense qu'elle assimile aux blessures volontaires.

13. DÉNONCIATION CALOMNIEUSE

Elle n'est pas envisagée par la coutume. Le Téda est trop palabreur et trop peu habitué à une discipline sociale pour que puisse être prévue dans sa coutume une indemnisation pour dénonciation calomnieuse.

14. DIFFAMATION ET INJURE

La coutume prévoit seulement à titre de sanction une indemnité au plaignant. Lorsqu'il s'agit d'un chef elle prévoit le paiement à ce chef d'une chamelle.

15. EMPOISONNEMENT

Assimilé au meurtre ou à la tentative de meurtre. L'administration du poison d'épreuve ne se pratique pas.

16. ESCROQUERIE

La coutume ne l'assimile pas au vol. Elle la juge moins grave mais prévoit toujours la restitution et quelquefois une indemnité à la victime.

17. ESCROQUERIE DITE AU MARIAGE OU A LA DOT

a) Pour se concilier les faveurs de sa belle famille le prétendant offre des cadeaux à son futur beau-père (chamelle). Il arrive souvent que d'autres prétendants fassent de même. Il n'y a pas là escroquerie mais honneur qui rejaillit sur la future femme, la famille, le mari élu. Sur demande des prétendants évincés le mari élu rembourse à ceux-ci les avances de dot offertes, sans intervention de la nouvelle famille.

b) mariage double. Le deuxième mari paie une indemnité d'un chameau au premier qui peut demander le divorce en sa faveur.

18. ÉVASION

N'est pas envisagée par la coutume.

19. EXACTIONS

La coutume est muette.

20. FAUX

N'est pas envisagé par la coutume.

21. FAUSSE MONNAIE

La coutume est muette.

22. FAUX TÉMOIGNAGE

Non envisagé par la coutume.

23. HOMICIDE VOLONTAIRE

1) *Aucune différence entre le meurtre et l'assassinat.* Le différend se règle entre la famille du meurtrier et celle du mort.

   a) Le meurtrier s'enfuit et se cache. Quand les recherches se sont avérées vaines, la famille du meurtrier cherche à réaliser un accord, au minimum deux mois après le meurtre (un délai inférieur outragerait la famille du mort). Elle donne pour cela un cadeau de 1 à 3 chameaux non compris dans la *dia*. Les deux familles choisissent un arbitre qui jugera le différend.
Le premier versement est au minimum de 25 chameaux, un cheval, un captif. Le meurtrier peut alors rentrer sans être inquiété. Le règlement se poursuit jusqu'à concurrence de 100 chameaux pour un homme et de 50 pour une femme ; la famille entière intervient dans le paiement de la *dia* compte tenu de la parenté.

   b) Le meurtrier est tué par la famille du mort : le différend se trouve réglé, le sang a été payé par le sang.

2) *Parricide. Infanticide* : le crime est commis à l'intérieur de la famille, donc pas de suite.

3) *Fratricide* : même père, même mère, pas de suite. Mères différentes : l'indemnité, identique à celle du meurtre ordinaire, est réduite de moitié. Pères différents : meurtre ordinaire.

24. HOMICIDE INVOLONTAIRE
La coutume ne fait aucune distinction entre l'homicide volontaire et l'homicide involontaire.

25. INCENDIE VOLONTAIRE
Remboursement intégral et paiement d'une indemnité d'une chamelle. S'il y a des victimes, paiement, en plus, du prix du sang.

26. INJURE À TÉMOIN
La coutume ne prévoit pas ce délit.

27. MENACES
La coutume est muette.

28. OUTRAGE AU TRIBUNAL
Ne fait pas de différence avec les injures à un chef. La coutume envisage toutefois que si, au cours d'un jugement, l'un des plaideurs parlait avant son tour ou interrompait le juge, le verdict était prononcé contre lui, même si l'interruption n'avait pas un caractère outrageant.

29. PILLAGE EN BANDE ET À MAIN ARMÉE
La coutume n'envisage le cas qu'à l'intérieur de la tribu ou avec une tribu amie. Elle l'assimile au vol. En cas de tortures sans mort, les membres de la bande paient chacun une indemnité d'une chamelle. En cas de torture avec mort, les membres de la bande paient chacun une chamelle et règlent le prix du sang.

Le Téda est trop individualiste pour admettre la responsabilité d'un chef de bande.

30. RAPT
Restitution de la personne enlevée avec paiement d'une indemnité.

31. RÉBELLION
Ne peut être envisagée par la coutume téda.

32. RECEL
Le recel entraîne automatiquement la responsabilité du receleur qui, à défaut du voleur, doit procéder lui-même au remboursement.

33. RECEL DE MALFAITEUR
Si une famille apprend que le criminel qu'elle recherche (première indemnité non payée) a reçu asile dans telle case quelle qu'elle soit, elle se rassemble et, par la force, cherche à débusquer le criminel ; ceci expose donc les receleurs à toutes les éventualités d'une bataille. Mais ce recel ne peut être puni d'une indemnité.

Recel de voleurs : voir précédent paragraphe.

34. SÉQUESTRATION

Non envisagée par la coutume.

35. TENTATIVE

Seul importe le résultat ; une tentative sans résultat n'attire aucune action de la coutume.

36. VIOL

Tout à fait exceptionnel étant donné le caractère téda. Viol d'une femme mariée : cause de bataille, pas d'indemnisation. Si un enfant naît, le mari a droit à une indemnité d'une chamelle et de plus garde l'enfant.

Viol d'une femme non mariée ou impubère : indemnité d'une chamelle pleine, en général mariage, sans obligation stricte.

Très exceptionnel par suite de la honte que la faute entraîne sur le coupable.

37. VOL

La coutume ne prévoit que le remboursement au volé. Le Téda naît pillard et voleur ; il répugne par contre aux vols dangereux et préfère l'échec à la violence ; il ne pratique pas le vol en bande mais se fait aider parfois par un ou deux membres de sa famille.

Commentaire

Les "Téda Diagada" du nord-Kanem auxquels le Chef de département réunit sur le plan coutumier, les Dagourda de la région de Ziguei sont en réalité des Daza. Ils auraient, nous dit-il, une coutume semblable à celle des "Goranes Ankorda" du sud Kanem alors que les genres de vie des uns et des autres sont différents, les Ankorda étant des sédentaires alors que les Diagada sont des nomades.

Cette coutume semble moins stricte que celle des Kréda pour l'abus de confiance, pour lequel ne sont prévues que des sanctions civiles.

Pour la complicité nous avons ici une indication intéressante : il y aurait une tendance à ne prendre en compte que l'aide matérielle apportée et non les actes de complicité "intellectuelle" ou la simple assistance du guetteur, laquelle n'est pas considérée comme suffisante pour entraîner la responsabilité.

La légitime défense n'est pas admise comme cause d'exonération de la responsabilité, ce qui doit s'expliquer par des raisons pratiques car dans la majorité des cas, l'affaire se déroulant sans témoins, il n'est pas possible de déterminer avec certitude si elle est bien caractérisée. On remarquera qu'en cas de meurtre le début des pourparlers de diya *(deux mois en moyenne) a lieu beaucoup plus rapidement que chez les autres Toubou (ceux du Tibesti notamment). Il est certain que la sédentarisation pousse à des règlements plus rapides. Les réactions de vengeance sont habituelles et les* diya *élevées compte* tenu de l'importance des troupeaux, mais on ne nous dit pas à quel niveau moyen elles s'élèvent dans la pratique.

Chez eux l'injure à un chef n'est pas traitée différemment de celle faite à un particulier, ce qui donne une idée de leur influence. Silence de la coutume également pour ce qui concerne les infractions intéressant la chefferie.

Le vol n'est évidemment pas traité selon les règles coraniques.

3/Coutume Toubou

1. ABUS DE CONFIANCE

La coutume prévoit le délit. Celui qui se rend coupable d'un abus de confiance ou d'un détournement contracte une dette personnelle et imprescriptible. La famille n'est pas engagée. La coutume prévoit la restitution et une amende proportionnelle à la solvabilité de l'individu.

2. ADULTÈRE

a) *De la femme* : le mari se fait généralement un point d'honneur de tuer le complice. S'il renonce à sa vengeance, il peut imposer au complice une indemnité de 10 à 20 vaches si ce dernier veut épouser la femme. Cette indemnité n'exclut pas le remboursement de la dot.
b) *Du mari* : une indemnité d'une vache ou d'un chameau est due par le mari coupable à la femme.

3. ALIÉNATION MENTALE

Elle n'apporte aucune atténuation à la responsabilité. La peine du talion est applicable.

4. ATTENTAT À LA PUDEUR SUR MINEURE IMPUBÈRE

La coutume prévoit une indemnité d'une vache au père de l'impubère. Si l'impubère est fille de chef, l'indemnité est de quatre vaches.

Si une maladie vénérienne est communiquée, aucune indemnité spéciale n'est due à moins qu'il n'en résulte la mort.

5. AVORTEMENT

Coutume identique à celle des Kanembou. Le prix du sang est, pour un fœtus, de 10 bovidés ; si le corps est constitué, pour un garçon, de 100 bovidés, pour une fille, de 50 bovidés.

6. BLESSURES VOLONTAIRES

Elles entraînent une sanction indemnitaire. S'il y a perte d'un œil ou d'un membre, 50 bovidés pour un homme, 25 bovidés pour une femme. S'il y a mort : 100 bovidés pour un homme, 50 pour une femme.

7. CIRCONSTANCES ATTÉNUANTES

Elles sont inconnues de la coutume.

8. BLESSURES INVOLONTAIRES

L'indemnité est due seulement dans le cas où la blessure a entraîné la mort ou une incapacité permanente.

9. COMPLICITÉ

La complicité active est sanctionnée seulement en cas de meurtre. Le complice doit payer une indemnité de 7 vaches en plus de la *dia* due par l'auteur principal. La complicité passive n'est pas sanctionnée.

10. CONCUSSION

La coutume ne prévoit pas spécialement ce délit qu'elle assimile à l'abus de confiance.

11. CORRUPTION

La coutume est muette. Elle parait confondre corruption et concussion.

12. LÉGITIME DÉFENSE

Coutume identique à celle des Kanembou.

13. DÉNONCIATION CALOMNIEUSE

La coutume prévoit une indemnité au plaignant (1 boubou).

14. DIFFAMATION, INJURE

Diffamation : indemnité au plaignant (1 boubou) ; invectives : aucune sanction.

15. EMPOISONNEMENT

L'empoisonneur est expulsé de la tribu. La *dia* est due. L'administration du poison d'épreuve ne se pratique pas.

16. ESCROQUERIE

La coutume prévoit le remboursement des sommes escroquées.

17. ESCROQUERIE AU MARIAGE OU À LA DOT

La coutume prévoit le remboursement de la dot ou des dots reçues.

18. ÉVASION

Non envisagée par la coutume.

19. EXACTIONS

La coutume prévoit le remboursement.

20. FAUX

La coutume prévoit une indemnité pour le préjudice causé.

21. FAUSSE MONNAIE

La coutume est muette.

22. FAUX TÉMOIGNAGE

L'individu convaincu de faux témoignage ne peut plus déposer en justice.

23. HOMICIDE VOLONTAIRE

1) *Aucune différence entre l'assassin et le meurtrier.* La peine du talion est exercée par la famille de la victime sur le meurtrier lui-même ou sur les enfants (mâles) qu'il aura postérieurement à son crime. Si le meurtrier paye la *dia* (prix du sang), il est exempt de la peine du talion. Les taux de la *dia* sont de 100 bovidés pour un homme, 50 pour une femme. Un prélèvement de 5% est effectué au profit du chef. De plus une vache est due au chef pour frais de publicité lorsque l'accord sur la *dia* est conclu. Le chef en fait l'annonce publique par son tambour (*nangara*) et, dès ce moment, la famille de la victime ne peut plus poursuivre le talion.

2) *Parricide* : S'il y a meurtre du père, pas de sanction ; s'il y a meurtre de la mère, *dia* de 15 bovidés due à la famille de celle-ci.

3) *Infanticide* : s'il est commis par le père, pas de sanction ; s'il est commis par la mère, la famille de celle-ci doit payer au père une *dia* de 90 bovidés pour un garçon et 45 pour une fille.

24. HOMICIDE INVOLONTAIRE

Se reporter à blessures involontaires.

25. INCENDIE VOLONTAIRE

Coutume identique à celle des Kanembou.

26. INJURE À TÉMOIN

La coutume ne prévoit pas ce délit.

27. MENACES

La coutume est muette.

28. OUTRAGES AU TRIBUNAL

La coutume sanctionne ce délit par une amende d'une vache ou d'un cheval.

29. PILLAGE EN BANDE ET À MAIN ARMÉE

Si la ou les victimes sont de la même tribu que les pillards : restitution ou indemnité. Si elles sont d'une autre tribu, le pillage est considéré comme un exploit ; le butin est partagé dans la tribu des pillards avec une part au chef.

30. RAPT

Indemnité due à la famille de la personne ravie : une vache, un cheval ou un chameau.

31. RÉBELLION

Amende au chef d'une à deux vaches. Si la rébellion est avec armes et si le révolté est blessé ou tué, aucune *dia* n'est due.

32. RECEL

La coutume le punit des mêmes peines que le vol.

33. RECEL DE MALFAITEUR

Non sanctionné dans tous les cas.

34. SÉQUESTRATION, ARRESTATION ARBITRAIRE

Non prévues par la coutume.

35. TENTATIVE

Amende au chef de 2 à 3 vaches.

36. VIOL

Sur femme nubile non mariée, pas de sanction.

Sur femme mariée, une vache, indemnité au mari (voir adultère).

Sur impubère, 20 thalers d'indemnité au père, portée à 5 vaches si l'impubère est une fille de chef.

Si une maladie vénérienne a été communiquée : une vache d'indemnité à la femme en plus des sanctions précédentes.

37. VOL

Remboursement ou restitution de la chose volée. Paiement de tous les frais occasionnés par la recherche et l'arrestation du voleur. Si le voleur est étranger à la tribu, il est de plus enchaîné et retenu comme prisonnier jusqu'à ce qu'il paye une rançon (5 vaches ou deux chevaux) pour sa délivrance.

Commentaire

Cette coutume toubou à laquelle les Hassaouna seraient rattachés doit concerner essentiellement les Daza du Manga, auxquels les Arabes Hassaouna se sont mêlés (en adoptant la langue daza). Peu de différences importantes entre cette coutume et la précédente. Il s'agit toujours de Toubou.

Pour la légitime défense cette coutume adopterait une position identique à celle des Kanembou : la diya *n'est théoriquement pas due mais on verse 25 têtes de bétail "pour apaiser les esprits et écarter les réactions de vengeance".*

Le fait qu'en cas d'homicide volontaire la coutume admette un droit de vengeance non seulement sur la personne du meurtrier mais "sur les enfants qu'il aura postérieurement à son crime" signifie que les diya *sont difficilement payées par les Toubou qui préfèrent vivre en courant ce risque plutôt que de se séparer de leur bétail. Chapelle indiquera que pour la période postérieure à la réforme de 1946 il fallait compter en moyenne deux* diya *payées sur une trentaine d'affaires jugées par la cour criminelle (la proportion devait être moindre avant cette date quand les affaires criminelles étaient jugées par les tribunaux du second degré ou les chefs traditionnels).*

A noter la position de la coutume pour le pillage en bande : s'il est commis au détriment d'une autre tribu, on le considère comme un exploit.

Pour le vol commis entre Toubou on se contente de rembourser ou de restituer. S'il est commis par un étranger, on ne procède pas à l'amputation du voleur mais on monnaye fortement sa libération.

DÉPARTEMENT DU KANEM

4/ Coutume des Ouled Sliman et des réfugiés libyens inspirée du Coran et de Sidi Khalîl

1. ABUS DE CONFIANCE

La coutume prévoit le délit et l'assimile au vol, avec restitution pure et simple.

2. ADULTÈRE

a) De la femme : la coutume ne prévoit pas de sanction pénale ; elle envisage le retrait de la dot, la mise de la femme hors du domicile conjugal, et des réparations coutumières au mari.

b) Du mari : l'adultère du mari est puni sous forme d'une indemnité à l'épouse (en principe un chameau).

3. ALIÉNATION MENTALE

La coutume considère que le criminel en état de démence est personnellement irresponsable. Mais elle reporte la responsabilité sur sa famille et, à ce titre, prévoit le paiement de la *dia* aux parents de la victime. Pour ce qui est de l'ivresse, la coutume la considère comme une cause d'atténuation de la faute.

La famille du meurtrier paie le prix du sang ; le meurtrier n'est puni de mort que si la famille de la victime est présente au moment du meurtre.

4. ATTENTAT À LA PUDEUR

La coutume ne prévoit pas ce délit. Cependant la communauté se trouve intéressée et intervient sous la forme de vindicte publique.

5. AVORTEMENT

L'avortement d'une femme opérant sur elle-même à l'aide de breuvages n'est pas prévu par la coutume. L'avortement consécutif à l'intervention d'une autre personne est prévu. La personne ayant provoqué l'avortement est tenue de payer le 1/3 de la *dia* au mari et à la famille.

6. BLESSURES VOLONTAIRES

La coutume les assimile à l'assassinat. Dans tous les cas il y a paiement d'une *dia*. Elle est proportionnée à la blessure lorsqu'il n'y a pas mort. Perte d'un œil ou de l'usage d'un membre : homme, 10 chameaux ; femme, 5 chameaux. En cas de mort, homme : 100 chameaux, femme, 50 chameaux. Pendant la durée de l'incapacité de travail la nourriture et les soins sont à la charge du coupable.

7. CIRCONSTANCES ATTÉNUANTES

Elles sont inconnues de la coutume.

8. BLESSURES INVOLONTAIRES

La coutume ne prévoit rien.

9. COMPLICITÉ

La coutume assimile la faute du complice actif et celle de l'auteur. Elle confond le complice actif et l'auteur du crime ou du vol. Elle prévoit les mêmes sanctions que pour le crime ou le vol.

La coutume locale dit peu de choses de la complicité passive mais elle montre qu'elle ne la méconnaît pas en prévoyant des réprimandes.

10. CONCUSSION

La coutume ne prévoit pas spécialement ce délit qu'elle assimile à un abus de confiance. Pour un chef elle prévoit la destitution.

11. CORRUPTION

La coutume est muette.

12. LÉGITIME DÉFENSE

La coutume prévoit et reconnaît la légitime défense. Elle s'exprime en ces termes : « *Si tu es frappé, frappe !* ». Si, dans le cas de la légitime défense, le provocateur est tué, la coutume dit au provoqué : « *Tu as été frappé, tu as tué en te défendant, sois magnanime, donne un boubou pour le linceul de la victime et sacrifie un bovidé pour les rites d'usage, donne une indemnité au sultan (ou au chef le plus grand)* ». La responsabilité pénale disparaît ; aucune indemnité en principe n'est due à la famille de la victime, mais dans la pratique une indemnité est payée pour apaiser les esprits.

13. DÉNONCIATION CALOMNIEUSE

La coutume prévoit une indemnité à titre de sanction.

14. DIFFAMATION, INJURE

La coutume prévoit, seulement à titre de sanction, une indemnité au plaignant.

15. EMPOISONNEMENT

La coutume prévoit la mise à mort du coupable. Jamais il n'est question de *dia* au profit de la famille des victimes. L'administration du poison d'épreuve ne se pratique pas.

16. ESCROQUERIE

Non distincte du vol.

17. ESCROQUERIE AU MARIAGE OU À LA DOT

La coutume ne reconnaît que le premier mari. Le ou les prétendants autres que le premier sont fautifs de ne pas s'être suffisamment renseignés. Les prétendants victimes sont l'objet de la risée publique et perdent tout ce qu'ils ont donné.

18. ÉVASION

N'est pas prévue par la coutume qui envisage toutefois que le détenu doit faire toute sa peine.

19. EXACTIONS

La coutume considère l'exaction comme une forme aggravée de la concussion. Elle prévoit la destitution du chef.

20. FAUX

La coutume ne prévoit ni sanction ni indemnité.

21. FAUSSE MONNAIE

La coutume est muette.

22. FAUX TÉMOIGNAGE

La coutume le sanctionne par la prison, les fers, l'amende au sultan ou au chef.

23. HOMICIDE VOLONTAIRE

1) La coutume ne fait pas de différence entre le meurtre et l'assassinat. Elle prévoit la mise à mort du prévenu ou le paiement d'une *dia* par le prévenu ou sa famille.
2) Parricide : le meurtrier est toujours mis à mort.
3) Infanticide : la coutume ne prévoit aucune sanction pénale ou indemnité à qui que ce soit.

25. INCENDIE VOLONTAIRE

1) Lorsque l'incendie n'a pas fait de victime le coupable se voit enlever tout ce qu'il possède au profit du sinistré.
2) Dans le cas où il a fait des victimes, la coutume assimile l'incendie volontaire au crime, prévoit la *dia* et les dommages à la victime ou à la famille.

26. INJURE À TÉMOIN

La coutume ne prévoit pas ce délit.

27. MENACES

La coutume prévoit ce délit. Elle ne fait pas de différence entre les menaces simples, avec ordre ou sous conditions. Elle ne prévoit de sanctions pénales (prison, fers) que si les menaces sont proférées, à l'issue d'un jugement rendu par un cadi ou un marabout ayant autorité en matière de justice, par l'une des parties à l'adresse de l'autre.
Dans les autres cas elle ne prévoit que des réparations.

28. OUTRAGE AU TRIBUNAL
Délit prévu par la coutume qui le punit de l'amende ou de la mise aux fers.

29. PILLAGE EN BANDE OU À MAIN ARMÉE
Prévu par la coutume qui l'assimile au vol, avec paiement d'une *dia* ou mise à mort des coupables. Elle ne prévoit pas d'aggravation pour le chef.

30. RAPT
La coutume l'assimile au vol pur et simple. Elle prévoit le paiement d'une indemnité à la famille de la victime après restitution de la personne enlevée. Si le rapt est accompagné de violences physiques graves, paiement d'une *dia* proportionnée à la gravité de la faute.

31. RÉBELLION
Prévue par la coutume qui l'assimile au délit de menace, ou d'homicide volontaire, selon la gravité du cas.

32. RECEL
La coutume assimile le recel au vol et le punit des mêmes sanctions.

33. RECEL DE MALFAITEUR
La coutume prévoit le recel de malfaiteurs. Elle ne fait pas de différence entre les receleurs, qu'ils soient étrangers aux malfaiteurs ou très proches parents (époux, épouse, frère, sœur, père, fils). Les proches parents du malfaiteur sont punis au même titre que les autres personnes. Pas de sanction pénale prévue.
A titre d'amende on enlève au receleur tout ce qu'il possède et, en premier lieu, la case ou la tente qui lui servent d'habitation.

34. SÉQUESTRATION, ARRESTATION ARBITRAIRE
La coutume est muette. Toutefois les incapacités qui peuvent s'ensuivre sont assimilées aux blessures ou à l'homicide volontaire.

35. TENTATIVE
La coutume est très curieuse à cet égard : elle ne prévoit aucune sanction mais une réconciliation devant le Coran.

36. VIOL
La coutume ne prévoit le viol que dans les cas où il est exercé sur une femme impubère.
Sanction : indemnité à la famille de la victime. Le prévenu est mis aux fers.

37. VOL
La coutume gradue à l'infini d'après la nature des objets volés, la qualité de la victime, l'étendue du préjudice. Elle fait de sérieuses différences

entre le voleur qui commet le délit pour la première fois et celui qui répète ce délit plusieurs fois. Pour ce dernier le "talion" [?].

Pour tous la restitution et parfois des indemnités à titre de réparation lorsque le vol a été commis sur la personne d'un chef, d'un marabout, ou qu'il a porté préjudice à la personne volée (cas du vol de chamelle à une famille lorsque celle-ci se nourrissait exclusivement du lait de ces chamelles et en a été privée plus ou moins longtemps).

Commentaire

Il existe deux catégories d'Ouled Sliman : les Ouled Sliman anciens venus en dernier lieu du Fezzan, installés une première fois dans le Manga aux alentours de 1840-1850 et qui y sont revenus vers 1915 après la défaite de Bir Alali, et les Ouled Sliman nouveaux, arrivés eux aussi du Fezzan, mais dans les années 1928-1930, après en avoir été chassés par les Italiens. Ces derniers vivent dans l'Egueï. Les uns et les autres suivraient la même coutume pénale mais on sait qu'en matière civile leurs coutumes présentent certaines différences, les Ouled Sliman nouveaux ayant notamment des interdits plus stricts en matière de mariage, en particulier avec les Hassaouna et les Daza (Le Rouvreur).

Leur coutume est effectivement, comme l'écrit le chef de département, plus "inspirée du Coran et de Khalîl" que celle de leurs voisins Toubou, mais elle s'en éloigne néanmoins pour certaines infractions comme l'adultère de la femme, lequel ne semble pas réprimé pénalement.

Les barèmes de diya *pour amputation ou perte d'un œil ne sont pas non plus ceux de Khalîl.*

On notera l'indulgence de la coutume en matière d'escroquerie à la dot, qui serait un délit très peu courant dans la région.

Le Chef de département relève une "curiosité" de la coutume en ce qui concerne la tentative, laquelle ne donnerait lieu qu'à une simple réconciliation devant le Coran, mais il ne nous dit pas si cette disposition s'applique à la tentative de meurtre.

Le Chef de département a fait suivre sa réponse au questionnaire d'un avis sur les sanctions proposées que nous n'avons pas reproduit mais dont nous extrayons la conclusion : « Il serait, *écrit-il,* désirable de faire, dans tous les cas, une large part à l'amende. Le tribunal pourra user de cette sanction à l'égard des nomades qui seront, pour l'acquitter, dans l'obligation de vendre du bétail. Cette sanction aura sur eux des effets plus profitables que la prison ».

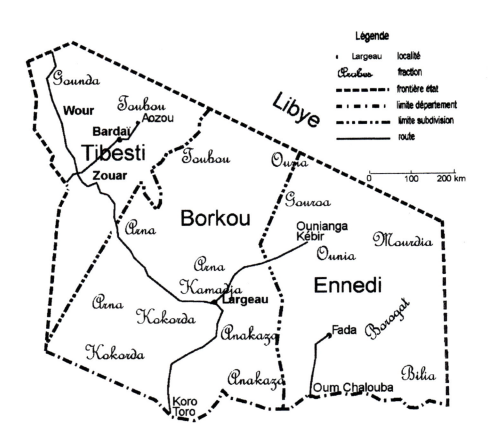

10. Département du Borkou, Ennedi, Tibesti en 1937

CHAPITRE X

DÉPARTEMENT DU BORKOU-ENNEDI-TIBESTI

1. Lettre d'envoi du Chef de département.
2. Subdivision du Borkou : note sur la justice au Borkou avant l'arrivée des Français et principes du système répressif ; réponse au questionnaire pénal.
   ANNEXE : étude des coutumes juridiques des Doza.
3. Subdivision de l'Ennedi : note sur la justice dans l'Ennedi avant l'arrivée des Français et réponse au questionnaire pénal.
4. Subdivision du Tibesti : lettre d'envoi et note sur la justice ancienne.

Afrique Equatoriale Française
Région du Tchad.

1

**Etudes sur les coutumes pénales
du département du Borkou-Ennedi-Tibesti**

Largeau le 15 novembre 1937

Le Capitaine Séliquer,
Officier-adjoint au Chef de Département,

au Commandant de la Région du Tchad
à Fort-Lamy.

J'ai l'honneur de vous transmettre ci-joint les travaux des chefs de subdivision du département sur les diverses coutumes pénales indigènes, conformément aux prescriptions de la circulaire 25 de monsieur le Gouverneur général en date du 21 février 1937.

D'une façon générale les coutumes traditionnelles des diverses fractions goranes et toubou qui constituent la population du département étaient très rudimentaires, brutales, dépourvues de nuances, basées, au point de vue pénal, sur l'indemnisation ou le recours, d'ailleurs fréquent, à la vengeance familiale. Cet état de la moralité publique apparaît déterminé par l'inorganisation de la société, l'inexistence de hiérarchies solides, le manque d'autorité des chefs, l'absence de moyens de coercition réels. Aucune force vraie n'étant à la disposition d'une justice éventuelle, le sentiment même de cette justice en est atteint dans l'esprit indigène. Néanmoins, comme le font ressortir les chefs de subdivision, il est nécessaire d'introduire les distinctions proposées par le juge au moins chaque fois qu'à leur sujet la tradition orale, trop sommaire, reste muette. Celles de ces justes subtilités qui restent à leur portée sont facilement admises par les indigènes comme le fait de la supériorité de la justice européenne.

Du même point de vue général, les *Peines proposées* par le juge, laissant une large marge d'estimation aux juridictions indigènes, s'adaptent dans l'ensemble aux nécessités sans violenter les diverses coutumes, ainsi que le reconnaissent les Chefs de subdivision de l'Ennedi et du Borkou. Je ne partage pas l'opinion du Chef de subdivision du Tibesti en ce qui concerne la limitation du maximum des peines prévues ; si, comme il le déclare en substance, il est nécessaire d'atténuer provisoirement la sévérité de la loi au bénéfice des Toubou pendant une période d'adaptation, c'est plutôt le minimum qu'il s'agirait d'abaisser alors que ce minimum est déjà peu élevé.

Un croquis est joint au travail du chef de subdivision de l'Ennedi. Quant au Borkou, et au Tibesti, habités par de grands nomades, une répartition des fractions sur des aires territoriales déterminées ne pourrait donner qu'une idée inexacte des coutumes en raison de la nomadisation de chacune d'elles.

Malgré les nombreuses tâches civiles et militaires qui leur incombent, les Chefs de subdivision, qui ne sont pas des spécialistes de la question, ont conduit leur enquête avec la plus grande conscience et leurs travaux me paraissent donner une image d'ensemble assez fidèle des diverses coutumes des populations du département.

Séliquer.

2
Subdivision du Borkou

Notice sur la Justice Indigène au Borkou avant l'arrivée des Français et principes du système répressif

La subdivision du Borkou, bien que comprenant un assez grand nombre de fractions, a, cependant, une certaine unité ethnique : tous ses habitants sont en effet des Goranes [1]. Il s'ensuit que les coutumes pénales de ces fractions sont identiques dans le principe, les différences, d'ailleurs faibles, ne portant que sur les taux des peines. Laissant à leurs captifs le soin de travailler quelques palmeraies qui n'avaient pas l'importance actuelle, les Goranes étaient et sont encore des nomades et leurs coutumes pénales se ressentent très fortement de cet état.

De caractère très indépendant et méfiant, ils n'accordaient à leurs chefs qu'une autorité très restreinte et les soumettaient à un contrôle assez strict. De ce fait, ceux-ci étaient plus des conciliateurs que des juges et, en tout état de cause, ne pouvaient que très rarement poursuivre l'exécution de leurs sentences. Ces chefs étaient en principe héréditaires, le fils succédant au père ; à défaut de fils, le frère prenait la succession. Chez les Toubou trois familles se partageaient à tour de rôle l'honneur de fournir le chef, le Derdé, qui restait en fonctions jusqu'à sa mort.

Les Annakaza, étant tributaires du sultan du Ouaddaï, faisaient appel au jugement de ce dernier pour les affaires graves. Les Kokorda se référaient volontiers au Sultan de Mao.

La justice était rendue par des chefs assistés d'une *djemaa*. Cette *djemaa* était composé d'hommes vieux, en nombre variable (8 à 10), généralement réputés pour leur sagesse, leur justice et leur connaissance de la coutume. Ces *djemaa* étaient triées à la convenance des deux parties en présence, sauf chez les Toubou où aucun membre ne pouvait être récusé. Le palabre se tenait à l'ombre d'un arbre ou d'une case ; on y discutait ferme et finalement une sentence était rendue. Chez les Doza et les Kokorda un semblant de police veillait à son exécution. C'était plus de l'intimidation qu'autre chose puisqu'un récalcitrant ayant été blessé ou tué par un de ces agents, ce dernier devait payer l'indemnité ou *dia*. En cas de non-exécution de la sentence par le parti condamné, la vengeance devenait un droit et un devoir.

---

[1] - L'étude suivante n'a pas porté sur les Fezzanais récemment immigrés, en très petit nombre, au Borkou et dont la coutume est strictement coranique.

C'est ici qu'intervient la solidarité familiale. La famille entière jusqu'à un degré éloigné doit payer la faute d'un des siens. S'il s'agit d'un remboursement, chacun doit apporter son écot, parfois lourd. Cette indemnité est partagée entre tous les membres de la famille lésée au prorata du degré de parenté. Dans le cas de vengeance, la règle est la suivante : tout membre de la famille lésée a droit de vengeance sur n'importe quel membre de la famille adverse, en général un des plus proches parents par le sang du fautif. Cette coutume existe toujours et il n'est pas rare de voir, avant même tout essai de règlement, une famille se faire immédiatement justice elle-même.

Les peines :

1° Prison. Parce que nomades, les Goranes ignoraient la prison, ne la soupçonnaient même pas ; à défaut de local fermé ils eussent pu attacher ou enchaîner les malfaiteurs. Ils ne le faisaient pas néanmoins, sauf parfois chez les Anakazza pour les étrangers aux Goranes. Le malfaiteur ainsi maintenu était gardé jusqu'au moment où sa famille, dûment prévenue, venait le chercher en apportant l'indemnité fixée.

2° Sévices corporels ou tortures. N'étaient pas pratiqués systématiquement et n'étaient jamais tarifés. Néanmoins, étant donné le caractère fruste et brutal de la race, il était bien rare que des coups ne fussent pas donnés. Pour certaines fautes, tel l'adultère, le lésé était tenu par la coutume de frapper le coupable, faute de quoi il perdait l'estime générale et devenait la risée de tous ; mais s'il en résultait des blessures, il devait les payer.

3° Indemnité, amende. Tout le système répressif reposait donc sur le rachat de la faute par le versement de certaines richesses : chameaux, moutons, bœufs, palmiers et objets d'utilité courante, pour éviter le recours à la vengeance et aux représailles. Le principe de l'amende apparaît pour certains crimes. Dans les crimes de sang (meurtre, blessures) l'indemnité et l'amende sont pratiquement confondus en un paiement global et la distinction n'est jamais faite. Pour le crime de vol l'indemnité est le remboursement, l'amende était égale au montant du vol ; exemple : le voleur d'un chameau devait rendre deux chameaux. Néanmoins, très souvent, le remboursement est la seule sanction.

L'amende au chef existait parfois, surtout chez les Toubou ; mais outre qu'elle n'était souvent pas payée, elle apparaît plutôt comme un paiement du dérangement et de la fatigue du chef (frais de justice) plutôt que comme une mesure de répression ou une sanction.

A noter que ce système d'indemnité est excessivement fruste. Les Goranes ne s'embarrassent pas de subtilités. Une mort se paye par le même prix qu'elle soit préméditée ou non, accidentelle ou donnée en état de légitime défense ; un viol se paye le même prix que la victime soit mariée, non mariée, pucelle ou même impubère.

Enfin, les taux d'indemnité varient encore parfois en fonction des tribus des parties en présence. C'est ainsi qu'entre Toubou et Doza un véritable petit traité d'amitié existait dont l'effet était d'abaisser le tarif des indemnités.

Dans le travail qui va suivre il n'est pas tenu compte de ces "aménagements".

Largeau le 28 octobre 1937

Le capitaine Lorties, Chef de la subdivision du Borkou

Liste des fractions sur lesquelles l'étude a porté

Toubou (Téda)	Ouria / Gouroa / Arna
Doza	Kodra / Galala
Anakazza	Adelia / Boulta
Kokorda	

Commentaire

Le chef de subdivision du Borkou distingue parmi les populations étudiées : au nord, les Téda, avec les Ouria et les Gouroa (qui tirent leur nom des palmeraies de Ouri et de Gouro). Les Arna qu'il cite comme une composante de cet ensemble semblent être plutôt un clan Gouroa. Au centre, les Doza : Kodra et Galala. Anciennement installés dans les palmeraies, ils ont commencé à en sortir en 1937 et élèvent maintenant des chameaux. Au sud de la subdivision on trouve les Kokorda, composés de six clans, et les Annakaza, le groupe le plus important en nombre, un mélange de Bidéyat et de Toubou, qui compte une trentaine de fractions, ce qui donne une idée de l'émiettement du commandement.

Seuls ces deux derniers groupes étaient tributaires de deux grands sultanats, les Annakaza, du Wadday et les Kokorda, du Kanem. Mais les liens de dépendance étaient assez lâches et n'avaient guère de conséquences sur le fonctionnement de la justice, sauf pour certaines affaires particulièrement graves qui étaient réglées par les Sultans ou leur représentant lors de ses déplacements.

Nous sommes au Borkou dans un pays de petite chefferie sans grande autorité. "Le semblant de police" dont disposent les chefs Doza et Kokorda n'est même pas couvert dans son action puisque lorsque ses membres tuent quelqu'un, ils doivent quand même payer la diya. Le droit de vengeance des familles se donne ici libre cours.

SUBDIVISION DU BORKOU

Réponse au questionnaire pénal

1. ABUS DE CONFIANCE

Le Gorane confie fréquemment mais uniquement des animaux. Tous ses autres biens sont de première nécessité. Peine prévue : remboursement du ou des animaux par les bêtes proprement dites ou d'autres de valeur équivalente. Si l'animal a travaillé et rapporté, remboursement supplémentaire de la moitié de ce revenu (terme consacré : "un demi-dos"). *Peines proposées* suffisante.

2. ADULTÈRE

1) Violation du devoir de cohabitation. La coutume ne prévoit pas de sanction. En général la femme est ramenée à son mari par ses parents. Un arrangement est recherché. S'il n'aboutit pas, le divorce est prononcé et la dot restituée.

2) L'adultère du mari n'est jamais puni. Il ne doit pas l'être.

3) Adultère simple. Indemnité au mari d'un chameau de quatre ans, plus, chez les Anakazza, obligation pour le mari de frapper l'amant. Femme engrossée : indemnité de 7 chameaux. Femme enlevée : indemnité de 7 chameaux sauf chez les Doza : 9 chameaux.

Peines proposées : application de la coutume (peine déjà sévère) et prison (15 jours à un an en cas de récidive).

3. FOLIE, IVRESSE

La folie nettement caractérisée et connue de tous n'entraîne pas de responsabilité. La famille est tenue d'enchaîner le dément. Folie momentanée ou partielle et ivresse ne sont pas des circonstances atténuantes.

4. ATTENTAT À LA PUDEUR

Le cas se révèle très rare et se confond pratiquement avec le viol (voir viol).

5. AVORTEMENT

La coutume ne prévoit aucune sanction ou indemnité pour la femme non mariée. Pour la femme mariée, divorce avec restitution de dot. Cas très rare d'ailleurs.

6. BLESSURES VOLONTAIRES

1) Ayant entraîné la mort : *dia* de 100 chameaux ou droit pour la famille de tuer le coupable (ou un proche parent). Ce droit de mort subsiste tant que la *dia* n'est pas intégralement versée.

2) Blessures. Indemnité calculée par fraction de *dia*. 2 yeux = 1 homme = 1 *dia* = 100 chameaux.

      1 œil = 1/2 *dia*
      1 membre = 1/4 de *dia*
      1 main = 1/10 de *dia*, etc.

En général la subsistance du blessé jusqu'à la guérison est à la charge du coupable sauf chez les Anakazza où elle est comprise dans l'indemnité. Toutes ces indemnités existent toujours mais, virtuellement, la victime et sa famille se contentent généralement d'une *dia* beaucoup moins forte (souvent en sauvant les apparences quant au nombre, quelques chameaux étant remplacés par quelques moutons). Peines suffisantes.

7. CIRCONSTANCES ATTÉNUANTES

Inconnues de la coutume.

8. BLESSURES INVOLONTAIRES

Sanctionnées comme les blessures volontaires.

9. COMPLICITÉ

N'est considérée comme complicité active que celle où des actes nets ont été relevés : jet de sagaie (même si ces armes n'ont atteint personne), animaux volés conduits ou poussés. Dans ce cas le complice est sanctionné au même titre que l'auteur principal.

La coutume ignore la complicité morale, l'aide morale ou matérielle apportée... [ici quelques mots sautés]. La complicité passive n'existe qu'après le crime pour celui qui donne volontairement asile et pourvoit à la subsistance du coupable. Ce complice paie alors une indemnité généralement d'un chameau.

10. CONCUSSION

Faute d'autorité, le cas ne se présentait que très rarement. Il était plutôt le fait d'exactions de petits chefs qui étaient alors changés et condamnés au remboursement.

11. CORRUPTION

Un juge de *djemaa* convaincu d'avoir accepté un cadeau pour favoriser une des parties était chassé et ne pouvait plus faire partie d'aucune djemaa. Un goumier du chef se laissant corrompre était licencié. Un goumier percevant des cadeaux forcés ou simplement réclamés était licencié et devait rembourser. La coutume ne prévoit rien pour le corrupteur, chacun étant jugé libre de donner ce qui lui plaît à qui lui plaît.

Il y a lieu de maintenir la distinction entre concussion et corruption et entre corrompu et corrupteur. Mais la question est assez épineuse dans un pays où le « matabiche » est la loi et il n'y a lieu de punir de prison qu'en cas de contrainte.

12. LÉGITIME DÉFENSE

La défense légitime n'est pas reconnue par la coutume. En cas de mort : *dia* ; en cas de blessures : indemnité. Chez les Doza l'agresseur reconnu est condamné à une amende d'un chameau mais reçoit néanmoins une indemnité s'il a été blessé.

13. DÉNONCIATION CALOMNIEUSE

Le dénonciateur calomnieux perdait seulement l'estime générale et payait parfois une indemnité au calomnié, en particulier chez les Toubou et les Doza (8 moutons ou un chameau).

Les pénalités proposées doivent être maintenues car la dénonciation calomnieuse est souvent à l'origine d'autres crimes.

14. DIFFAMATION ET INJURE

La diffamation n'est pas punie. L'injure grave était punie d'un chameau ou 8 moutons. L'injure à un chef ou sa famille de 2 chameaux. La diffamation et l'injure doivent être poursuivies pour la raison déjà indiquée au n°13 (15 jours à six mois de prison avec amende facultative). La diffamation et l'injure publique à un chef doivent être très sévèrement réprimées (un mois à deux ans de prison et amende obligatoire en sus des indemnités coutumières).

15. EMPOISONNEMENT

Excessivement rare, mais néanmoins prévu. En cas de mort, paiement de la *dia*. Cas de simple maladie, rien de prévu.
Empoisonnement de puits : dans le cas d'accident, simple indemnité, sinon rien. Empoisonnement d'animaux, non prévu.

16. ESCROQUERIE

L'escroquerie par charlatanisme n'était pas sanctionnée. La naïveté des Goranes est telle que, même lorsque le résultat est absolument contraire à l'effet attendu, la foi est conservée. L'escroquerie n'était sanctionnée et alors punie comme vol que lorsque l'escroc s'était déclaré envoyé en mission par son chef pour se faire remettre un animal ou un objet quelconque.

17. ESCROQUERIE AU MARIAGE

La coutume ne punit pas l'escroc qui a pris plusieurs dots (le père en général). Elle ne lui impose que le remboursement. La femme est remise au premier prétendant qui doit payer les autres prétendants au lieu et place de son beau-père. Cette escroquerie apparaît sans gravité aux yeux des Goranes et pourrait être sanctionnée par remboursement des dots indûment acquises, amende facultative et une peine modérée de prison n'excédant pas un an.

18. ÉVASION

L'évasion n'existait pratiquement pas. Néanmoins tout individu convoqué par des partisans du chef et faussant compagnie à ces derniers était passible d'une amende faible et variable. En cas de complicité du partisan celui-ci était passible d'une amende de 4 chèvres et 4 pièces (40 fr.).

Il est absolument anormal que l'évasion, déjà facile dans ces pays et encore davantage depuis la suppression des chaînes aux individus dangereux, ne soit pas sanctionnée. L'ordre social exige qu'elle le soit. *Peines proposées* : évasion simple, six mois à un an de prison supplémentaire ; évasion avec violence et voies de fait, un an à cinq ans. Peine pour le gardien complice : un à cinq ans. Peine pour les tiers : un mois à un an.

19. EXACTIONS

Mêmes peines que pour la concussion.

20 FAUX

Inconnu au Borkou et pour longtemps encore vraisemblablement. Devra être sévèrement sanctionné à la première apparition.

21. FAUSSE MONNAIE

Inconnue. Exige un art et une science bien trop supérieurs aux capacités goranes.

22. FAUX TÉMOIGNAGE

Etait puni d'une amende chez les Toubou seulement. Dans les autres fractions mésestime théorique et interdiction de témoigner à nouveau. A l'heure actuelle le Gorane ment aussi effrontément devant le tribunal qu'au dehors. Le faux témoignage doit être sévèrement réprimé : un mois à un an, amende facultative.

Ne doit pas être considérée comme faux témoignage toute déclaration de l'inculpé qui cherche à se défendre.

23. HOMICIDE VOLONTAIRE

La famille du mort peut accepter la *dia* (100 chameaux) et garde le droit de mort jusqu'au paiement intégral. Parricide : le frère a droit de mort ; il le prend rarement et il y a presque toujours arrangement. Infanticide : inconnu ou volontairement ignoré. Le mobile de l'homicide volontaire est uniquement la vengeance. Le taux minimum pour le meurtre est trop élevé : à ramener à 10 ans. Autres peines suffisantes.

SUBDIVISION DU BORKOU

24. HOMICIDE INVOLONTAIRE

La coutume ne fait pas de distinction entre l'homicide volontaire et l'homicide involontaire. La *dia* est due. Accidents de chasse inconnus faute d'armes à feu.

25. INCENDIE VOLONTAIRE

1) Incendie de case : remboursement intégral de tout le contenu de la case (sur déclaration sous serment du lésé), plus un chameau d'amende (deux chameaux chez les Anakazza).

2) Incendie de magasins de dattes : remboursement intégral plus 8 moutons d'amende (un chameau chez les Anakazza).

3) De récolte : remboursement plus 8 moutons (chez les Doza ; lorsque l'incendiaire était lui-même propriétaire d'un jardin cultivé, une fraction de ce jardin, égale à la fraction incendiée, était donnée au lésé.

26. INJURE À TÉMOIN

Même coutume que pour l'injure simple. Peines suffisantes.

27. MENACES

La coutume ne prévoit pas ce délit. Doit être sanctionné surtout en cas de récidive.

Peines proposées : quinze jours à six mois, amende facultative.

29. PILLAGE EN BANDE

Le pillage en bande armée (rezzou) s'exerçait au détriment d'autres fractions et surtout d'autres races. Les prises faites étaient partagées. Les pillés prenaient les razzieurs en chasse quand ils le pouvaient en organisant à leur tour un rezzou. On ne peut appeler ces actions des mesures répressives ; c'étaient des représailles incessantes inspirées par le désir de récupérer les animaux saisis et d'en acquérir d'autres à peu de frais.

Le cas de pillage en bande entre fractions de même race, quoique rare, est prévu et sanctionné par le remboursement, souvent doublé (au même titre que le vol) et aggravé parfois d'une amende.

30. RAPT

1) Rapt d'une femme mariée : la femme est rendue à son mari avec une indemnité de 7 chameaux (plus deux animaux chez les Anakazza).

2) Rapt d'une vierge.

a) non déflorée : fille remise au père sans indemnité (sauf chez les Toubou : un chameau).

b) déflorée : fille remise au père plus une indemnité d'un chameau.

Le rapt d'une femme mariée est grave. Celui d'une fille se produit le plus souvent en vue d'un mariage. L'accord se fait alors presque toujours. A noter que le simulacre d'enlèvement est une des cérémonies traditionnelles du mariage.

31. RÉBELLION

Punie chez les Toubou et les Doza par une amende de 4 pièces (40 frs), chez les Anakazza et Kokorda par le droit de tuer une chamelle pour la manger. Pas de distinction prévue selon qu'elle est avec ou sans arme. *Peines proposées* suffisantes.

32. RECEL

La coutume prévoit le remboursement pur et simple. Dans le cas où le receleur trouvé en possession des objets volés ne peut indiquer le voleur, il rembourse la totalité du vol. Le minimum de peine pour le recel d'objets ou d'animaux de peu de valeur pourrait être ramené à trois mois de prison.

33. RECEL DE MALFAITEUR

La loi de l'hospitalité et de l'inviolabilité de la case, la solidarité familiale rendent délicate la question de recel de malfaiteur. La famille avait en principe le droit et se faisait un devoir de protéger le coupable. Un malfaiteur qui s'est réfugié dans la case d'un Gorane ne peut pas être livré par ce dernier à qui il est interdit de le garder mais qui doit le protéger sous son toit et lui donner une chance de fuite, même en lui prêtant une monture. N'est considéré comme véritable receleur que celui qui cache volontairement le malfaiteur et pourvoit à sa subsistance.

Sanctions : Toubou et Doza : un chameau d'amende. Anakazza : incendier la case du receleur ou tuer une de ses chamelles. Peines prévues suffisantes ; le minimum à appliquer aux ascendants.

34. SÉQUESTRATION

Inconnue.

35. TENTATIVE

La tentative n'est pas prévue, néanmoins dans le cas de tentative de vol (malfaiteur surpris entrant dans une case ou une zériba), le malfaiteur doit être frappé. La tentative doit être réprimée.

36. VIOL

Le viol, quelles que fussent les circonstances aggravantes, était uniquement sanctionné par le paiement d'un chameau au mari pour une femme mariée, au père pour une fille. Le viol n'a pas l'importance que nous lui attribuons en raison du peu d'égards accordés à la femme et de la soumission de cette dernière. En outre l'habitude d'épouser et de déflorer des filles très jeunes, même impubères, ne fait pas prêter au viol d'une impubère plus d'importance qu'au viol d'une femme mariée. Enfin les maladies vénériennes sont si répandues qu'il ne leur est prêté aucune attention.

37. VOL

La pratique du vol est certainement la plus importante des occupations du Gorane. Il est élevé à la hauteur d'une institution et celui qui n'a pas volé est considéré avec dédain par ses congénères. Il regagne d'ailleurs très rapidement leur estime.

La coutume prévoyait un remboursement double du vol. La pratique actuelle la plus fréquente est le remboursement plus le paiement des frais engagés par le volé pour obtenir des renseignements sur son bien et son voleur. Les *Peines proposées* laissant une large marge d'estimation sont suffisantes.

Largeau, le 28 octobre 1937

Le capitaine Lorties, chef de la subdivision du Borkou

signé : LORTIES

Commentaire

Le genre de vie très proche de ces populations explique l'unicité de la coutume pénale mais une étude plus approfondie aurait fait apparaître entre elles des différences, comme le montre l'étude qui suit, faite par le lieutenant Deysson sur "la race Doza du B.E.T" en 1935, et que nous joignons pour compléter ces documents.

On remarquera que la diya de Khalîl n'est respectée qu'en apparence puisqu'on paie bien cent bêtes mais que les chameaux sont souvent remplacés par des moutons. On verra que la coutume doza prévoit, en remplacement des chameaux, des équivalences.

La légitime défense ne fait en aucun cas échapper au paiement de la diya.

La coutume, assez fruste, ignore un certain nombre d'infractions et de notions élémentaires de droit pénal. Elle ne réprime par exemple que les formes les plus matérielles de la complicité.

Comme à peu près partout, la seule forme connue et réprimée d'escroquerie est celle "du faux envoyé du chef", c'est-à-dire de celui qui se fait remettre faussement, au nom du chef, un animal ou un objet quelconque. Il faudrait y ajouter celle du "faux renseignement" donné contre rémunération après un vol de bétail.

A noter le droit de vengeance jusqu'à complet règlement de la diya, *l'assimilation de l'homicide volontaire et de l'homicide involontaire pour le paiement de la* diya, *et aussi la manière dont la coutume tient compte des lois de l'hospitalité et de la solidarité familiale pour sanctionner le recel de malfaiteur : on peut l'héberger momentanément, on doit même le protéger et l'aider à fuir, surtout si c'est un parent, mais on ne doit pas le cacher volontairement ni pourvoir longuement à sa subsistance.*

Le viol n'est réprimé que par le paiement d'un chameau.

Le vol n'entraîne que le remboursement du double de la valeur du bien volé, en plus du paiement des frais de renseignements.

Etude des coutumes juridiques des Doza du BET par le lieutenant Deysson (1935)

Il existe quatre coutumes différentes chez les Doza. Deux d'entre elles, coutume de Yarda, Bedo, et coutume de Tigui sont sensiblement les mêmes. Elle ne diffèrent que sur l'assassinat. La troisième est celle de la fraction d'Adem Boli. Cette fraction a gardé la coutume de ses ancêtres Toubou.

La dernière est celle des Doza de Koukour, Djiddi, Mardingaye, Boultanga. Etroitement liés aux Anakazza, ils en ont pris la coutume.

La coutume juridique traite du crime, des blessures, du vol, de l'adultère etc. La coutume Doza, au même titre que toutes les autres coutumes goranes ne prévoit pas de peines d'emprisonnement. Pour chaque fait relevant de la coutume elle fixe une réparation en animaux, proportionnée à la gravité du méfait commis.

Cette réparation en animaux devrait théoriquement être payée en chameaux. Or un chameau coûte cher en ces pays ; un meskine qui assassine un de ses semblables doit payer à la famille de celui qu'il a tué cent animaux ; il ne peut manifestement pas les donner. Aussi la coutume prévoit-elle en remplacement des chameaux des équivalences. Un chameau de deux ans peut être remplacé par 4 palmiers, un chameau de trois ans par 6 palmiers, un beau chameau de quatre à sept ans par 8 palmiers. Ce qui, réellement, en valeur argent, ne correspond pas, un chameau valant au minimum de 200 à 350 fr. sur le marché indigène, et 8 palmiers pouvant valoir au plus, s'ils sont très beaux, 120 à 150 fr. Un chameau peut être également remplacé par un bourricot, huit moutons, quatre *gouraf*, quatre *telli* (sac en peau), ou bien par quatre pagnes bleus. Même non-équivalence des valeurs argent.

En principe donc, un indigène riche paiera davantage qu'un meskine. C'est, en général, proportionnellement à la fortune du délinquant que l'on fixera la réparation. C'est une manière de faire qui, somme toute, se comprend. Ce que le criminel ou le délinquant doit payer définitivement est déterminé au cours d'une *djemaa* où sont réunis des notables et des vieillards bien imbus de la coutume : c'est la *yara*, qui se termine en général par un sacrifice et des réjouissances. Les membres de la *yara* sont d'ailleurs rétribués par l'une ou l'autre des parties, ou même par les deux. C'est ce qui constitue en quelque sorte les frais du procès.

Nous allons indiquer les réparations prévues pour un certain nombre de faits justiciables de la coutume. Nous dirons pour chacun d'eux quelle est, en animaux, l'indemnité à payer. Mais il faut bien être persuadé que, presque jamais, on ne paiera la totalité de ce qui est prévu en chameaux. Se basant plus ou moins sur les équivalences fixées plus haut, la *yara* déterminera ce qui est à verser et autant de cas semblables se présenteront qui seront réglés différemment.

Ne sont en général fixées des réparations que pour des blessures entraînant une impotence ou une infirmité quelconque, et des délits causant dommage. Ainsi une plaie au crâne, si l'os n'est pas touché, ou une blessure au bras ou la jambe n'entraînant pas l'impotence du membre, ne donnent pas lieu à réparation ; tout au plus les frais nécessités par les soins à donner au blessé seront-ils remboursés. Aussi les indigènes font-ils attention lorsqu'ils se battent, et ce n'est que par maladresse ou aveuglés par la colère qu'ils se mettent dans un cas répréhensible pour la coutume. On voit très bien les estafilades au bras, sur le dos, saignant beaucoup, mais n'ayant aucune suite. Les Doza pour se battre, emploient fréquemment la *badîngay*, sorte de couteau de jet à la forme compliquée, lourde pièce de fer. C'est avec cet instrument qu'ils se font des plaies au crâne. Il faut vraiment qu'ils frappent assez doucement et en faisant bien attention car la plupart du temps l'os n'est jamais touché.

Coutume de Yarda et de Bedo
(fractions d'Allatié Chaami, Gayle Tougouchoumi,
Aoubou Ertiémi, Barka Allahimi)

1. *Blessures des membres* :

a) Blessure entraînant la perte d'un doigt de la main : il n'est fait aucune distinction entre les doigts de la main droite ou de la main gauche, ou bien entre les doigts d'une même main. Pour un doigt perdu ou rendu inutilisable, la réparation est d'un chameau ou bien de l'une des équivalences indiquées plus haut. Pour plusieurs doigts on doit payer autant de fois l'amende qu'il y a de doigts perdus ; la perte d'un doigt de pied est également fixée à un chameau.

b) Blessures entraînant la perte ou l'impotence de la main ou du bras, du pied ou de la jambe : la coutume prévoit sept animaux dont la taille ou la valeur vont en diminuant. Voilà par exemple ce que l'on pourra faire payer dans un tel cas : un chameau de 7 ans, puis deux chameaux de 2 ans (qui pourront être remplacés par 6 palmiers ou par 6 moutons chacun) ; ensuite, en remplacement des 4 animaux restant, quatre moutons, puis trois moutons, deux moutons, enfin un mouton. Au total le coupable aura donc à payer un chameau, deux chamelons et dix moutons.

c) Blessures entraînant la perte ou l'impotence des deux bras ou des deux jambes : l'indigène admet en général que de telles blessures entraînent la mort, soit cent chameaux de *dia*. Si la mort ne vient pas, la réparation est encore très élevée : cinquante chameaux.

2. *Blessures de la face* :

a) Blessures entraînant la perte de dents. Deux incisives sont payées différemment, selon qu'il s'agit d'un homme ou d'une femme. Une femme qui a les deux dents de devant brisées perd tout son charme et ne peut se marier. La réparation est fixée à cinq ou six animaux. S'il s'agit d'un homme, l'atteinte à la beauté a moins d'importance. On ne doit payer alors que trois animaux. Ce qui compte surtout chez l'homme, ce sont les canines. Une canine brisée doit être remboursée par sept ou huit animaux, ce qui est très élevé quand on considère qu'une molaire ou une prémolaire n'est payée que deux animaux. De même que pour les doigts, on paie autant de fois la réparation qu'il y a de dents brisées.

b) Blessures du nez. Ce n'est que si l'organe est complètement enlevé que l'on paie ; la réparation fixée est une belle chamelle ou un beau chameau.

c) Blessures de l'oreille. La coutume est assez originale sur ce point. Si l'on coupe un morceau ou le bout d'une oreille à un indigène, on est condamné à lui offrir tous les ans un chèche pour cacher la blessure, un cadeau du jour de l'an très indiqué.

d) Blessures entraînant la perte d'un œil. La réparation à payer est la même que celle indiquée ci-dessus pour la perte d'un bras ou d'une jambe.

e) Blessures entraînant la perte des deux yeux ou la perte totale de la vue : la réparation est fixée à 50 chameaux (de même que pour la perte des deux jambes ou des deux bras).

f) Plaies du crâne. Comme il a été dit, ne sont répréhensibles que les blessures avec fracture des os crâniens. On est alors condamné à payer autant d'animaux que l'on sort d'esquilles de la plaie.

g) Arrachage des cheveux d'une femme. Si un homme arrache les cheveux d'une femme, il doit lui donner un animal en réparation du dommage causé à sa beauté (qu'il lui enlève tout ou une natte, c'est le même prix). Si une femme arrache les cheveux d'une autre femme, aucune indemnité n'est prévue par la coutume.

3. *Blessures du tronc.* N'entraînent de réparations que celles brisant les os, par exemple une côte ; à ce moment, le blessé doit être nourri aux frais de celui qui l'a frappé. D'une manière générale il en est de même pour toutes les blessures entraînant une indisponibilité temporaire.

4. *Blessures des parties.* La coutume ne prévoit rien de spécial à ce sujet. On nous a cité le seul cas qui se soit présenté jusqu'ici dans les annales Doza : une blessure par balle entraînant la perte d'un testicule fut évaluée à deux chameaux par la *yara*.

5. *Assassinat ou blessures entraînant la mort.* Que l'indigène meure sur le coup, ou qu'il mette plusieurs mois à mourir, si c'est du fait de la blessure reçue qu'il meurt, le coupable est condamné à payer le prix du sang, soit 100 chameaux pour un homme, 50 pour une femme. Si, par exemple, une plaie du crâne avec fracture de l'os a été payée autant d'animaux qu'il a été extrait d'esquilles osseuses, et si la mort survient par la suite, le coupable devra payer le complément d'animaux nécessaires pour arriver à la totalité de la *dia*. Il est évident que ce ne sera pas cent chameaux que l'on paiera.

Le prix du sang sera définitivement fixé par la *yara*. L'assassin commencera à payer la *dia* ; quand la famille du tué estimera avoir reçu suffisamment, elle pourra le dispenser d'achever de payer. Il y aura une grande sadaga pour fêter l'achèvement ou la cessation du paiement du prix du sang. La famille du tué reconnaîtra n'avoir plus rien à recevoir de l'assassin.

La *yara* n'a pas lieu immédiatement après le crime. Voici le processus qu'il est d'usage de suivre : le jour de l'assassinat, le criminel s'enfuit ; sinon, s'il rencontre les parents de celui qu'il a tué, ceux-ci auront le droit et le devoir de le tuer, de même qu'ils essaieront de détruire ou de prendre ses biens. S'il s'enfuit immédiatement, les esprits se calment. Alors il revient et c'est seulement après son retour que l'on réunit la *yara*. Si la famille du tué a, au début, pris ou tué des animaux de la famille de l'assassin, on les défalquera de la *dia* fixée par la *yara*.

La coutume ne reconnaît pas de légitime défense ; un indigène attaqué par un bandit devra payer la *dia* s'il a réussi à tuer ce dernier. Pour le règlement de la *dia* il n'y a jamais prescription. Si, comme il arrive souvent, plusieurs indigènes ont frappé le même homme, on recherche celui d'entre eux qui a porté le coup mortel. C'est lui qui paiera la *dia* de 100 chameaux ; les autres paieront, en plus du prix du sang, chacun un chameau.

La *dia* de 100 chameaux pour les hommes, 50 pour les femmes, est toujours la même, quel que soit l'âge du mort, même si c'est un bébé, à condition que celui-ci ait au moins sept jours.

6. *Viol.* Le viol couvre de honte celui qui l'a commis, et c'est pour cette raison qu'on lui fait donner un chameau de sept ans. Si la fille violée

devient enceinte, l'homme qui l'a violée doit l'épouser. Il est dispensé de donner le chameau mais il doit payer la dot.

7. *Adultère*. Si un indigène couche avec une femme mariée sans savoir que celle-ci est en puissance d'époux, il ne paiera à ce dernier, en réparation, qu'un seul chameau. S'il l'a fait souvent et sciemment, il peut avoir à payer jusqu'à sept animaux. Une femme qui n'est plus vierge, une veuve ou une divorcée ne peuvent jamais prétendre avoir été prises de force.

8. *Vol de chameaux*. Le vol pratiqué le plus couramment est celui des chameaux :

1° Un Doza a volé le chameau d'un autre Doza : il lui rend son chameau ou un autre de même valeur s'il n'a déjà plus celui qu'il a volé. En plus il lui donne un autre chameau car il est couvert de honte pour avoir volé un homme de sa race.

2° Un Doza vole un chameau d'un étranger, ou un étranger vole un chameau d'un Doza : le coupable rend le chameau, mais il ne paie pas d'indemnité car le vol dans ces conditions est chose à peu près normale. Il en est de même pour tout vol d'animaux, ânes, chèvres etc.

9. *Vol d'objets ou de denrées*. Si un indigène, poussé par le besoin, en vole un autre, il doit lui rendre ou lui payer ce qu'il lui a volé. S'il le fait méchamment, pour nuire, il doit payer deux fois ce qu'il a volé.

10. *Incendies de jardins, magasins à vivres, cases*. Si l'incendie a été mis involontairement, on paie ce qui a été brûlé. Si le feu a été mis volontairement, le coupable est couvert de honte ; il doit payer deux fois le prix de ce qu'il a brûlé, une fois en indemnité, une autre fois pour se dégager de la honte qui le flétrit.

11. *Mise à mort d'un chameau*. Il arrive souvent qu'un indigène tue un chameau qui ne lui appartient pas :

1) Si le voleur a mangé la viande de ce chameau, il doit rendre deux chameaux du même âge que celui qu'il a tué.

2) Si le propriétaire du chameau a mangé la viande, il a droit à un chameau du même âge et un chameau de 7 ans.

12. *Insultes*. Les insultes sont payées très cher chez les Doza : une chamelle ou une vache, ou huit moutons.

13. *Divorce*. Le divorce chez les Doza est difficile ; la femme qui veut se séparer de son mari doit lui rembourser intégralement la dot.

14. *Héritage*. Les enfants ont des droits égaux à la succession, qu'ils soient du sexe masculin ou féminin. Si un homme possède deux fils, et si l'un de ceux-ci meurt en laissant une fille, la fille a droit à la part d'héritage de son père.

SUBDIVISION DU BORKOU

Coutume de Tigui

C'est la même que celle de Bedo et Yarda. Une seule différence existe au sujet de l'assassinat. Les Tiguoa sont batailleurs et il y a souvent des meurtres chez eux. Si plusieurs indigènes ont participé à l'assassinat, seul celui qui a donné le coup mortel est condamné à payer la *dia*. Si l'on ne peut déterminer ce dernier, tous doivent payer la *dia* à parts égales.

Coutume de Gouring

La fraction d'Adem Boli a la même coutume que les Toubou ; nous n'en parlerons pas ici ; d'autres l'ont déjà étudiée. Elle diffère beaucoup des autres coutumes Doza.

Coutume des Doza de Voun

C'est celle des fractions de Sougou Aramimi, Hamis Chelkemi, Sougou Mardami, Thiolleye Bellelemi. Ces fractions Doza sont unies aux Anakazza par parenté et vassalité. Elles ont accepté la coutume qu'est venu leur imposer un ancêtre du chef Anakaza actuel : Tahar Sougoumédémi. Actuellement encore ils ont la même coutume. Cette dernière d'ailleurs n'est pas tellement différente de celle que nous avons étudiée. D'une manière générale les réparations pour blessures diverses sont les mêmes. Nous allons voir quelles sont les différences essentielles entre ces deux coutumes :

1. *Assassinat.* En plus des 100 chameaux de *dia*, l'assassin doit donner sept chameaux. Le jour où il a l'intention de se faire couper les cheveux (un assassin ne peut se faire couper les cheveux avant d'avoir payé la *dia*), il fait ce dernier versement. Sinon les parents de celui qu'il a assassiné auraient le droit de le tuer s'il s'arrêtait à 100 chameaux.

2. *Blessures.* Les blessures qui n'entraînent pas d'infirmité ne se paient pas cher chez les Anakaza.

3. *Insultes.* L'insulte n'entraîne pas de réparation ; les Anakaza prétendent la dédaigner.

4. *Divorce.* Le divorce Anakaza est beaucoup plus facile que le divorce Doza ; [ici quelques mots sans doute sautés par le copiste] - par exemple il ne sera rendu que quatre brebis pour une charge de blé, ce qui coûte beaucoup moins.

5. *Héritage.* Une fille n'a aucun droit dans un héritage. Seuls les hommes peuvent hériter. Si un homme meurt avant son père, sa fille n'a droit ni à héritage de son père, ni à la part d'héritage de son grand-père.

6. *Enlèvement.* Un enlèvement de femme est payé dix chameaux chez les Anakaza, au lieu de 6 chez les Doza de Yarda et Bédo.

7. *Veuvage.* Chez les Doza une veuve peut se marier comme elle l'entend, sans opposition de personne. Chez les Anakaza la famille du défunt garde la femme jusqu'à ce que celle-ci ait remboursé la dot pour se libérer.

8. *Emprisonnement.* Actuellement, depuis l'occupation française, la coutume doza s'est trouvée comme toutes les autres devant un fait nouveau : l'emprisonnement. Les Doza ne reconnaissent pas que la prison est une peine suffisante pour le criminel ; ce qui compte pour eux c'est la réparation. Un assassin qui aura purgé sa peine se verra assailli à sa sortie de prison par la famille de celui qu'il a tué. Il n'y a jamais prescription. Le mieux est, lors d'un jugement, de fixer une réparation évaluée d'après la coutume conjointement à la peine d'emprisonnement. En général la partie plaignante admettra ce règlement, ce qu'elle ne ferait pas si le jugement ne comportait qu'une peine d'emprison-nement.

Largeau le 7 avril 1935
Deysson

Commentaire

On notera les particularités de la coutume des Doza de Voun aussi bien en matière civile que pénale. Pour l'assassinat le paiement de sept chameaux supplémentaires en plus de la diya *est exceptionnel.*

Le lieutenant Deysson attire justement l'attention sur le fait que la peine d'emprisonnement ne met en aucun cas le condamné à l'abri d'une réaction de vengeance si la diya *n'a pas été payée.*

3
Subdivision de l'Ennedi

Notice sur la justice dans l'Ennedi avant l'arrivée des Français

La subdivision de l'Ennedi comprenait avant l'arrivée des Français deux groupes bien distincts :

1° Celui des nomades (Goranes et Bidéyat Borogat) à l'esprit d'indépendance bien marquée, vivant en éléments minuscules reconnaissant chacun l'un des leurs comme chef mais lui contestant toute autorité.

2° Celui des semi-nomades (Bidéyat Bilia) formant des fractions plus ou moins rivales, ayant une organisation politique et reconnaissant l'autorité des chefs de fractions qui avaient les moyens de faire respecter leurs décisions.

L'être collectif que nous appelons "société" et au nom duquel s'exerce la vindicte publique se réduisait donc à une collectivité étendue : la fraction, mais la notion de répression comme mesure de défense sociale, d'ordre public, était inconnue sauf chez les Bilia où elle existait à l'état embryonnaire.

1° Les nomades : Goranes et Bidéyat Borogat

Ceux-ci étaient sous la suzeraineté nominale du Sultan d'Abéché, suzeraineté qui n'impliquait ni administration ni commandement réel mais assurait le ravitaillement en sel et en dattes du Ouaddaï. Annuellement des Goranes et Borogat se rendaient à Abéché où ils remettaient du sel, des dattes, des chameaux au Sultan, qui, en échange leur faisait cadeau de pièces d'étoffe, de sucre, de thé et même d'esclaves.

Les familles de même origine formaient des fractions dont le chef, toujours pris dans la même famille et en principe héréditaire, n'avait aucune autorité mais pouvait tirer gloriole d'avoir de nombreux *nas* [gens]. Il avait de plus le privilège de taxer les étrangers de passage (si ceux-ci étaient faibles) et de percevoir une part, en principe la moitié, sur le produit des razzias. Quant à la justice, il s'en désintéressait et pour cause : il n'aurait pas eu les moyens de faire appliquer ses décisions et risquait de voir les mécontents quitter sa fraction.

Le règlement des palabres, la fixation des indemnités étaient faits par des *djemaa,* groupe de vieillards réputés par leur savoir, leur sagesse et leur sens de la justice, agréés par les deux parties. Il y avait généralement à l'ombre d'un grand arbre toute une bavarde société qui discourait ferme et fort longtemps pour trouver la solution équitable. Les parties pouvaient se rendre devant plusieurs djemaa successivement (au maximum quatre), même celles de fractions rapprochées. Si aucun règlement satisfaisant et accepté des parties n'était trouvé, la solution en était abandonnée à la vengeance privée, véritable déclaration de guerre entre deux familles.

La répression n'existait pas mais seulement l'indemnisation. Aucune autorité, donc aucune sanction possible.

Malgré le pouvoir inexistant et la rudesse des mœurs (l'indigène joue de la sagaie et du poignard aussi communément que du bilboquet sous Henri III mais les résultats en sont plus dangereux), la coutume a cherché par le système des compositions à éliminer le recours à la force tout en laissant cependant intact le droit de représailles (la vengeance privée), car elle invitait seulement à la composition mais n'y obligeait pas. Elle a voulu, en fixant un tarif, faciliter les arrangements à intervenir. La composition était destinée au rachat, ou, pour mieux dire, à l'extinction du droit de vengeance de l'individu lésé. Etant payée totalement à la victime du délit, comme prix de l'abandon du droit de vengeance, elle ne présentait pas le caractère de l'amende moderne avec son caractère exclusivement pénal. La coutume garantissait à celui qui avait payé la composition la sécurité de sa personne et de ses biens.

Solidarité de la famille.

A noter que l'injure reçue par un seul était réputée l'injure de toute la famille ; aussi le droit de vengeance, et par suite le droit de composition n'appartenait pas exclusivement à l'individu lésé. Une étroite solidarité réunissait tous les membres de la famille. Etant donné que les solutions proposées par les *djemaa* pouvaient ne pas être acceptées, cette solidarité constituait en somme la seule sécurité pour la personne et les biens, comme elle constituait aussi le seul frein des passions ; car si chaque offensé pouvait être certain d'être vengé par les siens, chaque offenseur pouvait craindre d'amener la ruine et la mort sur lui et les siens pour son acte. La vengeance, si la composition n'avait pas été acceptée ou réglée, était érigée à la hauteur d'une vertu et quiconque avait failli à ce devoir était déconsidéré.

L'intérêt du nomade et son amour pour les troupeaux importants le portaient d'ailleurs à accepter généralement l'indemnité.

2° Les semi-nomades : Bidéyat Bilia

Le Bilia reconnaît et aime l'autorité. Avant notre arrivée, Les Bilia formaient des fractions indépendantes et souvent rivales, mais relevant toutes du Sultan du Darfour, auquel elles payaient des redevances annuelles par l'intermédiaire du *moggadoum* résidant à Kuttum, et qui venait quelquefois au pays bilia. Le Sultan réglait les différends entre les chefs et jugeait les grands criminels et les incestes.

Dans chaque fraction existaient quelques familles fournissant généralement le chef, mais celui-ci n'était pas indépendant. Si les indigènes admettaient d'être dirigés par l'un d'eux, ils voulaient en contrôler l'action et il existait des *djemaa*, assemblées de tous les notables (personnes les plus âgées) qui discutaient des affaires de la fraction, de l'action du chef, et qui pouvaient le destituer et en reconnaître un autre avec le consentement du Sultan. Les changements étaient d'ailleurs fréquents, non dans l'intérêt de la fraction, mais dans celui des familles principales, lesquelles, à tour de rôle, voulaient profiter des avantages du commandement.

Composition.

Le chef essayait de prévenir les délits, les meurtres, les effusions de sang et rendait la justice. Pour les affaires importantes il consultait la *djemaa*. La base du système répressif était, comme pour les nomades, l'indemnisation.

Amende.

Le chef pouvait imposer sa décision, sauf pour le meurtre, et à la composition s'ajoutait une sanction : l'amende perçue au profit du chef, mais celle-ci, étant donné son peu d'importance par rapport à certains crimes et délits, pouvait plutôt être considérée comme une rétribution faite au juge, et prendre le caractère de frais de justice plutôt qu'une amende légale envisagée comme moyen de répression.

Châtiment.

L'idée de châtiment existait cependant car les grands criminels et les auteurs d'incestes étaient jugés par le Sultan et le plus souvent empalés sur la place du marché. Le chef pouvait ordonner car il avait à sa disposition toute une gamme de sanctions et des partisans pour assurer la police et l'exécution de ses ordres. Ses partisans avaient d'ailleurs le droit de réquisition lorsqu'ils avaient des animaux fatigués, et s'ils tuaient un récalcitrant, ils étaient couverts par le chef et ne payaient pas la *dia*. La case du chef était inviolable.

Introduction au travail sur les coutumes et peines proposées pour crimes et délits.

Le principe du système répressif est l'indemnisation.

Le travail qui suit a donc pour but, avec quelques explications complémentaires, d'indiquer le tarif des compositions qui, sans être obligatoire, était en principe admis après de nombreuses et longues palabres (même chez les Bilia).

A noter que la coutume ne fait aucune distinction entre crimes et délits sciemment commis de ceux qui sont involontaires.

NOTA. Lorsque les peines et distinctions proposées répondent aux nécessités locales (respect des coutumes et défense sociale), il n'en a pas été fait mention pour simplifier et éviter d'alourdir le travail.

Cumul emprisonnement et amende.

L'indigène n'admet pas qu'une condamnation comporte à la fois une peine d'amende et une peine d'emprisonnement ; il faut donc en principe appliquer l'une ou l'autre, c'est pourquoi l'amende a été proposée comme minimum pour certains délits.

* * *

1. ABUS DE CONFIANCE

L'abus de confiance n'existait que pour le bétail. La coutume prévoit la restitution de l'animal ou des animaux ou leur remplacement par des bêtes identiques si ceux détournés sont morts ou ont été vendus.

Par voyage d'un chameau ou chamelle au profit du délinquant, l'indemnité est de quatre moutons à verser au plaignant. Amende chez les Bilia de 8 moutons par chameau ou chamelle, de 2 moutons par bovin.

2. ADULTÈRE

La coutume ne prévoit aucune sanction pénale pour la violation du devoir de cohabitation. L'adultère du mari n'est pas puni et ne doit pas l'être.

Coutume des Goranes : indemnité de 7 animaux.

Pour les Borogat : indemnité d'un chameau, plus quatre moutons dont un pour le tam-tam de réconciliation, 1 pour la famille du plaignant, 2 pour la *djemaa*.

Chez les Bilia indemnité d'un chameau, de 4 moutons, d'un couteau de jet. Et amende de 8 à 16 moutons suivant que le plaignant est plus ou moins apparenté avec le chef.

Chez tous, la femme qui essayait de s'enfuir était recherchée par les membres de sa famille et remise au mari. Si le mari trompé surprenait sa femme en flagrant délit, son devoir était de frapper le fautif, mais si par malheur il le tuait ou le blessait, il était obligé de payer la *dia*.

Les sanctions pénales pourraient être ramenées à une amende de 50 à 500 frs, à un emprisonnement d'un mois à un an en cas de récidive.

3. DÉMENCE, IVRESSE

La coutume ne considère pas la démence ou l'ivresse comme une cause d'atténuation ou de disparition de la responsabilité en cas de meurtre.

4. ATTENTAT A LA PUDEUR

La coutume ne prévoit même pas d'indemnité. Le fautif est sévèrement admonesté par sa famille et mis en demeure de cesser ses agissements ; s'il s'obstine, il y a généralement bataille entre les deux familles. Le plus souvent, l'adulte, lorsqu'il était découvert, s'en trouvait par trop honteux et disparaissait quelque temps.

L'attentat à la pudeur par un adulte doit être réprimé mais pourrait être déféré au tribunal du 1er degré ; la sanction n'en serait que plus importante aux yeux des indigènes car les assesseurs y ont voix délibérative et non consultative.

5. AVORTEMENT

L'avortement était une pratique courante chez les femmes non mariées et si l'avortement échouait et que l'enfant naisse, la famille, pour éviter la honte qui rejaillissait sur elle, l'abandonnait dans la nature. Aucune indemnité, aucune sanction pour la femme non mariée.

Pour la femme mariée les coutumes étaient les suivantes :
Bilia : pas d'indemnité mais le mari pouvait réclamer le divorce et le remboursement intégral de la dot. Aucune sanction pénale.
Borogat : le mari pouvait conserver la femme, auquel cas il ne percevait aucune indemnité. S'il demandait le divorce, la dot lui était remboursée et il touchait en sus une indemnité variable suivant la durée de la grossesse, allant jusqu'à 5 chameaux.
Goranes : comme chez les Borogat, mais l'indemnité variait de trois chameaux à quarante animaux dont la moitié était ensuite rendue à la famille de l'avortée.

6. BLESSURES VOLONTAIRES

1) Coups et blessures volontaires mortels. La coutume ne distinguait pas avec l'homicide volontaire.

Bilia : indemnité fixée à 100 têtes de bétail, moutons et chèvres exclus (mais 10 moutons ou chèvres représentaient une tête de bétail), plus deux animaux, représentés obligatoirement par un cheval, et un captif, celui-ci pouvant être remplacé par un très bon cheval ou un très bon chameau. Si la *dia* n'était pas payée, la famille du mort se réservait le droit de tuer l'assassin ou un de ses frères ou sœurs non mariées. Amende : 2 génisses.

Borogat : comme les Bilia, moins l'amende.

Goranes : La *dia* était également de 100 animaux mais la famille du mort avait seulement la possibilité de tuer l'assassin. Les réclamations incessantes faites auprès du meurtrier pour percevoir la *dia* dégénéraient souvent en bagarre d'où nouvelle effusion de sang.

2) Blessures. Aucune différence entre l'amputation et la perte de l'usage d'un membre.

	Bilia	Borogat	Goranes
1 œil	7 chameaux et amende : 8 moutons	7 chameaux	25 animaux
2 yeux	14 chameaux et amende : 8 animaux	14 chameaux	50 animaux (1/2 *dia*)
1 bras ou 1 jambe	25 animaux et amende : 2 génisses	25 animaux	25 animaux
2 bras ou 2 jambes	50 animaux et amende : un chameau	50 animaux	50 animaux
pouce ou auriculaire	1 chamelle et amende : 8 moutons	1 chamelle	1 chamelle 1 chameau par phalange
Autres doigts	10 moutons et amende : 4 moutons	10 moutons	

Délit (1er degré)
L'auteur du délit devait assurer une subsistance copieuse au blessé (moutons beurre, mil) et, dès la guérison, une indemnité de deux moutons et un agneau. Amende chez les Bilia d'une génisse ou quatre moutons suivant la durée de l'indisponibilité.

7. CIRCONSTANCES ATTÉNUANTES

Inconnue de la coutume.

8. BLESSURES INVOLONTAIRES

Aucune distinction avec le § 6. La négligence ou l'imprudence des chauffeurs et chasseurs doit être sanctionnée sévèrement surtout pour le chauffard. Le maximum pourrait être porté à un an d'emprisonnement.

9. COMPLICITÉ

La complicité active n'est pas prévue. Le ou les responsables sont ceux qui se sont rendus directement coupables du crime ou du délit. A noter cependant qu'à la suite d'une bagarre au cours de laquelle un individu a été tué, les partisans du meurtrier qui ont "lancé la sagaie" doivent payer une indemnité à la famille de la victime : un chameau chez les Bilia et Borogat, 1 à 3 chameaux chez les Goranes (suivant leur âge). La coutume ne prévoit pas la complicité passive.

La sanction pénale parait trop importante dans ce cas, surtout pour un délit ; les assesseurs comprendront rarement la nécessité de l'emprisonnement dans ce cas, d'où acquittement au premier degré. La condamnation pourrait être la suivante : amende 50 à 500 fr. ou emprisonnement de trois mois à trois ans.

10. CONCUSSION

Faute d'autorité chez les nomades, leur coutume n'envisageait pas ce cas. Chez les Bilia les goumiers ou partisans du chef de fraction étaient révoqués et devaient payer une indemnité proportionnelle à l'importance du délit.

11. CORRUPTION

La coutume locale est muette. La distinction entre corruption et concussion doit être maintenue. La distinction entre corrupteur et corrompu aussi ; toutefois la seule contrainte à envisager est celle de la force ; les autres ne pouvant actuellement être prises en considération étant donné l'organisation administrative du pays.

12. DÉFENSE LÉGITIME

Le cas de légitime défense n'était pas retenu par la coutume sauf pour les partisans des chef Bilia.

13. DÉNONCIATION CALOMNIEUSE

Coutume muette. Les pénalités proposées doivent être maintenues car la dénonciation calomnieuse à un fonctionnaire ou à un agent de l'autorité se complique d'un manque de respect à l'égard de l'administration actuelle qui sortirait bafouée si, par hasard, la dénonciation amenait la condamnation ou même seulement la mise en prison préventive du calomnié.

14. DIFFAMATION

La diffamation était sanctionnée par une indemnité d'un chameau à 8 moutons. L'injure ne donnait pas lieu à indemnité. L'injure à un chef chez les Bilia coûtait au délinquant une amende de deux moutons à trois chameaux suivant sa nature et le nombre de témoins.

Les *Peines proposées* pour la diffamation pourraient être de 50 à 500 fr. d'amende ou quinze jours à six mois de prison pour injure et diffamation à un chef, d'un mois à deux mois d'emprisonnement dans les autres cas.

15. EMPOISONNEMENT

L'empoisonnement était et est encore inconnu dans l'Ennedi ; l'indigène préfère la sagaie et, étant nomade et connaissant la valeur d'une goutte d'eau, se garderait bien d'empoisonner celle-ci.
La seule vengeance sur l'eau consistait à enterrer à une centaine de mètres d'un puits une marmite contenant diverses plantes non vénéneuses pour jeter un sort sur le puits.

16. ESCROQUERIE

La coutume ignorait l'escroquerie. L'indigène aime les amulettes mais il ne se considère pas comme escroqué si ce qui était promis ne se réalise pas. Une plainte de la victime devrait être nécessaire pour qu'il y ait poursuites.

17. ESCROQUERIE AU MARIAGE (À LA DOT)

Dans l'escroquerie au mariage le responsable n'était pas celui qui avait autorité sur la fille et qui percevait la dot mais le deuxième fiancé, qui devait dédommager le premier en lui versant une indemnité de 7 chameaux chez les Goranes et d'un chameau et quatre moutons chez les Bilia et les Borogat. L'acompte sur la dot était rendu au premier fiancé.

Les *Peines proposées* sont trop fortes étant le peu d'importance de ce délit. Elles pourraient être les suivantes : amende de 50 à 500 fr. ou emprisonnement d'un mois à un an.

18. ÉVASION

Avant notre arrivée, pas de prison donc pas d'évasion. Chez les Bilia le délinquant pouvait être mis aux chaînes ; s'il s'enfuyait, sa famille était rendue responsable de l'exécution du jugement (paiement indemnité et amende). Actuellement l'évasion doit être réprimée pour en faire perdre le goût aux détenus. Pourquoi ne pas essayer de s'enfuir puisqu'il n'y a aucun risque ? Les distinctions sont à maintenir mais la peine pour évasion avec violences et voies de fait pourrait être d'un an à cinq ans d'emprisonnement et la peine pour le gardien (connivence) d'un an à trois ans.

19. EXACTIONS

Voir § 10. La distinction entre concussion et exaction doit être maintenue car ces deux crimes sont nettement différenciés. Les peines pour l'exaction sont insuffisantes et pourraient être portées de trois à dix ans d'emprisonnement, cette faute étant de toute évidence plus importante que celle du vol simple.

20. FAUX

Inconnu de la coutume. Le cas de falsification ne s'est pas encore présenté dans l'Ennedi. Le faux devrait normalement être de la compétence du tribunal du 1er degré.

Les *Peines proposées* sont trop élevées et il faudrait y ajouter une indemnité pour le tiers qui a été lésé. Actuellement six mois à cinq ans seraient suffisants.

21. FAUSSE MONNAIE

Crime n'ayant jamais existé dans la région.

22. FAUX TÉMOIGNAGE

La coutume punissait le faux témoignage d'une amende de cinq moutons chez les Bilia seulement. Le mensonge étant courant chez l'indigène, il importe de le réprimer sévèrement en justice.

Peines proposées suffisantes pour le prévenu lequel cherche à se défendre, mais insuffisantes pour le témoin qui se présente librement soit à charge soit à décharge (minimum proposé : un mois ; maximum : six mois).

23. HOMICIDE VOLONTAIRE.

Le crime crapuleux n'existait pas dans l'Ennedi et l'homicide volontaire était toujours dû à la vengeance, suite à une *dia* non payée. On ne tuait pas pour voler mais parfois pour défendre ou reprendre son bien ; un coup malheureux était porté, d'où mort de personne. Actuellement il faudrait punir ce crime sous le motif *"blessures ayant entraîné la mort sans intention de la donner"*. Depuis notre arrivée le meurtre par vengeance est le seul qui soit relevé, et quoiqu'il faille faire perdre le principe de la vengeance privée, le minimum est trop élevé et choque l'indigène. L'acquittement ne pouvant être admis, le minimum devrait être ramené à trois ans d'emprisonnement.

Parricide : inconnu

Infanticide : était très répandu chez les filles-mères pour éviter que la honte rejaillisse sur la famille. L'enfant était tué aussitôt né et on déclarait qu'il était mort-né sans que cela ne trompe personne, et Allah était le seul responsable.

24. HOMICIDE INVOLONTAIRE

L'auteur d'un homicide involontaire devait acquitter la *dia*. Aucun chasseur indigène dans l'Ennedi.

25. INCENDIE VOLONTAIRE

Goranes : remboursement des dégâts, plus indemnité d'un chameau et 12 moutons.

Borogat : remboursement des dégâts, plus indemnité d'un chameau et quatre moutons.

Bilia : remboursement des dégâts, plus indemnité d'un ou quatre chameaux selon que le lésé est un mesquine ou un chef. Amende : deux génisses.

S'il y a des victimes les indemnités à payer sont, en plus, celles fixées pour blessures et mort.

26. INJURES À TÉMOIN

Peines suffisantes.

27. MENACES

La coutume des nomades ne prévoit pas ce délit. Coutume Bilia : amende de deux génisses.

Les menaces doivent être sanctionnées pour éviter qu'elles ne provoquent des bagarres entre deux familles. Les peines pourraient être les suivantes : 50 à 500 fr. d'amende ou emprisonnement d'un mois à deux ans de prison.

28. OUTRAGES

Peines suffisantes. Minimum proposé : trois mois d'emprisonnement. Maximum : un an.

29. PILLAGE EN BANDE ET À MAIN ARMÉE

Avant notre arrivée le rezzou était courant et le chef touchait une part sur les prises. Le pillage en bande et à main armée se faisait toujours hors de la fraction de la bande. La bande était généralement prise en poursuite et si elle était accrochée, les uns étaient tués, les autres pris comme captifs, le reste s'enfuyait.

30. RAPT

D'une femme mariée : *chez les Goranes*, indemnité de 7 animaux à verser au mari.
Chez les Borogat, indemnité d'un chameau complètement harnaché et quatre moutons à verser au mari.
Chez les Bilia : comme chez les Borogat, plus une amende de deux génisses.

D'une pucelle : un chameau à verser au père ou à la famille du père si celui-ci est mort l'indemnité est la même que la fille revienne chez elle vierge ou femme). Chez les Bilia, amende d'une génisse en plus.

L'enlèvement était fréquent, mais rare le maintien de la femme par la force, car s'il tenait à conserver la femme, le fautif cherchait à l'épouser régulièrement.
Les rapts faits au cours de razzias n'étaient évidemment pas sanctionnés.

Les peines et distinctions prévues à la colonne deux peuvent être maintenues. Les peines pour la traite (vente d'enfants surtout) sont insuffisantes et le maximum pourrait être de dix ans.

31. RÉBELLION

N'était connue que chez les Bilia et l'amende, variable suivant l'importance de la rébellion, était partagée par moitié entre les goumiers et le chef. Les *Peines proposées* pour rébellion sans arme et avec armes, étant donné que les armes s'entendent non seulement de fusils mais également d'armes blanches, sont suffisantes.

32. RECEL

Le recel était sanctionné comme le vol car la coutume retenait, non pas tant le fait d'avoir volé mais celui de détenir en connaissance de cause des animaux ou objets d'origine frauduleuse.

Le recel doit être réprimé mais pour celui d'un animal, vache par exemple, le minimum parait exagéré et pourrait être ramené à un mois d'emprisonnement ou à un amende variable de 200 à 1000 fr., sans peine de prison.

33. RECEL DE MALFAITEUR

La coutume ne prévoyait pas le recel de malfaiteur mais le fait d'avoir abrité un meurtrier pouvait attirer sur les receleurs la vengeance de la famille du mort.

Le recel de malfaiteur doit être sévèrement réprimé surtout dans un pays de nomades, et les peines pourraient être fixées dans les limites suivantes : trois mois à trois ans d'emprisonnement, les parents étant en général passibles du minimum.

34. SÉQUESTRATION ARBITRAIRE

Sans observation.

35. TENTATIVE

La coutume ne prévoit pas la tentative mais celle-ci ne doit pas être punie des mêmes peines que le délit ou le crime, l'écart entre les minima et maxima permettant de doser la répression.

36. VIOL

- Femme mariée : même indemnité que pour l'adultère.

- Femme impubère : indemnité d'un chameau et 4 moutons pour le père ou la famille de la mère.

Le viol doit être puni comme crime du 2e degré pour éviter des acquittements au 1er degré où les assesseurs ont voix délibérative. Les *Peines proposées* sont normales et le maximum est suffisant pour réprimer un viol commis par un ascendant ou une personne ayant autorité sur la mineure violée.

37. VOL

Les Goranes et Bilia sont remarquables pour leur dédain de toute propriété (tout au moins celle des autres). Ce caractère ressort très nettement de leurs coutumes où le vol est uniquement sanctionné par la restitution (plus une faible amende chez les Bilia), et suivant lesquelles le chef touche une part des razzias.

Le vol d'animaux était d'ailleurs presqu'une obligation car il n'y avait guère d'autres moyens pour constituer une dot ou rassembler les animaux nécessaires pour payer une *dia*. Tous tiraient gloire des vols commis au détriment d'étrangers. La coutume prévoit la restitution, plus le remboursement des "matabiches" donnés pour obtenir des renseignements au sujet du vol. Si le délinquant ne pouvait pas restituer, le plaignant devait prendre des animaux de valeur équivalente. Amende chez les Bilia de 16 moutons.

Les distinctions et *Peines proposées* sont nécessaires et suffisantes car elles permettent de graduer la condamnation et de réprimer énergiquement cette manie du vol de nombreux goranes.

Liste des fractions sur lesquelles l'étude a porté :

1/ Nomades : Gaéda Hadjer ⎫
Gaéda Arami ⎬ Goranes
Ounia ⎭
Bidéyat Borogat
Erdia.

2/ Semi-nomades : Bidéyat Bilia.

NOTA : Les Mourdia formant un canton actuel de l'Ennedi ont les mêmes coutumes que les nomades des régions d'Ouri et Gouro dont la plupart sont originaires.

Fada, le 20 septembre 1937
Le capitaine THILLOY,
Chef de la subdivision de l'Ennedi

signé : THILLOY

Commentaire

Cette étude montre comment des genres de vie légèrement différents pour deux groupes dont l'origine est pourtant commune, peut influencer le système judiciaire.

Les Borogat, attirés par les Toubou (ici des Daza) dont ils ont adopté progressivement le genre de vie (la tente, l'élevage du chameau) sont plus nomades que les Bilia qui sont sédentaires huit mois par an. Chez les premiers la chefferie est quasiment inexistante. D'où le recours à l'arbitrage volontaire par des djemaa *agréées par les deux parties pour régler les affaires de sang, alors que chez les Bilia les chefs parviennent à imposer leurs décisions et disposent d'une force de police.*

On notera que les Borogat étaient sous la "suzeraineté" du sultan du Wadday, lequel n'intervenait d'ailleurs pas dans le règlement des affaires criminelles, alors que les Bilia dépendaient du sultan du Darfour qui jugeait "les grands criminels".

SUBDIVISION DE L'ENNEDI

Les coutumes des Daza, qui sont ici des Gaéda Hayer (et non Hadjer) et des Gaéda Arami (et non Aramis), des Borogat et des Bilia, sont proches les unes des autres. Seules les indemnités diffèrent. Le système d'amende au bénéfice du chef n'existe que chez les Bilia.

La diya *chez tous est de 100 têtes de bétail mais ni les Gaéda ni les Bilia ni les Borogat ne respectent les barèmes de Khalîl, notamment pour les coups et blessures. Seuls les Gaéda s'en rapprochent puisqu'on donne chez eux 50 têtes de bétail pour la perte de deux yeux (au lieu d'une diya totale), alors qu'elle n'est que de 7 chameaux chez les Bilia et les Borogat (à remarquer que le chef de subdivision indique pour les Bilia des* diya *en chameaux alors qu'ils sont plutôt éleveurs de zébus).*

Quelques détails révélateurs : la concussion n'est sanctionnée que chez les Bilia, les seuls à avoir une chefferie un peu organisée, tout comme la légitime défense n'est reconnue qu'au profit des "partisans" des chefs bilia.

L'empoisonnement des puits est un crime inconcevable dans un pays où l'on connaît la valeur de l'eau. On se contente de jeter "un sort sur l'eau" en enterrant à une centaine de mètre d'un puits une marmite contenant des plantes non vénéneuses, ce qui relève plus des pratiques de magie que de l'empoisonnement.

L'évasion n'est connue que des Bilia qui sont les seuls à pratiquer la mise aux chaînes (sans doute jusqu'à paiement de la diya *quand la famille fait des difficultés pour la régler).*

Le vol n'est pratiquement pas réprimé. Seuls les Bilia infligent une amende. A noter que le vol commis au préjudice d'étrangers de passage est un moyen commode de se constituer une dot ou de payer une diya *et qu'il n'est donc pas sanctionné par la coutume.*

Les Ounia, classés dans les nomades, sont une population d'origine servile chargée de l'entretien des palmeraies d'Ounianga et des salines de Démi. Elle a adopté le genre de vie de ses anciens maîtres, les Gaéda, et est devenue nomade ou plutôt semi-nomade.

[On se référera avec intérêt à l'étude de Louis Caron. "Administration militaire et justice coutumière en Ennedi au moment de l'indépendance", *Gens du roc et du sable. Les Toubou.* Hommage à Charles et Marguerite Le Cœur. Textes réunis par Catherine Baroin, Paris, CNRS, 1988 : 87-110].

4
Subdivision du Tibesti

Afrique Equatoriale
Française
Région du Tchad
Département du BET
Subdivision du Tibesti
n° 99

Le capitaine Mareuge, Chef de la subdivision du Tibesti

à Monsieur le Chef de bataillon Commandant le
Département du Borkou-Ennedi-Tibesti à Largeau

J'ai l'honneur de vous adresser les coutumes pénales de la région du Tibesti qui intéressent les populations Toubou (carte au 1/1.000.000 SG, région montagneuse du Tibesti).

Les coutumes toubou ont été relevées par le lieutenant Chevance, adjoint au chef de subdivision, auprès du derdé Chai, Sultan du Tibesti, seul détenteur de la coutume depuis cinquante ans, juge reconnu de tous et ayant une grande influence morale et juridique.

Cette coutume imprégnée de coutumes coraniques est entièrement basée sur la répression par indemnité. Ce système répressif a le grand mérite d'être simple et facilement applicable dans un pays où n'existe pas de maisons et donc de prisons (habitat semi-nomade).

En règle générale les *Peines proposées* par le questionnaire sont trop fortes (un barème des *Peines proposées* par nous est joint à chaque crime ou délit prévu par la coutume).

Avec un système de répression trop brutal on risquerait fort d'avoir une partie importante de la population Toubou sous les verrous, ou ayant "*pris le caillou*". Ce n'est pas le résultat cherché.

Pour quelques années encore il faut pour le Tibesti une justice simple ayant pour base :

1° La coutume. Tribunal de conciliation (règlement par les chefs indigènes, contrôlé par nous).

2° Les peines disciplinaires appliquées immédiatement et sans brutalité par le Chef de subdivision ou son adjoint.

Il ne faut pas oublier que nous n'occupons sérieusement le Tibesti que depuis 1929, c'est-à-dire 8 ans, et que l'évolution de ces populations individualistes est très lente pour les raisons suivantes :

1) Nature du pays. Hautes montagnes (2000 à 3000 mètres) difficiles d'accès.
2) Situation géographique du Tibesti, qui borde la frontière de la Lybie italienne.
3) Faiblesse de nos moyens d'action. Forces mobiles inexistantes pendant six mois de l'année (goumiers, gendarmes).

Zouar le 30 août 1937.

Le capitaine Mareuge, Chef de la Subdivision du Tibesti.

La justice au Tibesti avant l'arrivée des Français.

Base de la justice : l'indemnisation. Châtiment, tortures, chicotte, prison : inconnus. La justice est rendue par les petits chefs de village ou même par les réunions de quelques notables lorsqu'il s'agit d'affaires peu importantes (valeur au plus égale à celle d'un chameau). Pour les affaires plus graves (vol de chameaux, blessures, meurtre) tribunal du Derdé (Sultan du Tibesti dont l'autorité morale et juridique est reconnue de tous les Toubou). Pour certaines fautes le Derdé perçoit une amende (la coutume lui en donne le droit mais il ne la perçoit pas toujours).

La coutume du Tibesti s'étend à toutes les tribus qui habitent la partie montagneuse de l'actuelle subdivision du Tibesti. Elle s'applique aussi aux populations du massif qui font actuellement partie de la subdivision du Borkou (délimitation administrative faite par les Français au moment du rattachement du Tibesti à l'AEF en 1929).

Lorsque les fautes ont été jugées au tribunal du Derdé, le tam-tam de réconciliation est sonné : le puni, après avoir payé, redevient un homme normal, ne peut plus être inquiété ou insulté. Ci-dessous la valeur comparative des divers objets fournis à titre d'indemnité.

1 chameau de 6 ans = 20 chèvres
1 chameau de 5 ans = 14 chèvres
1 chameau de 4 ans = 12 chèvres
1 chameau de 3 ans = 10 chèvres
1 chameau de 2 ans = 6 chèvres
1 chamelle = 1 chameau du même âge, plus une chèvre

1 bourricot mâle = 4 chèvres
1 bourricot femelle = 6 chèvres
1 mouton = 2 chèvres

1 chèvre = 2 pièces turques
La pièce turque vaut maintenant 10 fr. français

Zouar le 30 août 1937

Mareuge

LES ANCIENNES COUTUMES PÉNALES DU TCHAD

Réponse au questionnaire

1. ABUS DE CONFIANCE

1er cas : Sur la plainte du dépossédé le coupable reconnaît avoir pris l'objet. Peine : remboursement seulement.
2ème cas : Si le coupable ne reconnaît pas, mais si le témoin l'assure coupable, remboursement, plus amende pour le Derdé de 6 pièces turques.

S'il s'agit de bétail qui a été utilisé pour un convoi, remboursement des indemnités reçues.

Peines proposées : de trois mois à deux ans de prison, avec les indemnités prévues par la coutume.

2. ADULTÈRE

Peine : un chameau de 4 ans doit être donné par l'homme coupable au mari trompé (c'est tout).

1° S'il y a violation du devoir de cohabitation : a) fondée (mauvais traitements de la part du mari) le mariage est cassé. b) non fondée : les parents de la fille doivent rembourser la dot plus 2 chameaux de 4 ans et le mariage est cassé.
2° Du mari. Celui-ci donne une indemnité à la femme selon sa fortune (de 4 palmiers à un chameau de 3 ans).

Peines proposées : de quinze jours à six mois de prison, avec indemnités prévues par la coutume.

3. ALIÉNATION MENTALE

Si elle est totale, pas de responsabilité. Si elle est partielle, atténuation de la responsabilité ; moitié de responsabilité, égale à celle des femmes, et peine en proportion.
Si ivresse, responsabilité entière.

4. ATTENTAT À LA PUDEUR

a) S'il y a eu viol : 1 chameau de 4 ans ou 12 chèvres à la famille et amende de 4 pièces turques au Derdé.
b) Si attouchements : 4 pièces turques pour la famille.
c) Si l'impubère est contaminée par la suite, indemnité supplémentaire de 8 pièces turques pour la famille.

Peines proposées : Sans aggravation : de six mois à un an de prison, avec indemnité à la famille. Avec aggravation : d'un an à cinq ans de prison, avec indemnité à la victime.

A juger par le tribunal du 1er degré.

5. AVORTEMENT

Pas pratiqué par les gens mariés, pas de peines prévues.

6. BLESSURES VOLONTAIRES

1) Blessures ayant entraîné la mort : *dia* de mort volontaire (100 chameaux en principe). Droit de mort pour la famille.
Amende au Derdé : un chameau de 4 ans.
Peines proposées : de quinze ans de prison à la peine de mort, avec indemnité de *dia* comme pour l'homicide volontaire.

2) Blessure entraînant l'amputation de la main : un chameau par doigt, donc cinq chameaux, ramené à un chameau, plus un serviteur né.
Amende au derdé d'un chameau de 2 ans (non perçu en réalité).
Peines proposées : un an à cinq ans de prison, avec indemnité de la coutume à la famille.

3) Blessure entraînant la perte d'un œil. Coutume : 50 chameaux (perte demi-individu) ramené effectivement à un chameau, une chamelle.
Peines proposées : un à cinq ans de prison avec l'indemnité de la coutume à la victime.

4) Perte des deux yeux : égale mort de l'individu (donc *dia* complète) ou bien garde de l'aveugle et logement par le meurtrier.
Peines proposées : comme pour l'homicide volontaire : de quinze ans de prison à la peine de mort, avec indemnité (*dia*) à la victime.

5) Pied boiteux : 2 chameaux de 6 ans, 2 chameaux de 4 ans, 1 chameau de 3 ans. *Peines proposées* : d'un à cinq ans et indemnité coutumière à la victime.

6) Indisponibilité d'un mois à la suite d'un coup de couteau ou sagaie : un chameau de 4 ans (moitié au blessé, moitié au Derdé).
Peines proposées : de quinze jours à un an de prison, avec indemnité à la victime.

7) Indisponibilité à la suite de coups de bâton ou de cailloux : 4 pièces turques (2 au blessé, 2 au Derdé).
Peines proposées : de quinze jours à un an de prison avec indemnité à la victime.

8) Blessures par armes feu : un chameau de 4 ans au blessé. Le fusil au Derdé.
Peines proposées : un à cinq ans, avec indemnité à la victime. Amende facultative.

7. CIRCONSTANCES ATTÉNUANTES

Néant.

8. BLESSURES INVOLONTAIRES

Néant. Ce délit n'existe pas (pas de fusils ni d'autos).

9. COMPLICITÉ

a) active : les complices partagent la *dia* ou l'indemnité au même titre que le coupable principal.

b) passive : dans meurtre : deux chameaux (un à la famille, un au Derdé). Dans petit vol : amende au Derdé. La complicité passive est bien prévue par la coutume.

Peines proposées : active : même peine que celle du crime ou du délit ; passive : trois mois à un an de prison, et indemnités coutumières à la victime.

10. CONCUSSION

Remise des sommes ou objets aux dépossédés, plus amende pour le Derdé de 6 pièces turques.

Peines proposées : d'un an à trois ans de prison, avec restitution des objets aux dépossédés. Amende facultative.

11. CORRUPTION

Changement du chef de village et amende au Derdé. Amende pour le corrupteur : 4 pièces turques. Si le corrompu l'a été par contrainte, il n'y a pas de diminution de peine.

Peines proposées : d'un an à trois ans de prison. Amende facultative.

12. DÉFENSE LÉGITIME

Dans le cas de meurtre : une demi-*àia* (cas de violation de domicile par exemple). Pas d'amende, pas de droit de mort pour la famille. Dans les autres cas pas d'indemnité, sauf légère dans le cas de perte d'un œil.

Peines proposées : inculpé acquitté mais indemnité pécuniaire pouvant être prononcée (1/2 *dia* à la famille) de la victime.

13. DÉNONCIATION CALOMNIEUSE

2 pièces turques au Derdé, 2 pièces turques à la victime, 6 pièces pour délation de meurtre, plus un chameau de 2 ans.

Peines proposées : d'un mois à deux ans de prison avec indemnité prévue par la coutume. Amende facultative.

14. DIFFAMATION

a) Pas punie. Si, pour le fait, le Derdé a prononcé déjà une condamnation, le diffamateur est puni (comme au §13).
b) injure : 2 pièces turques à l'injurié.

Peines proposées : 1) Indemnité à la victime. 2) Si injure publique à un chef (outrage) : d'un mois à un an de prison et indemnité à la victime.

15. EMPOISONNEMENT

Si mort, même peine que pour meurtre. S'il n'y a pas mort, pas de peine. Empoisonnement de puits : amende de 1 chameau de 3 ans au Derdé. Empoisonnement de bétail inconnu.
Peines proposées : Maximum : mort, avec paiement de la *dia* par la famille.
Minimum : quinze ans de prison avec paiement de la *dia* par la famille.

16. ESCROQUERIE

Restitution des sommes ou des biens escroqués lorsque l'effet promis et attendu n'a pas eu lieu.
Peines proposées : d'un à cinq ans de prison et restitution des biens ou des sommes escroquées. Amende facultative.

17. ESCROQUERIE AU MARIAGE

Le mariage a lieu avec le premier prétendant. Les autres sont remboursés de la dot.
Amende : un chameau, moitié au mari, moitié au Derdé.
Peines proposées : d'un à cinq ans de prison. Amende facultative et remboursement de la dot ou des dots reçues.

18. ÉVASION

Amende de 4 pièces turques. Même amende pour le tiers de connivence. Gardien : 5 pièces.
Peines proposées : d'un mois à un an. Amende facultative. La coutume ne prévoit pas différents cas. Il est nécessaire pour l'ordre social de réprimer l'évasion.

19. EXACTIONS

Même coutume que pour la concussion. Amende de 2 à 6 pièces.
Peines proposées : d'un an à trois ans de prison. Amende facultative.

20. FAUX

Néant.

21. FAUSSE MONNAIE

Inconnue.

22. FAUX TÉMOIGNAGE

Amende de 2 pièces. Privation du droit de témoigner.
Peines proposées : d'un mois à un an de prison. Amende facultative.

23. HOMICIDE VOLONTAIRE

Droit de mort pour la famille jusqu'au paiement de la *dia*.

Parricide : droit de mort du frère pendant quatre ans, ensuite règlement à l'amiable, pas de *dia*. Droit de mort du Derdé pendant quatre ans.

Peines proposées : Minimum : quinze ans de prison. Maximum : mort, avec indemnité de *dia*, amende et interdiction de séjour facultative.

Infanticide : pas droit de mort. 1/3 de *dia* à la mère.

24. HOMICIDE INVOLONTAIRE

Une demi-*dia*.
Peines proposées : de trois mois à deux ans de prison et paiement d'une demi-*dia*.

25. INCENDIE

Indemnité du contenu de la case. Sur simple déclaration du témoin. Prix de la case : 12 pièces turques. S'il y a une victime, assimilé au meurtre.
Peines proposées : d'un à cinq ans de prison. Indemnité à la victime, sauf en cas de meurtre (voir § 23).

26. INJURE À TÉMOIN

Amende de 2 pièces turques.
Peines proposées : de six jours à un mois de prison. Amende facultative.

27. MENACES

1ère fois : plainte devant le Derdé, pas de punition.
2ème fois : plainte devant le Derdé, amende de 2 pièces turques (pas de différence, qu'elles soient faites avec ou sans condition).
Peines proposées : de quinze jours à six mois de prison. Amende facultative.

28. OUTRAGES

Amende de 2 pièces turques.
Peines proposées : de six jours à un mois de prison, amende facultative.

29. PILLAGE EN BANDE

a) Droit de mort accordé à tous par le Derdé.
b) Si les auteurs sont menés devant le Derdé, remboursement des choses volées. Amende, non perçue en réalité.
Peines proposées : de cinq à vingt ans de prison, indemnité, amende facultative.

30. RAPT

a) N'existe qu'en vue du mariage.
b) Restitution de la fille, plus un chameau de 2 ans pour le père si la fille est intacte.
c) Restitution de la fille plus un chameau de 4 ans si elle a été déflorée.
Peines proposées : d'un an à trois ans de prison. Indemnité prévue par la coutume.

31. RÉBELLION

Amende de 4 pièces turques. Pas de distinction entre rébellion avec armes ou sans arme.
Peines proposées : d'un mois à deux ans de prison. Amende facultative.

32. RECEL

Restitution et amende de 4 pièces turques. Si l'objet du recel a été payé une somme quelconque au voleur, cette somme n'est pas remboursée.
Peines proposées : de 100 à 500 fr. d'amende.

33. RECEL DE MALFAITEUR

Recel de voleur : 6 pièces turques. Recel de meurtrier : un chameau de 4 ans aux parents de la victime. Droit de recel pour les parents, même éloignés.
Peines proposées : de trois mois à deux ans de prison. Amende facultative. Atténuation de la peine pour les parents, même éloignés.

34. SÉQUESTRATION

Inconnue.

35. TENTATIVE

De meurtre : 6 pièces turques d'amende (3 à la victime, 3 au Derdé).
De vol, en entrant dans une case : 4 pièces turques (2 au propriétaire, 2 au Derdé).
Tentative de vol de bétail dans une zériba : 4 pièces turques (2 au propriétaire, 2 au Derdé).
Tentative de vol de bétail dans la brousse : rien.
Peines proposées : amende de 50 à 200 fr.

36. VIOL

Indemnité de 5 pièces turques aux parents de la femme. Si maladie : supplément de 3 pièces.
Peines proposées : amende de 100 à 500 fr.

37. VOL

1) Au préjudice d'un chef : restitution, plus amende de 4 pièces.

2) Au préjudice de meskines, remboursement double.

3) A main armée, remboursement double.

4) Avec effraction, remboursement double, plus 4 pièces d'amende.

5) Avec tortures (couper le pied) : remboursement double, plus un chameau de 3 ans, ou 2 chameaux de 4 ans si le pied est perdu. Amende de 6 pièces pour le Derdé.

NOTA : il n'y a pas d'autres genres de tortures.

Peines proposées : d'un à cinq ans de prison. Amende facultative. Indemnité à la victime.

LES ANCIENNES COUTUMES PÉNALES DU TCHAD

Commentaire.

Le Derdé Chaï et certains de ses prédécesseurs, notamment Taborki Adé-Mi, le neuvième d'entre eux, ont essayé de codifier la coutume. C'est Chaï qui aurait rapporté de chez les Sénoussistes de Koufra des tarifs d'indemnités et d'amendes en pièces turques et en chameaux, ainsi qu'une liste de délits plus étendue que celle prévue par la coutume locale. Il a aussi essayé de faire prévaloir la diya *sur la vengeance, apparemment sans grand succès. Chez les Toubou en effet le prix du sang* (goraga) *est toujours payé avec beaucoup de difficultés, non seulement parce que la famille de la victime préfère exercer son droit de vengeance mais aussi parce que le meurtrier et sa famille aiment mieux se voir exposés à celle-ci plutôt que de se séparer de leur bétail, d'où les "vendettas" répétées jusqu'à ce que le nombre de morts s'équilibre. Lorsque la* diya *est payée, d'environ 10 à 20 chameaux, c'est toujours après de longs délais.*

*Le paiement d'une demi-*diya *en cas de légitime défense est sûrement une disposition introduite par le Derdé, destinée à éviter les réactions de vengeance. A noter l'avis du chef de subdivision qui propose de reprendre cette disposition dans le code à venir.*

*Le paiement d'une demi-*diya *en cas d'homicide involontaire est sans doute de la même inspiration car cela ne correspond pas à l'ancienne coutume qui ne faisait aucune distinction entre la mort donnée volontairement ou involontairement.*

Pour la diya *il aurait fallu entrer un peu plus dans les détails car celle-ci varie aussi selon l'appartenance ethnique ou sociale. Si la* diya *pour un Toubou est (théoriquement) de 100 chameaux, elle tombe en effet généralement à 30 pour un Kamadja, à 25 pour un Haddad et à 10 pour un captif (celle-ci étant payée à son maître).*

Il faut observer que les renseignements varient selon les informateurs et aussi selon le Derdé qui est interrogé, sans qu'on puisse dire avec certitude si les différences s'expliquent par une évolution de la coutume ou par des innovations introduites par la chefferie. C'est ainsi que le Derdé Ouadaye Kychidémi a donné en 1952 au capitaine Saint Simon, chef de la subdivision du Tibesti, des renseignements très précis sur les réparations, qui ne correspondent pas toujours à ceux de cette étude, notamment en ce qui concerne les coups et blessures [1]. *Selon le chef de subdivision la diffamation ne serait pas prévue dans la coutume alors que le Derdé Ouadaye Kychidémi a énuméré en 1952 onze "fausses accusations" entraînant le paiement d'indemnités (la moins grave étant celle de coucher avec sa sœur ou sa nièce : deux chèvres, la plus grave celle d'avoir tué quelqu'un : un chameau de quatre ans).*

Pour les menaces, d'après les renseignements obtenus par le capitaine Saint Simon, la coutume ferait davantage de distinctions. Elle ne réprimerait par exemple les menaces de mort que si elles ont été prononcées devant la personne qui en fait l'objet et appuyées d'une démonstration (comme le fait de brandir une

---

[1] cf. C. Durand. *Aperçu sur les droits coutumiers du Tchad.* 1972. Université du Tchad. Ronéo.

arme). Elles seraient en outre punissables dès la première fois, et les indemnités varieraient selon la qualité de la personne menacée (les menaces entre époux n'étant, elles, jamais punissables).

Il faut aussi signaler que la coutume toubou, comme beaucoup d'autres coutumes, réprime également les dommages matériels et dégradations volontaires, délits qui n'étaient pas abordés dans le questionnaire.

On regrettera que le capitaine Mareuge n'ait pas envoyé l'étude de son adjoint, le lieutenant Chevance et se soit contenté de la résumer, souvent en style télégraphique.

NOTE. *Le Chef de bataillon Colonna d'Ornano, Chef du département du B.E.T., a fourni le 28 septembre 1938 une liste des infractions pour lesquelles les coutumes du B.E.T. prévoient des réparations civiles, qui ne fait que reprendre, en les simplifiant, les renseignements donnés dans les rapports de 1937. Nous ne l'avons pas reproduite.*

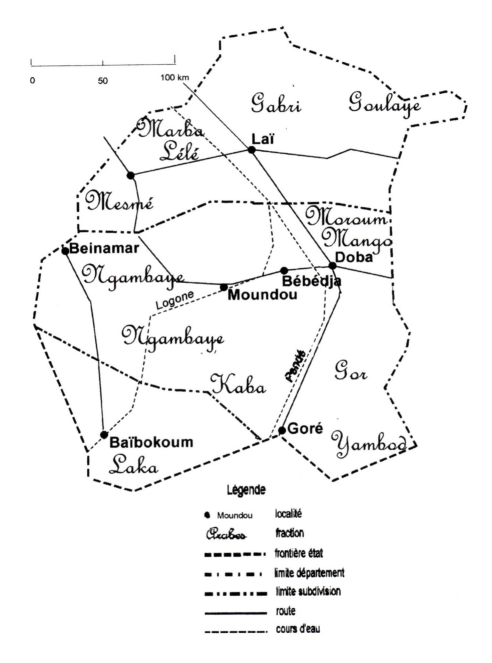

11. Département du Logone en 1937

Chapitre XI

DÉPARTEMENT DU LOGONE

1. Lettre d'envoi et réponse au questionnaire pénal du chef de département.
2. Réponse sur les réparations civiles.

Lettre du chef de département et réponse au questionnaire pénal

Gouvernement Général
de l'Afrique Equatoriale
Française
Région du Tchad
Département du Logone

Moundou, le 8 janvier 1938

L'administrateur des Colonies Reverdy Chef du Département du Logone,

à Monsieur le Gouverneur Général de l'Afrique Equatoriale Française à Brazzaville.
s/ couvert de Monsieur le Commandant de la Région du Tchad à Fort-Lamy.
s/ couvert de Monsieur le Gouverneur délégué du Gouverneur Général de l'Oubangui-Chari-Tchad à Bangui.

En réponse à la circulaire n° 25 du 21 février 1937 j'ai l'honneur de vous adresser ci-joint :

1. La réponse au questionnaire concernant les coutumes pénales indigènes.
2. Une note sur l'organisation sociale des indigènes du Logone avant notre arrivée.
3. Une carte du département indiquant la répartition des trois principaux groupes ethniques.

Les coutumes pénales des races M'bay, Banana et Baya étant peu différentes, je n'ai établi qu'une seule réponse au questionnaire, en signalant pour chaque question posée les divergences entre les coutumes quand le cas se présentait.

REVERDY

DÉPARTEMENT DU LOGONE

1
Réponse au questionnaire concernant les coutumes pénales indigènes dans le département du Logone

Les races qui peuplent le département du Logone se divisent en trois groupes :

1. Groupe Mbaye : comprenant les Gambay, Laka, Goulay, Bourounda (subdivisions de Moundou, Baibokoum, Doba, Kélo, Laï).
2. Groupe Banana : comprenant les Nanguéré, Mesmé et Lélé (subdivisions de Kélo et Laî).
3. Groupe Baya : comprenant les Mboum, Panna (subdivision de Baibokoum).

Chacun de ces groupes possède des coutumes pénales dont nous signalerons les divergences au cours de nos réponses. Leur habitat est indiqué dans la carte ci-jointe.

1. ABUS DE CONFIANCE

Peine prévue par la coutume : Groupes Mbaye et Banana, mêmes peines que pour le vol. Groupe Baya : L'abus de confiance est très rare et ne peut se produire pratiquement que pour le bétail (moutons, cabris). Si le gardien vend la bête qui lui est confiée, il doit en rembourser la valeur. S'il ne peut le faire, il est pris comme esclave tant que la famille n'a pas remboursé. Si le gardien mange la bête à lui confiée et que la preuve en est faite, on ne lui demande que la moitié de la valeur de la bête.

Peines proposées : celles du questionnaire.

En ce qui concerne le détournement d'impôt et le détournement de titres, d'archives ou de lettres confiées à l'administration, nous sommes pleinement d'accord sur les *Peines proposées* par le questionnaire. De même en ce qui concerne la discrimination entre le vol et l'escroquerie.

2. ADULTÈRE

Peines prévues par la coutume.

1°) Adultère de la femme :

- Groupe Mbaye. La femme adultère est humiliée publiquement. Si elle refuse de rentrer au domicile conjugal, aucune sanction n'est prévue. Le mari n'est remboursé de la dot que quand la femme se remarie.

- Groupe Banana. Le mari outragé peut se venger en tuant la femme et son amant. Mais avant d'en arriver à cette extrémité il peut demander le remboursement de la dot et le paiement d'une indemnité, d'un ou deux chevaux, fixée par le chef.

- Groupe Baya. Pas de sanction prévue. Le mari qui tient à sa femme peut user de coups pour obtenir son retour.

2°) Adultère du mari.

- Groupe Mbaye. Aucune peine prévue.

- Groupe Banana. La femme outragée peut conduire sa rivale devant le chef de village qui pourra infliger une amende de 100 ou 200 barres de fer. La femme outragée pourra, sans être inquiétée, se livrer à des voies de fait sur sa rivale et même la tuer.

- Groupe Baya. Aucune sanction prévue.

A notre avis les *Peines proposées* dans le questionnaire doivent être appliquées dans le cas d'adultère du mari aussi bien que de la femme.

3°) La sanction indemnitaire nous semble dans la région largement suffisante pour protéger la famille indigène contre la désagrégation.

3. ALIÉNATION MENTALE

La coutume considère l'aliénation mentale comme une atténuation de la responsabilité. Mais le paiement du prix du sang est toujours dû.

L'aliénation mentale doit donc continuer à être considérée comme une circonstance atténuante par les tribunaux.
Quant à l'ivresse elle ne constitue jamais. une circonstance atténuante.

4. ATTENTAT A LA PUDEUR SUR MINEUR IMPUBÈRE

- Coutume Mbaye : aucune sanction prévue.

- Coutume Baya : grosse indemnité à verser au père de l'enfant. Si le coupable ne peut payer, il est réduit en esclavage.

- Coutume Banana : amende suivant l'état de fortune du coupable à verser au père de la victime.

Aucune des causes aggravantes mentionnées par le questionnaire ne sont prévues par la coutume.

Il serait bon de sanctionner par des peines légères les pratiques entre garçons de moins de 16 ans et fillettes impubères : quinze jours de prison à faire dans un local spécial. Dans le cas où le coupable aurait atteint la majorité pénale les *Peines proposées* dans le questionnaire nous paraissent suffisantes et le tribunal du 1er degré pourrait sanctionner tous les attentats à la pudeur.

5. AVORTEMENT

Si la femme et le mari sont d'accord, aucune sanction n'est prévue par la coutume. Si la femme a voulu seule l'avortement, le mari a le droit de la renvoyer et d'exiger le remboursement de la dot.

Peines proposées : emprisonnement d'un à trois ans pour les conjoints s'ils sont tous deux d'accord.

Emprisonnement d'un à deux ans pour la femme si elle est seule coupable.

6. BLESSURES VOLONTAIRES. VIOLENCES ET VOIES DE FAIT

   a. *Crime.*

1. Blessures faites ou violences exercées volontairement sans intention de donner la mort mais qui l'ont pourtant occasionnée.

Coutume Mbaye, Banana et Baya. Elle prévoit le paiement en faveur de la famille de la victime de l'indemnité dite "prix du sang". En cas de non versement, la famille de la victime a le droit de réduire en esclavage le meurtrier et, le cas échéant, ses complices, ou, à défaut, un membre de la famille du meurtrier et un membre de la famille de chacun des complices. *Peines proposées* : emprisonnement de 8 à 10 ans. Amende et indemnité.

2. Blessures faites ou violences exercées volontairement suivies de mutilation, amputation, perte d'un œil ou de l'usage d'un membre.

Coutume Mbaye, Banana et Baya : elles prévoient le paiement d'une forte indemnité. A défaut le coupable est réduit en esclavage. *Peines proposées* : 5 à 10 ans. Indemnité et amende.

   b. *Délit.* Violences et blessures simples. Les trois coutumes prévoient une indemnité à verser à la victime et, en cas de non-paiement, la vente du coupable ou d'un membre de sa famille comme esclave.

Peines proposées : plus de 20 jours d'incapacité : un à trois ans, amende, indemnité au blessé.
Moins de 20 jours d'incapacité : un mois à un an, amende, indemnité au blessé.

7. CIRCONSTANCES ATTÉNUANTES

Elles sont inconnues de la coutume, dans l'esprit du droit français. En ce qui concerne leur application dans la justice indigène nous sommes pleinement d'accord avec l'esprit du questionnaire.

8. BLESSURES INVOLONTAIRES

Coutumes Mbaye et Banana : aucune sanction prévue.

Coutume Baya : la victime a droit à une indemnité qui représente, pour un accident de chasse ou de pêche, la dépouille des animaux tués ou la prise entière de poissons faite par l'auteur de l'accident.

Nous sommes parfaitement d'accord pour réprimer les délits de blessures involontaires causées par imprudence, inattention, par les *Peines proposées* dans le questionnaire, c'est-à-dire : emprisonnement de quinze jours à trois mois. Indemnité et amende facultatives.

9. COMPLICITÉ

a) La complicité active est dans les trois coutumes punie des mêmes peines que celles encourues par le coupable.
Avis conforme au questionnaire.

b) Aucune peine prévue par la coutume en ce qui concerne la complicité passive.
Peines proposées : emprisonnement de trois à six mois. Suis partisan de six mois à un an si le coupable est un auxiliaire de l'administration.

10. CONCUSSION

La coutume est muette.

Peines proposées : conformes à celle du questionnaire.

11. CORRUPTION

Les coutumes sont muettes. A notre avis il n'y a pas lieu d'établir de distinction entre les deux délits. Pour les *Peines proposées* nous sommes d'accord avec le questionnaire : un à cinq ans d'emprisonnement. Dans le cas où le corrompu a cédé à la contrainte nous sommes également d'accord pour ne punir que le corrupteur.

12. LÉGITIME DÉFENSE

Coutumes Mbaye, Banana, et Baya : elles ne prévoient pas de sanction contre le meurtrier mais exigent des témoins. En l'absence de ces derniers, il est considéré comme criminel. Aucune indemnité pécuniaire n'étant prévue par la coutume, le tribunal n'a pas lieu d'en prononcer.

13. DÉNONCIATION CALOMNIEUSE

Les trois coutumes prévoient le paiement d'une indemnité à la victime.
Nous sommes parfaitement d'accord avec le questionnaire au sujet des *peines prononcées* : un mois à deux ans d'emprisonnement, amende facultative et indemnité à la victime.

14. DIFFAMATION ET INJURE

La coutume est muette.
Les *Peines proposées* dans le questionnaire nous paraissent équitables, notamment en ce qui concerne l'aggravation quand il s'agit d'outrage à un chef.

15. EMPOISONNEMENT

Coutumes Mbaye, Banana et Baya : Elles punissent de mort l'empoisonnement d'une personne. Lorsqu'il s'agit d'empoisonnement de puits, sources ou citernes, eaux potables, le coupable est vendu comme

esclave le plus loin possible, et le prix de vente est acquis par le chef de village.
Peines proposées : celles du questionnaire.

16. ESCROQUERIE

Dans toutes les coutumes le coupable était condamné au remboursement des sommes escroquées et à une indemnité. A défaut il était vendu comme esclave.
Peines proposées : un à cinq ans, indemnité, amende et interdiction de séjour facultatives.

17. ESCROQUERIE AU MARIAGE

Les coutumes prévoient les mêmes peines que pour l'escroquerie ordinaire. *Peines proposées* : celles du questionnaire.

18. ÉVASION

1° Détenu. Les coutumes sont muettes.
Peines proposées : celles du questionnaire, un mois à un an, s'ajoutant à la peine déjà encourue.
Aggravation : bris de clôtures ou violences : un à deux ans d'emprisonnement et interdiction de séjour facultatives.
2° Gardien (connivence). Emprisonnement deux mois à deux ans. Tiers (connivence) emprisonnement un mois à un an.

19. EXACTION

Les coutumes sont muettes. Entre la concussion et l'exaction l'indigène ne fait aucune différence. Il se rend simplement compte que d'un côté comme de l'autre il a été volé..

A notre avis il n'y a pas lieu d'établir de distinction entre la concussion et l'exaction. Les *Peines proposées* nous semblent équitables.

20. FAUX

En ce qui concerne notre région les *peines proposées* sont suffisantes. Elles laissent assez de latitude pour faire varier la peine suivant l'importance du délit et également suivant le degré d'évolution du coupable.

21. FAUSSE MONNAIE

Néant.

22. FAUX TÉMOIGNAGE

La coutume prévoyait pour le faux témoignage des peines allant de la simple amende ou indemnité à la peine de mort suivant l'importance du tort causé.

A notre avis il serait bon de porter le maximum de l'emprisonnement à un an.

23. HOMICIDE VOLONTAIRE

Les coutumes prévoyaient les peines suivantes : pour le meurtre et l'assassinat la famille de la victime était autorisée à mettre à mort le meurtrier et, le cas échéant, ses complices, ainsi qu'un ou plusieurs membres de la famille de chacun des coupables.

Si la famille ne veut pas ou ne peut pas mettre à exécution sa vengeance, le chef et les notables du village de l'inculpé ou de chacun des inculpés intervient alors et impose aux coupables le versement du prix du sang. Si cette indemnité ne peut être acquittée, le meurtrier et ses complices sont réduits en esclavage et, à défaut, un membre de la famille de chacun des prévenus.

Le parricide n'est pas sanctionné par la coutume.

L'infanticide est puni par une amende à payer au chef.

Peines proposées : celles du questionnaire.

24. HOMICIDE INVOLONTAIRE

Dans la coutume M'bay le coupable doit simplement payer les frais d'enterrement de la victime. Les coutumes Banana et Baya prévoient une indemnité à verser à la famille de la victime.

La répression de l'homicide involontaire doit être poursuivie par des peines plus fortes que celles prévues par le questionnaire.

Je propose de trois mois à trois ans d'emprisonnement et le paiement d'une amende correspondant au prix du sang.

25. INCENDIE VOLONTAIRE

Les trois coutumes prévoient la peine de mort pour le coupable s'il y a mort d'homme. Sinon le versement d'une indemnité correspondant aux dégâts causés, plus une amende au chef.

Peines proposées dans le premier cas : les mêmes que pour le meurtre. Dans le second : un à dix ans d'emprisonnement, indemnité, amende et interdiction de séjour facultatives.

26. INJURE À TÉMOIN

A notre avis il serait bon de prévoir une peine d'emprisonnement allant de quinze jours à trois mois et de ramener le maximum de l'amende à 300 fr.

27. MENACES

La coutume est muette. Les distinctions du questionnaire me semblent devoir être maintenue ; les *Peines proposées* sont suffisantes.

28. OUTRAGE

Mêmes observations que pour la question 26.

29. PILLAGE EN BANDE ET À MAIN ARMÉE

La coutume prévoit la peine de mort. Les sanctions que nous proposons sont celles du questionnaire.

30. RAPT

La coutume prévoit le paiement d'une indemnité. Dans le cas d'impossibilité de paiement, le coupable est réduit en esclavage.
Peines proposées : celles du questionnaire.

31. RÉBELLION

Dans les deux cas (avec armes ou sans arme) la coutume prévoit une indemnité ou la vente comme esclave d'un certain nombre de coupables. Le bénéfice en revient au chef contre qui a porté la rébellion.

Il y a lieu à notre avis de maintenir la distinction de la rébellion avec armes ou sans arme. *Peines proposées* pour la rébellion sans arme : d'un mois à deux ans. Pour la rébellion avec armes : de deux à cinq ans, indemnité et interdiction de séjour facultatives.

32. RECEL

La coutume prévoit les mêmes peines que pour le vol. Avis conforme au questionnaire.

33. RECEL DE MALFAITEUR

Les coutumes punissent d'amende le recel de malfaiteur sauf s'il s'agit de membres de la même famille.
Peines proposées : emprisonnement de trois mois à deux ans, amende et interdiction de séjour facultatives. Il est évident que pour rester dans l'esprit de la coutume, le recel d'un malfaiteur par un ascendant doit être considéré comme une circonstance atténuante.

34. SÉQUESTRATION

La coutume prévoit une indemnité à la victime.
Peines proposées : identiques à celles du questionnaire : un à cinq ans d'emprisonnement. Amende, indemnité et interdiction de séjour facultatives.

35. TENTATIVE

Aucune sanction coutumière.
Peines proposées : mêmes peines que pour le délit ou le crime.

36. VIOL

Les indigènes considérant la femme comme un bien, la coutume ne prévoit comme peine qu'une indemnité à verser à la famille, que la femme soit pubère ou non.

Le viol commis par un ascendant ou une personne ayant autorité ne constitue pas une circonstance aggravante, pas plus que s'il s'accompagne de communication de maladie vénérienne.
Peines proposées : celles du questionnaire.

37. **VOL**

La coutume prévoyait simplement la restitution du bien volé. Sinon le coupable était vendu comme esclave.
Peines proposées : celles du questionnaire.

signé : REVERDY

Commentaire

Le département du Logone de 1937 englobe les actuelles préfectures du Logone occidental et oriental et de la Tandjilé.

Le classement des groupes ethniques fait par le chef du département, est assez critiquable. On avait tendance à l'époque à utiliser le terme "Mbaye" pour désigner toute une série de populations du Moyen-Chari et du Logone alors qu'il aurait dû être réservé aux Bedjou, Bat, Bédégué, Kan, Ngoka (ou Mbanga), Mougo, Guira de Moïssala et aux Yambod de Goré. Le terme "Mbaye-Doba", utilisé par l'administration coloniale, désignait en réalité deux ethnies distinctes : les Gor (de Béti, Bodo, Béboto) et ceux qui se disent "Mango", au nord de Béti jusqu'aux confins du pays Mouroum, et des Goumaye de Kara et de Maibo (Lanne, note personnelle). Il faut d'ailleurs observer que dans la région les gens revendiquent presque toujours une étiquette différente de celle qui leur est donnée par l'administration, qu'ils estiment beaucoup trop générale.

Les Goulaye, qui sont ici rangés parmi les Mbaye sont en fait beaucoup plus proches des Sara.

Plutôt que d'un groupe "Banana", autre vocable inventé par les européens, qui n'a aucune signification ethnique, il aurait fallu parler d'un ensemble Gabri-Kabalaï-Lélé-Mesmé-Nantchéré.

Le chef de département aurait dû distinguer mieux qu'il ne l'a fait l'ancienne coutume et celle de l'époque. En outre, les renseignements qu'il donne sont imprécis. Il parle d'indemnité, "de prix du sang" sans en indiquer le montant.

Toutes ces coutumes semblent à première vue assez proches les unes des autres, du moins au pénal.

On notera la fréquence de la peine de mise en esclavage et la vente du coupable lorsque le prix du sang n'a pas été payé et ceci aussi bien pour l'homicide, les coups mortels, certaines blessures graves, que pour l'escroquerie (quand il n'y a pas eu remboursement), le rapt, la rébellion armée ou le vol. La mise en esclavage s'applique au complice et, à défaut, à "un membre de la famille du meurtrier" ou "un membre de la famille de chacun des complices".

Ces coutumes, assez frustes si l'on en croit le chef de département, ignorent les circonstances atténuantes. Elles ne répriment pas véritablement les blessures et l'homicide involontaires causés accidentellement lors des chasses et *pêches collectives mais prévoient néanmoins une certaine indemnisation des victimes. Elles ignoreraient la concussion, la corruption, les exactions, la diffamation et l'injure, l'évasion, le faux, les menaces, et ne réprimeraient pas la tentative.*

Dans l'ensemble, ces réponses sont assez décevantes, leur auteur s'étant, semble-t-il, plus intéressé au projet de code pénal qu'à l'étude des coutumes. Le chef de département avait rédigé "une note sur l'organisation sociale des indigènes du Logone avant notre arrivée" que nous n'avons pas retrouvée, pas plus que la carte ethnique.

Dans le Logone la situation était assez comparable à celle du Moyen Chari. La justice était presque toujours rendue au niveau du village, et le recours aux ordalies fréquent. Rares, pour ne pas dire inexistantes, semblent avoir été celles où étaient utilisés des produits toxiques susceptibles de provoquer la mort. La plupart étaient probatoires et n'avaient pour but que de désigner les coupables. Mais il est possible qu'il y ait eu évolution sur ce point et qu'on soit passé de l'ordalie-sanction à l'ordalie-preuve.

Les serments étaient particulièrement variés. Chez les Mbaou de Ngara on jurait au nom de la pluie, du lion (tobbèïn), *de la rivière* (ba). *La formule était généralement la suivante :* « Moi qui suis là, si j'ai... ». *Suit l'accusation, puis l'on ajoute :* « quand je quitterai ces lieux, si j'ai vraiment fait la chose et que je ne veux pas reconnaître que... ». « Si je vais à l'eau, que je m'y noie », *ou :* « que le tonnerre me foudroie » *ou,* « si je vais en brousse, que le lion me dévore ». *On jurait aussi comme dans le Moyen-Chari sur le mil.*

2

Réponse au sujet des réparations civiles

Afrique Equatoriale
Française
Département du Logone
n° 407

Moundou le 24 octobre 1938

Le Chef du Département du Logone

à Monsieur le Commandant du Territoire du Tchad
à Fort-Lamy

Objet : réparations civiles en matière de justice indigène.

En exécution de votre circulaire 43/ AG du 16 juillet 1938, j'ai l'honneur de vous adresser la liste et la nature des principales infractions pour lesquelles, dans le département du Logone, la coutume locale prévoit des réparations civiles. Le Département du Logone comprend cinq subdivisions administrant par ordre d'importance décroissante les principaux groupements suivants : Ngambaye, Mbaye, Boum, Gabré ou Banana, Goulaye, Massa ou Kaba-Laï.

Les infractions sont classées par ordre alphabétique et en regard de chacune d'elle figure le quantum de la réparation civile exprimé pour chaque groupement dans sa forme la plus courante tel qu'il nous a été donné par les chefs de tribus, assesseurs des tribunaux, et notables anciens dépositaires des traditions.

Le tableau comprend en outre, pour chaque groupement l'estimation de ce quantum en monnaie légale.

Note explicative

Les estimations des réparations civiles dans tous les groupes mentionnés ont été faites, d'après la coutume de ceux-ci, en barres de fer qui, de nos jours valent 0,20 fr. pièce.

Il convient de noter que, dans les cas où les chefs de terre, de village, notables, prêtres, conseillers juridiques coutumiers, sont victimes des infractions énoncées, ou que les membres de leur famille (femmes, descendants en filiation directe) sont également victimes, la coutume prévoit un quantum double, triple, parfois quadruple. Toutefois les mêmes personnages peuvent n'exiger aucune réparation pour le préjudice causé à eux ou à leurs proches.

1. **Abus de confiance** (dans le sens d'attentat aux biens, produits de culture, bétail, outillage).

DÉPARTEMENT DU LOGONE

Coutume Ngambaye, Mbaye et Massa : remboursement en nature ou paiement équivalent suivant le cours du produit ou du bien. La réparation pour un cheval par exemple sera de l'ordre de 1.000 barres de fer. Donc réparations variables suivant la nature du produit ou du bien.

Coutume Boum : idem mais 1.500 barres de fer. Coutume Banana : idem mais 2.000 barres de fer. Coutume Goulaye : idem mais 1.500 barres de fer. Soit 200 à 400 frs selon les coutumes.

2. **Adultère** (de la femme seulement).

Coutume Ngambaye, Mbaye, Boum et Goulaye.

1° Remboursement de la dot au mari.

2° Réparation s'élevant de 50 à 250 barres de fer versées par le complice.

Coutume Banana : idem mais de 50 à 150 barres. Coutume Massa : idem mais de 50 à 200 barres.

4. **Attentat à la pudeur.** Dans toutes les coutumes confusion avec le viol.

6. **Blessures volontaires.**

a) simples. Coutume Ngambaye, Banana, Massa : réparations : de 25 à 150 barres de fer. Boum et Goulaye : 50 à 200 barres.

b) entraînant une mutilation, la perte d'un membre etc. Ngambaye et Mbaye : réparations de 400 à 700 barres de fer. Boum : 500 à 900 barres. Banana : 350 à 650 barres. Goulaye : 500 à 800 barres. Massa : 500 à 750 barres.

c) occasionnant la mort sans intention de la donner. Ngambaye, Mbaye, Goulaye, Boum : 900 à 1.200 barres, Banana : 600 à 900 barres, Massa : 700 à 1.000 barres. Prix du sang se traduisant par un cheval ou 800 à 1.000 barres de fer.

9. **Complicité.**

Dans toutes les coutumes le complice doit les mêmes réparations que l'auteur, qu'il assiste, aide ou avec lequel il coopère.

13. **Dénonciation calomnieuse**. Ngambaye, Mbaye, Goulaye, Massa. Réparations : de 50 à 200 barres de fer. Boum : de 100 à 200 barres. Banana : de 50 à 150 barres.

15. **Empoisonnement avec intention homicide** (poison dit "d'épreuve" exclu). Ngambaye, Mbaye, Boum : réparations à la famille : de 500 à 1.000 barres de fer. Banana : de 400 à 800 barres, Goulaye : de 400 à 900 barres, Massa : de 400 à 1.000 barres.

16. **Escroquerie** (en général). Dans toutes les coutumes cette infraction est assimilée à l'abus de confiance.

17. Escroquerie au mariage ou à la dot. Ngambaye, Mbaye, Boum, Massa : réparations à la famille de 100 à 400 barres de fer. Banana et Goulaye : 100 à 300 barres. Soit 20 à 80 fr.

23. Homicide volontaire. a) *Meurtre*. Ngambaye, Mbaye, Goulaye : prix du sang se traduisant par le versement d'un cheval ou de 1.000 barres de fer. Boum : 1.200 barres. Banana : 800 à 1.000 barres. Massa : 1.000 à 1.200 barres. Soit 200 à 240 fr. b) *Assassinat*. Mêmes réparations.

24. Homicide involontaire. (accident de chasse, maladresse, imprudence). Coutume Ngambaye, Mbaye, Boum, Goulaye : réparation à la famille de la victime de 500 à 800 barres de fer. Coutume Banana : de 400 à 650 barres de fer. Massa : de 500 à 700 barres.

25. Incendie volontaire.

a) *D'habitation*. Coutume Ngambaye, Mbaye, Boum, Goulaye : réparation au propriétaire ou à la famille : de 125 à 150 barres de fer. Banana : de 50 à 120 barres. Goulaye : de 100 à 150 barres. Massa : de 100 à 125 barres.

b) *De récolte (ou de greniers)*. Ngambaye et Mbaye, Boum, Goulaye, Massa, réparations variables suivant l'importance des dégâts. Estimation de 100 à 500 barres de fer. Soit de 20 à 120 fr.

c) *Entraînant des victimes*. Pour toutes les coutumes, prix du sang, mêmes reparations que dans le meurtre.

29. Pillage en bande et à main armée. a) *Chaque pillage*. Coutume Ngambaye, Mbaye, Boum, Goulaye : réparations : de 100 à 300 barres de fer. Banana : de 100 à 200. Massa : de 100 à 400 barres. b) *Chef de bande*. Ngambaye, Mbaye, Boum. Réparation de 200 à 500 barres, Banana : de 150 à 300 barres. Massa : de 200 à 600 barres. Soit 20 à 80 fr.

30. Rapt. Coutume Ngambaye, Mbaye, Goulaye : réparation équivalente à un cheval ou à 1.000 barres de fer. Boum : 1.200 barres. Boum et Massa : 1.000 à 1.200 barres.

31. Rébellion.

a) Sujet d'un chef de terre, de village. Coutume Ngambaye, Mbaye, Massa : réparation de 50 à 200 barres de fer au chef de terre ou de village. Boum, Goulaye : de 100 à 200 barres, Banana : de 50 à 150 barres, Massa : de 50 à 200 barres.

b) Chef de village. Dans toutes les coutumes il n'existe pas de réparations à proprement parler dues par un chef de village en état de rébellion à son chef de terre.

32. Recel.

Dans toutes les coutumes cette infraction est assimilée au vol.

34. Séquestration arbitraire.

Coutume Ngambaye, Mbaye, Boum, Goulaye : réparation à la victime : de 200 à 400 barres de fer. Banana : de 150 à 300 barres. Massa : de 200 à 450 barres.

36. Viol.

a) Avec violences. Coutume Ngambaye, Mbaye, Boum, Massa : réparation à la victime ou à la famille tutrice : de 150 à 200 barres de fer. Banana, Goulaye : de 100 à 200 barres, Massa : de 100 à 250 barres.

b) Sans violences. Ngambaye, Mbaye, Boum et Goulaye : réparation à la victime ou à la famille tutrice : de 50 à 150 barres de fer. Banana et Massa : de 50 à 100 barres.

37. Vol.

Principe coutumier général : restitution du bien volé ou réparation dudit par estimation. Dans l'un ou l'autre cas réparation complémentaire pour le préjudice causé. Toutes les coutumes : réparation variable suivant la nature du bien, de 50 à 1.000 barres de fer.

Commentaire

Dans son tableau des réparations civiles, le chef de département a distingué cette fois-ci quatre groupes, après avoir rajouté les Massa. Ce qu'il nomme les "Banana" sont donc pour lui les Nantchéré, les Mesmé et les Lélé.

Le seul intérêt de cette réponse est de donner le montant des indemnités en barres de fer et leur équivalent en monnaie légale.

On notera que les indemnités varient sensiblement selon les groupes.

Le prix du sang s'élèverait en moyenne à un cheval ou 1000 barres de fer (soit 200 F de l'époque) en cas d'homicide volontaire, et à 500 à 800 barres de fer (160 à 180 F) en cas d'homicide involontaire (alors qu'on nous avait dit que ce dernier n'était pas réprimé, mais la coutume a dû évoluer et la réponse de l'année précédente concernait donc la coutume ancienne).

Chapitre XII

LÉGISLATION

- Note sur les principaux textes, concernant la justice indigène, applicables en AEF (période de 1910 à 1947).
- Note sur *l'indigénat*.

Note sur les principaux textes concernant la Justice Indigène

Le premier texte de portée générale est le décret du 12.5.1910 "portant réorganisation du service de la justice en Afrique Equatoriale Française", promulgué par arrêté du 3.9.1910 (JO A.E.F. 15.10.1910). Il fait suite aux décrets des 17.3.1903, 11.2.1906, 8.11.1907 et 11.3.1908 qui organisaient la justice au Congo français, ainsi qu'au décret du 15.1.1910 portant création du Gouvernement général de l'A.E.F.

Dans son titre premier il traite de l'organisation et de la compétence des tribunaux français, et dans son titre second de la "justice indigène". Pour celle-ci il institue au chef-lieu de chaque circonscription administrative (le département en 1935, la région en 1947 et la préfecture en 1960) un tribunal indigène présidé par l'administrateur, l'officier ou le fonctionnaire commandant la circonscription, assisté de deux assesseurs, dont un européen citoyen français et un indigène (art. 40) ayant voix consultative.

Ces tribunaux indigènes appliquent, en toute matière, les coutumes locales *« en ce qu'elles n'ont pas de contraire aux principes de la civilisation française »* (art. 47). Les décisions prononçant une peine supérieure à deux ans d'emprison-nement sont soumises à l'homologation d'une chambre spéciale instituée à Brazzaville (art. 50). Les décisions infligeant une peine inférieure sont prononcées en dernier ressort et définitives (art. 50 al. 2), mais le procureur général, chef du service judiciaire, peut d'office en demander l'annulation.

La Chambre d'homologation est composée des membres de la cour d'appel et de deux fonctionnaires désignés par le gouverneur. Les fonctions du ministère public y sont exercées par le chef du service judiciaire (art 55). Cette chambre peut ordonner tous les compléments d'information qui lui paraissent nécessaires (art. 59), homologuer la décision ou annuler. Quand elle annule "elle renvoie l'affaire devant le tribunal qui en a connu en indiquant par arrêt motivé les points insuffisamment établis ou reconnus erronés sur lesquels doit porter le nouvel examen du tribunal indigène" (art. 61). Après de nouveaux débats le dossier est renvoyé à la Chambre qui peut "soit homologuer, soit annuler de nouveau et, dans ce dernier cas, évoquer l'affaire et statuer au fond" (art. 62).

Le décret du 16.4.1913 *« portant réorganisation du service de la justice en AEF »* (JO A.E.F. du 15.5.1914 p. 170) ne modifie pas le système en ce qui concerne la justice indigène. On conserve le principe d'un tribunal indigène au centre de chaque circonscription, mais faculté est donnée au gouverneur général de créer des tribunaux indigènes dans les subdivisions (les districts de 1947 et les sous-préfectures de 1960). L'installation de tribunaux dans les seuls chefs-lieux de circonscription présentait en effet des inconvénients en raison de l'étendue des circonscriptions. Par ailleurs il est donné à ces tribunaux le moyen de réprimer les crimes et délits contre l'Etat, la Colonie ou une administration publique en ajoutant l'interdiction de séjour aux peines qu'ils peuvent prononcer: la mort, l'emprisonnement, l'amende (art. 49). Le chef du service judiciaire peut désormais demander l'annulation des jugements prononçant un acquittement.

Les pouvoirs de la chambre d'homologation sont précisés dans le cas, où, ayant annulé une deuxième fois, elle doit évoquer et statuer au fond. Elle possède alors plénitude de juridiction (art. 62). Elle peut élever la peine prononcée par le premier juge et même condamner un prévenu acquitté si elle estime que le tribunal indigène a commis une erreur de fait ou de droit.

Le décret du 17.2.1923 (JO A.E.F. 1.5.1923 p. 210) innove en créant un tribunal indigène dans chaque subdivision administrative pour le jugement des affaires civiles et commerciales. En matière répressive les tribunaux de circonscription restent seuls compétents. Le gouverneur général peut cependant, sur la proposition des lieutenants-gouverneurs et après avis du chef du service judiciaire, investir des pouvoirs répressifs certains tribunaux de subdivision (art. 12). Les tribunaux indigènes connaissent, en matière répressive, des attentats aux personnes et aux biens d'individus non justiciables des tribunaux français, des infractions commises contre l'ordre public, l'Etat, la Colonie, ou une administration publique, ainsi que des infractions aux lois et règlements de l'autorité publique en vigueur dans la colonie (art. 12).

Les peines qui peuvent être prononcées en matière indigène sont les sanctions prévues par les coutumes locales, la mort, l'emprisonnement à perpétuité ou à temps, l'amende, l'interdiction de séjour, ces quatre dernières peines ne pouvant être prononcées que si les sanctions prévues par les coutumes locales sont contraires à la civilisation française ou insuffisantes (art. 13).

La chambre d'homologation n'examine plus que les jugements prononçant des peines excédant trois ans d'emprisonnement, les peines inférieures ou les acquittements continuant à pouvoir lui être soumis pour annulation par le procureur général (art.31). Ses pouvoirs sont toutefois étendus. Elle peut évoquer et statuer au fond sans renvoi « *si l'affaire est reconnue en état du fond et si l'annulation est prononcée pour vice de forme ou fausse qualification de l'infraction* » (art. 39).

Le décret du 27.4.1927 portant réorganisation de la justice indigène en AEF (JO A.E.F. 1.4.1928 p 307.) innove en créant officiellement (ils fonctionnaient en fait dans la pratique) des tribunaux de conciliation en matière civile et commerciale. Les chefs de village ou de tribus reçoivent le pouvoir de concilier les parties lorsqu'elles comptent parmi leurs ressortissants (art.3). Dans le cas contraire, ces pouvoirs sont délégués à un assesseur du tribunal désigné par le commandant de la circonscription du chef-lieu ou par le chef de subdivision, ces deux derniers restant seuls investis des pouvoirs de conciliation quand le litige est susceptible d'entraîner des répercussions administratives ou politiques, si une question de compétence est soulevée ou si l'affaire implique l'examen de preuves écrites ou une vérification de comptes. Ce décret crée également des tribunaux du premier degré qui sont institués par arrêtés du lieutenant-gouverneur de la colonie avec des assesseurs ayant cette fois voix délibérative, ainsi que des tribunaux du second degré au chef-lieu de chaque circonscription, présidés par le commandant de circonscription, assisté de deux indigènes ayant voix consultative.

En matière répressive le tribunal du second degré connaît de l'appel des jugements des tribunaux du premier degré de son ressort et, en outre, directement, de plusieurs catégories d'infractions qualifiées crimes et notamment des attentats à la vie humaine et des coups et blessures et violences de nature à entraîner la mort, des faits de pillage en bande et à main armée, des incendies volontaires, des rapts, enlèvements, séquestration de personnes, des empoisonnements des puits, citernes, sources et eaux potables, des mutilations effectuées sur la personne humaine. Il connaît aussi des actes prévus et réprimés par le décret du 26.4.1923 sur l'anthropophagie et le décret du 12.12.1905 sur la traite, des infractions dont les auteurs ou les victimes sont des fonctionnaires indigènes ou des indigènes agents de l'autorité, des infractions commises par les militaires indigènes de complicité avec d'autres indigènes non militaires, des infractions prévues par le décret du 15.11.1924 concernant l'indigénat lorsque les délinquants sont soustraits à la procédure disciplinaire en vertu des art. 4, 5 et 6 de ce décret, des infractions commises au préjudice de l'Etat, de la Colonie ou d'un administration publique.

La Chambre d'homologation connaît désormais non seulement de tous les jugements contradictoires rendus par les tribunaux du premier et second degré comportant une peine d'emprisonnement supérieure à trois ans mais aussi des jugements rendus par les tribunaux du second degré portant condamnation pour infraction au décret du 12.12.1905 sur la traite et du décret du 26.4.1923 sur l'anthropophagie, des jugements des mêmes tribunaux portant condamnation de fonctionnaires ou agents indigènes de l'autorité à des peines supérieures à trois mois d'emprisonnement ou à 500 F d'amende, des peines infligées par les tribunaux indigènes dans le cas où la coutume ne prévoit pas de sanction pour l'infraction, et des demandes de réhabilitation (art. 39).

Le procureur général peut se pourvoir d'office mais avec l'assentiment du gouverneur général lorsqu'un tribunal indigène a rendu une sentence manifestement contraire à l'ordre public « *en tenant compte à cet égard du degré de civilisation des populations intéressées* » (art.42).

Le décret prévoit la communication mensuelle des jugements rendus (art. 48). L'art. 53 stipule que le tribunal « *avant de prononcer la sentence, s'enquiert de la sanction éventuellement prévue par la coutume du lieu pour l'infraction commise et proportionne l'importance de la condamnation à la gravité de la sanction* » et qu'il a « *qualité, sous le contrôle de la chambre d'homologation, pour prononcer la condamnation qui lui parait équitable dans le cas où la coutume n'aurait prévue aucune sanction pour l'infraction commise* ».

Le décret prévoit que les juridictions indigènes peuvent prononcer l'interdiction de séjour en interdisant à un condamné, après qu'il ait purgé sa peine, une ou plusieurs régions ou en l'assignant à « *résidence obligatoire dans l'une quelconque des colonies relevant du gouvernement général de l'A.E.F.* » (art. 57).

Sont introduites les règles de prescription françaises de l'action publique et des peines (art. 66) alors que les décrets antérieurs prévoyaient la non-prescription des peines et que la prescription de l'action publique était acquise au bout de cinq ans.

Le décret du 29.5.1936 portant réorganisation de la justice en A.E.F. (JO A.E.F. 1.8.1936 p.750.) reprend pour l'essentiel les dispositions du décret précédent en en modifiant la forme pour l'adapter à la situation nouvelle qui voit l'ancienne fédération transformée en colonie unitaire (Décrets des 30.5 et 5.8.1934).

Le décret du 17.7.1944 institue un "code pénal indigène" pour l'A.O.F., l'A.E.F., le Cameroun et le Togo (JO RF 27.7.1944 p. 652). Composé de 141 articles ce code s'inspire directement du code pénal de l'A.O.F. de 1937. On y trouve les notions essentielles du droit pénal français (classification des peines, récidive, circonstances atténuantes, sursis, légitime défense, complicité, minorité pénale etc..). Les infractions sont, dans l'ensemble, reprises dans la formulation du code pénal français avec, cependant, quelques dispositions spécifiques: l'attentat contre la sûreté de la Colonie (art. 28), l'opposition à l'autorité des chefs indigènes investis ou reconnus par l'administration (art. 31), l'accomplissement (ou sa tentative) de l'acte sexuel sur une fillette âgée de moins de 13 ans dans le cadre d'un mariage célébré selon la coutume (art. 93), la conclusion d'une convention ayant pour but d'aliéner soit à titre gratuit, soit à titre onéreux la liberté d'une tierce personne (art. 100), le trafic d'ossements humains, les pratiques de sorcellerie, magie ou charlatanisme susceptibles de troubler l'ordre public (art. 118), le transport clandestin de passagers (art. 12), toutes infractions qui avaient déjà fait l'objet de textes spéciaux.

Le décret 46-877 du 30.4.1946 portant suppression de la justice indigène en matière pénale dans les territoires relevant du Ministère de la

F.O.M. (JO R.F. 1.5.1946 p. 3681) abroge tous ces textes (à compter du 1.9.1946 pour l'AEF) et décide que les juridictions françaises connaîtront seules en matière pénale conformément à la législation applicable devant ces juridictions et à l'exclusion de toute juridiction indigène de toutes les infractions commises par les indigènes (JO A.E.F. 1946 p. 698).

Le décret 47-2248 du 19.11.1947 modifie ou complète les art. 12, 264, 302, 312, 317, 331, 332, 337, 339, 340, 341, 360, 405 et 483 du code pénal applicable en AEF (art. 12: remplacement, en cas de condamnation à mort, des "bois de justice" par la fusillade; 264: trafic d'ossements, pratiques de sorcellerie, magie ou charlatanisme; 302: meurtre dans un but d'anthropophagie et trafic ou cession de chair humaine; 312, al. 11 et 12: accomplissement de l'acte sexuel sur une enfant de moins de 13 ans dans le cas d'un mariage selon la coutume; 317: avortement, 331 et 332: attentat à la pudeur, acte impudique ou contre nature avec un individu de son sexe; 337, 339, 340: adultère et abandon du domicile conjugal; 341: profanation et mutilation de cadavres; 405: escroquerie; 483: circonstances atténuantes).

C. D.

Note sur l'*Indigénat*

L'*Indigénat* a été institué par le sénatus-consulte du 3.5.1854 (art.18) et un décret du 30.9.1887 "relatif à la répression par voie disciplinaire des infractions commises par les indigènes non citoyens français".

En A.E.F. il a fait l'objet de deux décrets importants, celui du 31.5.1910, inspiré de la législation alors applicable en A.O.F (Décrets des 30.9.1887 et 21.11.1904), et celui du 15.11.1924.

Le décret du 31.5.1910 "portant réglementation de l'indigénat en AEF, promulgué par arrêté du 25.7.1910 (JO A.E.F. 1910 p. 377) prévoit que les administrateurs coloniaux ou les fonctionnaires civils ainsi que les militaires commandant les circonscriptions et subdivisions administratives (une précision qui ne figurait pas dans le Décret du 30.9.1887 et qui avait donné lieu à des contestations concernant les décisions prises par les adjoints ou les officiers remplissant des fonctions administratives) statuent sur les infractions commises par les indigènes non justiciables des tribunaux français contre les arrêtés du gouverneur général ou des lieutenants-gouverneurs (art. 1).

Ces arrêtés déterminent les infractions spéciales à l'indigénat pouvant être sanctionnées par des peines allant jusqu'à 15 jours de prison et 100 frs d'amende (art.2).

Le texte prévoit que les décisions peuvent être frappées d'appel devant les lieutenants-gouverneurs statuant en conseil d'administration (art. 3).

Il autorise en outre les lieutenants-gouverneurs à prononcer en conseil d'administration des amendes collectives ainsi que, "en cas d'insurrection, de troubles politiques graves, de manœuvres susceptibles de compromettre la sécurité publique et ne tombant pas sous l'application des lois pénales ordinaires", des internements et des séquestres, lesquels ne pourront dépasser 10 ans (art. 4 et 5). Le ministre des colonies de l'époque (G. Trouillot) justifie ces dispositions dans son rapport de présentation en expliquant que "les distances sont telles en Afrique Equatoriale française, que, s'il fallait, pour les peines de cette nature, attendre la décision du Gouverneur général, des délais de plusieurs mois s'écouleraient, et (qu)'il importe avant tout, en pareille matière, que la répression soit immédiate et que la sanction suive de près la faute commise." D'ailleurs, ajoute-t-il, "les lieutenants-gouverneurs ayant la direction de la politique indigène de leur colonie, il a semblé logique de leur laisser l'initiative des peines politiques à prononcer, sous la réserve de l'appel au Gouverneur général en Conseil de Gouvernement et du contrôle du Ministre des Colonies qui s'exercera dans les mêmes conditions que pour l'Afrique occidentale."

Une "contribution spéciale" peut être également imposée aux villages sur les territoires desquels les faits se sont produits et aux collectivités dont les membres y auront participé" (art. 6).

Le décret du 15. 11. 1924 "portant réglementation des sanctions de police administrative en A.O.F, en A.E.F., à Madagascar et à la Côte française des Somalis (JO A.E.F 1.1.1925 p.3) modifie profondément le système en visant à rapprocher *« l'action toute exceptionnelle de l'autorité administrative du régime normal, celui d'une intervention judiciaire généralisée et devenue partout possible »* (rapport de présentation de Daladier, Ministre des Colonies).

Il décide d'abord que les punitions disciplinaires prononcées par le commandant d'une subdivision, si elles sont provisoirement exécutoires, ne deviennent définitives qu'après approbation de l'administrateur commandant la circonscription, lequel peut les réduire (art. 3).

Il exempte des punitions disciplinaires un certain nombre d'indigènes: ceux ayant servi pendant la guerre dans les troupes coloniales, les chefs de province, de cantons et de tribus, les agents indigènes faisant partie des cadres réguliers de l'administration, les membres indigènes des assemblées délibérantes ou consultatives, les assesseurs près les tribunaux indigènes, les indigènes titulaires du brevet élémentaire ou d'un diplôme d'un degré égal ou supérieur, les indigènes titulaires d'une décoration française ou coloniale, les commerçants indigènes patentés à l'établissement fixe (art. 4). D'autres exemptions individuelles sont prévues pour les indigènes qui "se seront particulièrement signalés à l'administration locale, soit par leur participation au développement commercial ou agricole du pays, et, d'une façon générale, aux œuvres d'intérêt public, soit par les services rendus à la cause française". Pour toutes ces personnes les infractions en question relèvent de la compétence des tribunaux de circonscription (art. 8). Le texte prévoit en outre que les peines d'emprisonnement infligées en application du décret sont subies dans un local distinct de celui affecté aux individus condamnés par décision de justice (art. 12).

Outre le droit donné au chef de circonscription de réduire les peines, les lieutenants-gouverneurs, peuvent, sur proposition du procureur général ou du procureur de la République suivant les cas, annuler les décisions prononcées par les chefs de circonscription ou de subdivision ou réduire les peines prononcées par eux (art. 21).

Le texte maintient le droit du gouverneur général de prononcer l'internement si un indigène non justiciable des tribunaux français s'est rendu coupable d'actes ou de manœuvres ne tombant pas sous l'application des lois pénales ordinaires mais de nature à compromettre la sécurité publique et paraissant comporter une sanction supérieure au maximum prévu pour les punitions disciplinaires. Cet internement peut être remplacé par l'obligation de résider dans un lieu déterminé ou par l'interdiction de séjourner sur une partie du territoire de la colonie. Ces mesures sont également applicables aux indigènes qui se seront rendus coupables de faits d'insurrection contre l'autorité de la France ou de troubles politiques graves (art. 22).

Le décret 45-0137 du 22.12.1945 "portant suppression en A.O.F, en A.E.F., au Cameroun, au Togo, à la Côte française des Somalis, à Madagascar et dépendances et en Nouvelle Calédonie des sanctions ordinaires de l'indigénat" met fin à ce système (JO A.E.F. du 15.2.1946 p. 233).

L'arrêté du 21.3.1947 relatif à l'application du Décret du 22.12.1945 décide que les infractions aux arrêtés réglementaires antérieurement sanctionnés par des peines de police administrative sont désormais considérés comme des contraventions de simple police et punies comme telles (JO A.E.F. 15.11.1947 p. 482).

C. D.

INDEX DES TERMES VERNACULAIRES

adjaouid, 24, 70, 71, 73
adl, 83
aguid/agid (pl. agad), 24, 70, 71, 72, 73, 74, 120, 143, 156, 157, 158, 160, 161, 162, 163, 164, 165, 166, 167, 183, 398
aguid äl bahr, 70, 73
aguid äl choua, 27, 157, 158, 163, 164, 166, 167
aguid äl masmadia/el-masmadia, 27, 157, 164, 165, 166, 167
aguid äl moklaïl, 73
aguid äl rachid, 70, 73
aguid birich, 73
aguid diatiné/diaatné, 70, 73
aguid géri, 73
aguid mahamid, 70, 73
aguid salamat, 70, 73
alifa, 397, 398, v. khalifa
amin, 73, 74
amin sharia, 71, 74
aseb, 341

badîngay, 445
bang bousso, 377
bang fang, 377
bang koumra, 377
bang maffaling, 377
barma 377, 378

cadi, 22, 24, 70, 71, 73, 74, 131, 377, 427

daba, 30, 99, 102, 263, 287, 288, 289, 290, 291
derdé, 17, 464, 467-472
dia *voir* diya
diffa, 120
diya/dia, 12, 14-16, 18, 19, 23, 26-32, 52, 69, 74, 76-78, 80, 81, 83, 86-90, 92-94, 96-99, 103, 114, 115, 120, 121, 123, 126, 127, 130, 131, 134, 135, 136, 137, 141, 142, 145, 147, 148, 150-160, 163, 165, 169, 170, 172, 173, 174, 175, 176, 182, 183, 186, 189, 191, 192, 194, 195, 202, 203, 205, 210, 212, 218, 219, 221, 222, 224, 225, 226, 227, 230, 231, 232, 233, 234, 235, 236, 237, 238, 239, 240, 241, 242, 244, 245, 246, 247, 248, 249, 250, 251, 252, 255, 256, 257, 281, 297, 298, 300, 301, 304, 336, 337, 338, 340, 341, 343, 346, 353, 354, 355, 356, 357, 359, 360, 363, 364, 365, 366, 368, 369, 370, 371, 372, **373**, 380, 381, 383, 385, 386, 387, 388, 389, **392**, 393, 400, 401, 402, 403, 404, 405, 406, 407, 409-415, 417, 419, 421, 422, 423, 423, 424, 425, 426, 427, 428, 429, 434, 436, 437, 438, 439, 440, 441, 443, 444, 446, 447, 449, 450, 453, 454, 455, 456, 459, 462, 463, 467, 468, 469, 470, 472,
djemaa/djemâa, 23, 74, 216, 250, 398, 399, 412, 434, 452, 453
djerma, 397, 398
djindi, 24, 129
dora, 296, 297, 303, 304

edéri/ederi, 71

faki/fakih (plur. fakkara) 71, 74, 128, 215, 377, 398
faqih el gadi, 156, 168
ferik (plur. fourgan), 74
fuskhan/fuskan, 26, 146

gabak, 30, 72, 74, 75, 77, 80, 83, 85-87, 90, 99-101, 121, 130, 136, 150, 151, 192, 193, 218, 234-238, 241, 243, 246, 250, 254, 271, 371, 384, 392
gabénanga, 316, 322
galadima, 377, 378
golda, 262, 263
gon, 306
goraga, 472
goumsou, 378
gouna, 92
guidik/gidik, 377
gûlé kaha/gol kaa, 21, 327

habbaba, 73
hakouma, 19

houchour/ushr, 127
houkoum, 127
h'riz, 176
hudud, 27

imam,13, 24, 128, 216, 230, 340
imam al Gadi, 216

jang, 22

kadia, 30, 246, 256
kaguié, 30, 246, 256
kamkoulak/kamkalak (plur. kémakil/ kamakil), 17, 24, 70, 71, 73, 74, 84, 128, 129, 131, 143, 167
kamnah,73
katié, 30, 246, 256
kebir el fasher, 128
keya, 29, 245, 256
khalifa/kalifa, 24, 128, 361
khamin dam/ kham ed dam/khag al-dam, 18, 126, 187, 381, 382, 385, 386, 388, 389, 391
khashimbet/kachimbet (plur. khashimbiout), 74, 189, 361
kisas/qisas, 15
ko, 328
kogana, 398
kul, 26
kursi (plur. kérasa), 74

lamido, 296, 299, 304
lel badangoul, 378
lel daba, 378
lel mourba, 378
lougan,70

maala, 397, 398
magdoum/mogdum (plur. mogadem), 23, 24, 128
maguéra, 378
maguiné,71
mangiak/mandjîak, 23, 70
manka, 377
margaï, 180, 185, 205, 391, 392
mbang, 15, 16, 25, 313, 315, 316, 322, 323, 327

mélik, 23, 121, 128
milma, 377
momo, 73
moud/mudd, 355, 356

nangara,407,422
ndil,22
ngar/n'gar, 255, 326
  n'gar berkédé/berkété, 377, 378 ;
  n'gar daba, 378 ; n'gar kélou, 378 ;
  n'gar maïmana, 377 ; n'gar maïmang, 378 ; n'gar mané, 378 ;
  n'gar minima, 378
  n'gar mourba, 378
noy,25,409

ouakil, 361, 362
ouankoulou/wan-külü, 25, 286, 287

padjia, 318, 324
patia, 377, 378

rhain/rhaine,158

sadaga/sadaka/sedakha, 15, 18, 121, 130, 134, 136, 137, 141, 148, 153, 155, 189, 245, 256, 371, 385, 394, 447
salam, 120
sarrag/serrag, 158, 164
sariqa, 340
sidaq, 338, 341

tardoua, 246, 247, 256
tchikotma, 378
tchiroma, 378
teraguenieh (plur. turguenak), 73
thaler, 18, 140, 402, 403, 404, 406, 407, 423
tokkié/tokkiyé, 72, 74, 75, 77, 80, 85, 86, 87, 90, 101, 102, 192, 193

wan-soo, 287

yara, 445, 447
yébé, 224, 241, 245, 246, 247, 371

zagbada, 397, 398
zakka/zaka, 296

INDEX DES NOMS PROPRES

Les noms de personnes sont en petites capitales, les noms de populations, tribus, clans en romain et les noms de lieux en italique. L'orthographe retenue a été celle utilisée dans les documents de l'époque.

ABD EL-KERIM, 65
Abéché / Abécher, 13, 18, 24, 62, 63, 65, 66, 67, 68, 70, 73, 74, 82, 85, 90, 91, 99, 121, 127, 167, 216, 230, 398, 451, 507
Abidiyé/Abidié, 90
Abou Telfan, 235, 237, 238, 239, 240, 241, 242, 243, 244, 246, 248, 249, 250, 251, 252, 253, 254
Aboudéia, 29, 177, 179, 180, 189, 197, 507
Acyl, 67
Adelia, 436
Adré, 18, 29, 30, 62, 63, 67, 91, 97, 99, 507
ALLATIÉ CHAAMI, 445
Am Dam, 63, 156, 167, 168, 181, 230
Am Timan, 177, 179, 180, 181, 190, 193, 507
Ankorda, 414, 419
Anakazza/Annakaza, 23, 434, 435, 436
AOUBOU ERTIÉMI, 445
Arabes, 6, 18, 33, 74, 97, 100, 104, 120, 131, 132, 180, 182, 190, 191, 192, 193, 194, 195, 197, 205, 207, 217, 234, 236, 237, 238, 239, 240, 241, 242, 243, 244, 245, 247, 248, 249, 250, 251, 252, 253, 255, 256, 257, 323, 333, 358, 360, 361, 362, 368, 370, 371, 372, 376, 380, 381, 382, 383, 384, 385, 386, 387, 388, 390, 392, 423
Arabes Dagana, 333
Arabes Oumar, 217, 362
Arabes Salamat, 362, 368, 375
Arada, 120
Arna, 23, 436
Asongori/Azoungori/Azongori, 100, 120
Ati, 13, 32, 62, 180, 230
ATTULY, 37, 38, 43

Babalia, 340
Baguirmi, 18, 25, 26, 62, 67, 361, 362, 374, 376, 378, 391, 393, 508
Bahr Azoum, 131, 180
Bahr el-Ghazal, 508
Bahr Sara, 12, 309
Baibokoum, 477
Banana, 30, 261, 263, 280, 285, 286, 287, 288, 289, 290, 291, 292, 293, 294, 476, 477, 478, 479, 480, 482, 484, 486, 487, 488, 489
Banda, 329, 331
Bangui, 9, 36, 60, 476
Barain, 376, 392
BARKA ALLAHIMI, 445
Bat, 484
Baterko, 250, 257
Batha, 12, 13, 17, 26, 29, 62, 185, 213, 214, 215, 230, 232, 507
Baya, 476, 477, 478, 479, 480, 482
Bédégué, 484
Bédiondo / Bedjond, 331
Bedjou, 484
Bédo, 445, 449
Beni Halba, 90
Béni Ouaïl, 333, 350, 357, 360
Béri, 23, 120
BERRE, 121
BERRY, 15, 17, 22, 285, 309, 310, 326
BERTHOLLIER, 121
Bessada, 25, 331
Bidéyat, 436, 451, 452, 462
Bidio, 29, 217, 230, 234, 236, 237, 239, 240, 241, 242, 243, 244, 245, 247, 248, 249, 250, 251, 252, 253, 254, 255, 256, 257
Bilala, 230, 231, 350, 361, 362, 368, 371, 372
Bilia, 451, 452, 453, 454, 455, 456, 457, 458, 459, 460, 461, 462, 463, 508
Biltine, 17, 62, 63, 67, 104, 105, 108, 109, 112, 115, 116, 119, 120, 121, 122, 127, 507

Birgid/Birguid/Birguit, 73, 198, 201, 202, 205
Bokoro, 62, 180, 333, 361, 369, 370, 371, 372, 508
Bolgo, 376, 392, 393
Bongor, 259, 260, 283
Borkou, 12, 23, 67, 430, 431, 433, 434, 436, 440, 443, 465, 508
Bornou, 335, 340, 371, 372, 376, 398
Borogat, 23, 451, 454, 455, 456, 458, 459, 460, 462, 463, 508
Boua, 331, 362, 376, 378, 379, 381, 382, 383, 384, 390, 393, 394
Boudougour, 260, 261, 270, 271, 281
Boudouma, 29, 350, 356, 397, 398, 399, 405, 409, 508
BOUJOL, 378
Boulala, 217
Bouloua, 350
Boulta, 436
Boum, 486, 487, 488, 489
Bouna, 329
BOURGEOIS, 85
Bourounda, 477
Bousso, 62, 375, 376, 377, 378, 393, 508
Brazzaville, 9, 10, 12, 36, 60, 65, 476, 492
BRUNOT, 67

CAROL, 350, 358, 360
CHAI, 464
CHALMEL, 22
CHAPELLE, 22, 31, 424
Chari, 22, 30, 287, 307, 312, 313, 317, 326, 329, 337, 341, 357, 485
CHAUMEL, 309, 330, 331
CHEVANCE, 464, 473
Chettié/Chéttiyé, 90, 120, 362
CLUPOT, 378, 391
COBERT, 18, 392

Dadio/Dadjo, 30, 120, 130, 131, 132, 148, 217, 230, 234, 237, 238, 239, 240, 241, 242, 243, 244, 246-256
Dagana, 17, 333, 349, 350, 351, 352, 354, 355, 357, 358, 360
Dagourda, 397
Daguel, 177, 181, 190, 191, 192, 193, 195
Dalatoa, 398

Dangaléat, 6, 30, 216, 217, 230, 233, 235, 237, 238, 239, 240, 241, 242, 243, 244, 246, 248, 249, 250, 251, 252, 253, 254, 255, 256, 257
Dar Djombo, 31, 33
Dar Four, 23
Dar Massalit, 69
Daye, 329, 331
Daza, 120, 399, 419, 423, 429, 462, 463
DEGOUL, 328
Dékakiré, 376, 377
DELORY, 30, 98, 99, 102, 103
Démé, 331
Démi, 463
Derdé, 17, 434, 465, 466, 467, 468, 469, 470, 471, 472
DEYSSON, 443, 444, 450
Diaatné/Diatné, 73, 74, 217, 230, 362
Diagada, 397, 414, 415, 416, 419, 508
Diongor/Djonkour/Djonkor/Dionkor, 30, 217, 230, 233, 235, 237, 238, 239, 240, 241, 242, 243, 244, 246, 247, 248, 249, 250, 251, 252, 253, 254
Djararié, 90
Djoheïna, 74
Doba, 62, 477
Doza, 431, 434, 436, 437, 439, 441, 442, 443, 444, 445, 447, 448, 449, 450, 508
DUAULT, 13, 230, 232, 233, 254, 255
DURAND, 6, 16, 33, 472
Duren, 120

EDWIGE, 392
Egueï, 429
EL-TOUNSI, 73, 74
Ennedi, 6, 12, 19, 23, 26, 430, 431, 432, 433, 451, 457, 458, 459, 462, 508
Erdia, 462

Fada, 22, 62, 194, 462
FALVY, 67
Fanian, 376, 392
Fellata, 350, 376
Fezzan, 429
Fezzanais, 434
Fianga, 25, 62, 259, 286, 507
Fitri, 362, 399
Fongoro, 128, 130, 132

INDEX DES NOMS PROPRES

Fort-Archambault, 12, 17, 62, 307, 309, 310, 326, 327, 329, 507
FORTIER, 22
Fort-Lamy, 9, 31, 36, 60, 62, 65, 180, 215, 309, 329, 333, 334, 336, 337, 340, 342, 343, 344, 345, 346, 347, 348, 432, 476, 486, 507
Foulbé, 29, 259, 260, 270, 275, 296, 300, 304, 306, 507

Gabré, 260, 261, 271, 486
Gaéda, 462, 463
Galala, 436
Gambay, 477
Gamé, 286, 287
GARINE, 282
GAYLE TOUGOUCHOUMI, 445
GIACCOBI, 31
GIRAUDET, 207
GIUNTINI, 16, 17, 32, 261, 262, 280, 281
Gor, 331, 484
Goranes, 19, 23, 105, 106, 107, 109, 111, 112, 113, 114, 117, 118, 119, 397, 409, 437, 440, 442, 443, 508 v. Ankorda
Goré, 484
Gori, 331
Goula, 329, 331, 376
Goulay/Goulaye, 30, 329, 331, 477, 484, 486, 487, 488, 489
Gouring, 449, 508
Gouroa, 436
Goz Beida, 63, 131, 180
Guéra, 6, 21, 29, 132, 194, 205, 230, 233, 235, 237, 238, 239, 240, 241, 242, 243, 244, 246, 247, 248, 249, 250, 251, 252, 253, 255, 256, 257
Guéréda, 18, 120
Guruf, 120

Haddad, 29, 217, 230, 349, 350, 351, 358, 472
Hadjeray, 6
Hamida, 362
Haraze, 177, 207
HARDY DE PERINI, 347
Hassaouna, 397, 423, 429
Hémat, 90, 180, 190, 193, 195, 207, 217, 230, 362
HERSÉ, 58, 393
Hollom, 286, 287
Horman, 331

HUGOT, 33

Imar, 361, 362
Irregat, 90

Kaba, 14, 21, 310, 313, 314, 315, 319, 320, 321, 323, 327, 331
Kabka, 120
Kadjeské, 132
Kamadja, 472
Kan, 484
Kanem, 12, 29, 62, 350, 395, 396, 397, 398, 399, 402, 419, 436, 508
Kanembou, 20, 333, 349, 350, 358, 359, 360, 397, 398, 405, 406, 407, 408, 409, 420, 421, 422, 423, 508
Kara, 484
Kélo, 62, 477
Kenga, 217, 230, 235, 237, 238, 239, 240, 242, 243, 244, 247, 248, 249, 250, 251, 252, 253, 254, 255, 256, 257
Kéra/Kera, 286, 287
KHALÎL BEN IS'AQ ou KHALÎL, 13, 18, 20, 28, 29, 30, 66, 67, 68, 74, 83, 90, 103, 120, 121, 148, 149, 175, 176, 187, 189, 194, 230, 304, 340, 341, 372, 425, 429, 443, 463
Khozzam, 90, 217
Kibet, 177, 181, 190, 191, 192, 193, 194, 195
Kigé, 120
Kirdi, 197
Kiroma, 377
Kobé, 120
KODI MAHAMAT, 6
Kodra, 436
Koké, 376
Kokorda, 23, 434, 436, 442
Kotoko, 262, 335, 340
Kouan, 260, 267, 271
Kouka, 73, 217, 230, 231, 361, 362, 368, 371, 372
Koumra, 25, 26, 62, 309, 326, 329, 377
Kouri, 349, 350, 356, 360, 397, 398, 399, 405, 409
Kouri Kalé, 333, 349, 350, 356, 359, 360
Kréda, 399, 414, 419
Kuttum, 452
Kyabé, 14, 180, 309, 310, 327, 329, 331

Laï, 62, 377, 477
Laka, 477
LAMBERT, 204
LAMI, 305, 306
LANNE, 6, 7, 262, 350, 369, 484
LAURIOL, 13, 68, 69, 73, 82
LAVERGNE, 168, 175
LE BRUN, 122, 126
Lélé, 477, 489
Léré, 259, 296
LE ROUVREUR, 6, 120, 189, 429
Logone, 16, 62, 272, 414, 474, 475, 476, 477, 484, 485, 486, 508
Loo, 331
LORTIES, 436, 443
Louto, 331

Maba, 73
Maffaling, 377
MAHAMAT OURADA, 67
Mahamid, 70, 73, 74, 90, 120
Maharié, 90, 120
MAHÉ, 91, 97
MAILLARD, 126, 304
Manga, 423, 429
Mao, 23, 62, 350, 397, 398, 434
Mararit, 97, 100
Marba, 287
MAREUGE, 464, 465, 473
MARIN, 287
Massa, 16, 17, 20, 30, 32, 259, 260, 261, 262, 263, 264, 265, 266, 270, 272, 275, 278, 279, 281, 282, 294, 486, 487, 488, 489, 507
Massakory, 29, 62, 180, 333, 349, 350, 351, 352, 356, 357, 358, 359, 360, 507
Massalit, 29, 30, 91, 92, 97, 100, 130, 132
Massénya, 326, 375, 376, 378, 391, 392, 393, 508
Mataya, 255
MAZET, 104, 119, 120
Mbay/Mbaye, 326, 331, 477, 478, 479, 480, 482, 484
    Mbaye Bat, 331
    Mbaye Bédégué, 331
    Mbaye Bedjou, 331
    Mbaye Kan, 331
    Mbaye Mougo, 331
    Mbaye Ngoka, 331

Mboum, 30, 477
Médogo, 217, 230, 231, 361, 371, 372
Melfi, 29, 62, 362, 376, 378, 390, 391, 392, 394
mélik, 23, 121, 128
Mesmé, 477, 489
Mesmédjé, 217
Miltou, 331, 362, 393, 394
Mimi, 121
Missirié/Missiriyyä/Missiriyé, 6, 33, 74, 90, 217
Mito, 281
Mogoum, 376, 392
Moissala, 309, 329
Moïto, 362, 377
Mongo, 13, 62, 132, 180, 213, 230, 232, 254, 255, 507
MONTCHAMP, 180, 188, 189, 193, 194, 204
Mortcha, 120
Moubi, 6, 29, 217
Mougo, 484
Moundang, 304, 305, 306
Mourdia, 462
Mouroum, 484
Mousgoum, 261, 262
Moussaye, 286, 287, 294
Moussoro, 62, 350

Nanguéré, 477
Nantchéré, 489
Nar, 331
Naw, 331
Ngama, 6, 326, 329, 331
Ngambay/Ngambaye, 259, 305, 306
Ngoka, 484
Niellim/Nielim, 331, 377, 393, 394
Nimié, 90
Noaibé, 90, 120
Noarma, 29, 104, 105, 106, 107, 108, 109, 111, 112, 113, 114, 117, 118, 119, 120, 121
Noy, 331

Ouaddaï, 62, 63, 64, 65, 66, 68, 69, 70, 71, 73, 76, 78, 82, 85, 91, 94, 99, 105, 107, 108, 110, 111, 113, 115, 117, 118, 119, 122, 128, 156, 168, 183, 184, 187, 216, 217, 218, 219, 349, 398, 434, 451, 507
OUADAYE KYCHIDEMI (derdé), 472
Ouadi Rimé, 6, 230

INDEX DES NOMS PROPRES

Ouallia, 261, 262
Ouled It, 90
Ouled Mahadi, 90
Ouled Moussa, 361, 362, 371, 372
Ouled Nimié, 90
Ouled Rachid/Oulad Rachid, 29, 74, 195, 197-203, 217, 230, 362
Ouled Sliman, 397, 398, 399, 425, 429, 508
Ouled Zed, 90
Oum Hadjer, 6, 29, 31, 33, 230
Ounia, 462, 463
Ounianga, 463
Ouria, 436

Pala, 62, 259, 304, 305, 306, 507
PALAYER, 21, 327
Panna, 477
PAOLI, 59

Rachid, 70, 73, 74, 180, 189, 190, 193, 195, 197, 198, 199, 200, 201, 202, 203, 205, 376
RAISIN, 155
RESTE, 38, 61
REVERDY, 476, 484
Rezegat / Rizégat, 104, 105, 106, 107, 108, 109, 111, 112, 113, 114, 116, 118, 119, 120, 362
RIPERT, 121
RODIER, 156, 157, 167
ROSIER, 378
Rounga, 177, 207, 209, 211
RUELLAND, 25, 287

Saba, 376, 392
SABRE, 121
SAINT-SIMON, 17
Salamat, 17, 62, 70, 73, 177, 178, 179, 180, 181, 183, 189, 190, 191, 193, 194, 195, 197, 207, 362, 368, 371, 372, 376, 507
Sar/Sara, 20, 22, 260, 309, 329, 331 v. Kaba, Goula, Goulaye, Ngama
Sara Kaba, 311, 331
  Sara Kaba Banga, 331
  Sara Kaba Djindjé, 331
  Sara Kaba Na, 331
  Sara Kaba So, 331
  Sara Kaba Tié, 331
Sara madjingaye, 311, 329
Sara mbaye, 328

SELIQUER, 433
SE OUSMANOU, 304
Sila, 16, 17, 20, 23, 24, 25, 27, 63, 128, 130, 131, 132, 133, 135, 140, 148, 149, 150, 181, 212, 255
Sokoro, 18, 376, 378, 379, 380, 381, 382, 383, 384, 385, 386, 387, 388, 391, 392
Sokoto, 301, 304
SOUBIE, 20, 24, 25, 27, 131, 147, 148, 149, 155
Syniar, 128, 130, 132

Tama, 105, 106, 108, 109, 110, 111, 112, 113, 115, 117, 118, 119, 120, 126
Téda, 397, 398, 399, 414, 415, 416, 418, 419, 436, 508 v. Diagada
THILLOY, 462
Tibesti, 12, 17, 23, 26, 419, 430, 431, 433, 464, 465, 472, 508
Tigui, 444, 449, 508
Torom, 197, 198, 199, 200, 201, 202, 204, 205
Toubou, 17, 30, 350, 397, 408, 419, 420, 423, 424, 429, 433, 434, 435, 436, 439, 440, 441, 442, 444, 449, 462, 464, 465, 472, 508
Toubouri/Toupouri, 286, 287, 288, 289, 290, 291, 292, 293, 294, 306
Toumak, 329, 331
Toundjour, 350
Tounia, 329, 331
TOURNADRE, 13, 215, 216, 230
TUBIANA, 23

VALLIN, 65, 66
Voum, 449

Yalnas, 180, 181, 182, 183, 185, 186, 197, 376
Yambod, 484
Yarda, 444, 445, 449, 508
Yédina, 409
Yéssié/Yéssiyé, 361, 362, 371, 372,

Zaghawa/Zaghaoua, 22, 90, 120, 126
Zébada, 362
Zioud, 217, 230, 362
Zouar, 62, 465
Zubalat, 362

507

TABLE DES FIGURES

1. Carte administrative du Tchad en 1937..8
2. Département du Ouaddaï en 1937..64
3. Département du Salamat en 1937...178
4. Département du Batha en 1937..214
5. Département du Mayo-Kebbi en 1937..258
6. Département du Moyen-Chari en 1937..308
7. Département du Bas-Chari en 1937...332
8. Département du Baguirmi en 1937..374
9. Département du Kanem en 1937...396
10. Département du Borkou, Ennedi, Tibesti en 1937..430
11. Département du Logone en 1937...474

Couverture : Un tribunal coutumier du nord-est tchadien
(1957, cliché M-J. Tubiana)

TABLE DES MATIÈRES

Préface 9
    Deux justices distinctes - Tribunaux indigènes - Projet de Code Pénal Indigène - Limites de l'enquête - Les crimes - La complicité - La légitime défense - Les infractions - Empoisonnement - Adultère - Vol - La procédure pénale - Les ordalies - Le serment - La peine de mort - Le bannissement - L'emprisonnement - La réparation.

Chapitre I : Présentation du projet et questionnaire 35

Chapitre II : Département du Ouaddaï
    1. Lettre d'envoi 65
    2. Subdivision d'Abéché 68
    3. Subdivision d'Adré 91
    4. Subdivision de Biltine 104
    5. Subdivision de Goz-Beida 128
    6. Subdivision d'Am-Dam 156

Chapitre III : Département du Salamat
    1. Lettre d'envoi 179
    2. Subdivision d'Am Timan 190
    3. Subdivision d'Aboudéia 197
    4. Subdivision d'Haraze 207

Chapitre IV : Département du Batha
    1. Rapport du chef de département. Liste des tribus. Étude sur l'ancien système répressif et réponse au questionnaire pénal 215
    2. Subdivision de Mongo 232

Chapitre V : Département du Mayo-Kebbi
    1. Subdivision de Bongor. Note sur la justice ancienne chez les Massa 260
    Réponse au questionnaire pénal et au questionnaire civil 263
    2. Subdivision de Fianga. Note sur la justice ancienne. Réponse au questionnaire 286
    3. Subdivision de Léré. Coutumier pénal des Foulbé de Léré 296
    4. Subdivision de Pala 305

Chapitre VI : Département du Moyen-Chari
    1. Lettre d'envoi 309
    2. Subdivision de Fort-Archambault 310
    3. Lettre du chef de département concernant les réparations civiles 329

Chapitre VII : Département du Bas-Chari
    1. Fort-Lamy ville 334
    2. Subdivision de Fort-Lamy 342
    3. Subdivision de Massakory 349

    4. Subdivision de Bokoro..361

Chapitre VIII : Département du Baguirmi
    1. Subdivision de Masséyna et de Bousso..376
    2. Réponse au questionnaire 379
    3. Infractions non mentionnées au questionnaire............................390

Chapitre IX : Département du Kanem
    1. Conditions dans lesquelles était rendue la justice avant notre occupation 397
    2. Réponse au questionnaire pénal.
        Coutume Kanembou..400
        Coutume Boudouma 405
        Les Goranes du Bahr el-Ghazal..409
        Les Téda Diagada...414
        Les Toubou...420
        Les Ouled Sliman et les réfugiés libyens................................425

Chapitre X : Département du Borkou-Ennedi-Tibesti
    1. Études sur les coutumes pénales..432
    2. Subdivision du Borkou..434
    Annexe : Étude des coutumes juridiques des Doza du B.E.T.
        Coutume de Yarda et de Bedo..445
        Coutume de Tigui..449
        Coutume de Gouring...449
        Coutume des Doza de Voun 449
    3. Subdivision de l'Ennedi
        Les nomades : Goranes et Bideyat Borogat............................451
        Les semi-nomades : Bideyat Bilia..452
        Peines proposées pour crimes et délits....................................453
    4. Subdivision du Tibesti 464
        La justice au Tibesti avant l'arrivée des Français....................465
        Réponse au questionnaire 466

Chapitre XI : Département du Logone
    1. Lettre du chef de département et réponse au questionnaire pénal...........476
    2. Réponse au sujet des réparations civiles 486

Chapitre XII : Législation
    Note sur les principaux textes..492
    Note sur l'*Indigénat* 497

Index..501

Table des figures..508

Achevé d'imprimer par Corlet Numérique - 14110 Condé-sur-Noireau
N° d'Imprimeur : 8414 - Dépôt légal : mai 2002 - Imprimé sur DemandStream
Imprimé en UE